世界政治史
三千年的戰爭與和平

A Political History of the World
Three Thousand Years of War and Peace

Jonathan Holslag

強納森·霍斯雷格 著　謝家柔 譯

AGORA
廣場

目錄

CONTENTS

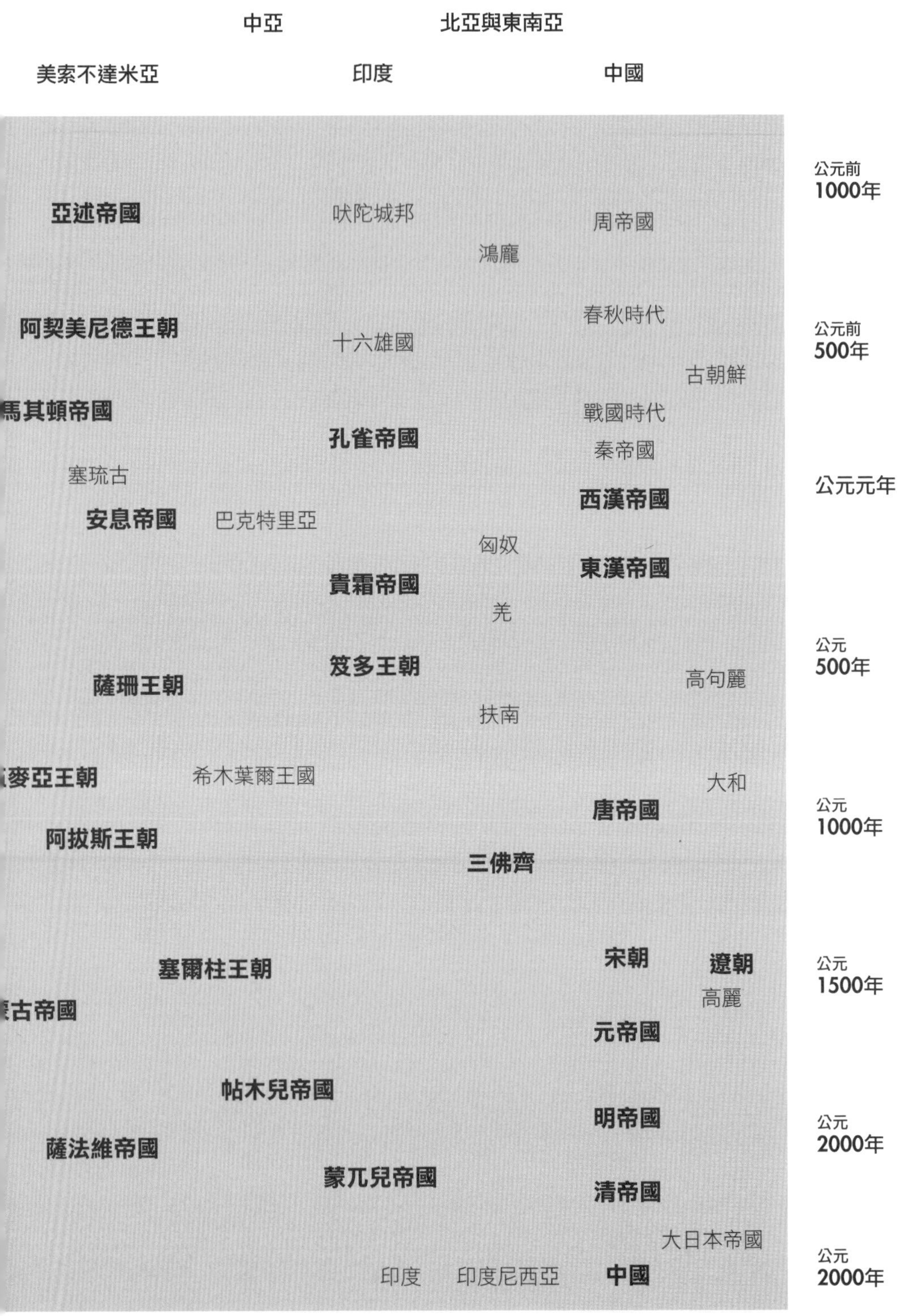
中亞
北亞與東南亞
美索不達米亞
印度
中國
公元前 1000年
亞述帝國
吠陀城邦
周帝國
鴻龐
春秋時代
阿契美尼德王朝
十六雄國
公元前 500年
古朝鮮
馬其頓帝國
戰國時代
孔雀帝國
秦帝國
塞琉古
公元元年
西漢帝國
安息帝國
巴克特里亞
匈奴
東漢帝國
貴霜帝國
羌
公元 500年
笈多王朝
高句麗
薩珊王朝
扶南
麥亞王朝
希木葉爾王國
大和
唐帝國
公元 1000年
阿拔斯王朝
三佛齊
宋朝
遼朝
塞爾柱王朝
公元 1500年
高麗
古帝國
元帝國
帖木兒帝國
明帝國
公元 2000年
薩法維帝國
蒙兀兒帝國
清帝國
大日本帝國
公元 2000年
印度
印度尼西亞
中國

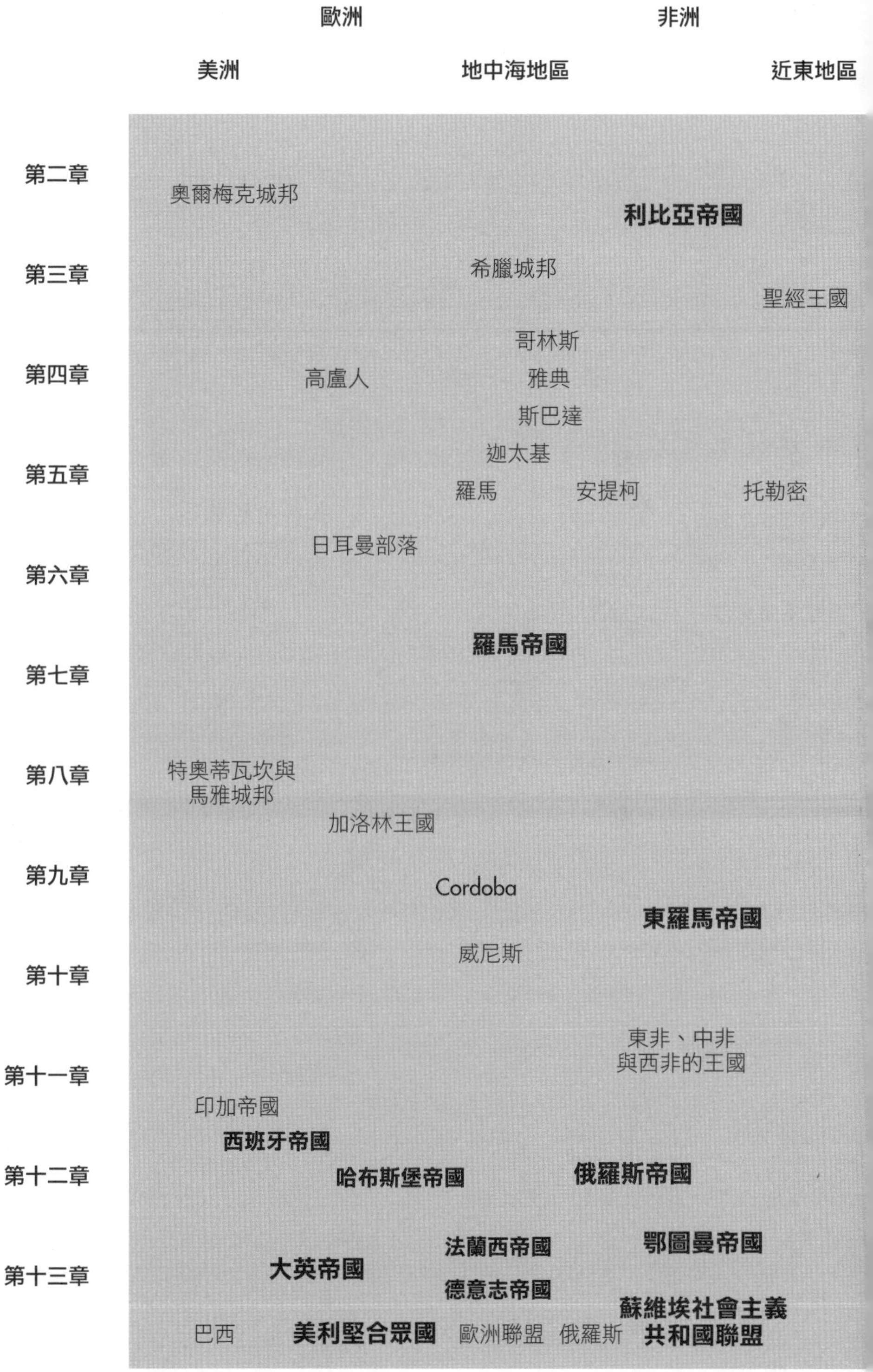

章節、時間、地理與主要政體概觀

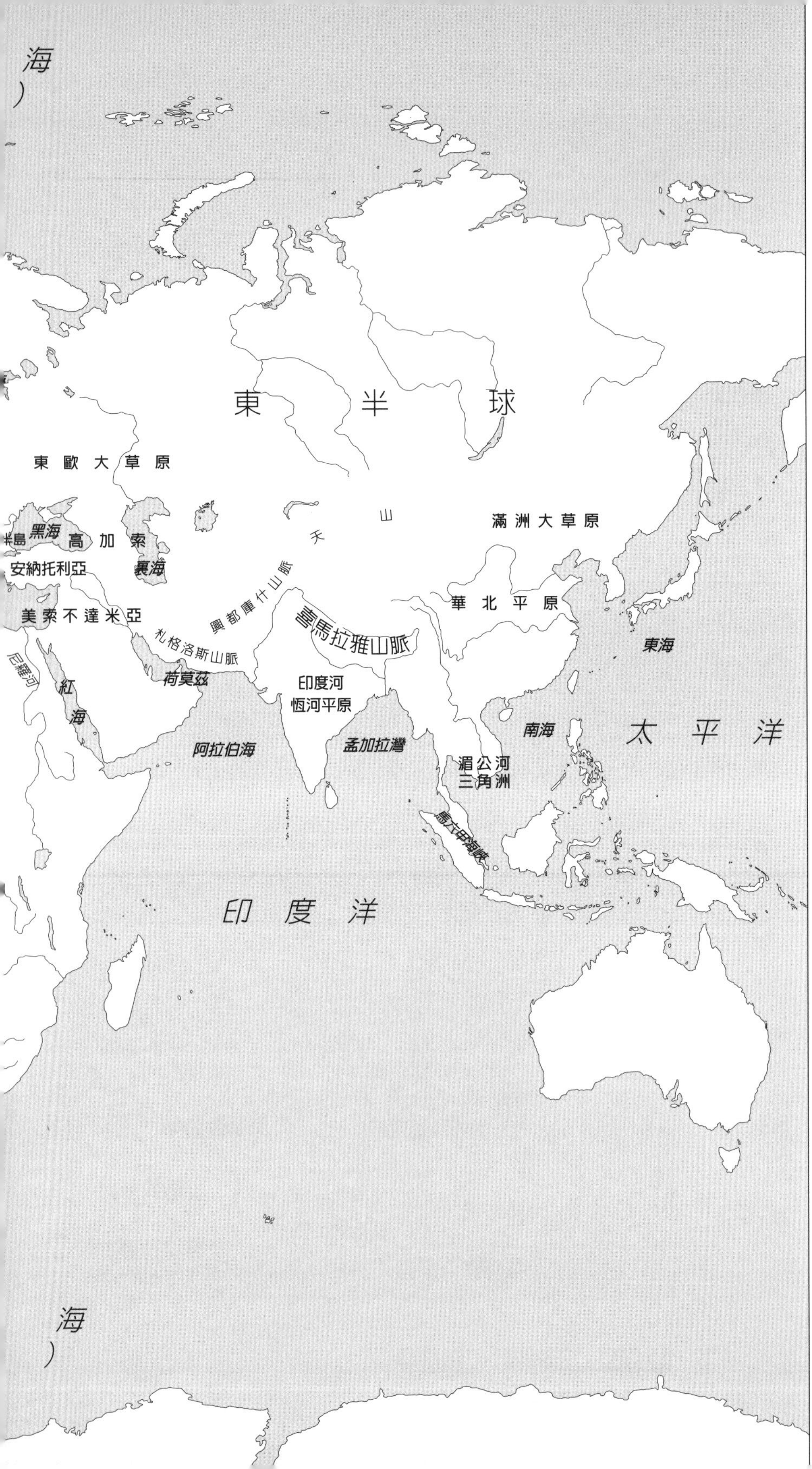
海）
東半球
東歐大草原
黑海
高加索
裏海
安納托利亞
美索不達米亞
尼羅河
紅海
荷莫茲
札格洛斯山脈
興都庫什山脈
天山
喜馬拉雅山脈
印度河
恆河平原
阿拉伯海
孟加拉灣
滿洲大草原
華北平原
東海
南海
太平洋
湄公河
三角洲
馬六甲海峽
印度洋
海）

北
(北
西 半 球
落磯山脈
密西西比河
三角洲
馬德雷山脈
墨西哥灣
加 勒 比 海
大 西 洋
亞馬遜河流域
平原與盆地
太 平 洋
安地斯山脈
沿海平
庇里牛斯山
地 中
直布羅陀海峽
撒
沙
南
(南

世界簡明地圖

INTRODUCTION

Why History Matters

為什麼歷史很重要

前言　為什麼歷史很重要

在匈牙利首都布達佩斯外數公里處，考古學家有了重大發現。他們在一座公元前六世紀蓋的墓冢內，找到了一對塞西亞人的殘骸，分別為女性和男孩。他們並不富裕，但家屬仍為他們套上細緻的衣裳，讓他們永眠在彼此輕柔的懷抱中。當時塞西亞各部落間紛爭不斷，這對母子便是戰爭的犧牲品。我看著他們，不禁納悶為何這些人能夠如此關愛親族，卻一再踉蹌而行於自相殘殺的戰場之間？時至今日，為何仍見各國全副武裝，讓戰火拆散骨肉，而外交卻一敗塗地，無法阻止軍事對立？

美國知名政治家亨利・季辛吉（Henry Kissinger）曾指出，戰爭與和平即世界政治的核心。即使環境問題以及甚至像香蕉曲線這種小事等議題已擴大了國際議程，每當重大危險發生，仍是由外交擔負起重責大任。這說明了外交為何一直那麼重要，甚至到了神秘的地步，尊以協議，覆以秘密。同時，也解釋為何青年總是為之嚮往。每一年，全世界無數畢業生進考場廝殺，只求搶進外交使節團的窄門。更多人則尋求能從旁沾上國際政治的邊。這本書就是為這些人，為這些渴望學習、報導或型塑世界政治的男男女女所寫，無論他們是政治家、外交官、軍官、教授、還是記者。

世界政治的天平又一次到了搖搖欲墜的臨界點。在天平的一端是大量的世界主義者，他們是周遊各地的空中飛人，以國與國對話的多寡和國際記者會中出現的記者數量衡量外交的成功度。他們主張，大國政治血淋淋的歷史已成往事，世界上出現大規模戰爭的可能性已大大降低。另外，由於經濟相互依賴，國際間的競爭也不太會引發大規模戰爭。這樣的想法自前蘇聯在一九九一年解體之後，成為政治主流：在渴望以典範而非武力治國的歐洲；謀劃出和平崛起政策的中國；以及美國，其保守派和進步派人士皆擁護以自由價值為基礎的外交政策。

在天平另一端的群眾，則認為自由開放的世界從未給自己帶來好處、全球化造成了經濟動盪、而且移民和跨國公司都構成了威脅。這群憤怒的人支持民族主義強人領導，他們想遠離不公不義且不安全的世界。世界主義者還沉浸在他們平而無國界的世界時，這群人已然壯大，並正嚴重限制國際間妥協和調解的機會。

國際軍事預算再次超越冷戰黑暗時期的同時，迎來了這項轉變。武力衝突的數量節節上升，國際紛爭越加緊繃。在這混亂的世界，新世代的人必須制定新路線，發展出足夠的智慧讓他們在需要的時候得以做出重要的決策。這些未來的領導者需熟知人民的福祉、經濟學、倫理學、和歷史，並遵循這些知識的教誨。誠如羅馬政治家馬庫斯・圖利烏斯・西塞羅（Marcus Tullius Cicero）所言：「對以往無知，使人終生淪為稚子。」

如果說理論和意識形態像登上直升機鳥瞰全景一般，讓你在世上佔得有利位置，歷史則是要你千辛萬苦長途跋涉，登上山頂後才能獲得相同的視野。學習歷史的旅程能強化心智，就像遠征探險能鍛鍊身體和精神力。你需要堅持不懈並專心一致才能詮釋一路上的各種事件。它培養你偵測、克服困難所需的感知和察覺能力。最終，它領你到高點處，讓你從過去歷程推論方法，然後尋找前往康莊大道的最佳途徑。

這趟旅程沒有捷徑。即使很信任理論的嚴謹和意識形態的清明，只要拒絕面對歷史所帶來的挑戰，就如同自稱虔誠卻沒讀過任何宗教文本的人。跟意識形態比起來，歷史可視為一股調節力。它不僅展現世界在生活條件方面的進步，也顯示出進步，和維持這進步，是多麼艱辛的一件事。從這角度看來，世界歷史可被視為一向上的曲線；但歷史也曾經歷戲劇性的挫折，我們必須了解這些挫折以避免或至少減輕未來的新危機。

只不過，歷史學科在大專院校課程的安排中已漸漸邊緣化。目前碩果僅存者，大多為了支持理論或先入為主的觀念而簡化歷史。舉例來說，國際政治課程中，歷史頂多包含少數同類的個案研究，例如伯羅奔尼撒戰爭，古羅馬的崛起，或十九世紀會議制度的運作。很明顯的，主題總是聚焦在歐洲這地球上的一個小區塊，導致歐洲以外地區的學者聲稱，他們國家的戰略文化根本不同，跟殘暴的歐洲強國政治是兩回事。我曾多次聽聞這論調：不論是提及中國（Middle Kingdom）及其所謂和諧傳統天性的中國同僚和外交人員，或是認定印度建國於甘地的和平原則之上的印度官員。上述學習歷史上的地理侷限必然會造成誤解和爭論。

歷史寫作

那麼，讀者該對本書抱持什麼期待呢？回答這問題前，我得先說明這本書「不是」怎樣的書。首先，這並非揭露考古遺址或文件中新發現的專門著作。它的確用上了一次文獻，但也受惠於大量優良的二次文獻。這也不是那種宣傳某種偉大思想的歷史書：例如，「文明間的衝突」正在醞釀；或我們正接近「歷史的終結」；或者，人類一直是經由貿易而繁榮的理性樂觀主義者。這也並非歷史修正主義的著作，試著藉由攻擊以前的研究來激起爭端。無可否認，我就跟其他修習國際事務的學生一樣，有個人喜好，但我不是只想證實我的想法。實際上，我為了寫這本書而開始研究時，可不清楚會有什麼發現，因為我探究的內容中有一大部分是我前所未聞的。

寫這本書時，我受一個問題所指引：考量到這世界的型塑者手上已有那麼多其他事務要處理，也要修不少其他的課，我要讓他們知道哪些關於世界政治歷史的事好呢？結論是——三千年歷史的概觀：向讀者介紹重大事件，讓他們對於國際關係的運作產生自己的想法，並希望他們對於某些主題能產生興趣而持續自行探究。這本書適合大專學生，也適合所有想理解這躁動的世界，並欲求探知我們的本源、知未來的人。

為達到這目的，本書整合了歷史上通常被分別看待的不同觀點。有些很好的觀點指出戰爭的起因，卻未對承平時代多所著墨。有些出色地闡述權力平衡的歷史變遷，卻幾乎忽視國際政治是如何運行的，例如國際組織如何成立、人們是怎樣在狹窄密室和大理石舞廳協商條約、參與者個人的信念影響如何深遠、及外交人員如何形塑世界政治的規則等等。我的挑戰就是解開這些相異而相關的層次，再將它們重組成相連的研究調查。

第一層次是關於自古以來，全球權力分配的歷史。如政治學家勞勃・道爾（Robert Dahl）指出，權力是迫使他人去做他們原本不願做的事。這對政策或國家來說有兩個面向，分別是內在與外在面向。內在面向是權力對人民的影響力，外在面向則是權力對其他政體的影響力。在這些條件之下，權力有兩面：輸入，也就是它的實力，以及輸出，也就是實質的影響力。實質的影響力可硬可軟，任何介於武力征服到詭祕勸誘間的行為都算——儘管外交僅是某人國家和其他人國家之間的調解藝術。

一個政體的實力在於它的土地、天然資源、財富、軍事力、政治體系、國家正當性等條件。這些條件並非靜態，但它們在政體中的相對分布塑造了任一時間點上的權力平衡。許多學者研究政體累積及失去實力的過程。在這方面，最關鍵的討論議題之一是關於社會、經濟、政治組織、以及個人領導如何影響實力的累積及保存。西方資本主義是否真的是較優秀的經濟組織？民主是否為繁榮之必要，還是我們需要的其實是獨裁領導人？另一個重要的爭議則是觀念對於物質資產價值的影響。例如，為何政體在不同時間點，對於軍事力的重視程度不一？最富強的政權是否影響了其他國家對於自身需求的界定？

這引導我們至第二個層次：政治組織的歷史。有各種形式的政體：城市、城邦、跨國聯盟、和帝國，包括非直接貿易和直接領地。有君主政體、共和國、獨裁政權或民主政權等等。這些組織與宗教團體、國際企業、甚至是海盜等其它具影響力的組織共存。

一直到幾年前，主流的設想是要活在平等、無國界的世界，而且政府的權力漸漸弱化。但時至今日，我們眼見現實完全不如所想。民族主義重振旗鼓，人們呼籲鞏固國界，軍事預算節節高升，各國政府不斷地干預經濟事務。由地理界定的政治力和世界貿易、資本、觀念和文化間當前上演的角力，可不是什麼新鮮事。世界主義強調開放性，保護主義則執著於鞏固國界和國防。本書探討歷史上，造成這兩種主義彼此消長的因素。

第三層次關於政治單位間交流的歷史。人們屢次挺身表示，國際關係的本質即是以改變帶來改善：競爭會持續，但會逐漸溫和。就如同公元前五世紀時，雅典政治家伯里克里斯（Pericles）向其他希臘城邦承諾和平與安全，前提是要加入他的提洛同盟（Delian League）。二十五世紀後，美國總統哈瑞・杜魯門（Harry Truman）誓言保護自由世界，另外，過去幾年間，中國領導人習近平提出和諧的新世界秩序。但偉大的政治學者漢斯・摩根索（Hans Morgenthau）認為，在國際政治的混沌底下，常年盤踞著一些勢力，例如人類無止盡的權力欲望以及其帶來的競爭行為，而這些勢力型塑了每一個社會。所以，我們是否能夠從歷史中戰爭與和平的出現推導出任何模式？什麼原因造成戰爭比和平更常見？相反的，是什麼驅使權力組織擁護和平的目標，並締結公約，和國際組織建立關係，且遵從限制統治權的規則？是什麼驅使國際關係的發展？是對於國防安全、領土擴張、經濟收益的欲求，還是由於信仰、民族主義、正義的實施，或僅是因為無知及愚昧？這個驅動力的影響程度又是如何？經濟互賴、交流的提升和共享價值是否讓國家收斂武力的使用並且更加積極合作呢？

要考量的第四層次則是人與地球之間的關係，也就是自然和環境變化的重要性。有些政治作家先鋒，例如印度王室顧問考底利耶（Kautilya）和中國戰略家孫子，已建議領導要節約謹慎地使用天然資源。從古至今，君王主要任務之一就是向天祈求好天氣。保守推論，自埃及首位法老王執政時期，氣候變遷、食物短缺以及接踵而至的人口遷徙便造成了社會動盪及戰爭等問題。那麼，在二十一世紀，這方面有什麼新鮮的？我們是否該將全球暖化視為國際議程中的新議題？或如同考底利耶和孫子兩千多年前所著，任何想要成功的領導者必須在人民的欲望和天然資源當中尋求一個平衡？

最後，第五層次，針對世界政治本質的思想在歷史上有所演變。前蘇聯垮台後，主流思辨由樂觀主義學者所掌握。這些自由主義者提倡，貿易增加了政體間的依賴程度，而互相依賴則增加了衝突的成本。另外，所謂的建構主義者假設國際規範減少政體互相武力攻擊的可能性，甚至政體的DNA還可能重組，轉身一變從自私自利轉為共同利益著想。但是，過去幾年間，政治現實主義知識份子的思想逐漸抬頭。他們認為政治總會以自治、安全和權力為目的。因為如此，合作和和平不太可能持久。世界仍由混亂所把持，在國際政治學生的眼裡看來，就意味著政體間無窮的競爭，同時卻缺乏能夠仲裁或解決紛爭的恆久勢力。這本書即將證明，這不是第一次世界主流思想從樂觀理想主義轉為悲觀現實主義。本書將記錄這兩種派別思想在歷史中的更替軌跡，並特別關注他們的消長。

本書考察三千年的歷史，從公元前第一個千禧年的開始，到二十一世紀初為止。每一章節涵括兩到三世紀的範圍，內容則集中在當時歷史跡象顯示最為重要的地理區域，條件包括人口、國力、或在國際事務上的領導能力。如此一來，討論焦點從東往西、從北至南，隨著不斷改變的權力中心走。不可避免的，針對某些地區的著墨會較少，例如薩哈拉以南的非洲和美洲。這些地區在歷史上人口較少，直到十九世紀，還佔了不到世界一成的人口。另外，相關於他們殖民前時期的政治組織的資料也比其它地區少。不過，本書無論如何仍提及中美洲的古奧爾梅克文明，以及中世紀中非地區王國等政體，也討論國際事務間其他配角的命運，例如強大帝國邊緣小心翼翼的國家、戰爭期間遭受奴役的人、以及精明而周旋列強、兩面下注的貿易城市。

這整本書熱衷於探討世界政治對平民老百姓生活上的影響。除了經濟上的變化之外，戰爭的爆發總會造成最嚴重的後果。所以我們將試著探查衝突的前因後果、探究輸贏的過程、分析他們帶給人們的觀感、以及關心那些如熱鍋上螞蟻般，試著阻止衝突的外交人員。雖然我們旨在嘗試提取出戰爭和和平中那些永恆不朽的基本論題，但最重要的是，這永遠是有關於人類的故事，關於他們的希望、恐懼、他們對暴力的容忍程度，以及他們的苦難。只有藉由如此，才能理解那些能夠展現真實領導本質的艱困難題。

CHAPER

1

Heavens Obscured

失色的天堂

序曲：公元前一千年前

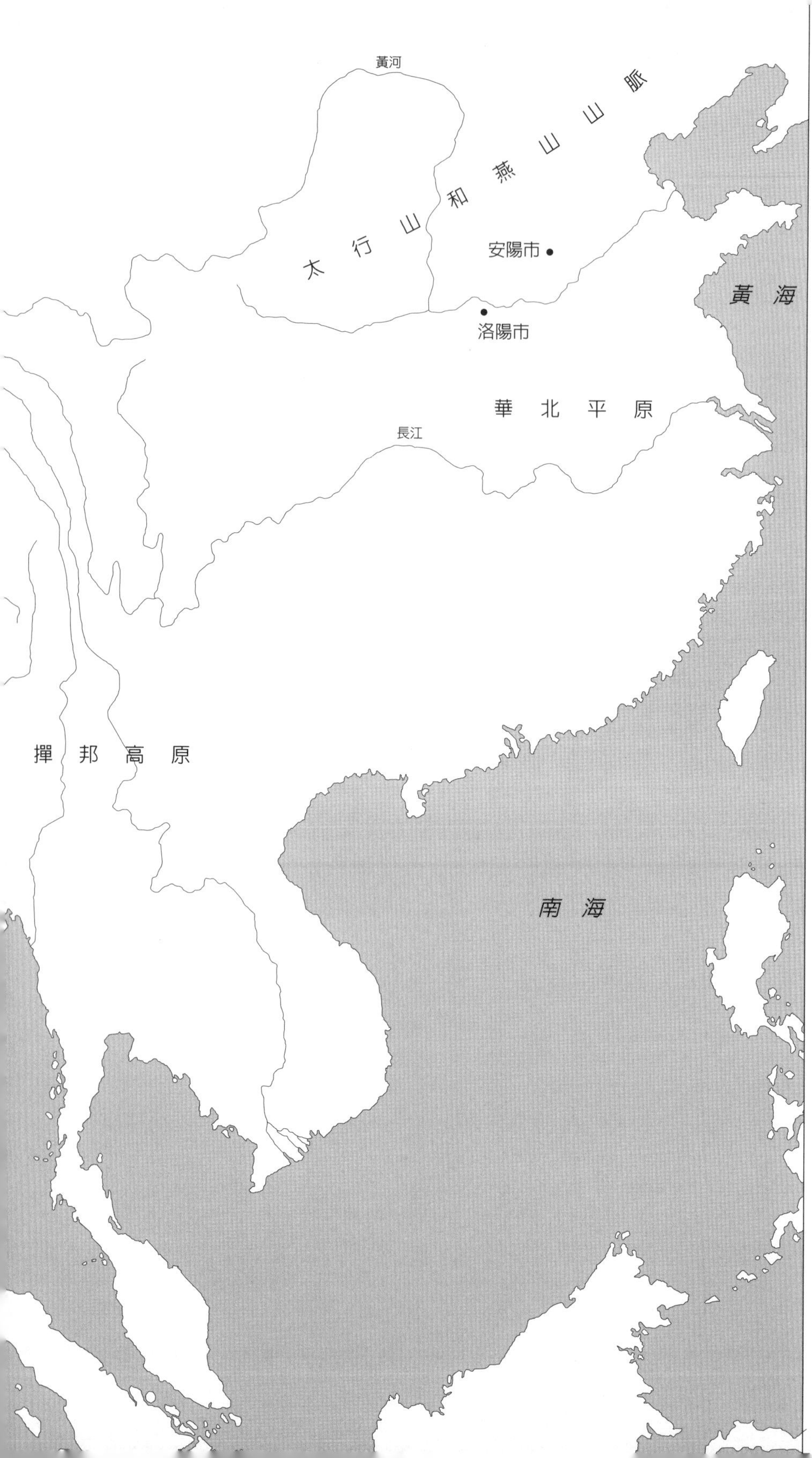
黃河
太行山和燕山山脈
安陽市
洛陽市
黃海
華北平原
長江
撣邦高原
南海

鐵器時代開始時期的東亞

高加索山脈
亞美尼亞高原
烏拉爾圖
凡湖
凡城
烏爾米耶湖
裏海
尼尼微
中亞述
和新亞述
時期
公元前 1392-605 年
亞述古城
底格里斯河
哈馬丹
札格洛斯山脈
美索不達米亞
巴比倫
幼發拉底河
蘇薩
蘇美
沙漠
波斯灣
0 200 400 km
0 100 200 300 miles

黑海
特洛伊
哈圖沙
安那托利亞山
哈提
公元前 1600-1300 年
米坦尼
公元前 1600-130
托魯斯山脈
烏加里特
地中海
黎凡特
泰爾
耶路撒冷
死海
下埃及
孟斐斯
西奈沙漠
新王朝
公元前 1550-715 年
尼羅河
阿拉
紅海
上埃及
底比斯

鐵器時代黎明的中東

俱盧族（Kaurava）的盲眼國王持國（Dhritarashtra），得知他的百子已在戰役中遭屠害，不禁哭喊：「噢，你說這世界多麼混亂無章呀！」這是末日般的鬥爭景象：原野上，骸骨和人髮散落一地，鮮血成河，成千上萬屍體覆地，隨處可見血跡斑斑的象屍、馬屍、戰車和戰士，以及無頭屍體和少了屍體的頭……胡狼、叢林鴉、渡鴉、鸛和烏鴉蜂擁而至。[1] 諸神曾警告持國別打這場仗。祂們建議他與敵方協商停戰、與對方共享領土。王后也要求他採取和平的國防手段，別訴諸武力。但國王卻低估了戰爭的凶兆、俱盧和般度（Pandava）兩族之間的憤恨情仇、以及他那些生性好戰兒子們的無窮野心。

權力捐客否決了和平的冀望，同時邪惡已戰勝良善的一方——這句話為《摩訶婆羅多》（*Mahabharata*）中這段關鍵而慘烈的故事做了結論。史詩《摩訶婆羅多》在目前所有談論和平理想和戰爭現實之間掙扎的文學著作中，是歷史數一數二悠久的作品。其作者不詳，最早可溯源至約公元前一千年的北印度。雖然在那段時期，實際的戰爭規模僅限於小國之間，使用的武器也相對原始，但不意外的，《摩訶婆羅多》中的戰爭似乎是全面性的災害、大規模的破壞。只要有意圖摧毀受害者的一切，即使是矛、箭、棍、斧，也能消滅整個群體、夷平農莊和聚落。

不過，本章接下來即將披露，《摩訶婆羅多》這樣的故事並不少見。在藝術及文學作品、歷史記錄和銘文中，可見前一千紀之前，其他形式的外交關係。這個時期通稱為青銅時代到鐵器時代的過渡期。這時世界各地首度出現並留下了充分的文字證據，讓我們得以了解外交關係的運作和當時人們對外交關係的想法。

本章將從地理背景開始，說明世界上最早的政體在哪裡成立，也闡明天然屏障（例如山脈）和天然交界（例如平原和山谷）的重要性。設定好了背景之後，便討論村落和遊牧民族（wandering people）這些所謂「自然狀態」間，外交關係最初始的典型。然後，焦點轉移到最早出現的城市和王國。最後，我們探討當時世上四個主要的政治勢力：埃及；美索不達米亞的「肥沃月灣」；華北平原；和印度河－恆河平原。

分隔的世界

我們得對古代的世界地理有些概念，才能理解當時的政治情況。由於有些主題在本書中會一再重複出現，我們要先描繪出一個心智圖。世界可分成兩個主要的地理政治結構體，分別是東半球和西半球。東半球由非洲、亞洲和歐洲組成；西半球則包含北、中、南美洲。這兩個半球間在公元十六世紀初發展出固定的長途海上貿易路線；但在那之前，它們可說是不相連的兩個實體。

東半球又稱為「文明的搖籃」，人類部落的生活條件受橫貫東西的巨大山脈帶所影響。這條山脈帶又稱為阿爾卑斯帶，包含庇里牛斯山、阿爾卑斯山脈、巴爾幹半島、札格洛斯山脈、高加索山脈、興都庫什山脈、天山山脈、和喜馬拉雅山脈。沿著這一連串的山脈，河流行經這溫和的亞熱帶氣候區間，跟較北和較南邊的雪域、沙漠或熱帶森林比起來，這裡很適合人類長久居住。最理想的區域是華北平原跟西歐沿岸平原，次好的是幅員遼闊的平地，分別在氣候更溫暖的湄公河三角洲、印度河－恆河平原、美索不達米亞和尼羅河谷，以及較寒冷的東歐大草原、西伯利亞、蒙古和滿洲。有些地方比較小，但也適合人類開發，例如今日日本、韓國、阿曼、肯亞、喬治亞、亞賽拜然、希臘、義大利和塞內加爾的沿海平原，以及阿富汗、亞美尼亞和馬其頓的肥沃高原。除了倚賴陸路和河川相連，海（波羅的海、地中海、黑海、紅海等）也形成重要的戰略接觸面，其中，卡特加特海峽、直布羅陀海峽、曼德海峽、和麻六甲海峽都有特別的重要性。

相對來說，人類進駐西半球的時間就晚多了。在西半球，很難找到能夠跟東半球不相上下，可以哺育政權的豐饒之地。北美東海岸雖享有溫和的氣候，但沿岸平原卻硬生生比華北平原或西歐沿岸平原小了一半以上。密西西比河與亞馬遜河像尼羅河一樣有廣闊的三角洲，但河川流注量卻難以預測，不利於農業發展。最接近尼羅河谷和美索不達米亞的大概是密西西比河的中段區域，在亞熱帶和溫和大陸性氣候區之間，有寬廣的高原。墨西哥灣南邊和南美洲太平洋沿岸上的狹窄平原也受惠於肥沃土地和豐沛雨量。這些地區大多為熱帶性氣候，同樣的也缺乏理想條件，無法孕育出東半球上那樣的大型農業中心。並非在所有地方，天然的潛在條件都能被善加利用而促成繁榮。很關鍵的原因之一是世界空曠得驚人。前一千紀初期，地球上僅有六千萬人，約莫是今日義大利的總人口。不僅如此，這六千萬人的分布還相當不平均，在大多數地區，社群（community）間總是毫無往來，到隔壁村落就是個「出國」的概念。家庭氏族是主要的社會單位，有時他們為了保衛土地和其他天然資源等原因聯合成部落，但就連最大的城市，居民也沒超過十萬人。[2]

不過，世界的政治地圖基本上取決於地理如何分配天然資源中的三位一體，也就是水、沃土和溫和的天氣。在這三者都適宜的地方，人們使用犁鏟從事農耕，靠著雙手一步步拓展了文明的疆界，讓村落進化為城市，城市再長成王國，王國茁壯為帝國。

最早出現的帝國政權是埃及和美索不達米亞文明。前一千紀開始之前，他們已有千年以上從無間斷的農業發展、高人口密度、複雜的社會跟行政結構，也幾乎達成政治上的統一。在華北平原、印度河－恆河平原、中亞地區豐沃的河谷跟綠洲、安那托利亞、東地中海沿岸地區、和中美洲地區有為數眾多而規模較小的王國。蒙古跟中亞大草原上，遊牧民族組成的強大聯盟崛起。在世界上其他地方，則大多只有小部落。

自然狀態

前一千紀初期，大多數原始部落文化中的居民是如何經營他們與其他群體間的交流跟政治關係呢？在發展成王國和帝國之前，國際關係中是否有所謂「純真年代」或「自然狀態」？這個問題一針見血地直指長久以來爭議的核心：人類的自然狀態是否非和平即戰爭？啟蒙時代哲學家尚－雅克・盧梭（Jean-Jacques Rousseau）的一個知名論點，就是認為原始的人類必須要合作。他假設有一群饑餓的人想帶大量的雄鹿肉回家。如果這些人想順利達成目標，第一個條件是不能自相殘殺。第二個條件則是他們得合作追蹤雄鹿，同時要經得住獨自追尋較小獵物的誘惑。[3]

就某種程度，現代人類學家證實了盧梭的理論。他們證實，正因為在自然環境中生存需要結合群體的力量，所以部落居民跟較開發社會的人比起來，較不會互相爭鬥，人命也更寶貴，因為損失一名健全男性意味著可以幫忙狩獵、耕地、保衛家園不受掠食者威脅的人手也少了。如果失去父親，家裡人便得看其他男人的臉色過日子，如果失去兒子，代表雙親將來老無所依。由此可見，部落之間分隔越遠，彼此接觸就越少，紛爭的可能性也越低。在資源不至於匱乏，但人類需要花很多時間採集、追蹤獵物，糧食也難以儲藏的環境中，的確是這個情景。

今日，像亞馬遜雨林部落那樣的傳統社會，對於疆界有清楚概念，也利用藥物跟禮物進行儀式以避免紛爭而強化彼此連結。聯姻加強部落之間的友誼，使者享有進入外國領土的特權，部落間就維護小路這件事達成協議。但這只是歷史的其中一部分：即使今日位於最偏遠的部落，也耽溺於血腥的紛爭中。

鐵器時代之前，部落間外交相關的考古物證很少。出土的文物告訴我們，當時有物品交流；界標則暗示標畫領土的意圖。[4]但鐵器時代之前的文化層中散落的燧石、斧、匕首和碎掉的頭骨顯示當時的人並沒有免於戰爭之苦。舉例來說，瑞典塔努姆斯海德鎮（Tanumshede）周邊的岩石雕刻內容包括一名男子平靜地耕地，但就在他旁邊，一群男性揮著矛，劈碎人頭，並用攻城槌猛擊船隻。同時，旁邊可見一名女子哀悼一具屍體。[5]二〇〇六年，考古學家在德國法蘭克福（Frankfurt）附近發現一處更古老的大規模墓冢，裏面埋了至少二十六具骨骸，這些人都是受酷刑而死。[6]其中，卻不見年輕女性和青少年的骨骸，這表示他們當時被當作奴隸帶走了。在奧地利和匈牙利也曾發現這類大型墓冢，證實了在鐵器時代之前的戰事，通常會導致一整個社群的消滅。另外很明顯的是，遠古人類最初使用費力的鑄造方式製造金屬武器。劍、戟和斧，更不用提當時為量稀少，附有大角的頭盔，都是男子氣概的象徵，也代表一種準備好上戰場的狀態。只不過，對於早期戰爭的原因，我們也僅能臆測。通常考古學家和歷史學家認為，牲畜或穀糧遭竊、意圖誘拐女性、爭奪水井或其他天然資源的使用權、世仇、及競爭領導權和身份地位都是造成戰爭的原因。

不論這時空背景的殘忍，或正因為這時代是如此殘忍，早期的人類清楚了解也珍惜生命的價值。許多證據顯示，他們喜歡穿著華麗的服飾，演奏音樂，為他們的孩子製作玩具。他們也關懷社會上較弱勢的成員。例如，考古學家在位於越南門北（Man Bac）的青銅時代墓地中，發現了一具男性骨骸。這位男性生前骨質就很脆弱，可以想見他一生都受到良好的照顧，直到他的親人小心翼翼帶著無盡關愛地將他的屍骨下葬。

帶來掠奪物的人

就我們的認知，二千紀晚期的小國和貿易城市在很多方面都很類似當時的部落人民，只不過相關的歷史文物在數量和細緻程度都比後者高出許多。在現在的阿富汗北方的阿姆河（Amu Darya/ Oxus River）附近，有農人挖掘出成套的銀杯，發現一處這種社群的遺址。這些杯子上的雕飾幾乎就像瑞典塔努姆斯海德鎮的岩雕，都以二分法的方式同時展示了戰爭與和平的景況。在其中一個杯子上，男人們愜意地啜飲高腳杯內的飲料，他們中間擺了一籃水果，下方的圖片則顯示人們跳舞、耕田的畫面[7]。在另一個杯子上，一名像是從好萊塢電影中跑出來的肌肉男將箭射入敵人的背脊[8]。製作這些杯子的人，居住的城市周邊環繞著翠綠繁茂、灌溉良好的原野。他們身處其中的貿易網絡甚至延伸至波斯灣。他們坐擁古代世界唯一已知的天青石礦場，並藉由寶石出口讓這座城市獲得莫大財富。儘管貿易往來頻繁，他們的城市卻有堅固的防禦設施。考古學家在挖掘過程中，發現了一堵龐大的矩形泥土牆，在其中許多建築物形成巨大的同心，團團圍住圓形的堡壘，也就是居民恭奉神祇、儲藏穀物的所在。[9]

在同一時期，像這樣以城牆圍起的貿易城市散落在歐亞大陸的山脈和谷地中。最為人所知的例子大概仍是希臘伯羅奔尼撒半島上的邁錫尼城（Mycenae）。邁錫尼城聳立於寬廣的谷壑間，城堡本身幾乎都是由巨大的石頭所建成，遊客可從著名的獅子門（Lion Gate）進城。邁錫尼城曾出現在偉大詩人荷馬（Homer）所建構的世界，以混亂的政局為特徵。在《伊利亞特》（*Iliad*）這部以特洛伊戰爭（Trojan War）為背景的史詩中，荷馬描述許多王在城牆內治國，彼此從未停止爭奪財富、權力和榮耀。這些王稱為wanakes，據說原本意為「帶來掠奪物的人」。海倫是希臘最美的女子，她的故事引出早期國際關係的一個重要元素：利用聯姻建立、鞏固外交合作關係。《伊利亞特》讓人一睹信使這疾行於城與城之間的角色，對於以誓約為基礎的條約和結盟關係也有些著墨。我們對荷馬的生平了解不多，不清楚他是否曾身歷特洛伊戰爭，甚至不知道他是不是真實人物。即便如此，他的作品表達出他本人渴望和平，也渴求知曉武力有其限制的好君王。如以下這首獻給戰神阿瑞斯的讚歌所示：

一道和煦的光從上照耀我的生命……讓我能驅趕腦海中的難堪怯懦、粉碎我靈魂的虛假衝動。也抑制我內心激烈的憤怒，它煽動我行於血腥爭鬥的道路上。倒不如，噢！受祝福的人，賜予你我的勇氣，讓你遵從無害的和平法則，並避免衝突、仇恨與兇暴的死神。[10]

我們也可以從烏加里特（Ugarit）這雖小卻富裕的王國中找到的記錄，更直接地檢視這時東地中海世界的國際關係。烏加里特以城牆包圍，其遺址位於今日的敘利亞。考古學家在那裡尋獲數百片泥製刻寫版，上面不僅收錄當時城內居民利用農業、工藝和貿易獲利的過程，也記下統治者如何籌策外交關係。烏加里特躋身埃及跟美索不達米亞這兩大強權之間，只能設法掌控黎凡特（Levant）地區的貿易，藉此獲得影響力：先派商人打頭陣，後頭緊跟著軍隊討伐征戰。為了抗衡強權，烏加里特也跟鄰近類似條件的國家結盟。他們立下神聖的誓約，相互贈與昂貴的禮物，另稱為akero（意為天使）的希臘使節帶著信件和包裹往返各地。一張約公元前一二〇〇製作的碑敘述烏加里特和盟國合作壓制亞述經濟的手段。當時，亞述是美索不達米亞最強盛的政權。碑上寫：「因為亞述王是我王敵人，他也該是你的敵人」、「你的商人不應前往亞述，你也不應讓亞述商人進入你的國土。」[11]這就是當時的經濟戰。

但烏加里特精明的外交手段最後卻沒能讓自己倖免於難。公元前十二世紀初，神秘的侵略者在東地中海地區造成莫大的破壞，後來的歷史學家將他們稱作海上民族（Sea People）。這些侵略者抵達黎凡特之後，便洗劫了每座城市。絕望的烏加里特王處在極度的壓力之下：「敵人的船來了，大火燒燬我的城市，這些人在我的國家行邪惡之事。難道我的父親不知道我所有的軍隊和戰車都在哈提（Hatti）之地，而我所有的船隻都在魯卡（Lukka）之地？因此，這國家已然被獨留在此。」[12]居民拋棄了這座殘破的城後，烏加里特再也沒復興過。這是東地中海地區的黑暗時代，也是青銅時代崩潰的開始。

一連串的環境危機導致了黑暗時代（約公元前一二〇〇年至一〇〇〇年）的來臨。砍伐森林增加了乾旱機率，大量移民造成了侵略行為，鐵器鑄造技術的進步讓銅器的製作日漸式微，貿易網絡也潰散了。烏加里特並非這期間唯一毀滅的國家。西臺（Hittites）王國的首都哈圖沙（Hattusa），曾比烏加里特強盛許多。它的遺跡坐臥在安那托利亞的心臟地帶，跟邁錫尼的遺址有幾處共通點。它的城堡俯瞰一大片肥沃的高原、牧場、林地，以及愛琴海、黑海和美索不達米亞之間的貿易路徑。城牆也是使用類似的巨大建築石塊所建造；其中一個城門兩旁甚至還擺了一對石獅。公元前十三世紀，西臺人控制安那托利亞區域。前一二七四年，他們甚至在卡迭石戰役（Battle of Kadesh）中打敗了埃及軍隊。

當時留下來的外交通信內容顯示，西臺眾王要求與亞述王和埃及王平起平坐：如果西臺王敬稱法老為「太陽之王」，那麼法老王就應回稱他為「風暴之王」。對於地位不如他的民眾，西臺王則要求他們進貢，只要奉納精良的鐵製武器和戰車，便能伸張訴願。只不過，西臺漸因內戰而削弱了國力，同時，亞述人在美索不達米亞崛起。

西臺的新國王哈圖西里三世（Hattushili III）卯足全力想獲得埃及的外交認同，藉此獲得反亞述的盟軍勢力。經過漫長的協商，雙方代表終於在前一二五九年簽署埃及西臺和約（Treaty of Kadesh），這是目前世上最古老且完整保存的和平條約[13]。但是，就在哈圖西里三世延後自己女兒跟法老王之間的婚期後，雙方的外交關係再次拉警報。另一方面，埃及的政治宣傳輕描淡寫西臺在前一二七四年取得的勝利，讓西臺人也很不滿。西臺人終究未能取得埃及曾允諾的支持，也無力阻止日益茁壯的亞述人和所謂海上居民的侵略。氣候變化、移民壓力，以及埃及、安那托利亞和黎凡特的財富促使地中海北部和西部地區人民聯合攻打地中海東部和南部地區，也許就是因為這樣，哈圖沙最終在前一一八〇年毀於戰火，片瓦不存。[14]

埃及

烏加里特和哈圖沙坐落在埃及和美索不達米亞這兩大農業中心的邊緣。這些大型社會精通治水之道，懂得善用提防、水池和灌溉渠道。河流從山上挾帶豐沃的淤泥到平原。在這裡，灌溉渠道一旦就位，農人便可一年兩穫；高農產量能讓人口繁茂起來。雖然突來的水災仍常常淹沒如迷宮般的水匣、泥渠溝和堤岸，但如遇到大豐收，便可儲存生產過剩的穀物。掌控穀倉的人便掌握了政權，得以武裝軍隊、立碑、購買奢侈商品。這是因為過剩的稻穀能交易到尼羅河沿岸各地，收入能拿來發展各式專門工藝。當時，埃及的孟斐斯（Memphis）、底比斯（Thebes）和阿瑪納（amarna）三城居民合計超過五萬人。至於尼羅河旁和其三角洲上則共住了三百萬到四百萬之間的居民。[15]

雖然這些富饒的農業中心相當繁盛，天地仍是一貫地無情，居民通常活不過三十歲。他們在世上短暫的停留期間，與蒼蠅、虱子、跳蚤、蚊子和危險的掠食動物共存於潮濕的聚落。只要生病，常難免一死；奮力工作，無一時停歇。美索不達米亞的阿卡德帝國（Akkad）有個故事，述說了尼普爾城（Nippur）內，某位居民的痛苦生活。他抱怨道，即使努力工作，他的儲藏桶卻仍空空如也，讓他的肚子餓到有如「火在裡面燒」。最糟的是，他連普通的啤酒都喝不起。但是埃及和美索不達米亞的藝術和文學作品卻揭露日常生活的另一面向，相關著作印證人民相當認命，他們心甘情願地辛勤工作、眼看著心愛的人早逝。一首前一一六〇年的埃及詩建議大家「抓住今天！把握假日！」：

不疲倦，不停止，展朝氣，
你和你的真愛；
在世上逗留的日子，別煩心，
在一天過去的時候牢牢抓緊。[16]

鐵器時代早期的理想世界是蔥鬱的花園，是豐饒的樂園。壁畫和浮雕描述優雅淙淙的流水、豐盛飽滿的穀田、掛滿甜棗的棕櫚樹、躺滿肥鴨的蘆稈舖、盛產魚兒的池塘、和綻放的香水蓮花。在這充滿非渾即濁簡陋泥屋的世界，蓮花被公認是純潔的象徵。

埃及享有特殊的地理政治位置。尼羅河從非洲中部的大湖到地中海，流經數千公里，但只有在最後一千公里左右才有柔軟的沙岩，讓尼羅河可以沖刷出那知名的廣闊河谷和三角洲，這也是古代世界中最大的綠洲。大約公元前三一五〇年時，一位名為美尼斯（Menes）的法老王統一了上埃及和下埃及那些位於綿延流遠的尼羅河周邊地區。接下來的兩千年間，共二十個不同的王朝統治這塊領地，讓這裡頻繁經歷動盪、分裂和外敵入侵。只不過，埃及從不是完整的龐大政治體，而且孟斐斯跟底比斯等主要城市時常為了成為權力中心而相互競爭。

尼羅河上游靠近現在蘇丹的地方，地質構造屬於堅硬的花崗岩，導致河谷難以擴展，並形成不少激流，讓船隻難以通行。這裡是努比亞人（Nubian）的家，他們的聚落數隨尼羅河流域的河岸變寬而增加，但這些綠洲總是不夠大，無法供養大量人口。如此一來，努比亞人往往難以抵抗埃及軍隊。這些軍隊企圖掌控他們的豐富金礦資源，和通往非洲之角的貿易路線。非洲之角是象牙、黑檀木跟香料的產地。

鐵器時代早期，埃及北部尼羅河三角洲附近的地中海沿岸有部分地區仍被森林覆蓋，適合旱作農業。當時利比亞的軍閥位於今日班加西（Benghazi）附近的沿岸綠洲，他們常常想佔弱勢埃及統治者的便宜。西奈沙漠（Sinai Desert）是通往美索不達米亞和黎凡特的路橋。法老王得防範西奈沙漠另一頭來的入侵者，還有偶爾來自海上勢力的入侵。

羅浮宮內埃及古物展區一處安靜的角落，立了一座樸實的葬雕品——是名腳陷泥巴地的農夫。他望向穀倉，同時拖引著一個簡陋的犁，兩頭肥壯的公牛在前面拉。[17]耕地、播種、收割，然後等待下一次的氾濫季節，之後才得以周而復始，而這一點，形成大多數古埃及人的生活節奏。他們最渴望和平，也就是穩定的政局和安全的邊境。但對於外面的人來說，埃及是頂級戰利品。就像平民家中要防盜一樣，國王得防禦國土，抵抗外敵。這些外國的掠食者，就像穴中胡狼虎視眈眈看著巢中肥鵝般，不錯過任何襲擊埃及的機會。

所以，埃及統治者所要扮演的角色中最重要的，就是提供人民保護和安定感，最好還要維護和諧。埃及人稱之為瑪亞特（Maat），她是繁盛時期舉足輕重的女神，掌管星象、洪水、和四季，並象徵人和國家的服從、秩序、正義和死亡。瑪亞特的對立面是伊斯菲特（Isfet），意指混亂。如果說《摩訶婆羅多》中戰爭、平衡、和仲裁的概念反映了多國競爭的無政府背景，那麼埃及文本則展現了帝王傳統的典型。他們用盡所有方法來表達，和諧建立在階級制度上的這個概念。寺廟的浮雕品刻畫出法老王站在高處，下方則是成列的順從埃及子民以及卑屈的外國使節。

前十四世紀時，用來謄寫外交信件的阿瑪納泥板就這觀念提供了迷人的視角。在它們的刻畫中，法老王跟巴比倫、亞述、西臺等其他君王比起來，是至高無上的領導者。[18]為他管理對外關係的官員被稱作「全北地區的監督人」[19]，皇家禮節也展現出埃及無上地位。一位代表表示：「在我的主君腳旁，我以胸和背觸地拜了七次，然後再拜七次。」[20]外交使節親自獻上奢華的貢品前，必須在烈日下等上數小時。貢品的內容包含馬匹、戰車、寶石、年輕女奴、和異國原木。有位倒霉的外交官足足等了四年才獲得覲見。法老期盼其他地位比較低下的王，將女兒送進他的皇宮。但相對的，將埃及公主派遣出國則是羞辱的事，只有在埃及衰弱且需要援助的時候才會採取這種聯姻方式。不過，新王國世紀（前一五五〇—一〇六九年）期間，像是圖特摩斯三世（Tuthmosis III，前一四七九—一四二五年）和拉美西斯二世（Ramesses II，前一二七九—一二一三年）這樣偉大的統治者，大張旗鼓地配置成千上萬的士兵擴展領土，其勢力甚至遠達努比亞和黎凡特地區。他們喜歡的政治宣傳手段包括炫耀黃金——珠寶、武器、皇家飾品——建築龐大的寺廟群，例如拉美西斯二世蓋的阿布辛貝神殿（Abu Simbel），神殿中幾乎每面牆上都飾以壯觀的戰勝場景圖。

風水輪流轉，新王國世紀的光彩逐漸暗淡，被無政府狀態取代。實際上，早在拉美西斯二世統治期間，就已顯露戰爭疲乏的徵兆。《潘道爾之歌》（*Pentaur*）中有這麼一段話：「和平勝過打仗。讓我們喘口氣！」[21]黃金時代是在前十三世紀的尾聲才開始真正走下坡[22]。拉美西斯二世在前一二一三年去世後，繼位之爭、後宮陰謀和內戰陸續爆發。埃及在政治衰敗的同時，還要應付大量的外來移民和地中海地區的掠奪勢力。這些海上民族似乎帶來相當具破壞力的影響。盧克索（Luxor）附近的哈布城（MedinetHabu）是拉美西斯三世的陵廟，廟中有一面牆雕了他在位期間，一場足以作為他軍事戰役代表的悲壯海上之戰。這事件的戲劇性和魄力，藉浮雕中數百人交纏扭打的身軀、林立的槳和矛刻劃出來，也概括了埃及人震驚和敬畏的感受。埃及是有能力打敗海上民族，但卻得付出慘痛的代價，包括數千條人命的犧牲、饑荒、通貨膨脹和社會動盪。同時，利比亞的入侵者持續在邊境處伺機以動。最終，底比斯的大祭司在前一一〇七年取得了上埃及的控制權，分裂了王國，也激發努比亞人脫離埃及的統治。埃及直到前十世紀才迎來了致命一擊，當時利比亞美什維什（Meshwesh）的偉大領袖舍順克一世（Shoshenq I，前九四三－九二二年）成為了法老，開啟埃及的異族統治王朝。

再一次的，詩歌鮮明地呈現了人民對於混亂時局的感受：

外來的鳥會在三角洲溼地繁衍
只要在人旁築了巢
只要人們默許牠接近……
所有的歡樂已然消失，
貧困和苦難已讓這個國家伏首稱臣，
都是因為那些養鳥人，
漫遊在這國家上的亞洲人。
敵人在東方崛起，
亞洲人來到了埃及，
男人即將拿起用來打仗的武器，
這國家會騷動不已。

男人即將製作銅箭，
為了溫飽而渴望殺戮，
面對危難則報以大笑。
沒有人會為死亡而哭，
沒有人會為死亡禁食，
人人的心向著自己。
今天我們不會哀悼，
人們的心早已將之摒棄。
一個男人背向而坐，
當人們相互砍殺。
我告訴你，兒子是仇敵，兄弟是敵人，
一個男人砍殺著自己的父親。23

廣闊而肥沃的尼羅河流域造就了埃及的政權，讓它成為世上最早發展帝王傳統的地區之一。在這範疇之中，瑪亞特這個政治的表現形式以階級呈現：神明支持法老維持和諧的努力。法老不僅要求子民的敬仰，也要求埃及勢力所及區域中，次等的王都要敬重他。這是當時國際政治的理想典型，讓那些次等的君王奉上貢品、送女兒入宮、再派遣使節在法王的腳前跪拜。但現實卻波濤洶湧。即使是埃及國內，尼羅河谷也成了各城市相互競爭的競技場。這個國家的繁榮也常讓其他勢力覬覦在心，只要一有弱點，便會引來那些在周邊匍匐的勢力入侵。不過，大多征服者，例如舍順克這位利比亞軍閥，寧可全盤接收埃及的帝王傳統和符號系統，也不願破壞之。所以，雖然最高統治者不斷更易，瑪亞特這個帝國的形式還是持續流傳下去。

美索不達米亞

美索不達米亞的地理和環境，跟埃及比起來更為複雜。底格里斯河（Tigris）和幼發拉底河（Euphrates）造就了美索不達米亞的名字（希臘文中，美索不達米亞代表「兩河之間」）。這兩條河約略平行並流將近兩千公里，將此地區裁分為一塊塊像拼布般的河谷和綠洲，這項地理特徵讓任何一個政權都難以獨力掌控。公元前二三〇〇年，阿卡德帝國這中心城邦成為第一個在此建國的政權。接下來的幾世紀，其他當地的國家陸續取代它的地位：位於南邊烏爾城（Ur）的蘇美人、位於中部的巴比倫人、以及亞述人，亞述人祖傳下來的首都在北邊的亞述（Ashur）。

不是只有他們在這地區爭權。底格里斯河和幼發拉底河的支流進入托魯斯山脈（Taurus Mountains）、亞美尼亞高原（Armenian Highlands）、和札格洛斯山脈。由於位在高於美索不達米亞平原的優勢位置，這些山脈形成戰略橋頭堡，不僅靠近水源、富有農田、是貿易門戶、還受到岩石的保護。這些條件培育了一些野心勃勃的王國，例如米坦尼（Mittanni）、烏拉爾圖（Urartu）、埃蘭（Elam）和米底亞（Media）。黎凡特的丘陵地也為王國提供了庇護，但規模都太小，對美索不達米亞平原不構成威脅。

具體表現統治者衡量統治方針的考古史料，引領我們深入探察美索不達米亞的歷史。這些史料包括來自於烏爾王國的泥板，這些泥板用來公佈遏止暴力、稅金濫用、收入不均和虐待女性的法條。巴比倫王漢穆拉比（Hammurabi）在前一七五〇年左右發布世界最古老的完整法典，原碑目前展示於羅浮宮。《漢穆拉比法典》內含詳細條文，涵括財產、處理囚犯、和離婚女性的權利等主題。還有巴比倫人普遍信仰的正義之神沙瑪什（Shamash）的藝術作品，沙瑪什賦予國王權力和智慧。《吉爾伽美什史詩》（*Epic of Gilgamesh*）的描述中，一位國王欺壓人民，在人民的新婚之夜姦淫新娘，但在了解了友誼的真諦之後成為明君，不僅掘井、治水、還築起如銅一般閃亮的城牆。根據這個故事，這位國王既正直、俊美又完美。「沒有敵人能與他刀槍以對。」[24]

所有上述元素的加總可說是美索不達米亞的帝國文化。巴比倫的正義之神沙瑪什、《漢穆拉比法典》及《吉爾伽美什史詩》同時也受亞述國王的擁戴和推崇。甚至亞述國王的王袍、貴氣的鬍子設計和王家飾品有部分也是傳承自巴比倫。而且，如巴比倫人一樣，亞述人也形容他們的國王是園丁，處於天堂般的美景之中，以此隱喻和平和昌盛。一位亞述王如此自誇道：「我從扎卜河（Zab）上游挖了一條水道，途中切過一座山頂，我稱之為豐饒水道。」

> 我灌溉底格里斯河旁的草原，在附近的果樹林種植各種果樹。我種下了種子和植物，它們來自於我曾行軍過的國家和我曾翻越的高地：有不同品種的松樹，不同品種的柏樹和杜松，杏樹、棗、黑檀、紫檀、橄欖、橡樹、檉柳、胡桃、松香和白蠟樹、冷杉、石榴、梨、 桲樹、無花果、葡萄藤……[25]

只不過，文本和藝術品也證明，國內如果要充滿樂園景象，首先國王對外就得強勢，也就是要壓制其他君王，並收取他們的貢品、接受他們效忠。

跟埃及一樣，鐵器時代的美索不達米亞始於動盪。天氣變得更乾燥，導致植物不再生長。[26]這因素驅使黑海附近平原上的西米里族人（Cimmerian）遷移到高加索，生活在安那托利亞，半遊牧民族的亞蘭人（Aramean）也被迫進入美索不達米亞。此外，包括多利安人（Dorian）在內的其他數個民族，也遷到了地中海地區，海上民族也往黎凡特跟埃及移動。這段大規模遷徙的時期是黑暗、動盪、具破壞性的時代，像烏加里特跟邁錫尼這樣位於邊緣地帶的牆中城，便首當其衝地被消滅了。

在美索不達米亞，巴比倫是本身前朝帝國的影子。偉大的國王漢穆拉比在前一六九九年身故之後，國家隨之動盪，且從未真正恢復原狀。現在，西臺人、加喜特人、埃蘭人和亞述人大舉進攻。前一〇八二年，這區域受饑荒所襲，也遭遇亞蘭人的侵犯，到了前一〇二五年，本土出身的巴比倫王被廢黜。根據編年史記載，重要的宗教遊行暫停舉辦，饑荒再次肆虐，獅子、狼和豹在街道上出沒。亞述面對亞蘭遊牧部落的猛攻也顫慄不已。根據後期國王的記錄，當時破壞、謀殺、和奴役折磨著亞述的人民。[27]就在前一千紀的開端之前，整個中東都處在熊熊烈火之中。

中國

華北平原是另一個有潛力發展為帝國心臟地帶的地區。[28]這片廣大的肥沃平原面積能達到四十萬平方公里，是黃河沖積的功勞。華北平原往北達今日的北京，南至上海，往內地延伸則超過一千公里至燕山和太行山山脈，面積共占現代中國總領土的百分之五。

鐵器時代開始前，曾覆蓋此平原上的森林大半已消失，取而代之的是農田。衛和齊等國位於平原的中心，周邊像是秦跟周幾個國家，政權則在面朝平原的河谷間立足。更外圍的地區是西戎、北狄、南蠻這些異族的地盤。人們常讚中國帝制歷史源遠流長，但實際上，中國常處於分裂且戰火頻仍的狀態。我們今日所認知的中國，是直到公元十八世紀時才終於統一。

殷商在公元前一六〇〇年左右，史上首次統一了一大部分的華北平原。關於商朝的第一手資料不多。從婦好的墓中發現，商朝統治者的陪葬品僅有數名奴隸、樸實無華的銅器和粗製過的玉雕品。[29]甲骨片上的文字證實，商長期和外患「鬼方」交戰，但卻不見前一二〇〇年左右之後的甲骨文。這表示商可能再也沒取得沿海國家進貢的珍貴龜甲。如果真是如此，那麼這可能是商朝衰敗的早期徵兆。實際上，商朝沒落的跡象持續了一個世紀以上，直到周號召天下討伐商，並在前一〇四六年的牧野之戰獲得大勝為止。這場戰役規模相當可觀，據記載，約百萬名士兵參與其中。[30]當周國從他們黃河河谷深處的據點遠征而來時，華北平原上的居民，想必能對利比亞顛覆埃及或加喜特人進攻巴比倫這兩事件感同身受。

周朝的統治者聲稱，商朝末期的政局腐敗而人民不安，所以天意讓商朝覆滅。曾輔佐周朝首位君王的周公旦，後來更加完善地歸納此一說法：周王是受命於天的天子，行使天命而治天下中心的國。[31]從此便萌生了「中國」（Middle Kingdom）的概念。

史牆盤為盆狀青銅器，上方銘文記載周朝前期諸王如何統一萬邦、恢復秩序。「上帝司夒，尤保受天子綰令命，厚福豐年，方排亡不從見。」[32]「大和平」就是最終目標。後世儒家學者邵伯溫主張：「君上必欲上為帝事，則請執天道焉；中為王事，則請執人道焉；下為霸事，則請執地道焉。三道之間，能舉其一，千古之上猶反掌焉。」

由此可知，鐵器時代初中國的政治景況，跟美索不達米亞和埃及多所雷同。它們都有寬廣的肥沃平原，讓人口可以增加，例如中國大概增至一千萬人口。但這個平原，卻都被不同城邦和君王所割據，而這些勢力皆不斷相互爭權奪勢。[34]豐鎬這座小型都城位於華北平原的邊緣，但由於是西周首都，它成了多少統一了這地區，也將帝王的思想體系建立在天意的基礎上的先鋒城市之一。

南亞

延伸近三千公里的森林、山脈、與印度河—恆河平原（Indo-Gangetic Plain）上的冰川，分隔了華北平原。印度河—恆河平原也是重要的潛在帝國搖籃。

百萬年來，雨季帶來的水沿著喜馬拉雅山南面山坡向南流注數百條小河，這些川流供給印度河、恆河和布拉馬普特拉河（Brohmaputra），讓它們川流不息地往阿拉伯海和孟加拉灣流。它們所滋養而成的平原廣達兩百五十萬平方公里，是世上最重要的糧倉。平原的形狀像是馬蹄鐵，它的凹處依著南方的德干高原堅硬的岩層彎折。平原以北，則以興都庫什山脈、喜馬拉雅山脈和緬甸的撣邦高原（Burmese Hills）為邊境。歐洲殖民者在十六世紀抵達之前，這裡最大的外來威脅是中亞地區沿阿姆河（Amu Darya）而居的遊牧民族。這些遊牧民族得先跨越既長又危險的興都庫什山山徑，抵達開伯爾山口（Khyber Pass）後，才得以進入南亞平原區。

青銅時代時期，哈拉帕文明（Harappa Civilization, 又稱為印度河流域文明，公元前三〇〇〇—一三〇〇）支配了印度河—恆河平原的西半部分。前一九〇〇年左右，摩亨佐達羅（Mohenjodaro）和哈拉帕這兩座泥磚建築為主的大城遭棄置之後的幾世紀間，並沒有跡象顯示曾出現任何取而代之的新政體。然而，公元前一五〇〇年，所謂的「印度—雅利安移民」開始向南推進。他們可能取徑興都庫什山，在路上途經一個個部落和小國。一開始，這些移民在斯瓦特山谷的草原上，也就是今日的巴基斯坦北部，建立了一個據點。不過，幾個世紀過去，他們不僅人口倍增，影響力大過當地的居民，還更一步往前進駐印度河和恆河肥沃的平原。[35]

雖然用「移民」這詞來形容這漫長的過程可能比「入侵」更合適，但其造成了巨大的社會轉型。這個新文化以吠陀（Vedas）為名，通常稱為吠陀文明（Vedic Civilization）。吠陀為梵文經典，也是印度教的基礎。雖然吠陀文明的原始灰彩陶器難以跟埃及和美索不達米亞的輝煌藝術匹敵，卻確實留下了那時代豐富程度無與倫比的文學作品。在此期間，鐵器出現，種姓制度分隔了社會，新王國也陸續成立了。如果《摩訶婆羅多》這樣的史詩有所根據的話，那麼這些國家之間的關係特點似乎就是無政府狀態，因為他們幾乎無止盡地結盟以相互攻打、鬥爭、征戰。直到前五世紀，才有般遮羅國（Panchala）掌握了凌駕於其鄰國之上的霸權。另外，直到前四世紀，印度次大陸大部分地區才一致屬於孔雀王朝（Maurya）這單一帝國的控制之下。

在印度教傳統中，財富女神吉祥天女（Lakshmi）和其丈夫——正義和平之神毗濕奴（Vinshnu）——兩者代表了和諧。《摩訶婆羅多》和《羅摩衍那》（*Ramayana*）等古梵文史詩凸顯了對於和平與和諧的渴望，希望父母能看著孩子成長，農夫帶來收穫，而國王則公正地統治。同時，這些史詩也強調了要維持和平與和諧是多麼的困難。頒布了「比例原則」（desha dharma），是為了避免過度使用暴力，卻反遭恣意妄為，成了洩恨的荒唐事。引入了「仲裁」（panchayat）制度，但卻鮮少防止衝突。特使不被當回事，而且國家無論如何都一直處於備戰狀態。

即使《摩訶婆羅多》中眾神都警告要提防戰爭，狡猾的大臣卻知道如何操弄國王的驕傲跟不安全感。「國王應隨時高舉權杖，在必要時攻擊，也應隨時提升自己的英勇。」[36]邪惡的參事卡尼卡（Kanika）建議：「自己謹慎避免犯錯，同時應持續照看敵人犯的錯並趁機利用之。」卡尼卡接著解釋說，國王應表現得像狡猾的胡狼，最好是不開戰，而是利用外交手段、金融實力或引發內部的不團結來達到目的。吠陀人認為世界上的理想政體該是能抵禦天災人禍的鐵造之城，就前述情況看來，他們會這麼認為，可能也就不那麼令人吃驚了。

安全感和權力

在前一千紀初期，國際關係中的善、惡和暴力，已然成了重要的議題，引發人們進行相關的思想、寫作、繪畫和雕塑創作。用現代的話來講，權力分配（也是本書首要研究的歷史層次）仰賴天然資源的三位一體。就算世界人口仍很稀少，天然屏障仍嚴重減緩了交流，東地中海地區、華北平原、印度河—恆河平原仍演變成波濤洶湧的強權政治競技場。在其它地方，蓊鬱的森林、山脈和草原仍覆蓋地球大部分地區，其中的強權政治也以較小的規模展開。雖說如此，其對人類的影響也同樣深遠。

我們納入考量的第二個歷史層次是政治組織的發展。青銅時代晚期，有許多人口低於數千人的小城鎮。許多這樣的小城及周邊大片的領土由國王所治理，因此稱為城邦（city state）。尤其在世界農業最發達的四個地區——埃及、美索不達米亞、印度河—恆河平原和華北平原——這類型城邦的密度相對地高，彼此在文化、商業和軍事的交流也得以更加密集。它們通常有共通的文化、宗教和政治習俗，也因此促生出共用符號作為帝國傳統，用以正統化階級制度。於是，追求權力的小城邦，及掌握了帝國勛章的勢力，最終形塑了這些地區的政治現實。

如果國際關係中有「自然狀態」——也就是原始的階段——它的特徵便是渴望和平與無法維持和平這兩者之間的拉鋸。不管是墓址、視覺藝術還是詩歌，都表現出人類生命所附加的價值，即使在非常艱困的條件之下也希望能活得精彩圓滿，另外，也展現了他們失去所愛之人的悲痛，以及對戰爭的極端厭惡。即便對於住在臨時小屋或小村莊、生活條件最原始的人來說，戰爭也代表殘殺、虐待、綁架和奴役。對較進步國家中的農夫和工匠來說則有點不同，威脅可能遠在邊境，但戰爭仍常導致賦稅提高、對於灌溉建設的疏忽（這和農業盈收息息相關），還有徵兵制度。

結果是，世上的人夢想有個和諧的理想社會。在埃及，瑪亞特具體化了這個想法；在中國，是由「天命」體現；在美索不達米亞，是由《漢穆拉比法典》體現；在印度，則由毗濕奴和吉祥天女將之具體化。國家和其統治者主要的工作是維護國內和平，在邊境提供防禦。於是，政體的理想形象便是險惡世界中給予保護的聖殿、沙漠中的花園、圍城中的庇護所、以及鋼鐵之城。所以，考量我們在本書開頭提到的第五個歷史層次，也就是針對世界政治本質的思想之演變，青銅時代晚期間已經出現了顯著的二分法：一個理想的王該作為人民公正的父親，但面對外敵，則是無畏的戰士。

這將我們導向先前提出的第三個歷史層次中一個重要的議題：為什麼戰爭比和平常見？荒謬的是，偏偏就是為了追求安全感，才造成那麼多不幸。疆界是流動的，所以難以界定追求安全感的範圍，也很難確切分辨防禦型戰爭和進攻型戰爭之間的差異。一方認為合理防禦型的戰爭，在另一方的眼中看來卻是野蠻的侵略。同樣的，如果埃及、亞述、或中國某王視帝國成立為化混亂為安定的手段，被征服的一方想法卻相當不同。國家追尋安全感，也有將其權力最大化的欲望，這兩者之間很少有所區別。

在前一千紀的開端，戰爭就已經有暴利可圖，就算人民不一定認同，至少對王和朝廷來說必是如此。城市和寺廟是裝滿金銀珠寶的寶庫，而增加農地、控制貿易路線則能徵得大量稅收。不可避免的，尋求安全和追求利益這兩種意圖相互交纏。同樣的概念也可套用到國家的強盛和衰弱。一個政體的崛起、經濟成就、政治統一、或技術發展都有可能引起敵國的覬覦或恐懼，但政體的衰弱則可能促使掠奪者介入政權，例如埃及的新王國和中國的商朝。

最後值得提出的是自然，也就是本書的第四個歷史層次。前一千紀開始之前，世界剛經歷了氣候變化，對所有族群都造成動盪，並引發大規模的遷徙和衝突，而處於乾草原等危險地帶的族群受到的影響尤甚。恐懼、貪婪、權力和天然資源的匱乏是形塑早期國際關係的要素。

CHAPER

2

Solomon's Peacock

所羅門的孔雀

前一〇〇〇年至七五〇年

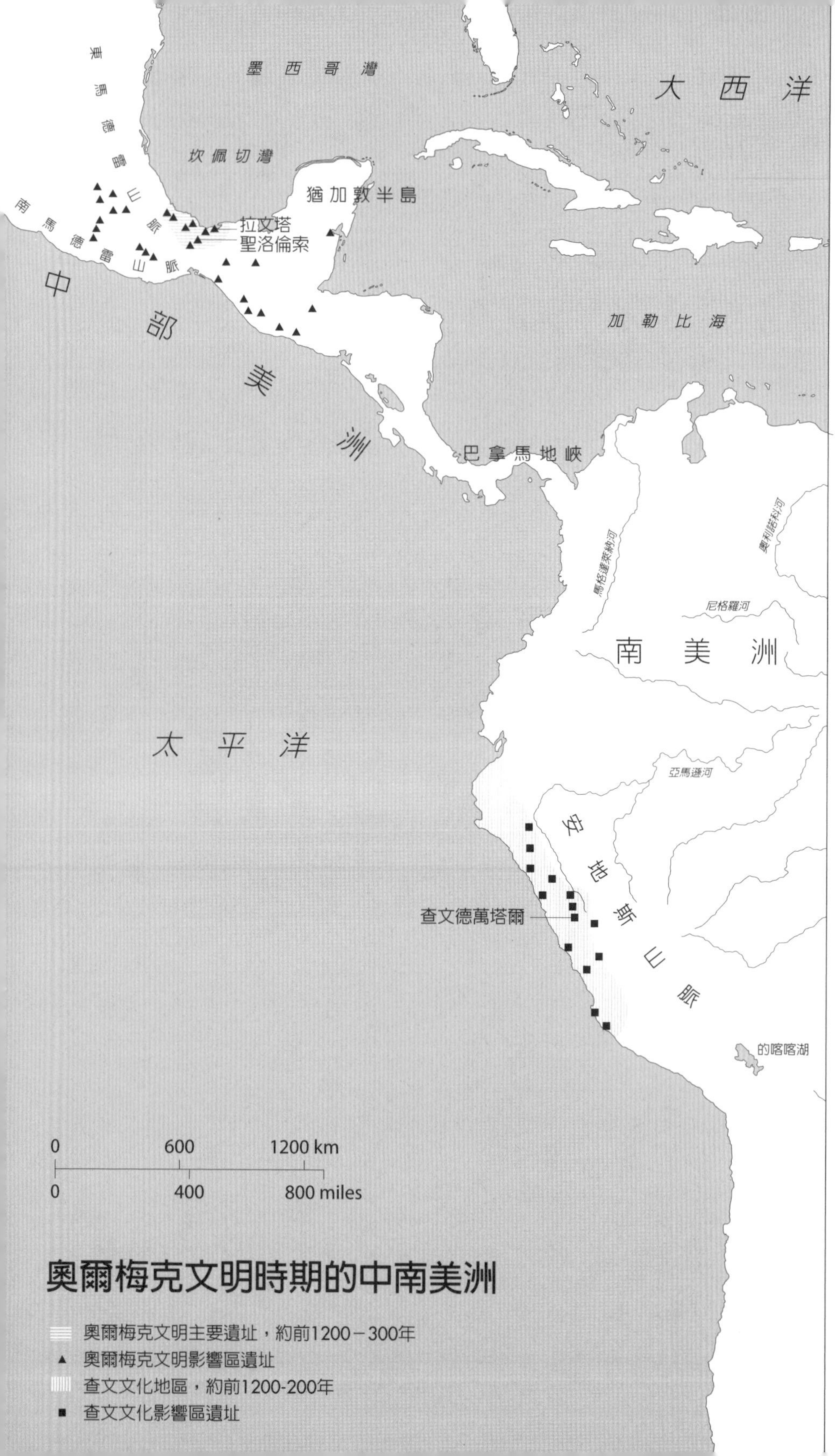
墨西哥灣
大西洋
東馬德雷山脈
坎佩切灣
猶加敦半島
南馬德雷山脈
拉文塔
聖洛倫索
中部美洲
加勒比海
巴拿馬地峽
馬格達萊納河
奧利諾科河
尼格羅河
南美洲
太平洋
亞馬遜河
安地斯山脈
查文德萬塔爾
的喀喀湖
0 600 1200 km
0 400 800 miles
奧爾梅克文明主要遺址，約前1200－300年
奧爾梅克文明影響區遺址
查文文化地區，約前1200-200年
查文文化影響區遺址
奧爾梅克文明時期的中南美洲

約莫西元前一千年，鐵器時代剛開始時，世界還空蕩蕩的，地球大多地方都只有與世隔絕的部落和遊牧民族。我們在前一章提到的部落族群看重生命，他們想透過劃定疆界的方式與他族共存、相互交流物資且行使外交手段。不過，外交關係的自然狀態中，戰爭與和平都舉足輕重。如我們所見，這對於最早期的王國來說也一樣，最好的便是擁有和諧的一生。眾王利用信件和信使互相聯繫。但人們也期望他們能贏得戰利品，讓他們能為人民帶來益處，同時也提高自己個人的威望。尼羅河流域、美索不達米亞、印度河－恆河平原、華北平原這些主要的人口和政治中心也渴望和諧。他們向瑪亞特或吉祥天女祈禱，或希望君王能行天命。

這一章將敘述新千年轉折時期，埃及、美索不達米亞和地中海地區東部如何成為單一廣大的政治競技場。埃及和強力崛起的亞述各懷野心，雙方在黎凡特產生衝突，但黎凡特上數量眾多卻較為弱勢的小城邦卻未能聯合起來與之對抗。埃及和亞述都想掌控貿易；雙方都相信自己的統治者為神之所選。本章也重現中國周朝君王和鄰國強權的企圖如何相互抵觸，後來周朝又是如何陷落，造成華北平原分裂而陷入混亂。最後，本章探索西半球最早出現的帝國之一——謎樣的奧爾梅克文明（Olmec），以及玉米餅（tortilla）在其誕生過程中所扮演的角色。

亞述的崛起

前一千紀開始之前，黑暗時代（Dark Ages）已如林地野火的煙霧蔓延了整個地中海沿海地區。來自北地中海的海上民族吞沒了地中海東岸和南岸地區。埃及陷入動亂。往更遠處去的巴比倫瀕臨瓦解邊緣。在美索不達米亞平原四處肆虐的眾侵略者開始互相攻打，讓亞述抓住了機會崛起。公元前九一〇年是轉折點，當時阿達德尼拉里二世（Adad-nirari II, 前九一一年至八九一年）挺身對抗位處今日敘利亞北部的亞蘭人，並給予猛烈一擊。從那時起，亞述眾王迅速拓展他們的影響力至中東各處。

阿達德尼拉里二世的勝利歸功於他父親當政二十年間的國內改革措施。亞述—丹二世（Ashur-Dan II, 前九三四年至九一二年）有條理地將國土劃分為省，並管理施政、強化首都、沿線修復重要貿易路線上的要塞、提高農產量。「我帶回疲憊的亞述人，他們因饑荒、飢餓和匱乏而拋棄了他們的城。」亞述—丹自誇道：「我在我的土地上拉起犁；我堆起的穀糧是前所未有的多。」[1]

阿達德尼拉里二世打敗亞蘭人後，立刻將注意力轉往巴比倫。雖然他的軍隊占了上風，但輸贏卻不明確，所以雙方皇室安排了聯姻。接下來的戰役集中針對北部山區的小國，包括衰弱的西臺王國。阿達德尼拉里二世的孫子阿淑爾納西爾帕二世（Ashurnasirpa II, 前八八三—八五九年）一路推進至地中海地區和紅海。前八七九年，阿淑爾納西爾帕為了展現自信，在復興城市尼姆魯德（Nimrud）舉辦了一個浮誇的新宮殿啟用盛筵。[2]這座宮殿動用數千名工人，花了超過二十年才蓋好。現在，國王「酒食宴客十天，共四七〇七四名男女賓客從國內各地受邀而來；此外，還有來自國外的貴賓代表五千人。」阿淑爾納西爾帕在石碑上記錄：「我給他們應得的榮耀，讓他們健康又快樂地回去。」[3]他的繼任者又更加擴張了亞述的領地。至前九世紀晚期，亞述帝國掌握的範圍幾乎包括美索不達米亞全區、黎凡特與安那托利亞的一大部分。[4]

亞述之所以能以驚人之姿崛起，是因為好幾位明君是在毫無繼任糾紛的情況下就任的。他們的才幹結合了兩個面向，分別是滿足人口的經濟改革以及戰場上的革新。[5]亞述人使用攻城槌和移動塔提高攻城的效率。他們進行實驗，用駱駝和騎兵部隊取代戰車打仗。他們也改良了製鋼過程中，硬化鐵的技術。他們用以脅迫敵人的戰時宣傳提供簡單的選項：進貢，或者滅亡。阿淑爾納西爾帕二世位於尼姆魯德的宮殿牆上有以下刻文：「他們的男人，不管老少，我都收為囚犯。其中一些人，我砍去他們的腳和手；另外一些人，我切去他們的鼻、耳和唇」、「年輕男性的耳朵，我把他們堆砌成小丘；老年男性的頭，我將他們堆成尖塔……男女孩童，我將他們燒成灰。」[6]

結果便是掠奪性帝國主義。征戰獲得更多貢品，貢品則支持了更多征戰。行政記錄透露了戰利品的內容：金、銀、錫、銅、帶彩色飾物的亞麻衣、猴子、黑檀、黃楊木和海洋動物的長牙。有些被征服的地區受帝國建省，由地方行政長官依照亞述法條管理，並傳播亞述文化，徵收亞述的稅。其它地區則成為僕從國（client state），間接地由傀儡國王治理。這些傀儡國王除了必須放棄獨立經營國際關係的權利、上繳貢品，還要將孩子送往亞述宮廷當作人質。

帝國的秩序清楚地浮現在亞述王鑿打於泥版上、鐫刻於石碑上的記錄中，這秩序以亞述（Ashur）為中心。亞述是主要神祉，祂給予眾王指導。天堂般的花園環繞國王居住的宮殿，花園之外則是以高牆和城門圍起的城，城內住著各式工匠。城外，農田圍繞著城牆向外延展。在雕塑作品中，理想的農田景致不外乎蔥鬱多產的棗樹林、肥沃的糧田、和盛產魚的河川。這就是「中王國」（middle kingdom），又稱神選之國。這裡以外的化外之地，則被認定是神所拋棄之地，被視為「失敗宇宙」而擱置。

這失敗宇宙確確實實是個動盪不定的地方。不過亞述人很幸運，鄰近國家從青銅時代的崩潰中復甦得較慢，同時還彼此爭鬥。例如在埃及，自詡為埃及神貓的新利比亞王朝，僅出產兩位優秀的王。建朝法老舍順克一世（前九四三至九二二年）驍勇善戰，卡奈克（Karnak）中某一神廟還展示他高站在敗戰的敵人上方。這些敵人遭受綑綁，有點像昆蟲標本一樣地整齊分組列隊。舍順克統治今日以色列和黎巴嫩大部分地區。他和泰爾國王簽署了貿易協議。為了表達順服之意，泰爾國王在比布魯斯（Byblos）的主神廟中，擺放了一小尊舍順克一世的花崗岩像。[7]

不過，舍順克一世去世後，爆發繼位衝突，其中，奧索爾孔二世（Osorkon II, 872-837）是憑運氣才得以建立、鞏固勢力。奧索爾孔曾在北方短暫地征戰，但他採取約束措施為外交政策。他可預見未來去世後將上演繼位之戰，而這已讓他困擾不已。他曾向阿蒙神（Amon）祈禱：「讓我的孩子們立足於我所給予的職位上」、「如此一來，兄弟間不會彼此嫉妒。」[8]但埃及仍陷入王室鬥爭，奧索爾孔死後幾年，王朝便一分為二。南邊重獲了自治權，甚至尼羅河三角洲也漸漸地瓦解成許多獨立小國。亞述人差那麼一點就要退至西奈沙漠了。[9]直到前七一〇年左右，才有一位來自努比亞的黑人法老統一埃及。

聖經和戰場

跟今日一樣，鐵器時代早期的黎凡特地區也是個充滿政治策謀和野心之地。在舍順克一世和奧索爾孔二世眼中，這一區塊的小城小國在政治上脆弱，但卻因貿易而富裕，是誘人的攻占目標。從尼羅河三角洲上的孟斐斯城，「海洋之路」（Way of the Sea）這條貿易路線經過無數地中海沿岸的城市，一路通往大馬士革。另一條「君王大道」（King's Highway）則經過紅海北部地帶、黑海及約旦河、大馬士革，最後抵達幼發拉底河和安那托利亞半島。

約旦河大裂谷將黎凡特分為東西兩部分。橫貫東西的沿海地區雨水豐沛；往內陸方向接著便是約旦河谷和乾燥的約旦高原。偉大的泰爾王國就位於這地區的北部。泰爾之於鐵器時期的黎凡特，如同十二世紀的威尼斯之於義大利。如中世紀時代位於安全潟湖的威尼斯，利用周邊的海外屬地發展，泰爾的腓尼基人位處今日黎巴嫩沿岸，以他們受地理位置保護的島城為中心，建立起如織的商業網絡。他們的殖民地最遠達直布羅陀海峽。在香柏木和鐵礦的供應方面，腓尼基人扮演不可或缺的角色。泰爾東邊是亞蘭國（Aram），也是亞蘭人的家。南邊，沿著加利利海（Sea of Galilee）和約旦河延展的，則包含以色列（Isreal）、亞捫（Ammon）、猶大（Judah）、以東（Edom）、摩押（Moab）等王國。

這些國家之間長久的爭鬥形成了《舊約聖經》的歷史背景。以色列在掃羅王（King Saul，前一〇四三年至一〇一二年）的治理下成了黎凡特地區的霸權。掃羅率領各異種部落的聯盟打敗亞捫人之後受擁封王，將這些部落統一而成立以色列。他的繼任者大衛（David，前一〇一〇年至一〇〇二年）和所羅門（Solomon，前九七〇年至九三一年）更擴大了王國版圖。《舊約聖經》形容所羅門為能力卓越的君王。他希望政府能控制貿易、建設鑄鐵的鎔爐，他也聘雇一支海軍、成立了常備軍。所羅門王取得海洋之路的控制權，監控君王大道上大部分的買賣，還跟泰爾國王建立了貿易協定。

有證據顯示中東地區、地中海地區、紅海地區、甚至印度洋地區之間存在貿易關係。「三年一次，裝載金銀、象牙、猿猴、孔雀回來。」《舊約聖經》如是說。[10]這也指席巴（Sheba）女王拜訪所羅門宮廷的景況。證據在於，位於今日葉門的席巴王國已經是印度洋地區以及地中海地區之間重要的貿易中心。所羅門也透過納娶埃及、摩押、亞捫，和以東等國的公主鞏固盟國關係。但所羅門去世後，以色列分裂為兩部分，其中南半部獨立為猶大王國。

猶大王國才剛獨立出去，馬上受到舍順克一世圍攻。當時埃及是以色列的新盟友，所以以色列將舍順克一世引進這個區域。前八九〇年左右，猶大王國的亞撒國王（King Asa）拿主神廟中所有的金子賄賂亞蘭國王，希望亞蘭國王可以終止和以色列之間的協議，並在北方開放另一個通道。前八六〇年前後，猶大王國遭摩押與亞捫兩國入侵，後來，當亞蘭軍隊也攻進來時，猶大王國被迫求和。

前八五三年，亞述的入侵勢力逼近這塊區域，於是，各國停止彼此紛爭而組成強大的同盟。他們聚集在位於今日敘利亞的卡爾卡爾（Qarqar）以埋伏亞述大軍。結盟軍包括來自巴比倫、埃及、波斯、以色列、亞蘭和其他十個國家等地的軍隊。根據某一石碑記載，共超過六萬戰士參與這場戰役。對中東的居民來說，這已近似世界大戰的規模。最後，亞述軍占了上風，大概是因為他們的騎兵部隊數量更多也更精良。戰敗的國家則被迫臣服於亞述。

不到三年後，亞蘭人和以色列人再度開戰。亞蘭國王在但丘石碑（Tel Dan Stele）上敘述他如何為他父親打的敗仗復仇：「用數千戰車和馬匹征服七十個國王。」[11]前八四九年，以色列和猶大並肩對抗亞蘭人，猶大王國嫁了位公主到較強盛的以色列以訂下這結盟關係。前八一五年間，如果亞述人沒有再次兵臨大馬士革——已經平靜一段時間的北方——亞蘭人原本可以大敗以色列的。前八一四年時，亞蘭人聯合巴比倫人和埃蘭人，一同阻擋亞述人進一步的攻擊。[12]與此同時，猶大王國一方面身陷和以東國之間的戰事，一方面還遭受非利士人的襲擊。

然後，亞蘭和以色列之間又重起戰火。雖然亞述人分別跟巴比倫和亞蘭王國進行的戰爭一直持續到前八世紀，但他們的戰力卻漸漸失去了勢頭，這是由於繼承糾紛、國王和政府官員之間的權力消長，和宰輔（又稱特塔努，*Turtanu*）的影響力日趨壯大。到了前七六三年，亞述國王的勢力嚴重被削弱。當年一次全日蝕被視為不幸的預示。接下來瘟疫肆虐，四處造反，全國陷入長達十年的混亂。記錄顯示巴比倫人違反邊境協議、黎凡特地區出現反亞述勢力，甚至阿爾帕德這小國的瑪蒂伊魯（Mati'ilu）國王也破壞了條約。從亞述記載文字中可看到：「如果瑪蒂伊魯觸犯條約，願他淪為娼妓。」[13]但這類詛咒並無法避免亞述帝國墜落以致整整四十年的發展停滯。不過，很幸運的是，當時其他人也沒辦法占它便宜。這變化莫測的局勢持續好幾十年後，才又連續出現幾位優秀國王四處征戰，讓亞述帝國的面積增加一倍，領土範圍更一路擴展至努比亞、賽普勒斯（Cyprus）和波斯灣。

協議和咒語

如果前一千紀晚期海上民族的侵略是最令人矚目的事件，那麼在接下來的幾世紀間，亞述人的崛起塑造了東半球大部分地區的景況。跟埃及和巴比倫相較之下，亞述常被描述為殘忍的帝國。亞述宮殿牆上的浮雕呈現血淋淋的，戰囚雙耳、鼻子，和四肢被切除的景況。這是利用恐懼準行的政治宣傳。但其他古代帝國的行徑也相去不遠。埃及的法老王也在神殿各處放上刻劃敵人遭受肢解或奴役的作品。舉例來說，拉美西斯三世在梅帝涅哈布城（Medinet Habu）蓋了真真切切的恐懼之廟，這是他用來祈求永生不朽的神廟。這座建築當中的每個角落都可見到拉美西斯三世懲處敵人、站立於戰場之上的圖像。在其中一面牆上，甚至描繪他收受成堆砍下的手和陽具，作為眾將軍們在戰役中勝利的證據。亞述和埃及兩個帝國統治的基本概念也相類似。這兩國文化中的國王都是受了神的指示，維護信神民眾生活的安定和興旺。亞述國王是亞述神的代理人，他治理的地方有和平、安寧和正義常駐。他不治理的地方，則是一片混亂。[14]

古老資料顯示，對於安全的需求驅使了埃及和亞述的討伐行徑。最重要的就是要保全以河谷為中心點的農業生產，其目的有二，分別是預防源於饑餓所產生的社會動盪，以及維持農夫穩定的賦稅。但美索不達米亞幅員遼闊卻又分裂割據，所以對亞述人來說，要做到這兩點遠比埃及還困難。因為亞述必須把這區域中許多野心勃勃又各有強烈文化認同的城邦通通降服才行。埃及和亞述都沒有明確的天然邊界，所以安全感的概念也意味著，他們必須讓周邊外圍都處於控制之下。對埃及來說，重點在於人口眾多的地中海地區東部。對亞述來說，則必須面面俱到：西邊至黎凡特，北邊至安納托利亞，東邊至札格洛斯山，南邊至波斯灣和阿拉伯半島。

也就是這種對於影響力範圍的追求，模糊了「尋求安全」和「極大化勢力」之間的差異。安全不再僅僅代表防禦首都或王國的邊境，而是需要擴展邊界，讓敵人盡可能地離首都遠一點。戰爭時奪得的戰利品、抓到的奴隸，和從被迫投降而成了附庸的國家獲得的財富，都讓國王引以為傲。撒縵以色三世（Shalmaneser III）的黑色尖碑（Black Obelisk）上描述了國外使節帶來的奇特禮物：「我從穆斯裡（Musri）獲得貢品：雙峰駱駝數隻、水牛一隻、犀牛一隻、羚羊一隻，母象、母猴及猿各數隻。」又寫：「我從暗利（Omri）的兒子耶戶（Iaua）那獲得貢品：銀子、金子、金碗一只、金盤一只、金桶數個、權杖以及矛一支。」[15]

跟其他政體一樣，埃及和亞述都利用恐懼進行政治宣傳。不過，即使是國土外的人，生命仍有其可貴之處。羅浮宮有一座浮雕，展示男男女女遭受流放出境的景況，他們可能是要前往亞述首都或其附近工作。[16]上頭顯示不幸的人們，推車上的家當由骨瘦如柴的牛隻拖拉著，車上除了裝著他們的行李，物品上還坐了四個孩童，很類似近期可見的戰區照片。左手邊角落處可辨認出像是難民營的地方：亞述男性給出魚、無花果和水，並照看孩童與一名虛弱老人。這浮雕作品似乎想表達，力量很必要，但對人類同胞展現出的高尚行為也甚為重要。

亞述國王除了暴力之外，也使用不少外交手段來確保權勢。他們要求附屬國將王子當作人質送入宮中、將公主嫁入皇室後宮。如果雙方互相嫁娶對方的公主，就代表亞述尚未處於能夠主張其優勢的位置。阿達德尼拉里二世和巴比倫國王之間的協定就是屬於這樣的案例，在雙方國王各將自己的女兒嫁給對方當作妻子之後，就議定了條約，將這兩國之間的邊境給鞏固下來。

締結和平條約時，通常祭司會在現場施以咒語。亞述和阿爾帕德的某個條約中，後者國王受到警告：「這顆頭並非春羊的頭，而是瑪蒂伊魯的頭、是他眾兒子的頭、他的官和人民的頭。如果瑪蒂伊魯違犯了這條約，他的頭應被砍下，就像這頭春羊的頭被砍下且膝關節放在羊嘴中。」[17]其他較小國家在彼此訂定條約的時候也如法炮製，使用這誓約。塞非爾石碑（Sefire Stele）記載巴爾亞王（King Barga'yah）和瑪帝埃爾王（King Matti'el）這兩位黎凡特小國國王間的協定，任何違反協定的行為後果很清楚：「如這蠟受火吞噬，瑪帝埃爾應受火吞噬……如這小牛被切碎，瑪帝埃爾跟他的貴族應被切碎。」[18]

沒有任何作品，能比《舊約聖經》更適切地呈現此地區的權力政治。作為一個歷史文本，它是令人驚嘆的記事，述說戰爭、不停變化的聯盟關係、和如亞述國這般強權所代表的長期威脅。《舊約聖經》崇敬以色列為神選之國，其人民居住在圍牆「高得頂天」的城邑中，且如《申命記》中所言，註定可保住他們的應許之地，藉農耕和貿易使其繁榮。[19]理想的情況，便是由多個異族部落組成、站在同一陣線抵抗外敵的社會。《士師記》講述以色列如何從混亂和內戰的時局脫穎而出，那時「以色列中沒有王；各人任意而行。」[20]強而有力的王帶來統一局面。《列王記》尤其描述掃羅、大衛和所羅門為戰士，堅決地統一、守護他們的王國。但他們的權力卻導致濫用以及恣意妄為。因此，《申命記》相當清楚地列出優秀國王所須具備的條件。首先他必須是以色列人。他的馬匹數量須受限制，也不得累積大量的金和銀。他必須守法。[21]他也不能娶多位妻子。由此可見，《舊約聖經》的定義中，優良治國並不等於威權君主政治，而比較像是一個遵從《妥拉》（Torah）神授法條的聯邦，由權力有限的統治者所管理。

但說到保護國家的話，在權力的使用上就幾乎毫無限制。根據《申命記》指示，在開戰前，敵人應得投降的機會：「你接近一座城，要攻打的時候，先要對此城給予和平的條件。如果對方同意談和，且為你開了城門，應強制那麼城內的所有人成為你的勞動力並為你服務。」如果城民不投降，那麼以色列人必須「用劍攻擊裡面所有的男人」且帶走「女性和孩童和牲畜和城內所有的一切……作為自己的戰利品。」[22]《舊約聖經》要求的等同於聖戰和大規模的破壞。「耶和華你神必將他們交給你，大大地擾亂他們，直到他們滅絕了。又要將他們的君王交在你手中，你就使他們的名從天下消滅。必無一人能在你面前站立得住，直到你將他們滅絕了。」[23]

在鐵器時代早期，像這樣的侵略行為絕對不是特例。它尤其跟《摩訶婆羅多》等宗教印度史詩相似，也跟古代黎凡特地區的國際事務相關銘文有異曲同工之處。在以色列北方的撒瑪王國（Kingdom of Saḿal），有個前九世紀的石碑如是說：

> 我是奇蘭穆瓦（Kilamuwa），哈亞（King Haya）國王之子。我父親在位期間一事無成。掠奪成性的王們侵擾我們的國。我如火一般席捲他們……前朝眾王在位時，人民像狗般嗥叫。我是他們的父親、母親、兄弟。我給他們金、銀跟牛隻，那些人先前連羊臉都沒看過。那些人也從未見過，我從頭到腳穿著的麻布衣上的麻布。[24]

笥庫爾國王（King Zakkur）在前八世紀早期製作的石碑首次描述了其與亞述之間的邊境協議，且對未來背約的一方下了詛咒。笥庫爾國王統治哈馬（Hamath，位於今日的敘利亞境內）。碑文也記載，他欲併吞鄰邊的哈德拉國（Hadrach），卻遭遇了強力敵對聯盟軍的挑戰而挑起聖戰時，神所給予他的協助。

便哈達（Bar-Hadad），亞蘭之王，與十七名國王組成強大的聯盟……所有這些國王各對哈德拉發動圍攻。他們舉起比哈德拉城牆高的牆。他們挖出比哈德拉護城河深的壕溝。但我向巴爾夏明（Baalshamin）舉起我的雙手，然後祂說：「別懼怕，因為我造就你為王，我將從這些攻打你的王手中解救你。」[25]

這兩份資料皆證實了《舊約聖經》中對於黎凡特戰事的描繪，尤其是因神諭而使用的武力（意指聖戰）在防避威脅、維護國家財產上很重要的這部分。

地中海世界

雖然亞述、埃及，和地中海東部地區小國所處的世界的文獻記錄頗為完整，但中東地區的統治權之爭中也牽涉了一些比較高深莫測的角色。在北邊，高加索山脈和黑海與蒙古之間的大草原是遊牧民族的獵場。辛梅里安人（Cimmerian）是其中一個重要的族群，他們首次出現在前八世紀亞述的文字記錄中。他們結合了牛隻畜養和農業、沿著高加索山間的山隘和美索不達米亞進行貿易，也利用多瑙河跟中歐做生意。

辛梅里安人將重要的知識傳給安納托利亞人。經由後者，他們的知識間接地傳到了黎凡特跟美索不達米亞，改善了這些地區騎馬和騎兵之術，例如，面箍和馬勒的使用。[26]隨著辛梅里安人向南推進到亞美尼亞高原，斯基泰人（Scythian）這支比他們好戰得多的民族尾隨其後。從前九世紀開始，他們湧入中亞，前進東歐大草原，讓辛梅里安人聞之喪膽，並征服大量山間王國，最後進入了美索不達米亞。這些草原民族的數量尚不得而知，但估計鐵器時代早期遊牧民族的遷徙通常是數十萬人的規模，遠少於埃及和美索不達米亞這些大型農業中心動輒數百萬的人口。[27]

辛梅里安人往南挺進的過程中最早遭遇的族群包括曼努亞人（Mannaeans）王國和烏拉爾圖（Urartu）王國兩族。後者是由一些部落，為了應付日漸強盛的亞述人所結合成的國家。到前九世紀為止，烏拉爾圖王國已擴張並占領黑海、烏爾米耶湖（Lake Urmia）和幼發拉底河上游之間的區域。烏拉爾圖王國著名的是它高聳的牆城、護衛戰略山口的要塞、灌溉工程，以及地下水道。它最大的歷史遺產就是玄武岩和泥磚所築成的宏偉堡壘遺跡，其位置可以遠眺凡湖（Lake Van）。堡壘能容納數萬軍。鄰近的佛里幾亞國（Phrygia）是烏拉爾圖王國擴張過程的最大受害者，其首都在前八百年遭受摧毀。[28]

同一時間，在愛琴海的另一邊，希臘世界緩慢地從黑暗時代中復甦。前八至十世紀之間，愛琴海附近的人口快速成長。這是一個大復興的開始，多利安（Dorian）移民將科林斯（Corinth）和斯巴達（Sparta）改造為人口上萬的繁華城鎮。[29]希臘半島上到處都有新開發的土地。如果平原大多用來產小麥，丘陵則轉為橄欖園，這大量提高橄欖油的貿易量。前八世紀為止，在今日的敘利亞和塞普勒斯都建立了希臘的貿易村落。這讓希臘貿易商接觸到腓尼基人，也讓他們得以通往其繁盛的商業中心泰爾。希臘字母源自於腓尼基人，除此之外，他們也受腓尼基藝術啟發，在陶藝品上以獅子、公牛和穿著優雅的人像等東方主題，取代原本簡樸的幾何裝飾。經濟快速發展，且氣候轉趨溫和之際，多利安人的居住地已過度擴張，超過其農業可以支撐的程度。為了因應過多的人口，希臘在小亞細亞（Asia Minor）、西西里（Sicily）和義大利半島建立了殖民地。不過，希臘各城市之間對於土地的競爭也逐步升級。[30]

其中最大的贏家之一就是斯巴達城邦。至前八世紀尾聲，斯巴達已併吞整合南伯羅奔尼撒（Peloponnese）的大部分地區。斯巴達的世界觀很直接了當。受征服的人民將被販為奴，或被迫成為耕田的農奴，而且必須上繳一半的收成給斯巴達市民。其它鄰邦則成為珀里俄基人（Perioikoi）。珀里俄基人比農奴自由，但卻並非斯巴達公民。斯巴達位於一切的中心，斯巴達人認為自己是希拉克勒斯（Heracles）的後代。希拉克勒斯是男子氣概的典範，也是宙斯（Zeus）之子，是萬神殿中至高的神。由於伯羅奔尼撒上長期存在的土地爭奪，男子氣概就變得很關鍵。斯巴達採用著名的立法人萊庫古（Lycurgus）在前第八世紀發表的一系列制度，培養自身的男子氣概。來古格士規定所有的斯巴達男性必須驍勇善戰，一同進食，且公平共享土地。

據聞萊庫古創造了斯巴達法律。這法律設立了一個由所有男性組成的大眾集會。集會分別選出元老（elder）和五人督政官（ephor）所組成的委員會。這些督政官負責處理國家重大事項。兩位斯巴達國王主要是象徵性的存在，他們透過德爾菲（Delphi）神廟維持與諸神的接觸。德爾菲是希臘世界的中心。來自各城市的代表前來此神廟尋求著名的神諭指示。這是一個重要的象徵，代表逐漸提升的共同希臘文化意識，儘管彼此仍存在不少紛爭，但卻漸漸認同神的祝福、相同語言，和如史詩作者荷馬所記載的共同歷史，凡此都讓希臘人與眾不同。前七七六年，各希臘城市分別將自己最優秀的運動員送往奧林匹亞宙斯神廟（sanctuary of Zeus in Olympia）參加競賽，這就是奧林匹克運動會的濫觴。這些競賽是對於希臘全體人民力量及集體認同的頌揚。在競賽期間，整個希臘世界都宣布休戰。

首屆奧運才過了二十多年，在愛奧尼亞海（Ionian Sea）的另一頭，出現了一個即將顛覆整個地中海地區權力平衡的城市。這王國最早期的居民只有幾百人，他們住在茅草小屋中，以建國之父羅穆路斯

（Romulus）替他們的國命名為羅馬（Rome）。根據神話，一頭狼在台伯河（River Tiber）岸上發現遭到遺棄的雙胞胎。這對雙胞胎是戰神之子，他們一成年便開始殺戮。羅馬充滿神話色彩的建國故事其實是弒殺手足行為的產物。羅穆路斯是在盛怒的情況下殺了他的兄弟雷穆斯（Remus）。

羅馬在建國初期，是惡棍和冒險家的居住地，不太像真正的城市而比較像是部落。神話描述羅穆路斯（Romulus）和其追隨者如何為了誘拐薩賓（Sabine）人的處女而哄騙他們。他們和周圍城鎮交戰，且在外國使者前來求和的時候殺害對方。不過，羅馬擁有得以使其繁盛的優良基本條件。它的城鎮受台伯河的保護，人民受益於肥沃的土地，並鄰近重要貿易路線。河流、丘陵跟沼澤地對當時主要的勢力中心形成天然的緩衝。當時，這地區的強權為居住在半島北部的伊特拉斯坎人（Etruscan），以及南部數量日漸增加的希臘殖民地。

前八世紀時，地中海地區世界和中東都已全然地從青銅時代的崩潰中復興。貿易恢復了繁榮景況，也興建了許多新城市。亞述王國的陰影卻籠罩著這地區，他們的眼光鎖定在另一個強權——埃及身上。由於設置常備軍和戰車的緣故，埃及和亞述皆能運用強大的軍事力量控制美索不達米亞和尼羅河廣大的平原，並沿著貿易通道推進至黎凡特地區。兩大強權就是在這地區爆發了衝突。但也就是在這裡，他們分別跟較小政權發展關係，例如腓尼基人、以色列和猶大王國。為了應對亞述人和埃及人的入侵，有時候這些弱勢政權索性加入他們。在其他的時候，他們則暫時組成大型聯盟，像是參與卡爾卡爾之戰（Battle of Qargar, 883 B.C.）中參與戰鬥的聯盟。

各國也為了維持和平盡了一些心力，在簽訂和平條約時，會立下神聖的誓約。希臘獨立小國會聚集在共同信仰的祭殿進行運動競賽。另外，也制定了規矩以減少戰爭的破壞性。雖然如此，各城之間的混亂狀態占了上風，並把這個地區變成一個城牆世界：石之牆，和支撐了「神選並受神庇護」這一觀念的神話之牆。這地區也有大量的貿易。腓尼基的泰爾城在很多方面就像是黎凡特地區的威尼斯或紐約，既繁榮、開放又自由。索羅門跟紅海地區有貿易往來。只不過，統治者的目的並非讓貿易自由化，而是要控制貿易。他們控制貿易所使用的手段為壟斷、派軍隊攻占貿易路線和自然資源，以及納貢政策。

中國禮儀

如果說前一千紀早期，亞述的崛起是型塑歐亞大陸西部最重要的事件，那麼在東邊則是周朝的衰敗，即將對華北平原上數百萬人的生活產生劇烈的影響。[31]周在公元前一〇四六年的牧野之戰上大敗了商之後，立刻遭遇內部動亂。周朝首位君王才剛駕崩，心存嫉妒的叔伯馬上反叛其子周成王。幸好忠心的叔叔周公旦攝政，讓周成王得以倖免於難並於前一〇四二年即位。

周公旦直至今日仍被視為中國歷史上偉大的戰略思想家。他教導新君王要節制且避免奢華、放縱。「嗚呼！君子所，其無逸。」周公於記載中曰：「先知稼穡之艱難，乃逸，則知小人之依。」接下來，他說：「相小人，厥父母勤勞稼穡，厥子乃不知稼穡之艱難，乃逸乃諺。」[32]周成王在華北平原鞏固了他的勢力，也征戰於中國的中部平原。周成王與其後的繼位人都是有才幹的領導者。他們在成周這大型的新都城治國。成周是完整的四邊形城市，為高牆所保護，四邊各築有三個加強防禦的城門供出入。

《禮記》就周朝整合全國的制度提供了極好的觀點。各封地諸侯從「公」至「男」分為五等。王在朝廷內由「公」所輔佐，但每個封地也各有自己的施政單位。王是至高的裁決人，他每五年長途出巡一次，也會在朝廷定期召見諸侯。「朝聘以時，厚往而薄來，所以懷諸侯也。」[33]為了管理這些往來關係而設置了「掌管戰爭的宰相」（大司馬）和「維持和平的宰相」（太宰）各一位，另外，也設置了三公和「統帥宰相」（大司徒）以監督禮儀。

周朝促進外貿發展，在邊境設有市場。《禮記》建議要減少邊境關口的通關費。「四方來集，遠鄉皆至，則財不匱。」[34]為了發揚與外國人士間的貿易，周派出使者和譯者。周成王在遺願中指示持續在外交上耕耘，他極力主張：「柔遠能邇，安勸小大庶邦。」[35]如此一位崇尚和平的帝王被稱為「寧王」。《尚書》也說明了戰爭是有規矩的：勿竊牛隻、勿跳入圍牆、勿誘人侍妾。[36]

周朝其中一個軍事發明就是在戰車上設置弓箭手。[37]周朝主要的外患包括據點位於山東半島附近、持續與周對抗的東夷；鄂爾多斯（Ordos）地區的玁狁；位於今日陝西省的鬼方；以及楚國，位於長江的中段流域。[38]周以文字嘲弄他們的敵人。「東方曰夷，被髮文身，有不火食者矣。」[39]

青銅器上的文字刻畫出一個殘暴戰爭的時代。前一千年左右，周康王對鬼方發動兩次戰役，並派遣八師攻打東夷。有青銅鼎銘文敘述前九七九年，周康王的將軍是如何凱旋進城，帶著兩位上了枷鎖的首領、四八二件戰利品、一三〇八一個俘虜、三十輛戰車、三百五十五匹牛，和三十八匹羊。[40]這場勝利遊行過後沒多久，周朝卻經歷了一連串的挫敗。前九七〇年左右，周昭王征伐荊楚。強大的楚國聯盟當時掌控的領土面積幾乎跟周朝一樣大。周皇室曾起用楚國大臣，但周朝似乎對楚日漸輕慢的態度產生不滿。另外也可能是因為楚占有青銅工業所需的重要礦產儲藏地。就在某個理應身為兩國緩衝的小部落，聲稱受到入侵而請求周的支援之後，戰爭一觸即發。這對周昭王而言是慘敗。「有星孛於紫微……天大曀，雉、兔皆震，喪六師於漢。王陟。」[41]

接下來周朝由周穆王於前九五六年繼位。周穆王一開始著重在行政改革，建立起論功行賞的陞遷制度。但不知什麼原因，他開始討伐玁狁和東夷。根據記載，這行為引起周朝廷內部反對，因為這兩夷邦都有進貢。雖然周穆王贏得戰爭，玁狁和東夷卻再也未進貢。接下來的六十年間，周朝只發起兩次大型戰役。青銅禮器上的銘文敘述他們如何集結六師並獲取數千馬匹。周犧牲了一些戰俘祭祀朝代的先祖。但周朝臣子和人民漸漸疲於戰爭和不停增加的稅金。有個青銅器上發現了以下這首詩：

采薇采薇、薇亦作止。
曰歸曰歸、歲亦莫止。
靡室靡家、玁狁之故。
不遑啓居、玁狁之故。[42]

前九世紀期間，由於外患聯合起來對抗周朝，讓周面對的情況持續惡化。其中，楚國甚至聯合三十六個東邊國家攻打周。[43]從那時開始，文字記錄都是冗長的陳述，記載了軍隊戰敗、蠻夷入侵，和農夫起義反抗重稅等事項。史書記載：「上下相訕，百姓乖離」、「王室遂衰，詩人作刺。」[44]一直到前八二八年，周宣王繼位後，才復興了王室威嚴和社會秩序。接著，周宣王將注意力轉往外敵。根據青銅禮器（〈兮甲盤〉）上銘文記載：「隹五年三月既死霸庚寅，王初格伐玁狁於（余吾），兮甲從王，折首執訊……王賜兮甲馬四匹、軥車。」[45]宣王也干涉齊國及魯國等其他小國的繼位之爭，更因淮夷停止納貢而征討之。「越淮夷繇我帛賄臣，今敢搏厥眾，遐反厥工事，弗速我東域。」（〈師寰簋〉）[46]

前七八〇年，宣王之後由周幽王繼位。其預兆並不吉利：繼位前夕，關中發生大地震，預言家訓誡道是西周的滅亡。歷史記錄幽王在申后生子之後廢后，促使申后的父親申侯跟玁狁結盟。不久之後，蠻族攻陷都城、殺了幽王。這時是前七七一年。周的天命受到了挑戰。

接下來十年間，周遷都洛陽。越來越多的諸侯背棄周王，周王有名無實，遭赤裸裸的無政府狀態取代了統一大夢。接下來超過五世紀的時間，華北平原一直是各國角逐鬥爭的舞台，這個時期稱作春秋（前七七一年至四七六年）和戰國（前四七六年至二二一年）。

中國周朝的崛起和衰亡跟東亞重要新科技的傳播息息相關。水耕稻作就是農夫在旱地上播種，之後再把秧苗移植到水田中。這技術至此已在中國蓬勃發展了好幾個世紀，這時也漸漸地在日本、韓國和東南亞受到採用，鑄銅的技術也是如此。

不過，前七世紀之前，韓國人口一直很稀少，並沒有大城市。人們要不是採半遊牧的方式居住在小茅草屋中，要不然就是當漁民沿海岸而居。[47]韓國神話與古朝鮮王國有關，粗糙的泥像和石製器皿是這王國僅有的出土文物。北越南也是最早受到中國影響的鄰國之一，鴻龐國（Hong Bang）是重要的外貿夥伴，也自前八世紀引進了了鑄銅技術。東亞其他大部分地區有好幾世紀都停留在石器時代；從前五世紀開始才出現真正的城市。同時間，印度持續苦於部落和小國之間長久以來的鬥爭。但漸漸地，印度河－恆河平原人口越來越密集。貿易量提高、村落合併為城市，但一直到前六世紀，才開始有真正的國家，稱為印度十六雄國（Mahajanapadas）。

就像亞述與埃及將勢力延展至整個中東平原上的手段一樣，周朝利用戰車和大軍來取得對華北平原的控制。一旦成功了，周朝可坐收百萬名農人的收穫，再用這些收穫金援擴張領土的戰事。跟中東一樣，在中國，為了應付強國的侵略，小國會組成聯盟與之對抗，在國際關係中，這個策略常被稱為「合縱」。或者，他們會與最強的國家合作，這個過程有時稱為「連橫」。即便周朝天子聲稱是執天命而維護和諧，但他們吹噓著殺人砍頭的行徑，卻不比亞述人高尚到哪裡去。不過，華北平原仍分隔於亞洲其他地區之外。也許其天然屏障並未完全阻擋貿易跟技術的傳播，但卻足以避免周朝意圖侵犯東南亞、南亞、中亞，或朝鮮半島這幾個鄰近區域。

奧爾梅克文明（Olmec）

要是不講講另一個熱帶地區——中美洲這重要文明的故鄉，那麼這一章就不算完整。美洲最早出現的重要文化，也就是奧爾梅克文明，存在於墨西哥灣的沿岸。當時，西半球也有其他的社群，例如位於今日秘魯的查文文化（Chavin），但這些社群的規模一直非常小，而且美洲其他地方幾乎仍是獵人與狩獵採集人的天下。

中美洲是一個充滿挑戰的環境，以濃密的叢林、悶熱的氣候、大雨，和像是美洲豹這樣危險的掠食者聞名。奧爾梅克文明之所以繁榮，並不是因為他們學到怎麼使用大規模的灌溉設施來征服大自然，而是因為他們學習與變幻無常的大自然共處，並依照不同的環境條件調整他們的農業技術。有些農夫在河岸上的小草原種植食物。其他農夫則在燒燬樹木清整出的小塊田地耕種，一旦那層薄薄的肥土耗竭了，便棄之不用。他們結合了農耕與食物採集，從森林獲取水果和禽肉，從河川與海中取得魚貝類。馴化的狗是額外的蛋白質來源。前一千紀之前，農夫就已完善其豆類、馬鈴薯和玉米的生產方法，所以人口穩定地成長。然後，人們開始專業於工藝，接著貿易逐漸興旺起來。

多餘的農產品數量必定很可觀，才能供養夠多的勞工，讓他們得以分出人力製作那些非凡而聲名遠播的工藝品，讓我們能一睹奧爾梅克文明的樣貌。奧爾梅克文明的小木屋和住處也許在數個世紀以前已遭森林所吞噬，但考古學家發掘出一系列龐大石塊雕刻成的國王或神祇像，有些甚至重達二十公噸。在拉文塔（La Venta）曾發現一座金字塔的遺跡，遺跡旁還存有大型柱子和馬賽克樣式的地板。前九百年左右，奧爾梅克文明位於聖洛倫索（San Lorenzo）的大城沒落之後，這個地方就成為他們的首都。這兩個城市的居民都少於兩萬人，也主要都是宗教中心，且也應該是統治者所在地。[48]他們支配著大量的較小農業村落。聖洛倫索獨占了黑曜石的買賣，而拉文塔則成了玉和其他奢侈品的貿易中心。了解拉文塔和聖洛倫索所扮演角色的最佳方式，就是將它們想像成小村落間聯邦的經濟、政治和宗教中心。

雖然對奧爾梅克文明的崛起而言，貿易的控制確實很重要，我們卻不知道他們如何管理國際事務。軍力擴張一定相當艱鉅，戰事不可避免地受阻於濃密的森林跟冗長的雨季。奧爾梅克文明也缺少馬匹，所以士兵必須步行。由於這些因素，學者認為跟東半球的文明相比，軍事力量的使用比較少見於奧爾梅克的社會。這可能也解釋了為什麼城市周圍不見防禦工事。跟歐亞大陸的牆中城相反，拉文塔基本上是個開放的城市：位於中央是一幢幢石建築，也許受木建築所包圍。往外圍方向去，這些木建築則漸漸地跟周邊的森林融合。一些在這些地方發現的雕像顯示為外國人，但這些人並未表現出次等的模樣，也沒有行屈辱的跪拜禮或是展現囚犯的樣子。[49]有一處浮雕上刻有一位大使或使節，只見他驕傲地筆直站著，身上帶著一面旗子。另外一組雕刻凸顯出其中最重要的角色，而且並未矮化這角色身邊的外國人士。[50]

雖然有些雕像上刻有嬰孩，或抱著小孩的男男女女，大多的奧爾梅克藝術作品表現的是男性力量。看起來很生氣的巨大頭像很明顯是做威嚇用。統治者的雕像被塑造成威嚴的姿態，手拿權仗當作武器。雖然在奧爾梅克藝術中，戰爭主題不如在埃及跟亞述一樣常見，但也曾發現戰士和被殺敵人的雕刻品。前九世紀後，奧爾梅克擴張的晚期特徵為巨頭石像等遺跡的散播，這也留下了火烤硬化的木矛、黑曜石拋射點，與甩石機弦等考古物件。[51]

有趣的是，這擴張的時間點恰巧符合某種食物引入的時間，這種食物就是現在還流行於這區域的玉米餅（tortilla）。專家主張，玉米餅是第一種可以讓人在如此潮濕的環境中，方便長途攜帶的食物。因此，戰爭在奧爾梅克的對外關係中也許沒那麼重要，但卻無疑的是他們無法分割的一部分。

身經百戰的社群

鐵器時代開始時，尼羅河、美索不達米亞，和華北平原仍是首屈一指的經濟中心，也因此是政治權力的中心。關於權力分配，也就是本書所研究的第一層次，並沒有太大改變。主要的政治組織種類仍是城邦。黑暗時代過後，建立了許多新城邦。其中一部分的城征服、支配、併吞了許多其他城，例如亞述和中國的周。他們的周圍仍散布著較小城邦，在利比亞、黎凡特地區、整個地中海周邊區域，在努比亞、安納托利亞、札格羅斯山脈，以及在通往中國農業心臟地帶的河谷間。

理想的世界仍是一個豐饒受灌溉的田野：擁有金黃穀物、茂盛果實和健康牲口的樂園。樂園的邊境以外，是沒有法紀、沒有神恩的領域，也就是亞述人的「失敗宇宙」；埃及人的伊斯菲特或混亂；對周朝來說，則是身帶刺青、大啖生肉野蠻人的地盤。國王或是皇帝的工作，就是要保護他的人民免受這法外之地的侵擾。對較小的王國來說也是一樣。希臘詩人荷馬心目中理想中的君主是個戰士。萊庫古希望所有斯巴達男子都能夠戰鬥。《舊約聖經》讚揚掃羅、大衛與所羅門為他們國家有鋼鐵意志的防禦者。

但防禦跟攻擊之間的界線並不是那麼清楚，而且這也一直是戰爭的一個重要起因。對亞述國王阿達德尼拉里二世而言，他對抗亞蘭人的戰役是防禦性質，因為後者侵襲了他的領土。但這防禦性質的戰爭為他打開了通往黎凡特地區其他國家的路。同樣的，對尼羅河東邊西奈沙漠的控制，是防禦埃及的關鍵。不過，一旦確保了西奈沙漠的控制，黎凡特地區即垂手可得。「安全」也意味著，為了要保護帝國首都，其他城市就必須屈從。這就是亞述跟巴比倫打仗的原因，也是周攻擊楚國城邑的原因。周朝統治者無情地試圖併吞小國，並稱之為「平定」。如果不征服，那就有被征服的危險。現在，如大規模使用的軍用戰車和弓箭騎兵等行動力的提升助長了征戰的能力。其它日常的發明也提高了戰力，例如玉米餅讓奧爾梅克出征的軍隊得以飽食。

貿易也仍是衝突的因素之一。在東西兩半球皆有大量證據顯示，貿易路線沿途的貿易量以及文化交流有所成長。但主要的目的仍然不是達成自由貿易，而是要控制貿易。雖然某些文獻建議限制關口徵稅額，周朝各王仍決定支配戰略資源的供應。所羅門王企圖獨占跟紅海地區之間的貿易。亞述、埃及和希臘城邦曾都嘗試拿下腓尼基人的商業網絡。奧爾梅克爭奪蘊藏黑曜石、玉石和其他資源的土地。

實力助長了更多征戰，而衰弱則助長他國的征戰。周國陷入重稅和貪腐的掙扎時，讓玁狁看到了攻擊的機會。埃及的繼位紛爭引發努比亞的侵襲。當亞述受瘟疫和混亂政局之苦，附庸國便抓緊機會叛變，雖然沒有任何一國成功拿下亞述城。較弱小的政權之間也會互相攻打，往往也請求強國介入幫忙。例如，聖經中位於黎凡特的國家。

無可否認，外交關係是存在的。但外交的目的是保護安全、地位和權力，而並非是維持和平。一流強權利用外交來脅迫弱勢國家進奉貢品。不過，邊境協議卻多多少少確保了領土主權。互相嫁娶公主、召喚神祇見證協議條件，並詛咒侵犯約定的一方，這些行為都讓聯盟關係更為鞏固。然而，一個好國王應當要隨時做好戰爭的準備。和平的理想總是被身經百戰社群的志向所抵消。

CHAPER

3

The Persian Takeove

波斯的吞併

公元前七五〇年至五〇〇年

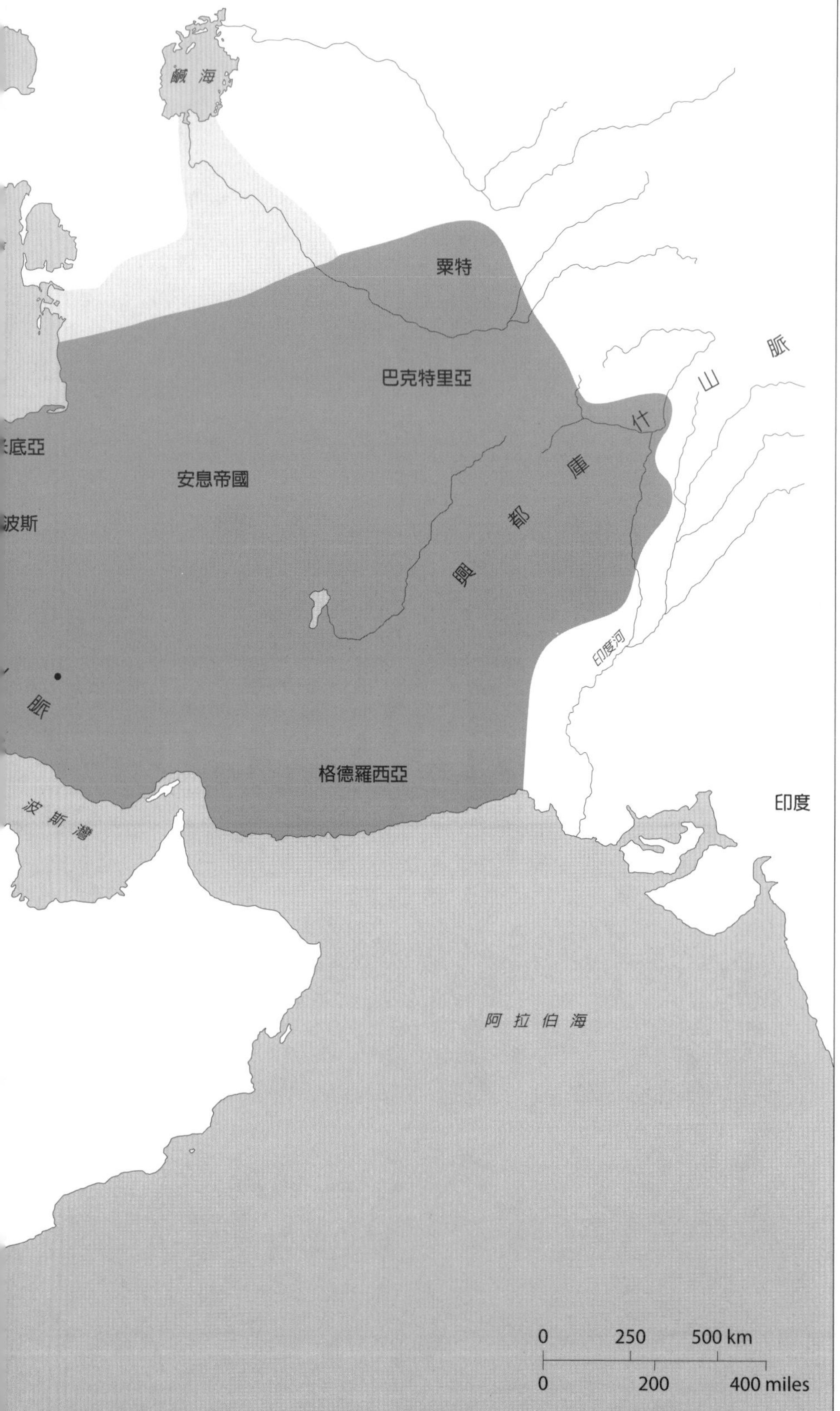

鹹海
粟特
巴克特里亞
底亞
安息帝國
波斯
興都庫什山脈
印度河
脈
格德羅西亞
波斯灣
印度
阿拉伯海
0 250 500 km
0 200 400 miles

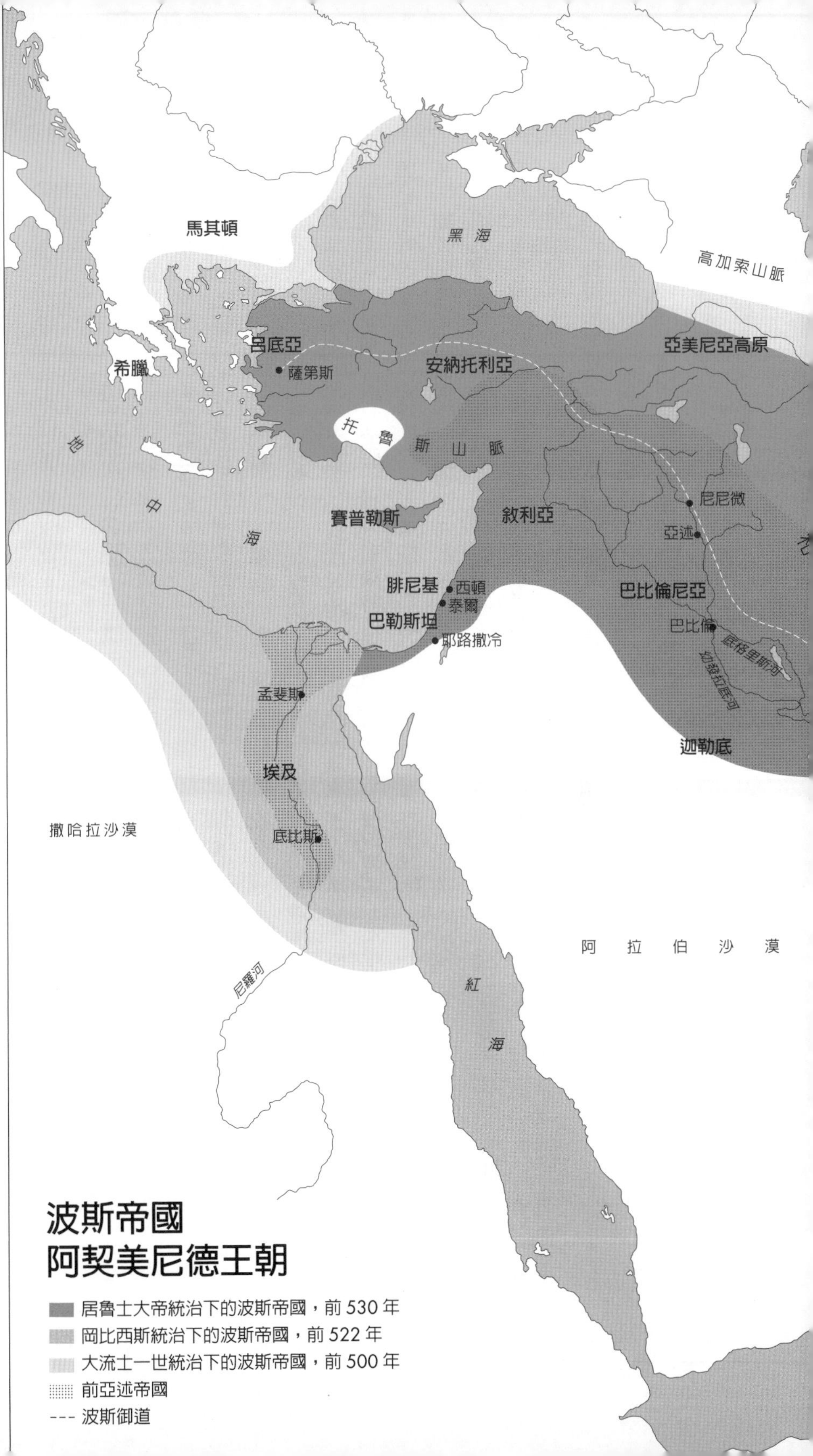
馬其頓
黑海
高加索山脈
呂底亞
薩第斯
希臘
安納托利亞
亞美尼亞高原
托魯斯山脈
地中海
賽普勒斯
敘利亞
尼尼微
亞述
腓尼基
西頓
泰爾
巴勒斯坦
耶路撒冷
巴比倫尼亞
巴比倫
底格里斯河
幼發拉底河
迦勒底
孟斐斯
埃及
底比斯
撒哈拉沙漠
阿拉伯沙漠
尼羅河
紅海
居魯士大帝統治下的波斯帝國，前 530 年
岡比西斯統治下的波斯帝國，前 522 年
大流士一世統治下的波斯帝國，前 500 年
前亞述帝國
--- 波斯御道

波斯帝國
阿契美尼德王朝

前六五〇年，一位青年王子來到了尼尼微（Nineveh，底格里斯河本岸，在今日伊拉克摩蘇爾附近）這個亞述帝國的新重鎮。青年的名字叫做阿魯庫（Arukku），他的父親在札格洛斯山深處治理一小塊高原地區，就位於較強盛的埃蘭國（Kingdom of Elam，波斯灣北部、伊朗西南）的周圍。幾年前，亞述人曾大肆掠劫埃蘭國。「當波斯（Parsumash）國王庫拉什（Kurash），聽聞這極大的勝利，是我在亞述、貝勒（Bel）、那婆（Nabu）與偉大的神的幫助下，神啊，給予埃蘭一擊，且我就像洪水一般淹沒了整個埃蘭。」亞述巴尼拔王（King Ashurbanipal）在他後來的記錄中表示：「他將他的長子阿魯庫，連同他的貢品，當作人質送到我莊嚴氣派的城市尼尼微，以懇求我的統治。」[1]當時亞述王室中沒人料想得到，不到一百年之後，這個人口才幾千人的小國，即將征服的領土面積會遠超過亞述曾統治過的地區。本章以描述這精彩的併吞行動作為開始，敘述亞述帝國如何到達極盛時期、鄰國又是如何利用其衰微狀態，而其中一國——阿契美尼德王朝統治下的波斯人——又是如何為自己的帝國打下基礎。

前五〇〇到七五〇年之間，世界的人口穩定地成長。鐵製犁頭與水車等發明傳遍東半球，城市化加快了腳步，東半球上的城市星羅棋布。這些城市的居民很少超過兩萬人，但即使是這麼小的規模，也足以支撐工藝的專業發展，就像是幾個世紀以來，在埃及、美索不達米亞和黎凡特地區的情況一樣。生產過剩的小麥、橄欖和米被用來交易奢侈品、木頭和金屬。剩餘食糧與貿易量的成長帶來了新的書寫方式、硬幣的使用以及更高的船運量。

世界其他地方如同缺少帝國政權的美索不達米亞一般，皆處於失序的狀態。地中海沿岸地區、南亞和華北平原，在鄉鎮轉型為城市的過程中，引發了長年累月的競爭。這時，希臘各城邦正處於內鬨，羅馬正與鄰國打仗，黎凡特地區也持續發生戰爭。在印度，則是野心勃勃的十六雄國相互競爭的時期。在中國，這混亂的時局極富詩意地被稱作春秋時代。只不過，這時期最重要的事件是亞述帝國的隕落，以及波斯阿契美尼德王朝的崛起。

極盛時期的亞述

亞述在一片動盪之中進入到前第八世紀，這時，帝國中的城市造反，附庸國也拒絕納貢。前七四五年，一位將軍發起政變，決意結束這動亂的時代。他自稱為提格拉特帕拉沙爾三世（Tiglath-Pileser III，前七四五年至七二七年）。這位新國王剛就任即一針見血地處理亞述的問題。先前的征戰造成百姓的負荷已經太過沉重，關於這點，提格拉特帕拉沙爾的解決方法是再一次地利用征戰金援花費。他建立了一個制度，可以直接統治被征服的民眾，且迫使民眾奉獻貢品和軍隊。來自帝國中不同地區的士兵被放在同一個單位，穿同樣的制服，另外還有一支亞述精英部隊留存在中央。為了提防造反，每一省都維持在較小的規模。地方行政長官方面，國王選擇聘用太監這種受了閹割而必定忠心耿耿的官員，如此一來，可以避免他們建立自己的王朝。即便如此，地方長官時常要輪調職位，也必須就鄰近的省提出報告。督查、間諜和朝臣組成了一個平行的控制網路。

這形成了一個世界前所未見的掠奪經濟。領土擴張並不僅是為了防禦亞述帝國，而是要讓帝國更加富有、強壯，武力更加擴張。在提格拉特帕拉沙爾統治之下，士兵的數量從四萬四千人增加至七萬兩千人。辛那赫里布王（King Sennacherib，前七〇五年至六八一年）增添兵力到二十萬八千人。亞述巴尼拔（前六六八年至六二七年）更部署三十萬人的兵力。考量到亞述心臟地帶的居民數量也不過幾百萬人而已，這成就實在令人讚嘆。這也表明了亞述復興的另外一個原因：亞述一連出現了五位強勢的國王。再一次的，亞述人似乎橫行無阻，權勢遍及中東地區。不到二十年，提格拉特帕拉沙爾就擊敗了賽普勒斯以及整個黎凡特地區的國家。在北邊有佛里幾亞、烏拉爾圖（位於黑海東南與裏海西南的山區）和辛梅里安人；在東邊是波斯、米底亞和埃蘭；另外，還有每個美索不達米亞上的統治者都最想要的大獎：巴比倫（位於今日巴格達南方八十五公里處）。

佔領的速度不僅顯示權力的天平是多麼乾淨俐落地轉向亞述，也反映出周邊大多數國家規模都小且常處於分裂的狀態。例如，前七二三年左右，猶大王國的國王感到以色列和亞蘭同盟的威脅而請求亞述介入。但連塵埃都還沒落定，其他國家就爭著分一杯羹。埃及法老奧索爾孔四世試圖藉著支持猶大王國的一個起義，在這場混亂中獲得好處，但他夠機靈，送了十二匹馬到亞述表示友善。前七二〇年開始，亞述間諜指出辛梅里安人已離開了他們在黑海的根據地，開始侵犯烏拉爾圖和佛里幾亞。這導致小亞細亞上眾城邦的國王結盟，並請求亞述的協助。但是亞述很諷刺地跟辛梅里安人（居住在高加索與黑海北岸）結盟來攻打烏拉爾圖，因為亞述和辛梅里安人都想從烏拉爾圖手中奪下高加索的貿易路線。

辛那赫里布在前七〇五年坐上王位時，曾下令在黎凡特地區發動新戰爭。「主必使大河翻騰的 水猛然沖來，就是亞述王和他所有的威勢，必漫過一切的水道，漲過兩岸。」《舊約聖經》預言：「列國的人民哪，任憑你們喧嚷！」[2]前七〇〇年，辛那赫里布打敗埃蘭人、迦勒底人（Chaldean）和巴比倫人，並讓他的兒子成為巴比倫國王。八年後，這些藩屬國民發起叛變。迦勒底國王現在跟埃蘭人、波斯人和札格洛斯山脈間的其他王國組成更大的聯盟。前六九一年，辛那赫里布與他們在哈盧勒之役（Battle of Halule）交戰，之後，他吹捧自己在此役中殺敵十五萬人[3]。這時，巴比倫陷入熊熊火焰。

過了不到十年，辛那赫里布前往埃及征戰法老王塔哈爾卡（Taharqa），塔哈爾卡所屬的王朝源自於努比亞。亞述視塔哈爾卡為黎凡特的麻煩人物，但埃及的孟斐斯大城淪陷後，亞述軍隊卻沒能抓到塔哈爾卡。亞述大批軍隊離開埃及幾個月後，埃及爆發動亂。在黎凡特，辛那赫里布指定一個亞述貿易樞紐取代泰爾城，因為官員指出，泰爾國王自己拿走了所有商船貿易的收入[4]。不過，現在有個更難應付的威脅漸漸逼近，前六七八年，米底亞人、辛梅里安人、曼努亞人以及斯基泰人這競技台上的新面孔組成了聯盟對抗亞述人。他們的攻擊於前六七六年失敗時，斯基泰國王投機取巧地轉變陣營，將自己的女兒嫁給了亞述王。

目前，亞述的文獻尚未有內亂的記錄。「王宮大門一往如常；和平常在。」[5]經濟也發達。辛那赫里布將首都從尼姆魯德移往尼尼微，後者居民人數成長至十五萬人。尼尼微必定是個讓人驚奇的地方，有著巨大的城牆、塔、寬敞的廣場、植物花園、一個動物園、溝渠、工作坊、一個船廠，還有最重要的兩座全新完工的宮殿[6]。《舊約聖經》記載「因為（尼尼微）所積蓄的無窮、華美的寶器無數。」[7]。前六九四年，辛那赫里布「無敵的王宮」竣工[8]。身長翅膀的公牛守護著大門，牆上刻畫了戰勝的圖像。他的孫子亞述巴尼拔（Ashurbanipal）打算把自己的宮殿蓋得更大，宮殿中的圖書館藏有全帝國的古書，例如《吉爾伽美什史詩》（*Epic of Gilgamesh*），還有天文學、藥學和外交等相關文本。這美索不達米亞的文藝復興之後啟發了亞歷山大大帝（Alexander the Great）在亞歷山大港（Alexandria）建造自己的圖書館。考古出土文物顯示，當時人們曾使用水晶鏡片和複雜的水力系統進行科學活動。在大英博物館中，我們仍可欣賞那曾裝飾於亞述巴尼拔宮殿牆上，感性而真實的獵獅浮雕像[9]。無論是用什麼標準評判，這些作品都構成藝術歷史上的里程碑。另一處浮雕或許沒有那麼戲劇性，但其象徵性卻很深遠，那座浮雕上頭刻畫國王和他的王后在花園中休憩，裡頭種有藤蔓和棕櫚樹，還可見鳥兒以及一個敵人的頭懸吊在樹枝上[10]。

亞述巴尼拔於前六六八年繼位，他決心要完成他父親在埃及的大業，所以迅速地將埃及降服為傀儡國。兩年後，他打敗米底亞人、波斯人和安息人（Parthian）。他在斯基泰人和辛梅里安人之間挑撥離間，讓這兩國不至前來侵擾。可是到了前六五〇年，發生了一系列事件，觸發了亞述的衰敗。差不多那個時候，中東發生嚴重的乾旱，但增加的人口早已讓農業資源吃緊。一首保存下來的祈禱文中，亞述巴尼拔祈求乾旱造成的食物價格攀升可以緩和下來。同一時間，埃及和巴比倫的動亂增加。在此同時，亞蘭人、埃蘭人、米底亞人、埃及人和阿拉伯部落組成了大聯盟。就連亞述巴尼拔的弟弟，即巴比倫的國王，也秘密地加入這個聯盟。「表面上他用唇說友善之言，但私底下他的心密謀殺人。」[11]

亞述巴尼拔尚可以控制這個威脅，但他在前六二七年去世之後，整個地區陷入動亂。接下來一年，巴比倫人獲得了斯基泰人跟米底亞人的支持而發動叛變。這時的米底亞人是由強大的基亞克薩雷斯（Cyaxares）國王所統治，他利用當前的權力真空，征服了札格洛斯山脈間大部分的王國，他也跟巴比倫聯姻。這個同盟在前六一二年間消滅了尼尼微，前六〇五年時，則在卡赫美士戰役（Battle of Carchemish）中打敗了由亞述人和埃及人組成的聯軍，並在前五八五年的哈利斯之戰（Battle of Halys）打敗安納托利亞富裕的呂底亞（Lydia）王國。米底亞人（Medes）是這些勝利戰役中的最大的受益者，他們現在得以在美索不達米亞東部統治一個帝國。

波斯人在權力擴張方面遠比米底亞王國成功，而米底亞則為其擔任了跳板的角色。我們不曉得到底波斯如何得以控制米底亞。但是他們在札格洛斯山上的據點，就像一個天然要塞一般居高臨下米底亞王國領土東部的邊境[12]。這處高原有許多優勢：大片平坦的農地能供養數萬居民、有石灰岩峭壁作為渾然天成的城牆，另外，貿易路線也在附近。除了地處戰略位置之外，波斯人其實沒有必定能讓他們占到優勢的特殊資產。他們前三個國王都只單純是附庸國統治者，第一位是在亞述人之下而第二位是在米底亞之下。

直到第三位國王，也就是岡比西斯一世（前五八〇年至五五九年）在位期間，才漸漸凸顯波斯逐漸升高的影響力。希臘歷史學家希羅多德（Herodotus）記錄了其與呂底亞國和米底亞國各一位公主之間顯赫的聯姻。岡比西斯一世與後者這段婚姻關係中的兒子居魯士二世（Cyrus II，前五五九年至五三〇年）之後才會挺身挑戰其米底亞籍的祖父。那個時候，米底亞人正苦撐避免帝國崩裂，希羅多德的紀錄也告訴我們，當時有宮廷陰謀，邊境也發生小規模衝突。[13]前五五三年，波斯人公開地反抗米底亞王國。當時米底亞派遣了軍隊前往討伐，但士兵卻叛變了，且遭波斯人消滅。這次的失敗撼動了整個中東地區，巴比倫的記錄顯示居魯士二世接下來的征戰如何引起他人的不安。我們可見《拿波尼度編年史》（Nabonidus Chronicle）[14]中說明，偉大的神「貝勒沒有出現」。書中形容居魯士二世的士兵在前五三九年時如何橫掃進入美索不達米亞，他們包圍然後攻陷了巴比倫。「所有人都脫下了帽子。」[15]

波斯的佔領

接著，阿契美尼德王朝這個新的帝國王朝誕生了[16]。再一次的，阿契美尼德王朝的國王居魯士二世得以推進至此，是因為鄰國很弱。波斯位於東邊的心臟地帶，面對大量較小的山間王國，並沒有什麼好擔憂的。在西邊的米底亞王國已過度消耗，正在崩毀中且受到四面八方的威脅。一旦米底亞王朝傾覆，居魯士二世就可以奪取其資源並一個個攻打美索不達米亞的城市。波斯遭遇好幾個軍事聯盟的對抗，但是，根據希臘文史學家色諾芬（Xenophon）所著之居魯士傳記，他們獲得了卡杜希亞人（Cadusians）、薩西亞人（Sacians）、巴克特里亞人、海卡尼亞人（Hyrcanians），以及許多其他族群的支持。[17]

古代帝國秩序在之前碎裂為各個敵對國，而波斯人正一一拾起那些碎片。許多居魯士參與的戰役記錄中清楚顯示，他在最關鍵的時刻展現出統御的能力。前五三九年，他的軍隊在一開始襲攻巴比倫的牆失敗了。當時，他使幼發拉底河改道，讓軍隊得以沿著河床進入城內。在前五四六年的廷伯拉戰役（Battle of Thymbra）中，為了反擊呂底亞騎兵的威脅，據說居魯士二世派出駱駝大軍，利用駱駝的臭味讓對方的馬匹陷於驚恐，最後癱瘓騎兵的行動。居魯士二世的軍隊也從攻城塔上發射裝有石油的炸彈、起用工程師在防禦工事下方挖坑道，並嘗試利用速騎兵進行奇襲。

波斯擴張的另一個原因是因為他們很寬宏大量。居魯士往往對於降服的人表現出寬厚的態度。他打敗米底亞之後，饒了其國王一命。在巴比倫尼亞（Babylonia）找到的一個泥製圓柱體上刻了銘文，敘述居魯士允許當地人崇拜自己的神。只不過，他也可以很殘酷無情。當呂底亞國王拒絕居魯士作為附庸國而保有王位的條件，而向希臘城邦請求傭兵支援時，居魯士似乎下令將呂底亞國王活活燒死，雖然在最後一刻可能還是饒了他一馬。居魯士二世於前五三〇年去世時，波斯帝國的版圖從愛琴海延伸至印度河，從高加索山脈展延至努比亞沙漠。優秀的領導能力、絕佳的運氣和寬宏的氣度都推了波斯一把。

要維持這麼廣闊的領土，關鍵在於效率：將收穫最大化且減少犧牲。同亞述人一般，波斯人發展出一套合作系統。如居魯士自己表示：「如果我助我的朋友致富，等於我將寶藏存於他們之處，同時我得到更可信的看守人。」[18]每一省交由總督（satrap）管理。大流士一世（Darius I，前五二二年至四八六年）統治期間，共有三十六位總督，他們負責收集固定數量的貢品。有些總督是當地人，他們通常獲得當地權力掮客的協助。地方的土地被發放給這些總督，當做他們服務的報酬，且他們的女兒會嫁給波斯貴族。例如，腓尼基城市在前五三九遭受波斯征服後，其統治者成為波斯帝國的從屬。他們可以繼續鑄造自己的錢幣，前提是他們要奉上貢品、順從總督，並且讓總督在戰爭時徵用他們的船。前五二五年，波斯征服埃及之後，與埃及各省份的部落首領結盟，讓他們代表管理埃及。

征服埃及的岡比西斯二世（前五三〇年至五二二年）也從前朝吸收了一位資深官員來輔佐他。這位官員名叫吳迦何瑞士尼（Udjahorresnet），他輔佐波斯贏得當地人心的方法。埃及的神聖公牛死亡時，岡比西斯照看了牠的喪禮。在某寺廟的牆上，他自稱為秩序的恢復者。波斯國王很希望帝國其他地區的新市民視他為仁厚的國王。另外，利用宗教宣傳也極為重要。在小亞細亞征戰的期間，居魯士在米利都（Miletus）收買了阿波羅的神諭使者，要他呼籲信眾們投降。在巴比倫，他發送刻上銘文的圓柱物品，內文聲稱當地的神已經拋棄了他們的王，並且選出了居魯士來將這座城從前任國王手中解放出來。他釋放被囚禁在阿比倫的猶太流亡人士，下令歸還他們被巴比倫人偷走的神聖金船，更下令重建耶路撒冷的大聖殿。

大流士一世是這類宣傳幕後的策劃人，無人可望其項背。當他征戰於愛琴海地區時，他沒讓自己的軍隊登陸到提洛島（Delos）上，反而下令豎立起一座阿波羅的黃金雕像。提洛島是希臘人的神聖之島，而阿波羅是島上的主神。在猶大王國，他下令編纂當地的法典，學者認為這一舉措促成猶太《妥拉》的編彙。[19]在埃及也是一樣，他將當地法律彙集成一本法典，作用是為了指導非埃及裔的行政官。大流士一世在前五二一年進入孟斐斯鎮壓叛變時，當地人正在哀悼阿匹斯公牛（Apis Bull）的死亡。他允諾，誰可以提供一隻新的公牛，就能得到為數慷慨的銀子。藉此，他很快地便將情勢轉往有利於自己的方向。他甚至讓人刻了一個石碑，展現他跪在隼神荷魯斯（Horus）跟前的樣子。讓神廟和祭司開心是很重要的，如此一來，他們可以合法化波斯的統治，況且在中東地區的農業經濟之中，神廟和祭司在徵收稅金與管理儲備品方面，是不可或缺的。

考古證據指出，波斯帝國自始至終都致力擴張殖民地，很清楚的，這代表其經濟上的繁榮。[20]波斯人建造了道路以及高明的通信網路，範圍甚至到達現今的巴基斯坦。「世上沒什麼事物速度能超越這些波斯信差。」[21]記錄顯示波斯人定期送禮物給札格洛斯山脈間的統治者們，用以交易羊毛等商品。他們也送禮物到阿拉伯部落，以換得後者維持沙漠商隊路線的安全。前五一〇年，大流士在他的新首都波斯波利斯（Persepolis）召集了一個建築師會議，商討要在尼羅河與紅海之間蓋一條運河。這個計劃成功了，整條運河沿岸皆豎立起巨型的石碑，上頭刻著大流士的像。「來自埃及的船經由這條運河駛往波斯，我的欲望也是。」[22]大流士策劃了尼羅河與印度洋之間的海事遠征、引入重量標準、延長波斯御道（Royal Road），且提倡以硬幣進行貿易，而非拿來作政治宣傳。貿易帶來更多稅收，稅收則用以獲得更高的貿易控制權。這一切都由龐大的官僚制度所掌管。這個制度中的人使用所有在波斯帝國間通行的語言來溝通。我們在《舊約聖經》中讀到：「用各省的文字、各族的方言……寫旨意，傳於總督和各省的省長並各族的首領。」[23]可以達成以上這些成就，就是因為阿契美尼德王朝連續出現幾位優秀的領導者，幾乎不中斷地統治了將近兩世紀。

波斯帝國建立之後，超過一個世紀沒有遭遇真正的敵人。如此集中於單一國家的權力是前所未見的。波斯帝國在併吞埃及之後，很有可能已掌控了世界上三分之一的農地和四分之一的人口。帝國有大量的鐵礦，為製造武器和工具所需，也有豐富的森林資源可以拿來建築和造船。經濟方面的治國才能，協助他們利用資源本身所具的潛力：省份的編制、總督的功能、先進的交通網路，以及我們曾提過的，與邊境民族的交流。

波斯人讓亞述人相形失色，不僅因為波斯人為埃及建立更扎實的政權，也因為他們更緊密地整合了黎凡特上的貿易國與南亞位於波斯帝國門檻處的國家。不可否認的，亞述也曾嘗試控制這些重要的貿易中心，所以他們多次遠征腓尼基人的重鎮泰爾，也曾前往盛產木材的安納托利亞山脈。他們曾沿著東方貿易路線考察，也一直著眼於埃及。[24]薩爾貢二世（Sargon II）曾在前七一六年自吹自擂道：「我打開埃及封閉的海港，讓亞述人與埃及人相互結交，也讓他們相互進行貿易。」[25]可以說亞述人打下了地基，波斯人則建設於其上。

地中海地區的騷亂

在波斯邊緣地帶最難以捉摸的競爭者是斯基泰人（Scythians）。前七世紀，他們從東歐大草原擴散至中東的中心地帶，協助攻克尼尼微，甚至還大量地在埃及的邊境出沒。他們騎乘健壯結實的馬匹，身上帶著顯眼的刺青，是讓人懼怕的戰士，雖僅著輕裝，卻極驍勇善戰。[26]進入到美索不達米亞的斯基泰戰士組成了一支規模相對。小的傭兵，後來漸漸地同化了。前六世紀左右，東歐大草原的氣候變得比較宜人，所以外移的壓力便減輕了。[27]從那時開始，斯基泰人退回到他們的心臟地帶，以那裡為據點偶爾前往巴爾幹半島與亞美尼亞高原突襲、掠奪物品。斯基泰人所占有的戰略位置讓他們的菁英可以利用畜牧、農業、開採金礦、奴隸交易，和其他種類的商業活動，以累積巨額的財富。斯基泰人貿易的範圍遼闊，遠達西歐跟中國。[28]

只不過，不管斯基泰人的金銀財寶多麼令人歎為觀止，也不論他們木製的堡壘是多麼巨大，如烏克蘭的比利西克（Bilsk）附近挖掘出的遺跡所示，他們在大草原上的家鄉所能夠累積的資源財產卻無法達到波斯帝國那樣的規模。在美索不達米亞，一公頃的灌溉土地可以供給五個人以上，但在黑海北方大草原上的耕地，一公頃只能供一到兩人生活，更北邊的畜牧人，則需要好幾公頃的地才能養活一個人。[29]所以，雖然他們的資源足以過活，卻不足以讓人口繁盛。一名前六世紀的希臘旅人形容斯基泰人就像是受到關節炎與其他疾病的折磨一樣。[30]總而言之，他們沒能超過一、兩百萬的人口。所以，只要波斯人維持強盛，便可以應付斯基泰人的挑戰。

在斯基泰人和波斯人的陰影之下，希臘的城邦持續成長，人口也穩定上升。森林快速地被開墾為橄欖樹林和葡萄園。這是個完美的世界，如同荷馬的英雄之一在《伊利亞特》中形容：「河岸上宏偉的莊園，在葡萄園和結穀累累的田地中顯得秀麗動人。」[31]前八世紀詩人赫西俄德（Hesiod）的詩作《工作與時日》也用理想化的筆觸形容農夫的平靜生活：

> 饑餓和災難從不侵擾公道的人；他們只無憂無慮地照顧他們心心念念的田地。土地為他們產出豐碩的糧食，在山上，橡樹頂結了橡實，蜜蜂忙碌於其中；毛茸茸的綿羊頂著一身羊毛。他們的妻子就如其父母一般生養子女。他們持續因良好的事物而興旺，且不需要駕船出海，因為豐產的土地會為他們結出果實。[32]

他拿來做對比的，是人們愚蠢地尋求更多財富，因而引發戰爭、饑荒、疾病和饑餓的陰暗世界：

> 因為人想到他富有且積極耕田、種植並好好照顧馬匹鄰居的時候，就會變得熱切於工作；然後鄰居看到他的鄰人汲汲營營求財時，也要與之競爭。這樣的爭鬥對人類是有益的。於是陶工對陶工生氣，工匠對工匠生氣，乞丐嫉妒乞丐，吟遊詩人也互相嫉妒。[33]

希臘最大的衝突原因之一是stenochoria，意指「受限的空間」：他們缺乏適合的土地供應增加的人口。這也是讓前六世紀的希臘哲學家斷定，如果一個社會人口太多便會失控的原因之一。這時還比啟蒙時代的學者托馬斯・羅伯特・馬爾薩斯（Thomas Robert Malthus）早了二千三百年以上。其後果就是往地中海與黑海沿岸周邊大量的移民，和龐大的貿易需求。貿易帶來新的社會菁英，也改變城邦的政治組織。反抗傳統統治者的政變最先出現在富裕的貿易中心。前六五七年左右，科林斯（Corinth）一位具有勢力的軍事首領庫普塞魯斯（Cypselus）推翻了國王。他聲稱自己只是順從德爾菲的神諭，他允諾會維持公平正義而因此獲得民眾支持。差不多同時間，西錫安（Sicyon）軍隊中一位名叫奧爾薩戈拉斯（Orthagoras）的將軍推翻了該城市的國王。不久之後，特阿格尼斯（Theagenes）在麥加拉（Megara）掌權，他屠殺富人的牛，藉此贏得窮人的支持。前六三二年，庫倫（Cylon）這位奧林匹克摔角冠軍在雅典發動叛亂。[34]希臘人稱這些專制君主為僭主（*tyrannoi*）。

共有的神祇、神諭、史詩和語言助長希臘城邦之間發展共同的認同感。有時，這認同感促使相鄰城市制訂合作條約。最早的實例之一，就是守護德爾菲神廟的近鄰同盟（Amphictyonic League）。近鄰同盟成立了一個評議會，其作用是在會員國間產生紛爭之際出面調停。不過更常見的是，詩人使用共通語言讚揚希臘人彼此征討的戰役中，所出現的英雄事跡。「讓他藉由偉大功績學習如何戰鬥。」提爾泰奧斯（Tyrtaeus）在他所謂的「斯巴達信條」中頌揚道。[35]卡爾基羅庫斯（Archilochus）稱讚法羅斯島（Pharos）的勇敢士兵「渴望投身奈克索斯島的方陣（phalanx）。」[36]另一位詩人則告誡道：「你何時要展現些勇氣，年輕的夥伴？」、「在我們因戰爭而淌血的土地上，在破敗的和平中懶散度日，你不感到羞恥嗎？」[37]阿爾卡埃烏斯（Alcaeus）警告：「成就城市的不是有著美麗屋頂的房子，不是以堅硬石塊造的牆，也不是船隻停靠的運河與碼頭，而是強壯的男子。」[38]

那些「強壯的男子」馳騁沙場，例如：麥西尼亞戰爭（Messenian Wars，前七四三年至七二四年；前六八五年至六六八年）中，斯巴達贏得麥西尼亞灣沿岸的豐沃平原；利蘭丁戰爭（Lelantine War，前七一〇年至六五〇年左右）中，為了取得尤比亞島（Euboea）中央肥沃平原的控制，而牽涉了許多城市；在小亞細亞的愛奧尼亞（Ionia）城邦之間所發生的梅利亞克戰爭（Meliac War，約前六九〇年至六七〇年間）；或是第一次神聖戰爭（First Sacred War，前五九五年至五八五年），其中，近鄰同盟消滅了基拉（Cirrha），因為後者對神不敬。希羅多德等希臘歷史學者區分出三種增加領土的方法，分別是征戰、殖民和村鎮聯合（*synoecism*）。村鎮聯合可說是一種小規模的擴張主義，意指一個城市將周邊較小的城鎮合併了。舉例來說，雅典同化吸收阿提卡（Attica）地區鄉村的過程，就是村鎮聯合。

前七世紀到六世紀，科林斯和斯巴達始終是希臘的兩個主要勢力。庫普塞魯斯和佩里安德（Periander）這兩位僭主在位共七十年（前六五七年至五八七年）後，讓科林斯成為商業和工業中心。他們發揚陶器製造業，並在亞德里亞海（Adriatic Sea）和愛奧尼亞海設立貿易站，藉此提高出口量。他們也鋪了一條道路，讓人們能拉著船隻橫越愛琴海與愛奧尼亞海之間狹窄的地峽。科林斯為了展現實力，邀請了較小城市的代表參與其舉辦的運動競賽，稱為地峽運動會（Isthmian Games）。地峽運動會始於前六世紀早期，是為了與奧林匹克運動會較量而舉辦。前五二五年，科林斯促成了與斯巴達這最大敵手之間的同盟。如果說科林斯主宰了海洋，且是第一個造出三列槳座戰船（trireme）這種大型戰船的希臘城市，那麼斯巴達就是出類拔萃的陸上政權，倚賴著軍事訓練以及重裝備步兵方陣（也就是裝備了矛的重型步兵陣隊）。但是前六世紀末期，當雅典精明地瓜分科林斯的貿易量，且自詡為工業中心時，科林斯的光彩便開始淡去。

科林斯貿易的繁榮一開始曾有利於雅典。雅典的位置極佳，可以就近利用愛琴海的海上路徑。前七百年時，城中只有大約一萬名居民，接下來的二十年間，人口卻增加至大約兩萬。[39]同時，雅典默默地在科林斯的庇蔭下建立起驚人的殖民地網路。雅典的貨幣與科林斯掛勾，雙方貿易密集。前六世紀早期一位受人愛戴的新領袖梭倫（Solon），是將雅典帶往偉大道路的功臣。梭倫是精明的重商主義者，他征服了鄰近的薩拉米斯島（Salamis），藉此為雅典在薩龍灣（Saronic Gulf）設立了一個當地的海上勢力範圍。他也改善了投資環境，導致陶器工業逐漸從科林斯外移到雅典。雅典早期的製造商複製了科林斯式的瓶彩風格。他們漸漸提升黑繪圖形的精緻度，後來便以他們新創的「紅繪式」（red-figure）風格建立起新的藝術標準。

科林斯出口經濟衰退的同時，雅典接掌了希臘海權的領導地位。民粹的政治家特米斯托克利（Themistocles）在前五世紀早期掌權之後，極力鼓吹雅典人將新發現的大量銀礦的獲利拿來加強船隊，並強化、延長比雷埃夫斯港（port of Piraeus）的長牆，使之與雅典接連。他也引入減稅制度，吸引外國工匠和貿易商到雅典來。後來，雅典政治家伯里克里斯（Pericles）讚頌這一段擴張的時期，他表示：「我們冒險的精神強行進入所有海域、所有土地。」時至今日，他的信念：「海權極為重要」仍是希臘海軍的座右銘。[40]

一直到前六世紀，希臘長久以來與腓尼基人都為了在地中海地區做生意而纏鬥不已。歷史上，腓尼基人掌控這地區大多數的貿易路線，也是美索不達米亞和埃及兩地重要的金屬和木材供應者。據荷馬所言，腓尼基人不同於希臘人，較缺乏組織，通常會試著和平地拓展市場，而非使用武力。赫西俄德記載，腓尼基人主要的目標並非殖民，而是貿易。

腓尼基的貿易優勢承受來自兩方面的壓力：在東邊是從亞洲內部而來，在西邊則是從海上而來。[41]但是，波斯帝國絕對是個陸地上的霸權，控制著黎凡特與小亞細亞，因為這些貿易的門戶已經足夠有利可圖。

希臘的城邦遠比波斯好戰得多。希臘跟腓尼基之間的競爭如此激烈，以至於希臘人甚至稱讚海盜行動為勇敢的表現。前七世紀，希臘商人已接手跟西西里之間大多數的貿易，他們也支持任何願意攻打腓尼基人的人。當亞述人在前六九七年鎮壓塔爾蘇斯貿易商因反對稅務而發起的暴動時，希臘人跟亞述人並肩而戰。[42]當波斯人在前五三九年征服腓尼基在黎凡特的主要城市時，希臘人很快地填補上空缺，成為東地中海地區最大的貿易商。但腓尼基人的影響力在某個霸權之下，於地中海西部地區存留了下來。這個霸權是迦太基（Carthage）城，它將成為古代歷史數一數二著名的衝突事件中的主角。

由此可知，前六世紀之前，希臘世界已大大地從它的黑暗時代復興了。在這時，希臘最早期的著名哲學家和數學家一一出生，例如阿那克西曼德（Anaximander）與畢達哥拉斯（Pythagoras）等。現代人也稱這時期為希臘藝術的古樸期（Archaic period，前七〇〇年至四八〇年），陶器上樸實的幾何圖案置換為優雅、彩繪的象徵式設計。雕塑家雕刻出謎樣而聞名世界的Korai和Kouroi，前者為身著長袍的女性，後者為裸體青年男性。希臘也興建了簡樸多立克柱式的紀念石建神廟，例如科林斯的阿波羅神廟。

透過貿易，以及位於義大利半島的希臘殖民地的影響，愛奧尼亞海另一端的居民熱切地接受了古樸風格。伊特拉斯坎人尤其是如此，他們所特有的，帶著真人尺寸人像的赤陶石棺，很明顯是參考自希臘雕塑。伊特拉斯坎是位於中義大利丘陵地上十二個鄉鎮所組成的同盟。他們的議會在伏徒那神廟（Shrine of Voltumna）一年集會一次，並選出一位領導為同盟的代表。他們擴張至波河河谷（Po Valley），建立殖民地，最遠曾達西班牙。

雖然希臘和伊特拉斯坎之間貿易頻繁（後者是雅典陶器的重要市場），但他們很快地為了殖民地和商機而相互激烈競爭，就像是早先時候的科林斯和雅典。不久之後，伊特拉斯坎開始使用希臘武器對付希臘民眾。前五四〇年，一支迦太基和伊特拉斯坎同盟軍在科西嘉島（Corsica）的阿拉利亞（Alalia）附近攻擊一艘希臘戰船，趕走企圖將科西嘉島建為殖民地的希臘人。

在北邊，伊特拉斯坎人也跟高盧人交流。二〇一五年，在法國凱爾特（Celtic）村落發現的伊特拉斯坎和希臘精彩的出土文物，顯示其熱絡關係。[43] 只不過，在這個例子中，貿易也引發了摩擦。受到伊特魯里亞（Etruria）的財富誘惑，因蘇布雷人（Insubres）等部落跨越了阿爾卑斯山後，在義大利北部定居下來。

在這些爭戰的脈絡中，羅馬早期的歷史相對來說並非重要的事。其帶傳奇色彩的首位國王去世後兩世紀內，羅馬成長為居民數達三萬人的城市。在那段期間，羅馬大略維持一樣的政治系統：男性市民票選出一個元老院（senate），元老院再指定國王，國王同時也是祭司長、大法官和軍事首長。

羅馬最早期的戰爭都是小規模戰爭，通常起因都是偷竊牲畜。第二位羅馬國王的軍隊僅有一千八百名士兵。羅馬擁有地理位置上的優勢，除此之外，難以對其早期的軍事成就做出解釋。不過，一旦鄰近城鎮遭羅馬征服，他們的居民就被迫遷居羅馬，士兵也合併到羅馬軍當中。於是，權力平衡隨著每次征戰而改變，引發了更多戰事，不論是侵略性的或是防衛性的戰爭皆有。李維寫道，鄰近的斐迪納城（city of Fidenae）沒等到羅馬展現潛在的實力，就先發起一場預防性的戰爭。證據也顯示羅馬曾分化敵人。盧修斯・塔克文・蘇佩布國王（Lucius Tarquinius Superbus，前五三四年至五一〇年）召集了鄰國眾領導人，在神聖樹林中舉辦一個和平會議。會議當中，他將武器放置在與會人之一的帳篷內，讓後者引起眾怒。

但是，隨著羅馬日益茁壯，他們逐漸展露出寬宏大量的一面。塞爾維烏斯・圖利烏斯國王（King Servius Tullius，前五七五年至五三五年）規勸鄰近城市的貴族加入一個「和諧與崇拜社群」。在一連串對付拉丁人的成功戰役後，盧修斯・塔克文・布里斯克斯（Lucius Tarquinius Priscus）建造戴安娜（Diana）神廟，歡迎先前的拉丁敵人前來參拜。在台伯河（Tiber）東邊岸上討伐拉丁城鎮之後，伊特拉斯坎人隨之成為下一個對手。「他們在陸上實力堅強。」歷史學家李維記錄了一位拉丁領袖的警言：「在海上則極為強大。」44 但目前，羅馬避免發生衝突。塔克文・蘇佩布甚至跟伊特拉斯坎人締結條約，也提出一個大工程計劃：在卡比托利歐山（Capitoline Hill）上建造碩大的朱庇特新神廟，藉此吸引伊特拉斯坎工匠前往羅馬。由於來者眾多，導致羅馬人見建設花費高漲、移民湧入而心生不滿，最後罷免了他們的國王。前五〇九年，塔克文・蘇佩布建造的神廟受到祝聖而落成的同時，羅馬也成了共和國。

前六世紀結束前，羅馬已然成為台伯河周圍河岸平原上數一數二大的城市。羅馬的人口成長規模之大，迫使他們必須擴張其神聖疆域（*pomerium*）。這是羅馬在前一世紀前首次，也是唯一一次需要擴張疆界的時候。羅馬取得了奧斯蒂亞（Ostia）海港，在台伯河上蓋橋、建造第一個單元住宅（因蘇拉，insulae），然後很重要的是，他們也蓋了世界上最早的永久性下水道系統，稱為馬克西姆下水道（Cloaca Maxima）。

雖然羅馬繁榮起來，卻持續扮演謙遜的地區型角色。回首過去兩個半世紀的權力政治，仍是亞述和波斯這兩個偉大的中東帝國占支配地位。就算許多人同赫西俄德一樣嚮往平靜生活，東地中海地區仍是一個大型，充滿鬥爭的競技場。受限的空間（stenochoria）、商業的必要性，和野心勃勃的僭主等，都點燃了爭奪土地、貿易、威望和權力的熊熊烈火。

印度河之外

前五三八年，波斯帝國居魯士大帝二世的軍隊抵達了印度河。他們發現，河另外一邊的政治環境在城邦爭奪領土、商業有利條件和影響力的同時，受到混亂的時局所分裂、糟蹋。古代佛教文本稱之為十六雄國的城邦，正嘗試君主和共和形式的政府形態，這在梵文稱為 *gana-sangha*，字面上的含義為「平等議會」。到了前六世紀，四個競爭國從十六雄國中脫穎而出，分別是拘薩羅（Koshala）、摩揭陀（Magadha）、跋蹉（Vatsa）和阿槃提（Avanti）。最終，阿槃提跟摩揭陀一決勝負。佛教文本解釋，過去阿槃提曾征服摩揭陀，但是後來摩揭陀的人民反抗阿槃提這外來的霸主，並建立了一個新的本土王朝。整個前六世紀，這兩國之間存在著不穩定的權力平衡。有一度雙方之間的關係還十分友好，在阿槃提統治者昌達・波羅迪約多（Chanda Pradyota）生病的時候，摩竭陀的頻毘娑羅王（King Bimbisara）曾派遣醫生為他看病的事廣為流傳。前四九〇年左右，頻毘娑羅遭受一個懷具野心的兒子謀殺，這位兒子提出了攻擊阿槃提盟國的政策。

不太清楚事情的經過為何，但大概到了前五世紀中，摩揭陀成為印度河－恆河平原上至高無上的政權。根據文本，摩揭陀是個大城，極具優勢地建於恆河的中段流域，其中的河谷受城牆分隔，周圍還有五座丘陵作為保護。那時候大部分的文本都宣傳著普世性國度，稱其可以帶來穩定。對於十六雄國的作為，巴利文佛典《增支部》（*Numerical Discourses of the Buddha*）的結論為：「跟天界的快樂相比，人類的王權相對可憐。」[45]文本極度強調正直的君王這個概念。同一文本形容好國王應富有教養，是人民的盾及保護者，他關心士兵的性命、守護他的臣屬，甚至照看動物和鳥禽的命運。「他很富有，擁有極大財富與財產，也有滿載的寶庫和穀倉。他有力量，具備忠貞、順服命令的四軍種。他的參事睿智、有才又聰明，有能力思惟過去、未來和現今之有益之事。」[46]

再往東北方向看，中國在周朝勢力減弱後，也陷入了國與國間持續惡化的鬥爭之中。知名的前四世紀思想家孟子曰：「世衰道微，邪說暴行有作，臣弒其君者有之，子弒其父者有之。」[47]卓越的賢人孔子（前五五一年至四七九年）就直接地感同身受，他曾為魯國國君攝相。魯國曾一度相當強盛，支配了肥沃華北平原的核心地帶。但魯國卻受敵國包圍，前七百年左右，其王室曾一時動盪，導致嚴重的後果。這讓鄰邦齊國捉住了機會。齊國以鹽巴交易而致富，周天子也曾委託齊國領軍攻打蠻族。前六四二年，周象徵性許可之下的霸主地位，被魯國的另一個鄰邦宋國所奪走。十年後，輪到晉國為霸，並帶頭討伐楚國，之後，霸主之名易主，首先是秦國，再來則是楚國，他們分別承諾會恢復中國各邦之間的和平，並對抗蠻族這共同的敵人。事到如今，周朝勢力衰退程度之大，導致在這些相互敵對國家的野心面前，只剩一小塊招牌賦予其正當性。

青年時期的孔子曾目睹，在留著短髮、身上刺青的蠻夷吳國人欲攻打楚國時，他所處的世界也整裝待發，準備大打一場。吳國人精通金屬工藝，也因此強盛起來。況且，他們有孫子（前五四四－四九六年）這位將來被視為中國數一數二著名的思想家，擔任他們的首席戰略顧問。孫子專注於軍事策略和戰術，尤其是間諜和欺敵之計，可以說是孔子在才智方面的對映角色。孫子為吳王展現優秀才能，共主導了五場重要的軍事勝利。吳國曾短暫稱霸，直到另一個挑戰者越國出現。孔子在他的晚年時期，也經歷了這個過程。

春秋戰國時期（前七七一年至四七六年）的記錄證實，當時中國沒有任何一國維持長久的和平時光。如果他們保全了某部分的邊境，那麼幾乎不可避免的，威脅就會在別的地方集結起來。儘管這個時期是那麼地紛紛擾擾，卻也同時是一個合併的時代。[48]如果前七世紀的歷史紀事中，提到當時仍有一百四十八個不同的國家，到了前六世紀，則只剩下十八國。跟印度一樣，這時期的中國見證了較大型城邦的興起，這些城邦吸收了周邊城鎮，讓工藝得以專業化。青銅器、鐵器和絲綢等製品發展的同時，貿易越發顯得重要。首先使用的貝幣，以及接下來的真實錢幣，都助長了貿易發展。范蠡是中國最早期的經濟學家之一，他輔佐眾王推廣促進商業和農業。城市以浮誇的規模發展，有廣大的寺廟建築群、王宮、鐵礦場、碩大的城牆、及足以讓九輛馬車並排而行的寬闊道路。[49]大家爭相服侍權力強大的君王，顧問、工匠、士兵甚至大臣，皆竭盡全力地為統治者而奉獻出本身的才學技能。國家能派出成千上萬的軍隊。創新的軍事技術快速傳播，例如原本源於東南亞的十字弓。

雖說春秋時代戰火頻仍，各國青年似乎隨時準備犧牲性命打仗，外交活動卻也相當密集，因為較弱勢國家務實地在不同盟國之間搖擺。歷史記錄列出數百項條約、雙邊參訪，和國際會議，較強勢的國家會藉會議的機會迫使弱勢國家認可他們的意志。舉例來說，晉定公召開了一個會議並締結條約：「家不藏甲，邑無百雉之城。」[50]但晉國人本身卻不受這條協議的約束。會議也可以將認可國家的霸權，授予其守護周天子天命的權力。前六六七年，齊國打著「尊王攘夷」的旗號，召集了一次重要的會議。[51]前六五六年，齊國為了制止楚國的崛起，同時對其羞辱周天子的行徑實施制裁，再次大會諸侯。同樣的，也有為了挑戰霸主而舉辦的會盟。例如，前五九八年，晉國為了結合眾國之力對抗楚國，集結齊、宋、蔡、鄭、衛，和莒於踐土會盟，當時楚國才剛推翻晉國的霸主地位。

但是，這些國際會盟和條約所處理的事物範圍，通常遠比單純的安全措施還來得廣。前六五一年，共計七國在葵秋所簽訂的條約規定如下：「毋雍泉，毋訖糴，毋易樹子，毋以妾為妻，毋使婦人與國事。」[52]另外，一場舉辦於前五五四年的會盟，諸國宣誓要保護周天子、遭遇叛亂或饑荒必須互相幫忙、引渡罪犯、消除糧穀的貿易屏障，以及禁止利用壟斷的手段扭曲貿易過程。規則被白紙黑字地記錄下來以保護各國代表，條約也上呈給神明監督。條約內容明示：「名山名川，群神群祀，先王先公，七姓十二國之祖，明神殛之，俾失其民，隊命亡氏」。[53]

如此可怕的懲罰，讓人想起在美索不達米亞地區，作為條約的一部份而立下的誓言。在中國諸國中，各國代表歃血為盟以正式認定條約，他們將自己的血與酒混合，並將手擺放在公牛、羊隻，或白馬牲品的頭上。每個國家都設有特別掌管保存盟約文書的官府，稱為盟府，意指「盟約官府」。

編年體史書《春秋》中，就已經對此種外交上所作的努力表現出懷疑的態度。其佚名的作者明確地將盟約描述為強國的工具，且僅是紙上談兵而已。裡面寫道：「而後能安靖其國家，以事大國，所以存也」、「所以威不軌而昭文德也。」[54]在中國，周天子權勢的凋萎，以及隨之而來的混亂局面連續啟發了不少知識份子，其作品時至今日仍廣為流傳。其中一位便是管仲，他在前七世紀時任齊桓公的宰相。管仲建議齊桓公時時警戒，且需投入足夠的心力在防禦上。

「兼愛之說勝，則士卒不戰……則射御勇力之士出在外矣，我能毋攻人可也」。但是如果缺乏優良的管理，兵權則無法存在。管仲主張「夫天地一險一易，」但「奮乃苓。」繁榮昌盛是獲得權力的關鍵：「地之守在城，城之守在兵，兵之守在人，人之守在粟」。他警告不要墮落，呼籲要維持王室尊嚴，並且強調公平立法的重要性：「法者，將用民力者也。」[55]

孔子也強調賢治的重要性。「子為政，焉用殺？」他在論語中詰問道。他承認軍事武力是需要的，但似乎強調硬實力如果要有效，必須由受過良好教育的人來實行。子曰：「以不教民戰，是謂棄之。」和諧是理想，但和諧意指階級制度，不論是在國內或是國與國之間都是：「君君，臣臣，父父，子子。」[56]

道家學派的開教宗師老子，則憎惡暴力。

「師之所處，荊棘生焉。」[57]但就連他也隱隱承認防禦型戰爭的必要性。他的訴求是，人們需謹慎、符合比例原則地使用武力：暴力的使用需是為了有限度的目標，不應為其感到欣喜，且如果達到了目的，就該立即停止暴力手段。諸侯應當最珍視和平與安寧；一直以來，理想的狀態都是能在不引起抗拒的情況下提升自己的利益：「天下莫柔弱於水，而攻堅強者莫之能勝，其無以易之。弱之勝強，柔之勝剛，天下莫不知，莫能行。」[58]

現今，孫子大多是因為精於兵法而聞名於世，但就連他也贊許同一時代的孔子和老子的中心思想。雖然《孫子兵法》主要內容是打仗的手段，書中的序言卻清楚闡述，在國與國之間的鬥爭中，內政實力才是最重要的。孫子認為戰爭要勝利有七項條件，但只有最後三項跟發動戰爭有直接相關性。最重要的是領袖的特質，領袖也需理解「道者，令民與上同意者也」。[59]接下來，則是以經濟資源為首的權力平衡：應避免長期戰爭，且征戰是要付出代價的。「近于師者貴賣，貴賣則百姓財竭」[60]。

歐亞大陸東半部的南亞和華北平原仍是相互分隔的競技場。只不過，兩者都受混亂時局所圍困。印度困於十六雄國之間的爭鬥，而中國則擾於周朝之下，各國為了爭奪霸權而衍生出來的一連串戰爭。如同地中海地區和中東，在這裏戰爭也對應了經濟上的較量與科技上的競爭。另外跟地中海地區和中東一樣的，則是國家會為了維持和平而相互合併。印度佛教思想家的著作，以及管仲、孫武、孔子和老子等中國思想家，在在顯露出他們對秩序的探求，以及對硬實力的執念。他們主張，少了和平跟穩定，農人即無法耕作。如果農產品減少，則君王的地位也會削弱。要維持和平，良好的治理手段很重要，但做好戰鬥的準備也很重要——即使大家都心知肚明，兩鄰國互相鬥爭會帶來怎樣的結果。

和諧與混亂

前五〇〇至七五〇年之間，波斯的阿契美尼德王朝建立了這世界前所未見的大帝國。埃及、美索不達米亞和黎凡特地區從未如此牢牢地受單一君主的掌控。世界政治技巧和威望的中心儼然就在中東地區。

一個位於美索不達米亞邊緣地帶的小國，得以展開極富野心的政治計劃，其關鍵在於波斯當時遇到的是主體已然弱化的亞述帝國。即使如此，亞述的律法、習俗、制度、經濟構造、貿易網路和基礎建設的骨幹仍在運行。那是嶄新且野心勃勃的競爭者，針對一個衰敗中的帝國所進行的惡意占領。但是，雖然最早期的阿契美尼德王朝統治者也許是凶狠的軍事指揮官，他們卻也認同，提倡貿易、軟實力與和諧的帝國教義是睿智的行為。他們在強調其波斯出身的同時，也吸收美索不達米亞的帝國傳統。他們也在所統治的區域，強調寬容氣度和公平正義的重要性。

如果說阿契美尼德王朝為東半球的心臟地區帶來了前所未有的政治統一，那麼其它所有地方則是由紛爭不斷的競技場所構成，尤其是在地中海地區、印度河－恒河平原以及華北平原。在帝國的疆界之外，混亂的局面產生了關於政治和外交的新辯論。有些思想家若非憤世忌俗，即是講求實際。希臘詩人赫西俄德主張，嫉妒鄰人原本就是人類的天性。中國政治家管仲認為社會群體應該要時時警戒，如果疏於照管軍隊，則會導致衰敗。孫武也抱持著同樣的觀點。他表示，為了優先達到經濟繁榮，君王必須公正地對待他的人民，但同時也必須時時備戰。其他人，例如孔子、老子和佛教傳統中的印度作家，則比較理想化，他們比較著重於和諧的追求。

然而，不管他們對於國際間政治和諧之可行性的信念為何，這些思想家都認同，和平對於鄉下農村的重要性。這說明農產品一直是權勢的一個關鍵因素。農地代表食物，食物代表人口成長，而人口成長又代表更多的士兵。無法填飽自己肚子的城邦，必須不遺餘力地藉由貿易或殖民手段保全他們食物的來源。缺乏足夠的肥沃土地，驅使希臘城邦互相攻打，也促使他們在地中海地區到處建立殖民地。乾旱讓亞述人在波斯人面前顯得脆弱。大自然因此仍然都是一個決定性的因素。

但也有其他造成衝突的原因，尤其貿易是最主要的紛爭根源。商務往來也許能拉近政體之間的距離，但也可能導致他們發生衝突。軍事及政治上的衰弱持續地引起掠食國侵略。但國家的強度也同樣的會將國家引至戰爭：如同波斯人所發現的，為了保護先前所獲得的利益，每一次征戰都導致更多的戰役。進攻往往是最好的防禦。

在促進和諧方面，文化與宗教也有其限制。中國、印度與愛琴海沿海地區的國家通常有共同語言、習俗、禮儀，甚至神祇。當國家與國家簽署協議及參加國際大會時，會向這些神立下神聖的誓約。但儘管中國各城保管外交文件於「盟府」時還舉行儀式，很多思想家仍對這些協議的強制性有所疑慮。他們主張，軍事武力是可靠得多的安全保障。許多所謂的和平會議根本就是一種手段，強行讓人認可某國地位是優於其他國家的。不論空口白話的崇高理想、共享價值，和共同傳統，在整個東半球，外交就是個翻騰滾滾的機會主義與權宜之釜，其中，同盟在無止盡地為利益而起的鬥爭裡，以投機為基礎而建立然後瓦解。前七五〇至五〇〇年之間，也許和諧是遍及東半球的理想概念，但混亂仍是壓倒性的現實情況。

CHAPER

4

Gold and Iron

金和鐵

公元前五〇〇年至二五〇年

雅典國家考古博物館展示的文物中，有個前五世紀、外觀樸實的花瓶，它白色的瓶面飾以細緻的深色線條與精美的塗彩。[1]飾圖主要部分的場景，描繪出一名坐著的女子和一名身著武裝的男子，兩人很有可能是夫妻關係。那位男性愛憐地看著那名美麗的女子；她微笑著，把腳放在她丈夫的腳背上，她的丈夫將頭盔舉向她。她要他留下來。但這卻是要啟程的時刻，確確實實的啟程時刻。這只花瓶是喪葬的祭品，極有可能是拿來放在陣亡士兵的墓上。古代希臘是軍事社會，然而，這只花瓶的彩繪師發出了一個聲明：不管一個社會對於戰爭多麼地習以為常，人們從沒辦法適應個人損失、親人逝世，和骨肉分離，即使是為了保家衛國的神聖任務也一樣。這位彩繪師在世的期間，剛好是伯羅奔尼撒戰爭（Peloponnesian War，前四三一年至四〇四年）爆發前夕。

歷史書常常視伯羅奔尼撒戰爭為西方戰略文化的基石，這是由混亂和對於權力平衡的執著所定義的文化。其假設一個國家的興起，必定是其他國家的威脅。但本章將指出，這種執念不止存在於古代希臘。當中國和印度等亞洲文明目睹帝國和諧的理想坍塌成一片混亂之後，也逐漸著迷於相同的觀點。

前五〇〇年左右的世界裡，有一個大帝國，由波斯阿契美尼德王朝所統治，且建立在巴比倫、亞述，和米底亞王國的基礎之上。這帝國降服的地域範圍規模是前所未見，涵括了埃及和美索不達米亞豐富的灌溉經濟、中亞和地中海地區間東西向的貿易路線，以及東歐大草原與印度洋之間南北向的貿易路線。帝國沒落並遭亞歷山大大帝（Alexander the Great，前三三六年至三二三年）短暫地占領之後，中東一直到九百多年後、公元第七世紀間伊斯蘭的征服時，才再次達到如此統一的境地。

亞歷山大大帝於前三二三年死亡後的那一世紀間，地中海地區、南亞和華北平原上各城邦間紛紛擾擾戰爭不斷。這些城邦之間的外交關係曲折迂迴，聯盟合合分分，協議簽了又毀、毀了再簽。這樣的動盪情況慢慢地演變，在此期間，爭奪亞歷山大帝國殘存部分的其中兩個王朝，支配了歐亞的秩序。這兩個王朝分別為托勒密（Ptolemy）以及塞琉古（Seleucid）。除此之外，地中海西部地帶的羅馬人、印度的孔雀王朝，和中國的漢朝也占有舉足輕重的地位。這世界的樣貌也明顯的不同：歐洲、中國、東南亞，和中美洲增加的人口，到如今已將一大部分原始森林轉變為農地。

波斯淪陷

前五二二年，波斯的岡比西斯國王二世對埃及發起一連串勝利的戰役後逝世，其原因不明。接踵而至的騷動，更是讓人霧裡看花。只知道有位篡位者統治波斯帝國達七個月之久，並主要藉由承諾減輕窮人的稅金以獲得支持。有一小群波斯貴族眼見著自己的特權遭受威脅，帝國又處於嚴峻的危險之中，便支持一位名為大流士的年輕士兵發起叛變。

這是波斯帝國歷史上一個關鍵性的時刻。大流士一世（前五二二年至四八六年）繼任王位時，不巧面臨巴比倫、埃蘭、亞述、安息帝國，和巴克特里亞等國造反。讓人深感訝異的是，大流士一世竟然——征服這些國家。巴比倫受到波斯長時間的圍攻後，再次屈服。波斯軍隊進軍巴克特里亞王國（中國史籍稱之為大夏），甚至跨越興都庫什山脈並在前五一五年抵達印度河的過程中，也消滅了其他造反人士。不到兩年後，大流士一世領軍前往西邊，經由一座浮橋通過博斯普魯斯海峽（Bosporus），並將斯基泰人趕回東歐大草原深處。強化了邊境之後，他立刻回頭往南前進征服希臘城邦愛奧尼亞。

但波斯人在愛琴海東岸的勝利很短暫。希臘本土跟島嶼上的城市都支持自己的同胞反抗波斯人，一部分是因為他們不希望波斯人逼近，一部分是為了貿易利益，再來則是因為波斯國王現今已成為希臘世界中最令人厭惡的人。除了少數貴族及知識份子之外，大多數希臘人想像波斯君王很墮落、不誠實且暴虐專制。前四九九年，希臘軍隊支援小亞細亞上幾座希臘城市造反，爆發了愛奧尼亞起義（Ionian Revolt）。波斯人猛烈地回擊，前四九八年，愛奧尼亞人及其盟軍在以弗所戰役（Battle of Ephesus）中戰敗，重新整頓之後，最後卻在四年後的拉德海戰（Battle of Lade）被擊潰。這場起義落幕了，但大流士意識到他必須擒拿起義背後的推手才行。

接下來的戰爭，在大多歷史課本都稱為波希戰爭（Persian War，前四九九年至四四九），這並非波斯唯一一場邊境戰爭，但卻肯定是相關記錄最完整保留下來的戰爭。前四九一年，大流世派遣使者到希臘索求水和土，這兩者是歸順的象徵。雖然許多城市都屈服了，但斯巴達和雅典這兩個城市卻明顯不服。斯巴達人將使者丟到井裡，要他們在那裡面找水跟土。六個月後，波斯進行征伐，在雅典附近的馬拉松灣（Bay of Marathon）登陸，卻被雅典軍打敗，因為雅典軍所處位置比灘頭稍高一點，占盡了優勢。

大流士一世發動第二次侵略的企圖，卻因為他在前四八六年去世而戛然而止，埃及和巴比倫隨即爆發叛亂，反抗波斯的統治。新的國王薛西斯（Xerxes，前四八六年至四六五年）是大流士一世的兒子，他很快平定了動亂，不久後也籌劃懲罰羞辱他父親那些厚顏無恥的希臘人。前四八〇年，波斯大軍從北方陸路朝希臘大舉進攻。希臘試圖在溫泉關（Thermopylae）阻止波斯軍隊。溫泉關是狹窄的平原，其一邊倚山，另一邊靠海。雖然列奧尼達一世所領導的希臘軍以及數量較少的斯巴達矛步兵具有地理條件上的優勢，他們卻只阻擋住波斯軍隊的攻勢三天。但幾個禮拜之後，雅典人為首的希臘軍艦在狹窄的薩拉米斯灣（Bay of Salamis）打敗波斯軍隊，迎來了這場戰役的轉捩點。接下來的一年，波斯軍隊關鍵性地在普拉提亞（Plataea）戰敗，軍艦也在米卡勒（Mycale）遭到摧毀。

雖然波斯對希臘的侵略結束了，針對波斯所發起的紛爭卻尚未到達尾聲，小亞細亞到處都再次燃起反抗的火花。希臘城邦最大的反波斯聯盟「提洛同盟」（Delian League）由雅典人帶頭，分別於前四七〇年代和四六〇年代前往支援賽普勒斯和埃及的起義。直到前四四九年，波斯與雅典簽署卡里阿斯和約（Peace of Callias），戰事才正式落幕。這項和平條約讓小亞細亞上的希臘城邦擁有自治權。另外，愛琴海也成了緩衝區。波斯人承諾，只要雅典與提洛同盟不插手埃及和賽普勒斯的事務，波斯就不會干涉他們。

希臘作家說明了，前五世紀間讓波斯帝國麻煩不斷的原因是「墮落」，他們認為這也造成了許多宮廷間的勾心鬥角。這個理論並不全然正確。波斯的王廷並不比之前不穩定，也許是有廣泛的動盪，但情況卻不一定比先前的時代還差。的確有證據顯示前五世紀晚期，波斯國內曾有針對通貨膨脹、提高的利率和稅金的抗爭，但行政資料也顯示，他們的貿易生計持續繁榮。[2]況且，波斯人仍有能力部署大量的軍隊，例如，前四六〇年的帕普雷米斯之役（Battle of Papremis）中，成千上萬名士兵鎮壓了埃及的起義。

波斯統治者也都相當具有戰略頭腦，他們利用伯羅奔尼撒戰爭中，分別以雅典和斯巴達為首的聯盟之間的鬥爭，來操弄這兩方。前四一三年，波斯派遣了代表到斯巴達，目標是想組成共同對抗雅典的同盟。前四〇九年，波斯軍隊平定了小亞細亞、埃及與波斯帝國東部地區的幾處叛亂。最後，在前三八七年，波斯脅迫兵疲馬憊的希臘修訂卡里阿斯和約，藉此再次完全掌控小亞細亞。

前四世紀的前半段，阿爾塔薛西斯二世（Artaxerxes II，前四〇四年至三五九年）以及阿爾塔薛西斯三世（Artaxerxes III，前三五九年至三三八年）這兩位波斯國王，能夠投注龐大資源而似乎沒完沒了地拚鬥，只為了讓埃及持續是帝國的一部分。前三四三年，阿爾塔薛西斯三世在埃及部署了規模達三十三萬人的軍隊，驅逐了最後一位當地人法老，並拆毀孟斐斯的城牆後，才終於平定埃及的抗爭。

這些波斯國王絕非軟弱無能，所以他們能展現出堅強的魄力。公元前四世紀中期，他們的帝國仍然是這個地區到目前為止最強大的政權，控制了龐大的農業經濟，也掌握許多貿易通道，且在所有能增進帝國利益的地方促進商務發展，現代化了波斯御道，也維護了尼羅河三角洲和紅海之間的運河。他們的軍隊規模仍無人能望其項背，沒有任何跡象顯示波斯帝國即將面臨前所未有的危險。

亞歷山大大帝

八成就是因為這顯著的強大勢力，讓大流士三世（前三三六—三三二年）低估了希臘北部馬其頓（Macedon）王國剛繼任而野心勃勃的亞歷山大大帝所帶來的威脅。這將是致命性的錯誤。

波斯帝國與馬其頓王國之間的紛爭已醞釀了很長一段時間。亞歷山大的父親是腓力二世（King Philip II，前三五〇—三三六年），他征服一大部分的希臘半島，將馬其頓的邊境往希拉海（Hellespont，達達尼爾海峽的古希臘名）推進。前三四一年，大流士三世的父親，阿爾塔薛西斯三世，積極地回應雅典對抗馬其頓的請求。前三四〇年，當腓力二世從四方逼近希拉海之際，阿爾塔薛西斯三世命令他的總督供應傭兵與武器。在那個時候，沒人會賭馬其頓勝利。阿爾塔薛西斯三世證明了自己是優異的指揮官，他的武力讓腓力二世的軍隊相形見絀。

但在前三三八年，阿爾塔薛西斯三世遭到謀殺。同一年，腓力二世打敗了雅典人以及其盟軍，這讓他行有餘力，得以好好利用波斯宮廷裡的動盪情形。他迅速地在前三三七年春天組成科林斯同盟（League of

Corinth），目的是聯合希臘人進行神聖戰爭與波斯較量，並解放他們在小亞細亞的同胞。當年秋天，他派遣兩名將軍橫越希拉海去建立一個橋頭堡。前三三六年春天，他們帶著一萬名部隊，沿著愛奧尼亞海岸推進到馬格尼西亞（Magnesia）。就在此時此刻，整個地區為即將到來的衝突做好準備。

到了夏天，馬其頓軍隊第一次跟波斯的傭兵短兵相接。雙方劍拔弩張之際，一件驚人的新事件在整個愛琴海地區形成漣漪：腓力二世被人謀殺了。當時才二十一歲的亞歷山大挺身面對叛變和動亂，他利索地處理掉這些麻煩事，然後繼續準備發動對抗波斯的神聖戰爭。他的魄力展現出身為王子所接受的訓練，以及來自於包括亞里斯多德（Aristotle）等優秀老師的指導，實際上，他早在十六歲時，就首次在戰役中擔任指揮官。

前三三四年，亞歷山大大帝橫渡希拉海。只是，大流世三世仍委託希臘傭兵防禦小亞細亞，當時後者在特洛伊附近，格拉尼庫斯河泥濘的河岸上苦嘗敗績。這地區的城市一個個倒向亞歷山大大帝，大流世三世的總督根本無力回天。拿下小亞細亞之後，亞歷山大穩步攻往黎凡特、埃及和美索不達米亞。前三三一年秋天，亞歷山大在美索不達米亞的高加米拉戰役（Battle of Gaugamela），對上大流世三世親自率領的波斯軍隊並獲得決定性的勝利。這時，波斯帝國的心臟地區，已然敞開在直直挺進的馬其頓兵面前。到了前三二八年，波斯最後一波有組織性的對抗也遭擊潰。再一次，美索不達米亞落入其周圍地區次要勢力的手上。

歷史學家對於馬其頓獲勝的原因仍然爭論不休。亞歷山大大帝能夠統治比大流士三世還大的帝國這件事，跟居魯士二世在前六世紀建立波斯帝國一樣難以置信。戰勝的馬其頓人在波斯的皇家國庫中發現的大量黃金顯示波斯帝國仍有很充裕的庫藏可以運用。縱使是在最後一場戰役，大流士三世仍指揮著成千上萬的軍隊；雖然在戰場上他帶了數百位廚師，另外還有數十位侍從隨時替他噴上香氛，如此舉動讓敵營士兵也看傻了眼。不過，大流士三世最大的失誤，就是放任馬其頓人在希拉海取得了立足點，且放手讓傭兵守衛小亞細亞。他太晚才調派波斯大軍前往阻撓、打擊亞歷山大。

一旦波斯軍處於守勢，亞歷山大便展現出一名優異指揮官的面貌。他從前方率領部隊，起用有才幹的將軍，用心經營其半神人的形象，並使用政治宣傳將每一次的勝利歸功於個人功績。這些都是他引以啟發其軍隊的手段。他受益於他父親所留下的精壯兵力，尤其是強壯威武的馬其頓方陣，還有菁英騎兵隊和技術高超的工兵。可惜他在政治上的領導能力不如他在戰場上的機敏。亞歷山大大帝在前三二三年辭世時年僅三十二歲，當時他的名聲和帝國雙雙出現裂痕。他輕忽於鞏固他征服的區域，並未用自己的人接管波斯帝國的行政組織，也沒努力獲得降服人民的忠誠。他的傳記作者普魯塔克（Plutarch）形容亞歷山大耽溺於波斯式的奢華，疏遠了他的馬其頓軍隊，且變得傲慢、專制。最要命的是，他忽略了要任命繼任者這件事，當亞歷山大將死之際，他只虛弱低語道，應讓「最強壯的人」繼承他的帝國。

波斯的帝國傳統

波斯的帝國傳統影響力甚大，以至於亞歷山大完完全全地被迷住了。其禮儀上的首都波斯波利斯（Persepolis）留下了巨大的影響，其耀眼奪目的構築，是波斯人夢想中永遠統治的帝國之具象。城牆後首先可見一個內園以及萬國門（Gate of All Nations），由一對人頭牛身帶翅膀的雕像守護著。後方接著第二個庭園，在這裡，來訪的人仰望阿帕達納宮（Apadana）這個寬廣而立有圓柱的宮殿。宮殿的底座高三公尺，飾以一排排數不清的波斯矛步兵與來自帝國各地獻貢人的雕像，包括斯基泰人、安息人、愛奧尼亞人等。參訪者爬上寬大的行進樓梯後，抵達兩扇銅門前，最後進入宏偉的謁見廳，廳中三十六根超過二十公尺高的石柱支撐著裝飾華麗的平頂鑲板天花板。隱於阿帕達納宮後方的是私人宮殿、後宮，以及最重要的皇家國庫。當時，亞歷山大用上了一千匹駱駝才把所有的黃金運走。

波斯波利斯不只是廟，也是宮殿。波斯國王受神賜的祝福統治著世界。將這個概念呈現得最好的，莫過於阿爾塔薛西斯二世陵寢岩墓正面的雕刻。在頂部是阿胡拉馬茲達神（Ahuramazda），在其下方，國王立於一個平台上，平台則由兩排臣民抬舉著。貝希斯敦山（Mount Behistun）上，有處石刻上的浮雕呈現大流士一世在阿胡拉馬茲達的羽翼下登上王位，他並視察著九名排成一列、受到綑綁囚禁的統治者。在這一場景的下方，大流士一世解釋阿胡拉馬茲達的恩澤及協助如何讓他恢復曾因為前代眾王管理不善而喪失的世界秩序，又是如何幫他維護他臣民的福祉。

波斯國王們保存了巴比倫和亞述多數的帝國傳統。古代的《吉爾伽美什史詩》與《漢穆拉比法典》持續廣泛地流通。亞述神祇亞述神的肖像甚至被採用，作為阿胡拉馬茲達的象徵。美索不達米亞則仍然是帝國人口及經濟的中心。我們從波斯的藝術品、建築、基礎建設、農業、官僚體系到他們帝國的組織，處處可見帝國傳統的影響。散布於帝國間的皇家兵庫和駐防部隊，以前朝所留下，用來連接主要城市的道路、通路所連結。

亞述人將國土劃分為省，由地方長官管理之，波斯人也如法炮製，劃分出總督的轄地。治理這些轄區的總督負責稅收、維持安定、維護法律、監視帝國邊界以外的事件，以及向朝廷稟報重要的事務，此外，他們也負責接見藩國人民的代表。有一條來自前四世紀小亞細亞西南部克桑托斯（Xanthos）的飾帶上，描繪了一位總督，或是一位像是總督的地方性首長，坐在一頂皇家陽傘之下，正責備著一位希臘使者。[3]但波斯總督也定期接見這樣的代表，因為他自己也要帶著貢品謁見、侍候「萬王之王」的波斯國王。希羅多德、修昔底德（Thucydides）和色諾芬等希臘歷史學家見證這錯綜複雜的外交活動，看著使節們來回奔波於波斯王廷和其它地方之間，甚至遠達印度。其策略是仁厚地對待願意接受波斯統治的人，但嚴厲對付反抗的人。大流士一世在他的墓誌銘上表明：「願意合作的人，根據他合作的行為，於是我獎勵他。」[4]色諾芬在他美化了居魯士二世的傳記作品中，解釋了波斯人的治理依據：「我們最好應留神兩件事：我們要成為此地產擁有者的主人，且讓他們好好待著。因為缺乏居民的土地，就會缺乏物產。」[5]

波斯人遭遇動亂時，第一個反應就是要地方總督恢復秩序。例如愛奧尼亞起義的平定，就被形容為屬於這類的恢復正義。其中，馬鐸尼斯（Mardonius）總督加諸協議於愛奧尼亞的幾個城市，讓其以民主選出的領袖取代當地人所厭惡的僭主、令他們立誓維持彼此之間的和平、促進城市之間的貿易，並迫使他們利用波斯的仲裁結束邊境的糾紛、遵守共同法規，以及拆除城牆。他們的目標是在波斯監督之下建立當地自治政府。波斯人派遣他們的使者前往愛琴海另一邊的城邦要求水和土的時候，大概也是帶著相同的目的。當斯巴達與雅典拒絕時，波斯人回應的方式，就是試著分裂這個為了防衛希臘而組成的聯盟。他們不久後成功了：色薩利（Thessaly）這個通往希臘中部和南部的門戶，派遣了信使向大流士一世提出結盟的請求，阿爾戈斯（Argos）與底比斯也隨後跟進。

波斯其中一個重要的外交武器是金錢。接近波希戰爭尾聲，當身為提洛同盟領袖的雅典，似乎漸漸成為這場衝突的最大受益者時，阿爾塔薛西斯一世試著籠絡斯巴達。斯巴達並非是提洛同盟的一員。前四五六年，阿爾塔薛西斯一世指派名為美伽巴佐斯（Megabazus）的官員賄賂斯巴達人，要其攻打雅典，藉此阻止雅典在賽普勒斯與埃及的戰事。前四四九年，雅典將軍卡里阿斯（Callias）身懷與波斯之間達成的協議賦歸，他們同意正式結束五十年來的敵對狀態。但當時，城內同胞認為他所議定的條件不夠好而控訴他收受賄路[6]。波斯的「分裂及統治」政策首先資助斯巴達的艦隊，但當斯巴達支持反阿爾塔薛西斯二世的勢力時，即轉往援助雅典。前三九五年，波斯派遣一位來自希臘羅德島（Rhodes）、名為提摩克拉底（Timocrates）的希臘人，帶著黃金到希臘分送給雅典、底比斯、科林斯和阿爾戈斯的政治人物，試圖說服他們組成同盟對抗斯巴達。

波斯人喜歡利用「特別關係」誘騙希臘城邦，有時訴諸於共同祖先的情感訴求，有時則利用共同利益的實際理由。但是，希臘的外交運作偶爾會讓波斯人感到困惑，例如，斯巴達在前四二五年派遣使節到波斯之後，波斯國王寫了一封回覆的信件，強烈要求斯巴達人將來要言語一致：「國王不理解他們要什麼，因為來見他的許多使者，表達內容盡不相同。」[7]

希臘步入災難

「可恥！」這是希臘人對於禁不住波斯的黃金攻勢而屈服的外交人員，所作出的評論。雅典一位名為柏拉圖（Plato）的喜劇作家嘲弄著名的人民主義政客伊庇克拉底（Epicrates），因為後者較沉迷於波斯的奢華品而將雅典城的利益放置其後。同時，一名稱作提馬戈拉斯（Timagoras）的使者則遭到處死，因為他不只帶了黃金，還帶回一張波斯的床，這污辱了希臘人節約的生活方式。最困擾希臘思想家的，莫過於無法統一的希臘世界。希羅多德所擁護的理想，是可以抵抗野蠻波斯人的共同前線，並強調希臘人整體的親族關係。但希臘世界從未真正地統一，即使是雅典這個四通八達希臘世界各角落的繁榮商業城市，也極度地排外。其他城市來的移民常常被驅逐，被沒收財產，或甚至遭受殺害。

希臘內部的緊張情勢，隨著伯羅奔尼撒戰爭達到最高點。雅典歷史學者修昔底德（前四六〇—四〇〇年）形容這場衝突為前所未聞的悲劇，是通往災難的道路。他寫道：「希臘各處的情勢是，任何權力的組合都無法達到任何卓越的成就」、「戰時的同盟曾短暫地團結一致，但好景不長，很快地便發生爭執，雅典和斯巴達各擁盟軍，再次相互攻打。」[8]亞里斯托芬（Aristophanes）的喜劇作品《利西翠妲》（*Lysistrata*，前四一一年）中，希臘女性為了阻止戰爭而發起了「性罷工」。他的另外一個作品《和平》（*Peace*，前四二一年）中，一名雅典農夫很渴望結束戰爭，所以便騎乘巨大的糞金龜，飛到天上解救受到戰神波利莫士（Polemos）所囚禁的和平女神厄瑞涅（Irene）。矛變成了藤蔓稈，護胸甲變成鍋子，戰爭號角變成給無花果稱重的磅秤。前四一五年，歐里庇得斯（Euripides）將他的悲劇著作《特洛伊婦女》（*The Women of Troy*）搬上舞台，以此抗議希臘人對自己人所造成的屠殺和貧困。即使伯羅奔尼撒戰爭幾乎要摧毀雅典，政治家狄摩西尼（Demosthenes）仍厲聲譴責希臘城邦疏忽於應對馬其頓所帶來的威脅。即使當時領土分崩離析，貿易也飽受干涉，他仍認為希臘城邦對其缺乏精心策劃的回應是「愚蠢的舉動。」[9]

雖然許多希臘人渴求統一與和平，但是大多數思想家都懷疑這是否能做到。雅典哲學家柏拉圖（Plato，前四二四年至三四八年）主張所有人都相互依賴，但貪婪和忌妒卻蒙蔽他們的視線，讓他們無從得知居民在老死之前，和平、健康地共處在和諧的城市的好處；反而，他們住在遭到內鬨蹂躪而「狂熱」的城市。讓城市達到和諧的唯一方法是適當地教育市民，訓練他們當士兵，同時珍視和平為政治正當性的根本。他認為「身為希臘人，他們不該摧毀希臘。」[10]

亞里斯多德（Aristotle，前三八四年至三二二年）曾是柏拉圖的學生，他贊同柏拉圖的觀點；但是，他比他的老師更進一步地建議政治家要留意權力的平衡。「他應當知道另外一個國家的軍事能力是否與自己的國家相像；因為這相關於他們彼此的相對實力。」[11]亞里斯多德接著表示，為了保衛和平，戰爭常是必然的。但是，他又嘲諷道，對於和平的追求，是引起戰爭的有力動機。他總結說，我們為了獲得安逸的生活而做生意，而且我們為了獲得和平而作戰。希羅多德的歷史著作也高度關注了權力平衡。他寫道：「波斯的勢力正穩定提升」、「這讓克羅伊斯〔Croesus，呂底亞王國最後一位君主〕陷入沈思，他想知道他是否能在波斯過度擴張之前阻止他們。」[12]

修昔底德也用很類似的說法，解釋雅典與斯巴達之間爆發的伯羅奔尼撒戰爭。修昔底德假設恐懼、榮譽和私利主宰了人性；儘管如此，國際政治的根本則由權力平衡所型塑。他的著名宣言如下：「正是因為雅典勢力崛起，讓斯巴達感到恐懼，才讓兩者的戰爭無可避免。」[13]修昔底德接著說明較弱勢政權，在戰爭爆發上有何貢獻。舉例來說，在埃庇達諾斯（Epidamnos）小城發生的騷動，引發了公然的敵對狀態。其中一方獲得了克基拉島〔Corcyra〕的支持，克基拉島則向雅典尋求支援。同時，埃庇達諾斯的另一方向科林斯求援，科林斯則向其盟軍斯巴達求助，而斯巴達轉向波斯尋求協助。

修昔底德也指出國與國關係間，法律、仲裁和制裁（justice）的限制。雖然仲裁是常見的做法，克基拉島與科林斯卻不同意其條件。克基拉島人和科林斯在斯巴達和雅典議會前發表了冗長的演講，說明條約的有效性與公正合法性可能限制於反對方按照過去和現在的事件所做出的詮釋。「斯巴達人一致認為他們應當打破條約、宣布動武。這並非因為他們受盟友的言語影響，而是因為他們懼怕雅典的勢力再增大，因為他們目睹希臘的大半部分已落入雅典的掌控中。」[14]雖然修昔底德也懷疑，自然的法則就是弱者總會屈服於強者，他仍主張：「這是一個領袖該做的，他應該跟所有人一樣關照自己的利益，但為了報答其他人給予他的榮耀，也要特別考量大眾的利益。」[15]

各城邦之間長久以來所存在的威脅，將希臘變成了外交的實驗室。當君王和僭主被大眾或多或少參與的議會所取代，城邦在進行外交任務時也轉而託付最能言善道的溝通人士替他們向這些市民組織請願。修昔底德一再地表示這樣的演說家在雅典與斯巴達的議會是如何激昂地維護他們城邦的利益，也觀察雅典與斯巴達的政治家領袖是如何必須試圖引導議會對這類辯才做出反應。也有人們更熟悉的外交官職存在：權限有限的信使；真正的使者，有權限在該國議會所制定的條件範圍內行使同意權；以及保護人（*proxenoi*），保護人是一種榮譽性質的領事職位。保護人所代表的國家給予他們官方的保護或是免稅待遇，保護人則協助國家談判，提供糧穀或貢獻船隻作為交換。一般民眾、戰功顯赫的將軍或甚至國王與詩人都可以當保護人。[16]雅典的衛城博物館（Acropolis Museum）保存好幾塊紀念這些「官方朋友」貢獻的石板浮雕，其中一塊刻畫站立的保護人，象徵兩個城市守護女神之間的中間人。女神們的手意味深長地放在他的身上。[17]在眾神面前，他們宣立受誓言所約束的協議，並將協議的內容鑿刻於石板上讓人民閱讀。不過，如同修昔底德所言，人們往往侵犯協議，甚至在他們的腳踏出神廟前就已經開始了。

以霸權為中心所組成的聯盟則野心更大，例如以雅典為中心，聲名遠播的提洛同盟，以及與其相對，以斯巴達為主的伯羅奔尼撒聯盟，或是以馬其頓為中心的科林斯同盟。聯盟中較弱小的成員需要支付稅金、貢獻軍隊給領導國，領導國則提供保護作為回報。雅典和斯巴達也都曾試圖在同一聯盟的國家中扶植具有相似政治建構而對其表示支持的政權。有趣的是，近鄰同盟之後首先試圖組成聯盟的人其中之一，是波斯總督馬鐸尼斯，他有意促進小亞細亞的希臘城邦，在愛奧尼亞起義結束之後互相合作。但也有聯盟是為了反抗潛在的霸權而組成，其中最引人注目的，也許就是前五世紀早期，為了防禦希臘對抗波斯入侵的同盟。

有些較小聯盟的整合度很高。例如，阿卡地亞聯盟（Arcadian League，前三七〇年至三三〇年）要求盟國必須放棄一部分的自治權後才能加入、必須支持民主制、指派代表前往新成立的首都麥加洛波里斯（Megalopolis）的委員會，並行使共同的外交及安全政策。亞該亞同盟（Achaean League，前二八一年至一四六年）更進一步地發展出類似聯邦的政府。伊庇魯斯同盟（Epirote League，前三〇〇—一七〇年左右）也有聯邦建構、定期集會的委員會、共同稅制規定、共同貨幣、個人活動的自由，且是最早給女人公民權的政體之一。

波希戰爭與伯羅奔尼撒戰爭發生的時期，留下了許多今日仍為人所知的和平條約，但違約的數量也相差無幾。卡里阿斯和約（Peace of Callias 449 BC）只維持了兩年。前四四六年，斯巴達與雅典達成了三十年和平協議，且同意將大部分的希臘世界分為雅典和斯巴達兩大勢力範圍，但這個協議四年後就被打破了。前四二一年，十七個城邦之間制定的尼亞西斯和平協議（Peace of Nicias），讓伯羅奔尼撒戰爭部分達到尾聲。這個協議預計的有效期為五十年，卻在僅僅六年之後就遭到棄置。前三八七年簽訂的安塔基達斯和約（Treaty of Antalcidas）在斯巴達確保其霸權的情況下，以各城邦皆擁自治權的原則基礎上，提出了「共同和平」（common peace）的概念。只不過，前三七一年一場和平會議上，雅典使者阿烏托克利斯（Autocles）批評斯巴達一事廣為流傳。他說：「現在你們總是說：『城邦必須獨立。』但你們卻是造成他們無法獨立的最大障礙。因為你們跟盟國制定的首要條約，就規定他們要遵守你們所有的要求。這哪裡跟獨立一樣？」[18] 底比斯大使伊巴密儂達（Epaminondas）也補充，只有斯巴達承認他們的地方城鎮為自由的社群，才有和平可言。這場會議以戰爭作結。儘管如此，在前三六三年和三三八年分別仍有人嘗試建立「共同和平」，後者是為了回應馬其頓的興起。

和平與自由貿易的觀念息息相關，色諾芬是數一數二首先倡導其重要性的人：

> 在其他貿易城中，因為貨幣在國外無法通用的關係，商人被迫以物易物，但是我們不僅製造業發達，也盛產農產品，足夠供應外國的貿易商。不過，如果他們不願與我們以貨易貨，他們可藉由收取銀子獲利。銀子帶到其他市場上，價值比他們在雅典取得所付出的代價還來得高。[19]

愛奧尼亞城邦的波斯和約，也就是安塔基達斯和約，也擁護自由貿易。卡里阿斯和約旨在確保「所有人可以心無恐懼地出航。」[20]據說，亞歷山大大帝曾向他的波斯屬民發出一項告示：「我要將繁榮帶往你們的土地，要看見波斯的道路在完全和平的狀態下用於貿易和交易，如此一來，希臘來的人能跟你們做生意，你們也可以跟他們做生意。」[21]但共同的商業利益卻鮮少阻擋希臘城邦一次又一次地發起戰爭。

羅馬稱霸的第一步

隨著亞歷山大大帝在前三二三年死亡，統一東地中海地區和中東的機會也消逝了。先前在他麾下的將軍為了繼承他的權位而相互鬥爭，讓整個帝國分成了四個主要部分。在一陣灑血廝殺之後，最終安提柯王朝（Antigonid Dynasty）取得馬其頓中心地帶的統治權，另外，阿塔羅斯王朝（Attalids）統治小亞細亞，托勒密王朝（Ptolemies）統治埃及，塞琉古王朝（Seleucids）統治美索不達米亞。單極的年代已然結束，開啟了多極地域性秩序的時代。前三〇六年，安提柯（Antigonus）是公開聲明自己為國王以及亞歷山大大帝繼任者的第一人。他與兒子德米特里（Demetrius）取得黎凡特地區、小亞細亞、賽普勒斯與伯羅奔尼撒的一部分領土。但這還不夠：巴比倫才是最終戰利品。巴比倫曾是亞歷山大與其他偉大的美索不達米亞統治者心之所嚮，安提柯跟他們一樣，也下定決心要征服巴比倫。

他幾乎就要成功了，卻在前三〇一年的伊普蘇斯戰役（Battle of Ipsus）上，遭受聯合起來的敵對王朝勢力所敗而殺害。後來，這些勢力又將當時由德米特里統治的安提柯王朝趕出黎凡特及小亞細亞。前二八一年，其中一個王朝的統治者塞琉古國王（King Seleucus），成為小亞細亞唯一的統治者，只不過，當他準備橫越希拉海，將馬其頓收為其領土時，卻遭到刺殺。他的兒子安條克一世（Antiochus I），面對雄心萬丈、統治埃及的托勒密國王二世（King Ptolemy II），則難以堅守權位。彷彿重演一個世紀前的事件般，再一次地，埃及的王與美索不達米亞的王為了黎凡特而大打出手。亞歷山大這些繼承者王朝之間的戰爭還要再持續一個世紀之久，直到羅馬的崛起奪去它們所有的光彩。

前三世紀，羅馬在西地中海地區漸漸嶄露頭角成為領導國家，經過幾世紀的戰事磨練，這個位於台伯河岸上的小城邦日漸成熟。羅馬在一系列戰爭中打敗伊特拉斯坎人之後，面臨高盧移民帶來的威脅，當時，數十萬高盧人跨越阿爾卑斯山，進入現今的法國、西班牙、義大利和巴爾幹半島。前三八七年，要不是高盧酋長布倫努斯（Brennus）奪得羅馬城之後收受賄賂而撤退，羅馬城就要淪陷了。羅馬擊退高盧人之後，卻又面臨其他的危險，其北方的沃爾西人（Volsci）與伊特拉斯坎人仍然反抗他們的霸權。在南邊，羅馬則與希臘城邦敘拉古（Syracuse）和塔倫屯（Tarentum），後來在地中海南岸的北非建立的迦太基——先前被稱為腓尼基人——每座城市人口都超過十萬人的貿易強權競爭。前三四八年，迦太基對羅馬實施一項羞辱的條約，不讓後者進入薩丁尼亞島（Sardinia）與北非。前三〇三年，羅馬被迫與塔倫屯簽訂條約，其內容限制了羅馬進入愛奧尼亞海的權利。

只不過，權力平衡仍慢慢地改變。到了前三世紀初期，羅馬在一連串對抗薩莫奈人（Samnites）、高盧人和伊特拉斯坎人的聯盟之戰後，已現勝利之姿，勢力範圍涵蓋了義大利半島大部分地區。最後一個較重要的抗爭來自於伊庇魯斯（Epirus）的皮洛士國王（King Pyrrhus），他在前二八〇年渡海（愛奧尼亞海）來協助塔倫屯。這位身經百戰的將軍帶了二十隻戰象迎戰羅馬人，即使如此，仍不敵羅馬似乎無窮無盡的軍力支援。他說：「再來一場這樣的勝利，我們自己也完了。」〔If we are victorius in one more battle with the Romans, we shall be utterly ruined.〕[22]

前二六四年，西西里的墨西拿城（Messina）向羅馬求援以對抗敘拉古，但迦太基認為這違反了先前的條約，便占領了墨西拿，刺激羅馬做出回應。這連鎖事件開啟了迦太基戰爭（Punic Wars，前二六四年至一四六年）。迦太基戰爭這場為爭奪西地中海地區霸權的戰事持續了一世紀以上的時間，並讓羅馬脫穎而出成為歐洲最強大的勢力。希臘歷史學者波利比烏斯（Polybius）提供了這場戰爭後期的第一手見聞記錄，他解釋造成其結果的根本原因如下：

> 「（羅馬人）看見迦太基人權勢的膨脹並不限於利比亞，但也延伸至伊比利半島（Iberia）上的許多地區；並且迦太基也是薩丁尼亞海和第勒尼安海（Tyrrhenian Sea）上所有島嶼的主人。所以羅馬人開始非常的焦慮，唯恐迦太基也成為西西里的統治者，到時候他們將發現自己與相當危險且強壯的勢力為鄰，這股勢力會將他們團團包圍，且身處的位置可以控制義大利所有的海岸。」[23]

一開始，羅馬牽涉於其中的西地中海地區權力鬥爭，以及在東地中海與中東地區，亞歷山大大帝繼承者王朝之間的權力鬥爭彼此之間並不相干。但當皮洛士橫越了愛奧尼亞海，接著在前二七三年，托勒密二世希望與羅馬同盟以阻擋其強大的北非鄰國迦太基時，一切都變了。只不過，第一次迦太基戰爭（前二六四—二四一年）期間，托勒密二世卻倒戈而借錢給迦太基。

前五〇〇至二五〇年之間，地中海地區、中東和北非持續緩慢地轉變為單一、廣大的強權政治競技場。波斯阿契美尼德王朝在愛琴海西邊以及埃及的戰事皆鼓動了這項轉變。阿契美尼德王朝結合了硬實力與黃金所帶來的招撫效果，這兩者皆由朝貢規則所金援。這種朝貢規則再次連結了亞述和巴比倫的帝國傳統，且遵循其先前控制貿易的努力。在前四世紀中期，有一度看起來亞歷山大大帝會永久地建立一個更大的帝國，但他過世後，領土被政治瓜分，卻也藉由競爭、貿易和旅遊而彼此連結。同時，羅馬想經由亞德里亞海發展貿易的興趣與日俱增，他們在下個世紀征戰希臘和全地中海東部地區時便達成此一目的。

這時期的作家留給我們許多關於這迷人外交劇場的資料。從他們的作品中可清楚認知，共和政體與君主制度、民主制度與寡頭政治間，在對權力汲汲營營的態度上並沒太大的差異。即使有些思想家著重於戰爭、自由貿易，與合作的重要性，他們也強調要維持權力平衡。修昔底德在他以伯羅奔尼撒戰爭為主題的歷史巨著中，探索兩強權分別試圖保衛重疊的利益時，所引發的悲慘困境；波利比烏斯探討羅馬與迦太基為了西西里而發展出的緊張局勢時，也突顯出較弱勢力會挑撥於較強勢力的傾向，以及商業雄心對於穩定局勢的破壞。最後，色諾芬做出總結：「於是，衝突與怒火引起戰爭，貪婪抑制善行，而嫉妒導致仇恨。」[24]

孔雀帝國

波斯的邊境之外，位於印度河的東邊，有一個新的帝國慢慢成形。早在前三二六年，這股勢力就已相當強盛，甚至亞歷山大大帝的士兵都不願跨過比亞斯河（Beas River），怕的就是會遇到難陀王朝（Nanda）的軍隊，據稱這支軍隊包含超過二十萬戰士及三千頭戰象。[25]

摩訶帕德摩・難陀（Mahapadma Nanda，前三四五年至三二一年）在幾十年前建立了難陀王朝。摩訶帕德摩這個名字的意思是「龐大財富的治理人」。摩訶帕德摩奪得摩揭陀王國的王位，摩揭陀則是由頻毘娑羅王（King Bimbasara）所建立。等到摩訶帕德摩掌權的時候，國土範圍已涵括恆河中段沿線平原的一大部分地區，他又擴張領土至興都庫什山脈與德干高原的南面坡。只是難陀王朝的勝利相當短暫：摩訶帕德摩的繼承人被旃陀羅笈多・孔雀（Chandragupta Maurya，前三二四年至二九八年）所推翻。旃陀羅笈多・孔雀即將讓印度成為世上數一數二強盛的真正的帝國。

尚無人清楚旃陀羅笈多是如何壯大以奪取難陀王國。他可能利用了大眾對於難陀王朝的不滿而發動了游擊戰，並賄賂了政府的將軍。難陀被罷黜後，旃陀羅笈多隨即向西出兵，以防塞琉古國王將亞歷山大生前征服印度的夢想化為行動。經過兩年的戰爭，在前三〇三年，雙方簽訂和平協議，並佐以聯姻作為擔保。旃陀羅笈多贈與塞琉古五百匹戰象（在前三〇一年的伊普蘇斯戰役中，戰象是使安提柯戰敗的重要因素）。為了回報他，塞琉古則將興都庫什山脈間山道的控制權轉讓給旃陀羅笈多。興都庫什山道是南亞、中亞，以及西亞之間的交叉點。因為如此，旃陀羅笈多立刻動身建造一條新的道路——大幹道（Grand Trunk Road），並在其上部署守衛兵力。從那時開始，南亞與中東之間的貿易便蓬勃發展了起來。旃陀羅笈多的兒子賓頭娑羅・孔雀（BindusaraMaurya）更將領土往南推進，且各與坦米爾人（Tamils）和朱羅王朝（Cholas）都立下了盟約。當旃陀羅笈多的孫子阿育王（Ashoka，前二六八年至二三二年）即位時，孔雀帝國的領土範圍遠從札格洛斯山脈展延至布拉馬普特拉河（Brahmaputra River）。

阿育王漫長的統治期間大部分的時間，孔雀帝國的人民享受和平的生活。這不凡的成就，至少有部分要歸功於考底利耶（Kautilya）這位皇家顧問。他的著作《政事論》（*Arthashastra*）是治國之道的專著，直到今日仍受讀者所閱。考底利耶以他提出的「曼荼羅」（Mandala）體系最為人所敬重。曼荼羅體系是一組排列成同心圓的地理政治圓形組合，考底利耶利用曼荼羅體系向國王說明，要控制某鄰國的方式，便是要與其邊境上的其他國家結盟。不過，他最主要的建議，是要讓國內社會維持滿足的狀態。「睿智的國王，甚至能讓他國家中窮苦不幸的人快樂且富足。」他解釋，因為「力量是權力，而快樂是目的。」[26]土地必須開墾、野獸必須驅離、謀反人士須被消滅，而財寶必須累積。強大的國王可以發動征戰，但軟弱的國王需要求和。《政事論》列舉許多執行和平條約的方法：以火的名義發誓、在大象的肩頭發誓、將皇室成年或非成年的成員當作人質送出（雖然考底利耶評斷，對於收受人質的一方來說，一位作為人質的公主比王子還來得麻煩）。考底利耶也告誡，他人無法阻止崛起政權違反和平條約。

這現實主義的戰略文化強調了存在於許多小型政體之間的無政府狀態。阿育王用真正的帝國信念取而代之，其前提為一個大政權下所存在的階層制度。阿育王在打敗了頑強的羯陵伽王國（kingdom of Kalinga）後採納了佛教的教義。他宣布摒棄暴行，並宣傳採用仁慈寬厚的治理方式來管理他的人民。他成為了轉輪王——「讓金輪在全世界轉動的那位」——也就是佛教中，象徵通往證悟的戒律。佛教在前五世紀發源於北印度之後，傳遍了整個南亞，現在，佛教的「普世真理」與「和」的教義，讓這位皇帝甚是方便地正當化了。孔雀帝國內四處都豎立了阿育王的佛教詔書。上面寫著。「過去，眾王會出遊玩樂」、「我將眾人福祉看作自己的責任。」[27]第十三份「石刻詔書」內容是關於「道德征服」；實行道德征服的方法，是派遣使者（*dutas*），不只到帝國各地，也到斯里蘭卡、希臘，和埃及去宣揚佛教、成立醫院並種植花園。只不過阿育王的和諧教義仍是以硬實力為基礎，他豢養一支士兵人數高達六十萬且組織良好的軍事單位，也持續利用間諜與皇家密使（pulisanis）所組成的大型網絡，以獲知帝國中四個省份的所有狀況。每一省由總督（庫馬拉，kumara）管理，總督負責維持秩序以及課稅相關事務。

首都巴連弗邑（Pataliputra，另譯華氏城）位於帝國的心臟地帶，靠近現今的巴特那（Patna），居民數量達五千萬至六千萬人之譜。麥加斯梯尼（Megasthenes）是一位駐在孔雀帝國皇廷的希臘外交官。根據他的記錄，只有波斯帝國宏偉的城市才能跟巴連弗邑與其中的木造皇宮分庭抗禮。巴連弗邑是政治、文化和科學中心，吸引像是阿耶波多（Aryabhata）這樣的知識份子前來，阿耶波多是數學家也是天文學家，他計算出圓周率近似值至小數點後四位。賓頭娑羅•孔雀曾向塞琉古一世要求甜酒、乾燥無花果以及一位哲學家。孔雀帝國的藝術創作突然興盛了起來，直到今日仍讓歷史學家不得其解。不到一個世紀的時間，原始樣貌的泥作品便進化為精緻的石刻，例如明顯受到波斯藝術影響的阿育王石柱柱頂，以及體態豐腴動人的夜叉女神（Yakshi）。孔雀帝國的城市成為了世界新的文化科學大熔鍋，繼佛教僧侶之後，孔雀帝國的文化勢力傳播至希臘到東南亞等地區，世界的中心已然從中東轉移到印度。

戰國

阿育王提倡和諧時期的印度，與同時期的中國天差地遠，在中國，這是個無止盡爭戰的年代。自從周朝在公元前八世紀喪失神賜天命之後，華北平原上的城邦和相對較大的諸國相互爭戰、欲奪霸權而撼動天地。形式上周王仍存在，只是他的地位僅是虛名，完全依賴其他統治者支持。這期間召開了許多外交會議，討論是否裁減軍備、討論戰爭的規定，甚至嘗試訂定和約，但這些會議往往徒勞無功。史書記載前四八二年黃池會盟時：「丁亥入吳，焚姑胥臺。吳告急於夫差，夫差方會諸侯於黃池，恐天下聞之，即密不令洩。已盟黃池，乃使人請成於越。」[28]

前五世紀到三世紀這些紛擾不斷的爭戰諸國（也是戰國時代之名的由來），數量從十四國減至七國，最終僅存一國。戰國時代（前四七六年至二二一年）始於魏、趙、韓三氏族勢力瓜分晉國的事件，華北平原上其他部分由楚、秦、齊、燕等國，以及位於中央的周朝和其萎縮的殘存政權，此時周王的地位幾乎遭架空。這還是文明世界。在這之外的化外之地，蠻夷四伏，其中包含：掌控朝鮮半島的古朝鮮（Gojoseon）；北方的遊牧民族匈奴；西部霧中山(Wuzhong mountain)的部落以及羌族；南邊有蜀、夜郎、滇國，以及各有種姓、勢力範圍遠達紅河的百越部落。

三家分晉之後，魏國首先得利，史書記載魏文侯巧妙地挑撥於趙與韓之間，並於前四〇六年消滅外夷中山國。但最聰明的是趙國，在國內軍隊推行「胡服騎射」，這一妙招讓趙軍對付戰車時擁有極大優勢，因為戰車在山區間常遲於反應而不便。前三五四年的桂陵之戰中，趙粉碎了魏軍。但這時，秦孝公已虎視眈眈地下了戰帖。跟其他國家相比，秦國擁有幾個優勢，其母國沿著渭水，受山地隘路保護，與平原分隔。秦在地理屏障的保護後方發展出蓬勃的農業經濟，他們實施授田制，既以此徵稅也利用其勞力，此外也獎勵農夫移出人口過多的地區並開墾荒地，以及提供先進的灌溉系統等。《史記》記載：「於是關中為沃野，無凶年，秦以富強。」[29]在戰場上，秦國派出的輕裝騎兵驍勇善戰，這同樣是受胡人所啟發。秦國士兵分為小單位進行戰鬥，這些小單位通常是出自於同一家族或村落。前二六〇年，秦與趙各領大約五十萬部隊在長平對戰，接踵而至的是關鍵性的激戰。數十萬趙兵遭坑殺，事到如今，秦國勢不可擋，到了前二二一年，秦帝國誕生。

秦帝國的建立結束了戰國時代，這時候，中國的人口大約四千萬。長久以來大大小小的衝突戰事，延緩了人口成長，也造成莫大的破壞，不過，科技倒是蓬勃發展。跟世界其它地方一樣，這時人們使用鐵器的情形更為普遍。農業方面，民眾開始實施輪作制度並使用肥料，封建地主體制也擔保了各家庭的土地租佃權。城市規模壯大，其中最大的是齊國首都臨淄，共有三十五萬居民。晏嬰如此形容臨淄：「張袂成陰，揮汗成雨。」[30]高聳的城牆與塔樓圍起臨淄城以保護之，城內幹道縱橫交錯，有些街道甚至超過二十公尺寬。類似這樣的都城中央會有市場，市場除了販賣傳統主食之外，也漸漸出現各式各樣的商品，例如傢俱、鐵器、絲綢，也必然會有玉。並且出現有權有勢的大商人，例如名聲不好、重金買秦相位的呂不韋。

貿易欣欣向榮的同時，宮廷顧問也開始思考管理的方法。著名的秦國策士商鞅主張治國應「重農抑商」。[31]但儒派思想家認為，如果國家專營本國生產的物品，便能在王的治理之下，逐步發展新式的政治和諧。英國經濟學家大衛・李嘉圖（David Ricardo）提出專業化經濟的理論的兩千年前，荀子就曾主張：「北海則有走馬吠犬焉……南海則有羽翮、齒革、曾青、丹干焉……東海則有紫紶、魚鹽焉……西海則有皮革、文旄焉。」[32]孟子認為，如果邊境關口不收取稅金，國家即能吸引商人與旅人前來。《禮記》也建議應該降低邊境的關稅，吸引四方甚至遠鄉的商人前來，「則財不匱」。[33]

但是，中國卻鮮少與其它大陸進行商業貿易。如果說奢華品的貿易連結了印度、中東，和地中海地區，中國卻仍未加入這個網絡，即使有沾上邊，也是微乎其微。不過中國的國家曾將勢力延伸至從未知曉其名的地方。前三一六年，秦國打敗蜀國，兩年後則攻滅最後一支敵對的戎狄民族。前三〇〇年，燕國東征朝鮮半島的古朝鮮國。前二五七年，以蜀國的蜀泮王子（安陽王）為首的蜀國流亡民眾，在今日越南北部地區建立甌駱國（Au Lac）。

由於尚未出現單一統一的國家，多元豐富的思想得以活躍發展，這也就是所謂的諸子百家。思想家周遊各國朝廷，去留往往視君王付出的金錢多寡決定。他們之間進行周密且深奧的辯論，主題涵括國家治理、外交、戰爭，與和平等議題。國家社會暴力的脈絡讓一些思想家極力推動彰顯法律與秩序。這些「法家人士」，例如商鞅與韓非，主張在無強君的情況下，人的自利本性將導致混亂，如果君權不彰，則無和平可言。商鞅認為：「凡戰者，民之所惡也；能使民樂戰者，王。」[34]韓非子主張：「上古競於道德，中世逐於智謀，當今爭於氣力。」「舟車所通，足跡所及，靡不畢至。非服其德，畏其威也。力多則人朝，力寡則朝於人矣。」[35]。

當周天子權威盡失，諸侯也不願費心請求冊封，引發文人學士思量治理國與國之間關係的方法。現實主義者擁護所謂的「連橫」模式，意旨弱者應與強者連結；其他人則提倡「合縱」模式，也就是讓弱者聯合起來對抗強者。當時，即便是儒家學士也有許多人轉向現實主義的陣營。荀子著文表示鬥爭是無可避免的，他認為人性本惡，因為其本質貪婪、好耳目聲色的欲望，且互相爭奪。但這些現實主義的儒派人士仍認為君王應該要道德完善。荀子評論道：「君言謀策以及突擊的重要，但這些只對弱君有用。真正重要的是善於贏得百姓的支持。」

不管哲人與賢者的意見多麼充滿智慧，其造成的影響不大。這時候的史書記錄簡直是戰爭與違反條約事件的目錄大全，比《春秋》還可觀，以下的段落完美地為這個時代下了註解：

古者使車轂擊馳，言語相結，天下為一；約中連橫，兵革不藏；文士並　，諸侯亂惑；萬端俱起，不可勝理；科條既備，民多偽態；書策稠注，百姓不足，上下相愁，民無所聊；明言章理，兵甲愈起；辯言偉服，戰攻不息。

力量與快樂

前五〇〇至二五〇年間大部分的時間，東半球政治分裂不斷。中國各國間的征戰以及猛烈的統一手段摧殘著華北平原，阿契美尼德王朝以及亞歷山大大帝也自顧不暇。這都讓孔雀王朝治理之下人口密集的印度河—恆河平原成為權力中心，也是東亞與中東世界重要的連接管道。

在這個時代，政治組織也產生了緩慢的變化。在微小的政體和龐大的帝國之間，出現了越來越多的中等大國。例如，亞歷山大大帝去世後的東地中海地區由小亞細亞的塞琉古和阿塔羅斯、埃及的托勒密王國和馬其頓的安提柯等繼承者所支配；同時間，迦太基和逐漸壯大的羅馬共享西地中海地區。在東亞，中國戰國的數量首次縮減到七個，再減至一個，僅剩秦國。朝鮮半島則由古朝鮮國統治。

政治的考量方面，美索不達米亞王朝的帝國傳統仍由阿契美尼德王朝持續沿用到最後，之後亞歷山大大帝在他的短暫統治期間也在其中投入了資源。就像中國周天子的天命一樣，波斯君主利用神明促進臣民福利的認可，建立起他們統治的合法性。保持疆域內的和諧是關鍵，但保護邊境的安全也很重要。在希臘對於愛奧尼亞起義的鎮壓以及接續的干涉行為被視為努力恢復正義秩序的行動。與此同時，印度的孔雀帝國以佛教為基礎建立了自己的帝國傳統。阿育王認為自己是轉輪王，有義務提升整個世界的福祉。孔雀帝國的國王也借鑑《政事論》的教誨，這一文本在現今主要以其對鄰國現實主義的分而治之策略而聞名，但它實際上有關明智、正義的政府以及對公共福祉的追求。

和平帝國之外，受戰爭所蹂躪而傷痕累累地區的人們也在思考政治的本質。在希臘和中國，和平主義越來越受歡迎，色諾芬和荀況等思想家強調了貿易促進國家間合作的重要性。其他人，如修昔底德和韓非則較偏頗，認為人性的自私和機會主義造成了嚴重的破壞。實際上，戰爭的原因很多：權力平衡的改變、重疊勢力範圍之間的緊張關係、貿易競爭，更不用說長久以來民族主義、相互懷疑與仇恨的傳統。

儘管如此，國家在外交方面往往付出相當的努力；雖然即使是外交中，犬儒主義與理想主義都有相當大的發展空間。旨在解決分歧的國際會議往往被投以不信任的眼光。通過建立聯盟，各國之間建立了正式的關係：有些是自願的，有共同的機構；其它則是有實無名的霸權，屈從於影響力最高的成員利益。波斯人利用黃金攻勢，且提出特殊的伙伴關係，以安撫希臘城邦並破壞希臘的統一。在地中海地區，公民集會在與戰爭與和平有關的決策中越來越有發言權，即使面對數一數二好戰的君主，也常表現出無情與挑釁的態度。

CHAPER

5

The World Like a Chariot Run Wild

世界
有如失控的戰車

西元前二五〇年至西元前一年

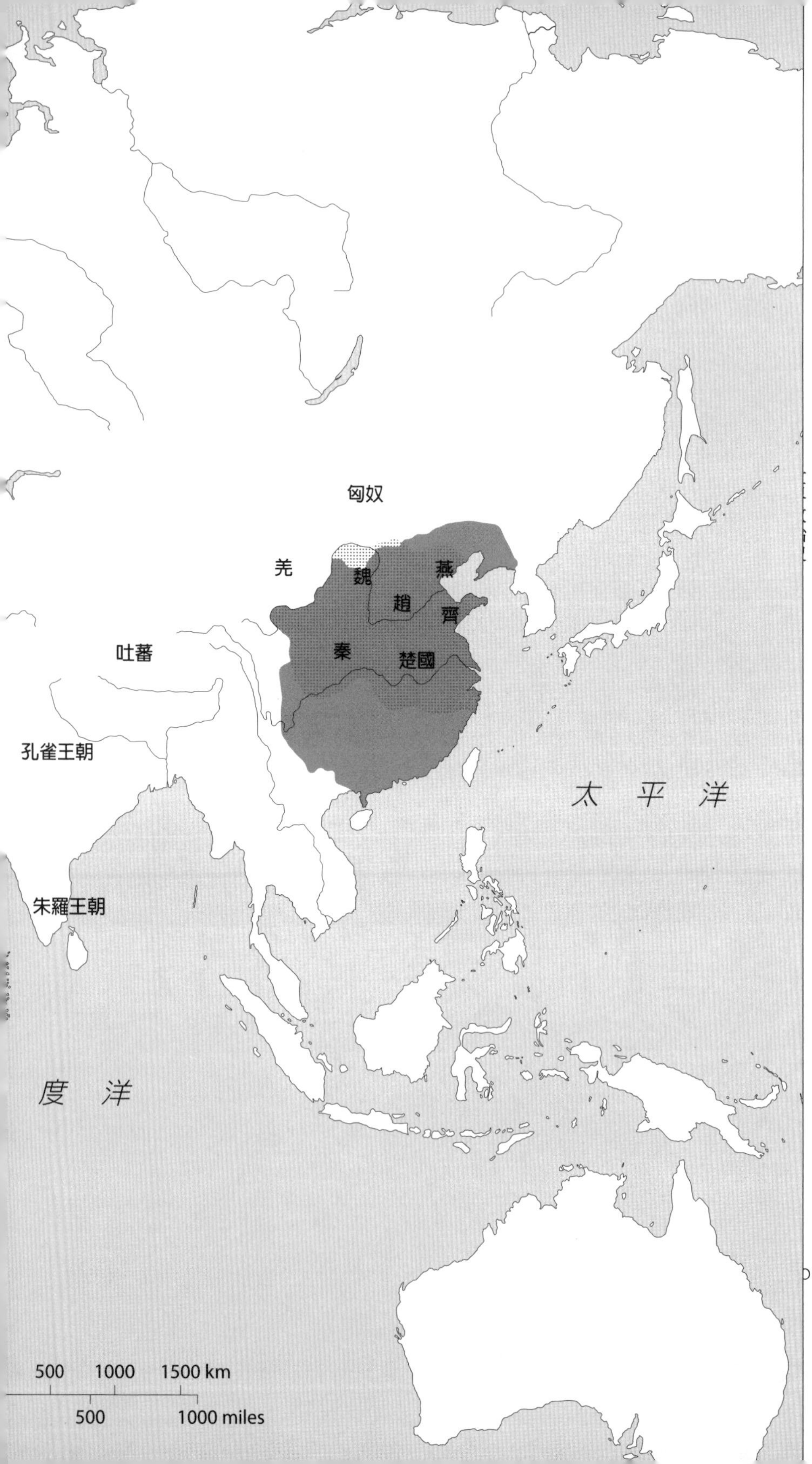
匈奴
羌
魏
燕
趙
齊
秦
楚國
吐蕃
孔雀王朝
太平洋
朱羅王朝
度洋
500 1000 1500 km
500 1000 miles

公元前二五〇年左右的東半球

正如戰國時期的諸國彼此爭奪華北平原，羅馬、迦太基以及若干亞歷山大帝國的殘存勢力也爭相支配地中海、其商業貿易與沿岸豐饒的農業區。在這兩處的競爭中，出現了兩個帝國，分別是漢帝國以及羅馬帝國，公元前一世紀末時，他們大約各統治五千萬人。雖然義大利半島本身的農業潛力不比華北平原，但羅馬能夠從西西里島和西班牙這些海外省份獲取大部分的糧食，搭船到這些省份，並不比在中國境內利用內陸運輸到某些地區還來得困難。就通連性與繁榮程度而言，地中海地區之於羅馬，如同黃河、長江平原之於中國漢朝。

人們提出許多理論解釋為何羅馬與漢的地位得以提升。實際上，這兩者原本都是相對較小的邊緣勢力，他們身懷訣竅，讓他們可以從近戰中獲勝，再反過來打開進一步征服的道路。到了前二世紀初，羅馬已經成為陸地和海上的強大軍事力量，而漢族在步兵、戰車與堡壘建築的發展則讓人望塵莫及。現在，這兩股勢力的戰略從防守轉為進攻。羅馬在第二次迦太基戰爭中與迦太基之間史詩級的戰役（前二一八年至二〇一年）是一場可怕的生存鬥爭。不過，隨後在西班牙和阿爾卑斯山北部的戰事則相差甚遠。漢雖然仍面臨敵國挑戰其統治，卻試圖籠絡北方的遊牧民族。然而，漢朝在國內的力量一旦提升至無可匹敵的程度時，武帝便決心要攻打他們，因為對外貿易路線的控制已成為更加急迫的問題。

其他地方的政治局勢則不穩定得多，與分別統治此半球東西兩邊的漢朝以及羅馬形成鮮明的對比。托勒密眾王統治下的埃及逐漸衰微，其人口降至一千萬人以下。塞琉古在前三世紀中期的弱勢，讓安息帝國趁虛而入、而得以立足於曾經是波斯阿契美尼德東部省份的地區，只不過安息人的軍事力量掩蓋了農業發展停滯所造成的人口數量上的弱勢。在印度河－恆河平原上，在阿育王死後，孔雀帝國隨之而崩潰，讓無政府狀態佔了上風。與此同時，被中國漢朝驅逐至西邊的匈奴遊牧民族與月氏發生衝突，一場驚人的權力競賽在歐亞大陸的核心地帶如火如荼地展開。這不僅是一場生存之戰，也是為了中國、地中海和印度洋間絲綢之路上貿易的各項財寶而產生的衝突。這場衝突摧毀了繁榮一時的巴克特里亞〔大夏〕，也讓貴霜帝國（Kushan Empire）趁機崛起。貴霜帝國即將在中亞和南亞扮演重要的角色。

中國朝代之間的鬥爭

秦朝在前二〇六年的長平之戰大勝，此役為一場激烈的消耗戰劃下關鍵性的一刻。史書記載秦國動員了每個十五歲以上的男性。成千上萬的俘虜被活埋。秦國的鐵石心腸震驚了趙、魏及韓，此三國聯合出擊，卻徒勞無功，因為秦在前二五六年廢除了最後一位周王，並發動了一場消滅趙的戰役。強大的秦昭襄王在前二五一年去世，隨之而來的宮廷鬥爭讓中國其它地方得以喘一口氣。前二三〇年，秦昭襄王之曾孫掀起了為時十五年的戰役，史稱秦滅六國之戰。衰敗的韓國首先投降，接著是趙、魏、楚、齊。前二二一年，秦王政稱帝。秦朝，中華帝國的第一個朝代，於焉誕生。

秦國成功了，卻付出了巨大的代價。如果史書上的記載為真，那麼秦國崛起至獲得霸權的這段歷史，看起來就像一場永無止境的大屠殺。[1]期間，總共數十萬士兵投身沙場，農田遭受摧殘，城市被燒毀，無數平民喪生。秦國的優勢在於其優越的政權據點，不僅易守難攻，還兼富良田及鐵礦。有些學者認為，秦國的武器讓他們擁有絕佳的優勢，但事實尚未明確。比較重要的是，秦國的外交戰略產生了有利的骨牌效應。史學家司馬遷（前一四五年至八六年）說明，秦國採用了「遠交近攻」的戰略，這有點類似考底利耶的曼荼羅體系。他們的首要步驟是安撫齊國，以讓他們可以專注於位置更近的敵國，也就是弱勢的韓和趙國。秦國輕易取下了這兩個國家後，便能利用其領土和資源來打敗魏國。兼併的結果，讓權力平衡決然地朝向對楚國不利的一方，當時楚國已是秦國最大的對手。

屢次征戰勝利之後，以秦始皇或「始皇帝」自居的嬴政（前二二一年至二一〇年），開始積極變法促進統一。先前降服的國家領土被分為郡縣，每郡的官員由皇帝直接任命。另外，也建造了大型的基礎設施，例如可以抵禦遊牧民族匈奴入侵的巨大長城、改善南北運輸的靈渠，以及數百公里的馳道。秦始皇推行「書同文」政策，統一了全國文字，也統一了度量衡制、錢幣，甚至規範車軸（車同軌）以促進貿易活動。

但是，對於控制權的欲求也導致秦始皇強行實施法家的教條。與儒家思想相比，法家強調權力、法律及秩序勝於道德。數百名其他學派的學者被活活燒死（坑儒）。這至少部分說明了秦帝國為何普遍被描述為暴虐殘苛。「仁義不施，而攻守之勢異也，」後世儒家學者賈誼在《過秦論》中寫道：「故其亡可立而待。」[2]

死後的秦始皇受著名的兵馬俑保護，但三年後，秦國也崩壞了。秦始皇去世時，他的朝臣們非常害怕因此而造成的權力真空。有好幾個月的時間，他們佯裝秦始皇還活著，每天早上一絲不苟地為他裝扮，至少就司馬遷的記錄所示，他們還在屍體兩旁放置一車一車腐爛的魚以掩蓋屍臭味。直到這些臣子們找到他們理想中的繼任者時，才結束了這場恐怖劇。新的皇帝是秦二世胡亥，他很快地證明自己無法勝任秦始皇鞏固統一全國的大業，也無能管理這從南至北延伸達兩千五百公里長的廣闊國土。由於爆發叛亂、士兵揭竿起義，導致軍隊長久以來負荷過重。只不過，所有人都害怕新皇帝發怒，所以沒人敢告知他問題真正的嚴重性。最終，在前二〇七年，兵卒橫了心，逼迫秦二世自殺，但為時已晚，秦朝覆滅。

楚及漢立刻虎視眈眈，開始相爭。楚國坐擁南方廣大的權力據點，似乎勝券在握，但西楚霸王項羽殺了空有名號的秦王（子嬰），再加上其暴虐無道的奪權手段，引發更多的暴動，更讓漢得以聯合五國對抗之。從那時起，漢王劉邦宣稱對楚國暴政發起正義之戰。雖然劉邦在前二〇五年的彭城之戰中召集了五十六萬軍隊，但他仍被項羽擊敗了。不到一年後，楚漢兩軍相遇於濰水，漢軍使出了高明妙招，他們偷偷用沙袋擋住水流，讓水位下降。楚國眼見水淺而過河之際，漢軍便移除沙袋，讓累積的河水滾滾而下，淹死將近五萬楚兵。人說「劉邦百戰百敗，一勝而得天下。」[3]前二〇四年秋，漢國攻陷楚國首都（彭城）。兩年後，最後一支楚軍在裝備困窘、既疲憊又挨餓的情況下，最終也被打敗了（垓下之戰）。

漢朝

中國的第二個王朝——漢朝——將統治四個世紀。大多數中國歷史學家認為此時中國發生了根本上的改變，從暴虐鎮壓轉變為帝國和諧。然而，這些歷史學家當中，有許多都是儒家的信徒，他們在漢得勢後受漢朝皇帝任用。實際上，近年研究證實，劉邦（現在稱為漢高祖）所做的，就是在秦朝的中央集權與周朝較寬鬆的政治結構之間，達到一個平衡。帝國的三分之一劃分為郡，直接由皇帝所監督，其他則分封給諸侯。稅金下降，士兵得以返家，法律執行也不那麼嚴苛。

呂后代替三位軟弱的皇帝掌治朝政達八年之久，在這短暫的動盪之後，漢帝國在三位賢君之下，享一整個世紀相對承平的時代。第一位賢君為漢文帝（前一八〇年至一五七年），他專注於政治體制的改革，他建立的地方官菁英選拔制度成為帝制中國行政體系中獨有的特點。第二位賢君是漢景帝，他竭力於平定諸侯造反（七國之亂）。但是一直到了漢武帝（前一四一年至八十七年）掌政時期，漢朝的勢力才達到了頂點。董仲舒（前一七九年至一〇四年）的教導最能清楚展現這一點，雖然他新提出的儒家帝國理論絕非創新論點。他認為：「天子受命於天，諸侯受命於天子，子受命於父，臣妾受命於君，妻受命於夫」、「天人一也。」[4]董仲舒認為，皇帝高高在上而嚴格的階級制度，是避免人類邪惡和貪婪的天性讓中國再次陷入無政府狀態的良方。

董仲舒認為，皇帝的正當性取決於他維持政局穩定和社會繁榮的能力，如果有任何失策，則應該自我批評。到這裡為止，漢武帝仍由衷地接受儒家的教義。但是，當董仲舒提出沒有朝代是恆久存在的宇宙觀時，即被關入大牢，甚至差點被砍頭。不過，這並不表示漢武帝需要擔心他這一輩子是否會經歷政權垮台。經過先前大大小小的戰事影響，中國的人口已逐漸回升，並迅速增加到大約五千萬人。人口增長促使人們開墾新的農業用地、建造前所未有的灌溉工程，也促進城市與市場的成長，以及絲綢編織和其他工藝的蓬勃發展，首都長安的人口也飆升至四十萬居民。漢朝不停地擴張領土，遠征路線甚至到達朝鮮半島、越南以及天山山脈。至此，漢朝已成為世界最強盛的帝國。

皇帝們炫耀他們的財富。史書記載的內容證實了先前朝代宮廷中前所未見的奢華程度，這樣奢華的宮廷成為了充滿繡花絲綢和繁文縟節的神秘微觀世界。宮廷下令建造壯觀的寺廟。另外，青銅、玉石、釉面陶瓷和黃金製作的藝術品也演變得越來越精緻。在百姓的墓葬中發現的樸素泥雕，以及文人雅士的詩歌創作，都顯示一般人也希望成為這個看似精緻高雅及感性世界的一部分，但同時也顯露出他們聽憑於永遠無法將之實現的命運安排。從這方面來看，漢朝詩歌和近兩千年前的埃及詩歌之間幾乎沒有什麼區別。中國農民仍然感嘆生命的短暫，以及必須和蝨子和潮濕小屋共處的生活。

但是，農村聚落的生活即將變得更加艱辛。雖然早期的漢朝皇帝曾扶持小型佃農，但小佃農逐漸被擁有大量土地的地主所取代，這些地主壟斷了城市的供應源。御史大夫晁錯曾著文《論貴粟疏》記載因此而造成的不平等狀況：「而商賈大者積貯倍息，小者坐列販賣，操其奇贏，日游都市，乘上之急，所賣必倍。故其男不耕耘，女不蠶織，衣必文采，食必粱肉，亡農夫之苦，有阡陌之得。」相較之下，農村的生活卻充滿了辛勞：「春耕，夏耘，秋穫，冬藏，伐薪樵，治官府，給繇役。」[6]

所謂「役」也包括兵役，如果內戰停了，皇帝便繼續發動針對外敵的戰役。一位漢朝詩人動人地捕捉了這個景況：

十五從軍行，八十始得歸
道逢鄉里人，家中有阿誰？
遙望是君家，松柏冢累累。
兔從狗竇入，雉從樑上飛。

漢朝的帝國秩序是以五個同心圓所形成的概念。第一個圓由王室組成，第二個是其他的漢朝權力基礎，位於華北平原中心，第三個圓則是直轄州與郡，第四個圓是諸侯國，諸侯國擁有部分自治權，但受長安負責屬國的官員「典屬國」監督。這些同心圓可以作為保護層，防禦抵抗最外層的第五個同心圓，也就是外夷所在，換句話說，就是所有其他的人。

有時候，漢朝的外使會餽贈禮物給蠻族，並提供經濟上的好處；但有時候，如果蠻族不願和平屈服，雙方便兵戎相見。在可行的情況下，漢朝會使用一項老戰術，也就是讓蠻族相互對抗。屈服於漢朝的夷邦會入朝進貢，且受大行令所掌管。漢王室深知自己的國力強盛，在前二世紀中晚期，張騫等探險家曾出使西域，最遠曾到達美索不達米亞以及印度河流域。只是出使國外之旅似乎並未開展張騫的眼界，只聞他多次訕笑中國以外民族中，為數眾多的「小長」。

在中國之內，漢皇帝在國內的權力變得至高無上。學者們擔心這般的權力集中最終會讓人無法忽視。像董仲舒一般的思想家提倡絕對的政治集權與文化趨同性，其他思想家則警告，要提防儒家思想成為權力濫用的托辭，也別讓居心叵測的朝臣以治理帝國之名，行利己之實。這些思想家在他們費盡心血而成的《淮南子》文集中指出，關鍵就在於權力制衡。他們總結，萬事需回歸自己的根源，而且多元勝過於一致性。只不過，文人學者思辯的主題很快地便轉移到另外一個急迫的問題上，那就是：如何維持邊境以外地區的秩序。

漢帝國從建國開始，就受外敵屢屢入侵中原的問題所困擾。初期幾位皇帝試圖和平地化解外邦威脅，以便他們專注於國內的事務。最主要的危險來自於經常襲擊北部邊界的遊牧民族匈奴。漢室利用經濟上的好處與和親政策收買匈奴，例如漢文帝就至少讓四位公主嫁給了匈奴的單于。漢文帝在前一六三年左右的一項法令中，闡述了這項綏靖政策背後的基本原因：

> 朕既不明，不能遠德，使方外之國或不寧息……故遣使者冠蓋相望，結徹於道，以諭朕志於單于。今單于反古之道，計社稷之安……新與朕俱棄細過，偕大道，結兄弟之義，以全天下元元之民。[8]

這就是以實際外交呈現出儒家的帝國和諧理想。

對匈奴的綏靖策略曾遭受批評。西漢時期擔任長沙王太傅的賈誼曾表示，強盛的帝國向他人低頭是讓人無法接受的事。他強烈批評，認為「今匈奴嫚　侵掠，至不敬也，」「此即戶口三十萬耳，未及漢千石大縣也。」[9]儘管朝廷對賈誼的觀點置若罔聞，但爭論仍不止息。三十年後，漢武帝手下的大行令（大鴻臚，掌理蠻夷事務）王恢就比較成功了。王恢在與韓安國將軍一段著名的對話中，提出在匈奴領土深處配置菁英部隊。他猛烈抨擊蠻夷不尊重協議的態度，以及因大量入侵行為所造成邊境人民的苦難。他表示只有在敵人被迫完全屈服的情況下，國家才能安全。韓安國卻認為，這種進攻策略永遠無法奏效，匈奴難以屈服，因為他們從未停留在同一個地方。另外，戰事也會結束過去五個世代以來彼此之間有利的經濟關係，並摧毀整個地區的農業。

最後，王恢的論點佔了上風，漢武帝認為忍耐也是有其上限，所以展開一連串的義戰。當前人們更加理解漢朝迅速成長的勢力，於是儒家的和平順應政策便讓步了。漢武帝的軍隊人數從四十萬人上升到六十萬名士兵，騎兵的發展受到重視，因此現在可以進行遠程攻擊戰。即便如此，針對匈奴發動的長征卻功敗垂成。只不過，漢武帝的野心並不侷限於北方邊境，他還想獲得中亞貿易路線的控制權，特別是戰略上重要的河西走廊。河西走廊對馬匹的供應，以及將匈奴與潛在盟友分開這兩點上都至關重要。漢武帝也併吞了朝鮮半島以及東南邊的南越國，後者是稻米和珍珠等奢侈品的重要供應來源。他的艦隊也征服了海南並勘察了台灣（這段可議）。儒家思想受現實主義的興起而勢力削減，這一點從漢帝國經濟相關的辯論之中即可看出。知名的《鹽鐵論》中，御史大夫桑弘羊為國家壟斷事業辯護，其論點根據為國家需要花費資源以抵抗外夷。他嘲弄地說，看看那些儒家人士，身著粗衣，腳踏破鞋。「今舉亡而為有，虛而為盈。」[10]

漢文帝到漢武帝之間的時代，生活在大漢帝國最內層那兩個同心圓內的百姓享一整世紀相對和平、統一且繁榮的生活。說「相對」，是因為常年仍有大量的青年受徵召到邊境從軍。但漢武帝去世後的那世紀，雖然漢朝仍保有強盛之勢，卻爆發了氏族之爭。前一世紀中期，在國內不平等的情況惡化、社會動盪，外戚宦官也興起的情況下，漢元帝將勢力擴張至中亞地區。公元前一年，漢哀帝的死亡引發了一場腥風血雨的繼位之爭。紛紛擾擾過了三十載之後，漢帝國將延續命脈，只不過是從旁支中新生的漢朝。重生的漢帝國仍然是歐亞大陸上最大的王國。

移民的連鎖反應

漢朝旅人造訪過的社會中，最讓人感到恐懼的莫過於匈奴了。匈奴位於鄂爾渾河谷（Orkon Valley）的權力據點深入盤踞於蒙古，其受環山包圍保護，含水源、林地，還有最重要的，廣闊的大草原。掌控鄂爾渾河谷的人，掌握的優勢勝過蒙古丘陵上的較小鄰國，一旦這些鄰國被併吞，通往南邊無盡平原以及中原帝國的道路也隨之展開。

人們對遊牧匈奴民族的起源知之甚少。從前三世紀開始，他們同化鄂爾渾河谷與中國邊境之間大多數的部落，並成立聯盟。到了前二世紀，其強大的首領統治一至兩百萬之間的民眾，也能夠支配成千上萬，以堅韌蒙古馬為坐騎的戰士。[11]在他們的皇家墓葬中發現了令人嘆為觀止的黃金和精美的玉雕作品，這是他們擁有巨大財富的證據。他們的財富源於他們對蒙古平原上牛群的掌控，以及南方農人的稅收。

在各方面，權力的平衡都傾向於中國，但是匈奴在突擊方面表現出色。中國的馬隻無法與匈奴相匹敵「上下山阪，出入溪澗，中國之馬弗與也，」漢朝御史大夫晁錯曾怨道：「險道傾仄，且馳且射，中國之騎弗與也；風雨罷勞，飢渴不困，中國之人弗與也。」[12]大體上，這就是為什麼中國人足足花了一個多世紀，才成功將匈奴聯盟納為進貢國。

中國對匈奴施加的壓力，在某一程度上也導致了即使在印度次大陸和地中海地區也能感受到的劇變。匈奴因為在東邊受到阻撓，所以轉往西邊去。他們發起的戰役讓中亞的遊牧民族恐懼，他們逃亡的過程中又加速了中東和南亞王國的破滅。前一八〇年左右，匈奴的侵略引發鄰國月氏人的出走（據說匈奴人會拿月氏翕侯的頭顱作為飲具）。當時，月氏湧入烏孫人的領地，使得烏孫人與匈奴結盟。接下來的衝突迫使月氏撤退，這一次他們沿著伊犁河進入中亞。在阿姆河邊，探險家張騫前來拜訪月氏，中國皇帝派遣他為使者前來商討共同反抗匈奴之事。張騫的記錄鮮明地呈現月氏當時的混亂狀態。[13]

前一四五年，月氏燒毀了巴克特里亞的首都。該地區數一數二富有的巴克特里亞王國已經脫離了塞琉古帝國，但後來又與其塞琉古先前的統治者結成了聯盟，因為他們也擔心遊牧民族勢力坐大。[14]巴克特里亞的繁榮發展歸功於阿姆河與費爾干納（Ferghana）的肥沃山谷。希臘歷史學家西西里的狄奧多羅斯（Diodorus Siculus）形容巴克特里亞的堡壘高高聳立在東亞、南亞與中亞之間的貿易路線之上。[15]其希臘藝術文化對印度一般雕塑和佛教藝術留下了深刻的影響。巴克特里亞為文化大熔鍋的作用會一直持續直到征戰之後，然後會再融入一世紀之後，從月氏演變而成的貴霜帝國。

巴克特里亞一旦屈服，山道即向印度河—恆河平原及其龐大的資源敞開。對侵略者來說，狀況很理想。阿育王於前二三二年去世後，孔雀帝國已經衰敗不堪。喀什米爾地區（Kashmir）的諸王首先要求恢復獨立。當其它地區也依樣葫蘆，印度的地圖便破損碎裂為一片混亂的戰國。在摩揭陀古城周圍的巽伽王國（Shunga kingdom）控制著恆河以及布拉馬普得拉河的下游河段。百乘王朝（Satavahanas）則支配德干高原。羯陵伽以及潘地亞王朝（Pandya）則位於南部。

前二世紀，羯陵伽一位國王在阿育王的石刻諭文對面所刻的訶提衮帕銘文（Hathigumpha Inscription），是可以證明這些國家之間關係的少數當代資料之一。銘文內容所描述的，很類似《摩訶婆羅多》的世界：一個充滿戰象、戰車與掠奪，且遭自相殘殺所撕裂的世界。這場衝突中，有微弱證據顯示其中宗教的元素：巽伽王朝的建國君王菩沙密多羅（Pushyamitra）以維護耆那教為藉口發動戰爭，並殺害佛教僧侶。

只有少數的資料從這段期間存留下來，其中包括數一數二著名的泰米爾（Tamil）詩人提魯瓦魯瓦（Thiruvalluvar），所呼籲悲憫的訴求。提魯瓦魯瓦警誡，內鬨會讓國家容易遭受攻打：

> 內部紛爭是一顆小種子
> 懷具著極大的發展。[16]

提魯瓦魯瓦也主張應該要利用貿易、產業與農業生產力戰勝敵人，而不是利用戰爭。因此，能量、道德勇氣、智慧和自由開明的治理風格是國王最重要的特質。另外一項這時代遺留下來的資料是名為《摩奴法論》（*Manusmriti*）的印度教法論。其內容提倡同理心與和平主義，但也包含了有關於權力平衡而令人警醒的描述。「當國王覺得他的軍隊強大、王國繁榮，且注意到敵人的狀態卻是相反時，他可以向敵人發動戰爭。」[17]

即使這些原生國度相互爭鬥，但大多數印度作家卻更加憤怒於蠻族部落的入侵。就像希羅多德在他對於前五世紀的希臘所作出的描述一樣，他們譴責印度未能團結一致而統治者卻與敵人合作。然而，他們對入侵者的抵抗相當激烈，月氏要打上一整個世紀的仗，才能取得一大部分的中亞以及印度河—恆河平原。西元三十年，月氏宣布建立貴霜帝國。

在西元前兩個半世紀期間，歐亞大陸東半邊最重要的兩個事件是漢朝的崛起以及孔雀帝國的瓦解。漢室從與秦、楚的戰爭中脫穎而出。這個新朝代作出了和平與和諧的承諾，但隨著他們的戰略從防禦轉向進攻，他們的權勢也不斷增長。由此產生且目的為擴張領土、探勘、發展貿易與文化軟實力的戰爭，將漢朝勢力傳播至朝鮮半島、東南亞、蒙古以及中亞地區。這些戰事也助於激發中亞的移民浪潮，因此而導致了孔雀帝國的崩壞。

安息人的國際性帝國

張騫未能促成漢朝與衰落中的巴克特里亞結盟，在這之後，漢武帝嘗試說服另外一國合力對抗匈奴。前一二一年，漢朝遣使張騫出訪安息帝國。安息是當代最國際性的帝國，國內包含希臘人、波斯人以及許多其他人種所居住的城市，這些居民過的生活，比阿契美尼德王朝、米底亞或亞述統治之下更為自由。安息帝國也容許佛教徒、猶太人與祆教徒。帝國的皇宮融合了來自希臘、波斯以及中亞遊牧民族的影響。王子們學習希臘哲學，但也背誦《漢穆拉比法典》。為了帝國的生存，如此高的容許程度是必要的。安息國王在他們的硬幣刻上「*philhellenos*」一字為圖幟，其代表意義為「希臘之友」，這顯示他們相當害怕希臘社群中強勢的商人階級會暴動。自從亞歷山大大帝時代開始，希臘商人便居住在許多東方城市中。

跟許多其他中東地區偉大的王朝一樣，安息國王崛起於位於強權邊緣的半遊牧部落。前二三八年，一支名為帕尼（Parni）的部落越過向裏海東南方延展的科佩達格山脈（Kopet Dag），並占有了一塊從塞琉古王朝脫離的總督轄地。起初，他們與巴克特里亞聯手擊退了塞琉古人，之後卻轉身對抗他們昔日的盟友，而命運站在他們那一邊：當時塞琉古王朝以及巴克特里亞皆受到來自其他敵人的壓迫。同一時間，帕尼人——現今稱為安息人——則取得了一處強大的農業勢力據點，他們令人聞之喪膽的弓騎兵可以從這裡起身攻擊。安息的弓騎兵可以在馬兒馳奔的時候，向緊追在後的敵兵射箭反擊，屢次讓敵軍吃驚。

米特里達梯一世（Mithridates I，前一六五年至一三二年）統一了先前取得的領地並征服美索不達米亞。塞琉古王朝反擊了，但斯基泰人的到來，卻讓安息人看到了新的機會。斯基泰人從月氏人手中逃離時，他們沒有試圖阻撓斯基泰人前進，而是把他們趕到了托魯斯山脈的東南邊，並將他們的戰鬥力量引往西邊。這一招相當聰明，讓安息人得以堅守陣地。前一百年左右，米特里達梯二世認定，是該將安息人加入貝希斯敦山（Mount Behistun）上偉大名人堂的時候了。目前仍有一處岩石雕刻，展示他騎在馬上，高高在上，下方是四個附庸國王，這很接近對於阿契美尼德王朝大流士一世的敘述。如同先前的波斯人以及亞述人，安息的統治者現在自稱為「萬王之王」。

如果說大流士一世像獅子一般統治著中東地區，那麼安息國王的統治模式更像是圍繞著羊群的牧羊犬。安息帝國的封臣保有很高的自治權。安息帝國有兩個皇家議會，還有勢力強大的地方爭鬩也削弱國王的權力。這可能也是歷史對安息帝國不甚慷慨的原因。儘管帝國持續了四個多世紀，也經得住艱鉅的挑戰，但其高度國際化也意味著它並未在後人的想像中留下什麼印象。它既不如亞述那般具有駭人聽聞的形象，也不如埃及人擁有強大的文化符號，它甚至也沒有自己的神話。安息帝國的遺產就是保留其他人的遺產。它是出類拔萃於融合的帝國。

安息帝國的形象也受到羅馬作家的負面影響，如同波斯相關的史書受到希臘論點的負面影響一樣。舉例來說，政治家盧基烏斯・科爾內利烏斯・雷恩圖魯斯・克魯斯（Lucius Cornelius Lentulus Crus）聲稱，溫暖的氣候讓安息人的性格傾向於軟弱、頹廢。哲學家塞內卡（Seneca）著文表示安息國王倚賴著恐懼而治國。這種貶低言論並不令人意外，因為羅馬人試圖剔除安息帝國在地中海和亞洲之間作為商業守門人的角色。安息帝國與羅馬於前九十六年建立正式關係，但從一開始就關係不睦。羅馬將軍接見安息大使時，自己占了上座，讓大使坐在小國代表的座位上。當安息國王獲知這件讓他蒙羞的事後，便處決了這位不幸的使者。這不祥的開端之後，安息與羅馬之間的關係每下愈況。

爭奪義大利

早在羅馬軍團抵達東方之前，在家鄉不遠處就遭遇了一場大戰。前三世紀早期，羅馬幾乎掌控了整個義大利半島，其範圍勢力從義大利靴子的南部鞋尖延伸至北部的亞諾河（River Arno）。只有阿爾卑斯山與亞平寧山脈（Apennines）之間肥沃的波河平原仍在高盧部落的掌握中。同時，手中已經握有科西嘉島與薩丁尼亞島的迦太基人正往西西里擴張自己的勢力。羅馬有被兩邊夾攻的危險，所以決定主動出擊。當羅馬在前二六四年，以迦太基干涉西西里當地紛爭為理由而舉起武器時，其實正進行一場豪賭。羅馬已在陸地上證明自己打仗的能力，但是沒有任何海上作戰的經驗可以與強大的迦太基海軍匹敵。不過，短短數年間，羅馬就建立起足以與迦太基抗衡的海上勢力。歷史學家波利比烏斯（迦太基戰爭最佳的史料來源）敘述羅馬缺乏經驗的造船工人如何建造一百艘戰船，同樣缺乏經驗的划船員又是如何在陸地上用長椅受訓。[18] 最初，羅馬軍出其不意在船頭上安裝了接舷吊橋〔corvus，另稱烏鴉吊橋〕，如此一來，軍團士兵可以更容易地衝上迦太基船隻，從而將海軍交戰變成浮動陸地上的戰鬥。

最終，由於雙方皆失去了許多船隻，導致資源耗竭，於是在前二四一年簽署了休戰協議。迦太基從西西里撤退，並繳付巨額賠款。羅馬隨即趁虛而入，占領了科西嘉以及薩丁尼亞島，這三座島組成羅馬初期海外帝國的首批省份。在此期間，在義大利的另一邊的亞德里亞海上，伊利里亞人對羅馬的貿易收益造成威脅。前二二九年，某位使者遭到殺害之後，羅馬元老院下令奇襲。但羅馬需要希臘的援助，才能與伊利里亞人達成協議，讓羅馬能夠控制大部分的亞得里亞海。前二二五年，心生不滿的義大利人民與波河谷中的山南高盧結合勢力。根據波利比烏斯記載，新生代的高盧首領已忘卻先前被羅馬擊敗所付出的代價。他們滿懷欠缺考慮的戰鬥欲望，並向南進軍，大肆違反和平條約。經過三年不間斷的戰鬥，高盧人才停手。但羅馬城似乎被詛咒了一般，隨即就從西班牙傳來風聲，一位年輕的迦太基將軍正在積聚一支能夠正中羅馬紅心的軍隊。

這位將軍名叫漢尼拔（Hannibal），他發誓要為了迦太基在第一次迦太基戰爭中蒙受的羞辱損失報復羅馬。前二一八年，他從西班牙帶領一支為數龐大的軍隊翻越阿爾卑斯山，此一壯舉是其他人都認為不可能辦到的。起初，漢尼拔受益於山南高盧的協助，讓羅馬軍隊損失慘烈，在一連串的戰役之中，前二一五年的坎尼會戰（Battle of Cannae）最為壯烈。漢尼拔戰術高超，在會戰當中看來勢不可擋。幾乎有十五年時間，他在義大利全境縱橫自如，如入無人之境，但卻從未成功給予羅馬致命的一擊。前二一一年也許是他最接近完勝的時刻，當時他行軍至肉眼可見羅馬城牆的地方，但過沒多久卻轉身離去。

羅馬龐大的人力和財富資源都經過嚴峻考驗，往昔的盟友要不積極反抗之，要不就謹慎地採取中立的立場。羅馬貨幣貶值了好幾次，然而，元老院仍然設法培養一批批的軍團。在坎尼會戰過後，羅馬採用新的戰術，將局勢扭轉了過來。羅馬不再試圖與漢尼拔決一死戰，而是使用非正規的消耗戰逐步削弱漢尼拔軍隊，剝奪他的資源及增援人力〔費邊戰略〕。義大利為此派遣軍隊奪回西西里，軍隊也前往西班牙阻斷漢尼拔主要的補給支援。義大利仍陷在勢力衰弱的僵局中，而迦太基的元老院漸漸不滿於戰爭以及其所產生的花費，這時，羅馬一位名為大西庇阿（Scipio）的年輕將軍，在前二〇六年的伊利帕戰役（Battle of Ilipa），終結了迦太基在西班牙的統治。

接下來的那一年，羅馬元老院批准了一項軍事行動，最後終於將這場爭戰做了個了結。前二〇四年春，大西庇阿率領軍隊啟航至非洲北部，建立了營地，並以其為據點在迦太基周邊大肆破壞。無奈之下，迦太基的元老院將漢尼拔從義大利召回國。前二〇二年，雙方協調合約因相互指責而破裂之後，兩方軍隊在扎馬（Zama）展開大戰。但這次，迦太基縱使有其護國將軍以及八十頭戰象，卻成了戰敗的一方。取得勝利之後，羅馬成為了西地中海地區及其所有資源毋庸置疑的主人。

只不過，羅馬為獲得勝利所付出的代價極大。在第二次迦太基戰爭期間，三分之一的羅馬男性在軍隊服役，而其中將近十萬人喪生。許多因戰爭而喪偶的婦女生活陷入貧困，只好為軍隊縫紉衣服賺取微薄的薪水，或淪落至首都賣淫。經濟上的損失相當龐大。農田仍是羅馬的經濟支柱，卻因戰爭中不得抵抗漢尼拔的政策而大量毀損〔堅壁清野〕。前二一四年，坎尼之災過後，元老院裁決即使是孤兒、寡婦與未婚婦女也必須上繳財產給國庫。這時的羅馬並非是以凱旋拱門、大理石廣場以及市民肆意揮霍從遙遠戰場所得戰利品的形象示人，而是一個陷入困境的城市，由虱子充斥的單元住宅、幽閉且偏僻的街道，和骯髒的貧民窟所組成；這個城市也受饑荒肆虐、受失去親人的苦痛所折磨。

在這樣的背景下，很難想像為何第二次迦太基戰爭結束後僅僅五年，羅馬就在西班牙、巴爾幹半島以及黎凡特地區發動新一波的戰役。這種情況之下，羅馬人是如何產生意志而持續下去呢？從波利比烏斯的著作看來，羅馬人單純認為自己別無選擇。他們對世界抱持悲觀的看法：不是羅馬征服鄰國，就是鄰國征服羅馬[19]。儘管羅馬試圖透過訂立條約和劃定勢力範圍來維持現狀，但其不斷增長的力量以及鄰國因此而激起的反應只是讓戰爭變得無可避免，就如同修昔底德著作中所記載，雅典的崛起導致了伯羅奔尼撒戰爭。不僅是權力平衡，彼此之間的仇恨情緒也惡化了緊張的局勢。漢尼拔和新世代的山南高盧人渴望能夠報復前幾代國人所遭受的敗戰羞辱，並扭轉那些賦予他們和平狀態卻有害的條約。因此，人們普遍認為羅馬不得不繼續擴張，不然就坐以待斃。

這種不安全感造成民眾對戰士的崇拜。典型的羅馬公民是農兵，像是傳奇性的辛辛納圖斯（Cincinnatus）或老加圖（Cato the Elder），前者從務農生活中被徵召上戰場救國救民，後者則是前二世紀羅馬重要的公眾人物，他從沙場賦歸後，在家鄉種植橄欖樹、醃製火腿。典型的羅馬女性也是同樣樸實，竭盡心力照顧家庭、看顧子女，她們為身上親手縫製的布衣感到驕傲而羞於穿戴昂貴華麗的服飾。這一時期的羅馬雕塑靈感並非來自於青年男性的裸體或當代希臘藝術中性感的阿芙蘿黛蒂（Aphrodite）。羅馬雕塑的作品是外形不甚討喜、面色嚴肅的政治家，這正是羅馬權力擬人化之後的形象。波利比烏斯等作家認為羅馬為斯巴達的繼業者，兩者同是無畏之城。跟斯巴達一樣，羅馬士兵應當只為了愛國及正義的動機而戰。在羅馬人眼中，總是因為對手行事太過分，才逼得他們為了維護自身利益而開戰。

在追尋正義的過程中，羅馬人會盡一切努力確保眾神跟他們站在同一邊。他們獻祭牲禮，並得以研讀死亡動物內臟的外觀所顯示的神諭。羅馬人認為其在第一場迦太基戰爭中最慘烈的戰役，是由於將軍無視於凶兆的不敬舉動。朱庇特的祭司握有確保戰爭動機是否公平正義的責任。這些祭司（fetiales）被賦予大使身分而派至各地表達羅馬的不滿。如果情況仍未改善，他們便會使力將沾了血的標槍投擲過邊界以正式宣示開戰。就跟大多其他古老社會一樣，羅馬的戰爭幾乎就代表了聖戰。

這是理想化的畫面。但隨著前二世紀的到來，羅馬人漸漸發現自己面對的是截然不同的現實。證據顯示，神聖儀式遭到人為操縱以確保「正確」的決定受到認可，這通常是基於世俗目的，而並非基於正義原則的決定。舉例來說，第一次迦太基戰爭受到所謂「坎帕尼亞聯盟」（Campanian connection）所推動。這個聯盟由一群出身義大利南部的富裕商人所組成，他們虎視眈眈覬覦著西西里的肥沃土地。[20]而共和羅馬極度競爭的環境中，一心想升為將軍的人也很清楚，一場成功戰爭所帶來的榮譽和財富如何能夠成為政治優勢。

戰爭徹底改變了羅馬社會，傳統的農兵與其價值觀越來越不受重視。戰事越來越冗長，讓多年身處於薪水微薄軍隊中的農兵，鮮少能有時間照顧他的莊稼。在任何情況下，他都有可能無法與海外省份進口的廉價穀物競爭，也敵不過富人廣闊農田中的眾多奴隸，即使當初是農兵拋頭顱灑熱血才為羅馬贏得這些奴隸。富人用低價從負債累累的貧窮公民手上搶購農田的同時，大量躁動、極度貧困且理想破滅的年輕人被迫前往城市。

越過盧比孔河

前一四六年，羅馬迎接其崛起權力的決定性時刻之一。在那一年間，羅馬軍隊大肆破壞科林斯與迦太基的城鎮，終於實現了老加圖一直重複提出的呼籲「必須要消滅迦太基」。[21]這幾次征服行動在地中海地區掀起波瀾，也預示羅馬即將成為該地區地位超群的勢力。湧入首都的戰利品內容之豐富，史無前例。老加圖等人所提倡的撙節觀念則一去不復返。「當一個人從咽喉到鼠蹊部的所有部位都用以餵飽肚子，還有什麼能拿來報效國家呢？」他看著有錢的商人嘆道，但很少有人聽進他的話。[22]曾幾何時，戰爭、自我犧牲以及流血的文化已變成美酒、美女以及錢財當道的文化。當戰勝的回報如此龐大，卻分配如此不均時，為羅馬而戰的神聖職責已不再為人所信。

歷史學者維萊伊烏斯・帕特爾庫魯斯（Velleius Paterculus）寫道：「此即是羅馬城人民殘殺與恣意攻擊的開始。」他所指稱的，是人民主義政治家提比略・格拉古（Tiberius Gracchus）在前一三三年試圖翻轉前述歷史趨勢並重新分配公用土地給窮人，卻導致自己以及數百位支持者遭受謀殺的事件。[23]前一〇七年，執政官蓋烏斯・馬略（Gaius Marius）嘗試另一種補救措施。之前，最低階貧窮的公民沒有資格服兵役。但現在，馬略招募他們進入軍隊，給付他們薪水並允諾會贈與他們在遙遠行政區所贏得的土地，試圖藉此擺脫這些人對社會秩序所日益增長的威脅。

羅馬的社會秩序如同加熱過頭的火爐一般，而戰爭漸漸成為可以釋放其中熱氣的安全閥，但這仍不夠。羅馬不斷增加的財富引起了義大利城市的嫉妒，這些城市的人力在增長軍團規模方面也曾助了一臂之力。如今，他們要求獲得羅馬的公民權，以及隨之而來的福利。這導致了內戰，人稱為同盟者戰爭（Social War，前九十一年至八十八年）。數千人在戰鬥中喪生，之後同盟城市才獲得他們的權利。羅馬首屈一指的地位，遭受了來自內部的威脅。

為了緩解內戰爆發的壓力，羅馬將軍在海外發起了新的戰爭，但也只能短暫地推遲了原本就必然會發生的事情。前八十二年，盧基烏斯・科爾內利烏斯・蘇拉將軍（Lucius Cornelius Sulla）從國外凱旋歸來，率軍進入首都要求元老院贈與土地給他的手下，但元老院遲疑了。元老院拒絕他之後數天，蘇拉身經百戰的軍隊在柵欄阻擋的柯林門（Colline Gate）外殺死了數萬名同胞。最終，蘇拉贏得勝利，而羅馬共和國已死。

獲得獨裁官職位的蘇拉開始了其恐怖統治。詩人維吉爾（Virgil）悲嘆道：

如此多的戰事，如此多種罪行的體現！
犁具蒙受恥辱，田地遭棄而荒廢……
邪惡的戰神（Mars）讓眾人臣服於他瘋狂的意念：
世界有如失控的戰車。[24]

蘇拉於前七十八年去世後，競爭場上出現了新的軍閥，羅馬持續陷入更混亂的局面。尤利烏斯・凱撒（Julius Caesar）和龐培（Pompey）之間激烈的角力讓傳統政治蒙上一片陰影。這兩位戰將都分別藉由在高盧以及亞洲征戰而累積大量的財富，將之用以資助贊助人制度的網絡，並進一步實現個人抱負。當凱撒率領軍隊越過盧比孔河（River Rubicon）而進入義大利時，戰爭終於爆發。接踵而至的內戰（前四十九年至前四十五年）吞沒了整個地中海地區。龐培軍被打敗且其首領也被殺之後，元老院宣布凱撒為終身獨裁官。

凱撒的統治帶來了短暫的穩定局面和急需的改革。詩人提布魯斯（Tibullus）附和羅馬人欲回歸純樸鄉村生活的心聲：「英雄是，當他生兒育女之後，熟齡的沈靜之息充滿他樸素的村舍。他隨著他的羊隻，他的兒子跟隨著羔羊，賢惠的妻子則為他燒水熱敷疲憊的四肢。所以讓我安享生活，直至頭髮花白之時……」[25]但在前四十四年，凱撒遭元老院成員殺害。他們聲稱是為了恢復羅馬的自由而採取行動，但卻未引起共鳴，反而凱撒的部下馬克・安東尼（Mark Antony），夥同他的養子兼繼承人屋大維（Octavian）一肩扛起了為凱撒復仇的責任。又一次的，地中海地區爆發了內戰（前四十四年至前三十一年），一開始，殺死凱撒的殺手獲得了制裁，接著則是馬克・安東尼與屋大維轉而與對方相爭。年輕的屋大維雖然缺乏軍事經驗，卻是老練的政治操盤手，性格也相當決絕，而最後能勝出的只有一人。

在經歷了一個世紀的政治動盪和內戰之後，許多羅馬人開始渴望能夠帶來和平的強大領袖，也就不足為奇了。儘管有一些頑固派人士直到面臨苦澀的結局仍反對獨裁專制，但大多數公民卻比較務實：實際上，傳統共和的正義和自由長期以來一直處於擱置的狀態。因此，當屋大維最終獲得勝利時，大多數羅馬的老百姓都鬆了一口氣。詩人賀拉斯（Horace）主張：「『奧古斯都』凱撒守護這個國家時，不管是人民的狂怒、暴力或鍛造刀劍並波及不幸城鎮的憤怒行為，都無法消滅和平。」[26]前二十七年，元老院贈與屋大維是「第一位」，也就是第一公民（*princeps*）頭銜，並宣布他為「神聖、高貴的」（也就是「奧古斯都，*Augustus*」）時，說明已嚴肅地面對現實情況。實際上，這一政令對屋大維委以減輕人民艱苦負擔，以及開創恆長久遠羅馬治世的重任。

不可思議的是，羅馬在此世紀的內鬥中不僅存活下來，甚至還擴張了。但它並非唯一。中國漢朝或美索不達米亞的早期帝國也曾經歷類似的矛盾過程，在政治結構敗壞的同時擴展疆界。他們與羅馬一樣，這兩個面向甚至相互助長，不過，羅馬是第一個留下許多有關如此動盪記錄的政體，包含西塞羅（Cicero）這位數一數二傳統共和主義喉舌的作品和演講內容，以及出自於凱撒，關於其在高盧作戰〔高盧戰記〕與內戰期間〔內戰記〕的第一手記載資料。

這些記錄以及其他資料清楚地顯示，羅馬即使是在最黑暗的內戰期間，其地位也不曾受外敵所危及，義大利半島這羅馬政權的中樞並未遭遇迫切的威脅。羅馬控制了高盧和阿爾卑斯山的門戶，以及幾乎整個地中海沿岸地區。當赫爾維蒂人（Helvetii）與其他部落開始往阿爾卑斯山下遷徙時，所造成的威脅遠遠不及在前三八七年攻陷羅馬的高盧人，或是在第二次迦太基戰爭中漢尼拔所召募的大兵。部落之間的戰爭了無新意，但在此同時，羅馬的軍團在武器發展、戰略、軍事工程以及供應鏈方面都有長足的進步。凱撒擊敗赫爾維蒂人之後，他征服高盧的過程，即是一場指揮出色的戰爭機器與勇敢卻分裂的游擊戰士之間不平等的戰爭。

羅馬自前三世紀中葉以來便建立了海軍勢力，所以同樣也受到了海軍的保護。其數百艘戰艦維護糧食供應、打擊海盜、圍攻港口城市，並運送軍隊至偏遠地區打擊敵人。在迦太基於第二次迦太基戰爭戰敗之後，就再也沒有對手擁有可以與羅馬遠征兵力分庭抗禮的能力了。現在，整個地中海實際上已然成為羅馬的一座湖泊，可說是確確實實是「我們的海」（mare nostrum，拉丁文，地中海的羅馬名稱）。

同樣重要的，就是地中海東部的主要政權相互陷入了衝突之中。托勒密埃及與塞琉古王國持續鬥爭；塞琉古王國與安息帝國、安息帝國與小亞細亞的本都王國（kingdom of Pontus），以及本都王國與塞琉古王國之間也是紛紛擾擾不斷。即便如此，羅馬的軍團越過愛琴海之後，卻發現這些國家是相當頑強的對手。然而，最終他們仍是被羅馬擊敗了，於是羅馬帝國的東部邊界拓展至幼發拉底河。但隨著羅馬達成此一成就，與西塞羅懷有相同想法的人也提出嚴厲的警告。西塞羅訓誡道：「我們羅馬人被外國人士所厭惡的程度難以用言語形容，這是由於我們所派出的官員，其貪婪以及近年帶來的傷害所造成。」[27]

羅馬共和國是個戰爭機器，不僅擁有類似斯巴達的軍國主義思想，也汲取斯巴達和其他希臘國家的文化、權力象徵以及軍事技術。與中國的漢朝一樣，在最初的防禦性戰爭獲得勝利後，便有足夠的信心征戰外邦。據說羅馬的擴張主義戰爭是受了眾神的命令，或至少是得到了祂們的支持而發起的。但實際上，這些戰爭是受世俗得多的利益所促成，這些世俗利益包括對聲望的欲求、執政官及將軍的野心、和掌握貿易以及糧食供應的欲望等等。歷史學家，同時也身為軍人的阿賽利奧（Sempronius Asellio, 158Bc-91Bc）作出了結論：「有了眾神以及元老院的祝福，便可以合理化所有發起戰爭的理由了。」[28]

張騫與希羅多德的世界

來到新千年的轉折點，世界政治地圖上歐亞大陸的其中一端由中國漢朝所支配，另外一端則由羅馬帝國所統治。在兩者其間，是勢力較小的安息帝國與貴霜帝國，以及像匈奴這樣的遊牧聯盟。東半球其餘大部分地區仍由小型部落和城邦所占。在北非，迦太基與埃及，以及像努米底亞（Numidia）和茅利塔尼亞（Mauretania）這樣的較小國家，全都受到羅馬的勢力影響。再往南，非洲大陸仍是班圖（Bantu）等部落的領土，他們在遷徙中，與其他民族產生摩擦與戰爭。歐亞大陸北部則仍是流浪民族（wandering people）的領地，這些人包含為了尋求更適宜農地而移居的農人，以及尋求牧草地與掠劫目標的遊牧民族。考古學家出土的人類遺骸證明這些人的生活艱苦，他們營養不良，且遭受暴力摧殘。但即使這廣袤的北方遊牧區域不適合發展農業，也不利於累積財富，卻是重要的聯繫渠道。匈奴等遊牧民族與城邦有異曲同工之妙，前者利用馬匹在廣闊平原上的高機動性，從廣大平原資源豐富的邊緣地帶獲得益處，後者則利用海上勢力開拓地中海上的殖民地。

漸漸地，貿易商頻繁的生意往來在東半球形成如織的經濟文化交流網絡。只不過，尚未有橫貫大陸的貿易活動存在，商品只在城市間交流，其數量也不多。即便如此，這種規模的貿易仍促進了知識傳播。張騫，以及他之前的希羅多德皆是重要的國際特派員先驅，儘管他們的著作是一種傳播速度很慢的新聞工作。阿那克西曼德（Anaximander , 610Bc-546Bc）、赫卡塔埃烏斯（Hecataeus, 550Bc-476Bc）與喜帕恰斯（Hipparchus, 190Bc-120Bc）等古希臘地理學者所繪製的地圖，都顯示在數世紀之間，東半球相關的知識學問變得更加細膩、豐富。

張騫與希羅多德的文字記載特別有趣，因為他們都從個人的觀點看國際政治。他們當然評估了不同國家所分別擁有的勢力、昌盛經濟與軍事強弱，並描述了國王與外交官員的處事手段，不過，他們的敘述得以栩栩如生，則是由於他們明顯著迷於所遭遇的人物、文化以及場景。張騫記錄了某個頑固掠奪族群所具有的暴力之息、城牆的尺寸、弓箭手的技術，也描述了鮮桃的滋味，以及人類頭骨所製飲具的作用。同樣地，希羅多德也詳細地勾勒出波希戰爭中權力平衡的運作。不僅如此，他也留意到遺留在戰場上的破碎人骨、他所探視的人忍受疾病與生活艱辛之苦、人們無時不害怕戰爭時遭受奴役，以及戰俘所受到的殘忍對待，例如：斯基泰人常弄瞎奴隸的雙眼，並逼迫他們朝母馬的陰戶內吹氣，以刺激乳汁的產量。張騫與希羅多德所處的世界中，人民生活艱苦，而無窮無盡的武力衝突只是讓情況惡化。唯一看來接近和平、和諧和繁榮理想的地方是政治穩定時期的帝國心臟地帶，在這裡的生活與邊境之戰、掠奪者、海盜與搶劫奴隸的集團都相離甚遠。

對大多數人來說，理想的生活是田園般簡單的和平生活。除了董仲舒之流的儒家學者外，羅馬政治家西塞羅與老加圖等人也頌揚這樣的鄉村田園情景。像之前所有的帝國王朝一樣，漢王室認為他們的國土是天下的中心。外交政策的課題主要是馴服邊境以外的野蠻人。但儒家學者以及日漸增多的現實主義人士之間意見分歧，前者信奉和平外交，後者則提倡使用武力。在印度也有同樣的辯論，提魯瓦魯瓦讚美貿易的好處，但《摩奴法論》（Manusmriti）卻主張強大的國王有權攻擊弱勢的國。

在中國，現實主義派得其所願。漢朝勢力增長的同時，他們的野心也隨之增加。軍事力量、資源需求、對控制貿易路線的欲望，以及懼怕被原始蠻夷羞辱的心理激發漢朝一路征戰至東南亞和中亞。同樣地，羅馬共和國認為自己發起的戰爭是公正的，甚至是由於眾神下令要給其他國家一個教訓。只不過羅馬一旦打敗了敵人（首先在義大利半島，之後則為了地中海地區的霸權而戰），最要緊的就是再開展繼續征戰的大道、首都增加的人口需要海外進口的糧食、還有商人團體願意支持能夠為他們賺取國外利益的軍事行動。

遠在張騫與希羅多德所處世界之外的西半球，大自然的力量讓人類文明處於不斷變動的狀態。地震、河道變化與洪水都可能是導致中美洲奧爾梅克文化沒落的因素。我們對隨後的時期知之甚少，至少目前只能臆測是否還有什麼埋藏在那濃密叢林之下。

儘管如此，那些已被挖掘出來的遺址見證了迅速變化的政治面貌。新的城邦崛起，跟歐亞大陸上的城邦一樣，這些城邦是經由村鎮聯合這種合併數個村落的過程而形成。這些城邦通常很小，如薩波特克（Zapotec）文化的中心阿爾班山遺址（Monte Albán），在前一世紀時居民約莫一萬人上下。其位於山丘頂部的遺址仍居高臨下南墨西哥阿托雅克河（River Atoyac）廣闊的河谷。在遺址的山坡上，發現了用於灌溉的土壩遺跡。出土的陶器、玉器與珠寶顯示曾存在大陸貿易路線。規模比阿爾班山大了許多的特奧蒂瓦坎文明（Teotihuacán）鄰近今日的墨西哥市，其享有周遭大片的肥沃高原，並控制重要的貿易路線。在猶加敦半島上建立起來的城邦將來會形成馬雅文明的根源。在南美洲，有好幾座城市沿著安第斯山脈延展。這些城市孕育出神秘的查文文化（Chavín，前九〇〇年至前二〇〇年）以及莫切文化（Moche，公元元年至八〇〇年）。另外，則僅有遊牧民族稀疏地分布在美洲大陸其它地區。

只給這些文明幾個段落的篇幅，感覺對他們有失公允。但直到目前為止，西半球上的社群相對來說仍比較小，也鮮少有證據能夠闡明他們的政治歷史。

CHAPER

6

Barbariana at the Gates

蠻族當前

公元元年至二五〇年

公元第一千紀的開端，中國和羅馬仍然是世界上最大、最強盛的帝國，兩者各統治約莫六千萬民眾。羅馬的勢力以支配地中海周邊的貿易和農業為中心。羅馬防禦的方式就是擴張領土，南至撒哈拉沙漠，東至美索不達米亞，在北方則以延綿黑海海岸、多瑙河、萊茵河以及蘇格蘭高地的邊緣為邊境。海上與陸上軍隊優越的組織與機動性，以及貿易的龐大吸引力維繫著整個帝國。義大利為帝國的心臟地區，享受著前所未有的太平盛世，史稱「羅馬治世」（Pa Roman）。

奧古斯都當皇帝（前二十七年至公元十四年）之後兩世紀間，羅馬城曾發生重大暴力事件的期間僅八年之短。在這時代，當羅馬從其外省豪取糧食、黃金與奢侈品時，異國人士也從世界各地來到帝國奉納貢品。羅馬的世界分為三個部分：首都、帝國本身，以及野蠻之邦（Barbaricum），也就是邊境後方的化外之地。羅馬的前景似乎只能一路向上，很像是位於羅馬中心的圖拉真柱上方所刻畫的勝利場景，螺旋狀地沿著其圓柱體往上延伸。根據古羅馬作家所言，這樣的成功卻造成帝國的衰落以及道德的低下。到了第三世紀，隨著帝國將防禦邊境的工作委派給蠻族聯盟（foederati）而國內社會動盪不安，羅馬的和平與繁榮生活也來到了尾聲。

在中國也是類似的情況。一場內戰之後，在漢光武帝（二十五年至五十七年）的領導之下，華北平原的人民過了一整世紀的和平日子。漢光武帝以及繼位者削弱軍權、禁奴隸，並進行一連串廣受歡迎的改革〔明章之治〕。這一時期，恰好遊牧民族力量衰減，但一旦這些蠻族重整旗鼓，也就是這黃金時期告終之時。漢朝的皇帝選擇緊縮方針，從絲路沿線的據點撤軍並利用匈奴代理防禦邊境，類似羅馬的聯盟。與此同時，宦官外戚勢力龐大，逐漸支配中國大部分的農地，卻引發大規模叛亂。到了二二〇年，漢朝最後一位皇帝〔漢獻帝〕遭廢除，帝國於焉粉碎。

在羅馬與中國漢朝的陰影之下，規模較小的政權試圖以各種不同的方式組織起來。有時候他們試圖順應他們的帝國鄰邦，有時候卻頑強地挑釁之。在羅馬和中國之間廣袤的歐亞大陸上，展開了一場為控制絲路這條東西方之間的貿易走廊而起的競賽。在一片腥風血雨之中，貴霜帝國、安息帝國與匈奴等政體爭奪肥沃河谷與貿易商業中心，他們也偶爾請求中國以及羅馬的支援。

驢子的主人

前十三年，奧古斯都皇帝結束西班牙和高盧的軍事行動凱旋歸國，元老院為了慶祝，修建了和平祭壇（*Ara Pacis Augustae*）。神殿一面牆上的浮雕鑲版，刻畫了和平女神（Pax）安詳坐著，兩腿上各有一個嬰孩，身旁則圍繞鮮花、糧食及牲畜，這就是奧古斯都向他人民所應許的人間天堂。對面牆上的浮雕描繪了一位女戰士坐在成堆沒收的武器之上。這位女戰士可能是羅馬的化身，提醒公民們奧古斯都最有名的格言之一：和平僅能藉軍事勝利而生。由於軍事上屢屢獲得勝利，羅馬進入了繁榮時期，於是，新的帝國傳統誕生了。

奧古斯都確保羅馬人持續自視為被神選中之民族。在皇帝的資助之下，李維著手書寫他著名的歷史巨著〔《自建城以來》*Ab urbe Condita*〕。奧古斯都也委託詩人維吉爾（Virgil）寫作《埃涅阿斯紀》（Aeneid），這一部愛國主義作品喜氣歡騰，讚頌著羅馬的神話起源。維吉爾讓未來將在羅馬至高無上的神祇宣告：

> 年輕的羅穆路斯（Romulus）
> 將成為首領，建造馬爾斯（Mars）的城牆，

將以自己的名字稱他的人民為羅馬人。
我不對其界定世界或時間上的限制，
只讓賜予帝國的資源可以無窮止盡。[1]

在奧古斯都的統治下，羅馬逐漸成為鋪滿石灰華與大理石裝潢的大都市。他興建了新的會所、一座紀念尤利烏斯・凱撒的神廟，以及一座奉獻給戰神馬爾斯的神廟，神廟內裝滿了從戰役所得的戰利品。首都被佈置得美輪美奐的同時，皇帝試圖解決生活在其中卻有眾多窮人的問題。免費發放的麥穀，也就是賑濟穀物（grain dole）數量削減。他們也鼓勵退伍軍人和貧困的年輕人在帝國的其他地方討生活。奧古斯都建立的殖民地數量為當時的歷史之最，讓羅馬得以將人口過多以及貧窮等問題外部化。

儘管維吉爾筆下描述的帝國領土沒有盡頭，但奧古斯都的外交策略卻甚為溫和。他將軍隊從五十萬人減少至三十萬人，並以天然屏障天險為帝國的邊界，例如萊茵河、多瑙河、幼發拉底河，以及撒哈拉沙漠。奧古斯都主張，帝國必須介於既有的邊界之中。[2]他形容自己的外交政策是軟硬兼施，結合了妥協與壓制。他自誇地說：「我未曾對任何國家發起不公義的戰爭，就將和平帶至阿爾卑斯山，從鄰近亞德里亞海的地區到托斯卡尼，」：

我率領船隊從萊茵河口穿越海洋向東部地區航行，直至辛布里人（Cimbri）的邊界，在此之前羅馬人，不管是從陸路還是海路，都未曾抵達這個地方。而且，辛布里人、哈魯德人（Charydes）、塞姆諾內斯人（Semnones）以及其他日耳曼部族皆派遣使節尋求與我和羅馬人民建立友誼。[3]

但同一時間，他也描述了向反對建立羅馬治世的部落發起義戰的橋段：「在我的命令及支持下，兩支軍隊……進入衣索比亞與人稱『福地（Happy）』的阿拉伯地區，兩國派出的軍隊皆遭受慘敗。」[4]

同時代的人形容奧古斯都為半神，認為他結合了智慧與軍事勇氣。以前透過自由選舉而任用的元老、執政官、裁判官與其他官員，現在則需要他的批准才得以任命。元老院持續為所謂的「元老院的」省份選出官員，但針對「帝國的」省份，也就是帝國中面積最大的行政區，則由奧古斯都選擇地方總督（legate）的人選。附庸國的數量不多。奧古斯都的目標是盡可能地直接讓影響力滲透帝國的每一個角落。大多數軍隊部署在羅馬領土外圍的駐軍單位，其受堡壘所保護，堡壘間以不斷擴展的道路網所連結。被擊敗的部落領導人被迫行屈服的跪拜禮，且償付賠款及固定稅金、實施羅馬法律，並時常將自己的兒女作為質子送到羅馬，以回報羅馬對他們的寬恕。

在帝國之外的地區，奧古斯都試圖與外國勢力維持穩定的關係。他與安息帝國協議和平條約，並在接見外國大使時大張旗鼓，他描述：「印度國王時常派遣特使來見我」、「巴斯塔奈人（Bastarnae）、斯基泰人、薩爾馬提亞人（Sarmatian）……以及阿爾巴尼亞族（Albanian）、伊比利亞人，與米底亞國王都遣特使來尋求與我們建立關係……安息帝國奧羅德斯王之子弗拉提斯王（King Phrates）將他所有的兒子與孫子都派來見我，雖然他們並未在戰爭中被我國打敗，卻仍透過他的兒子們請求我們與他們為友。」[5] 為了隨時獲得最新消息，奧古斯都大肆整頓信使制度。雖然當時有國家檔案管理部門，卻沒有特定部門或機關負責外交關係。重大決定由皇帝做主；剩餘的事情則交由元老院打點。

然而，羅馬的和平並不穩定。歷史學家塔西佗（Tacitus，五十四年至一二〇年）記錄顯示，據傳卡加庫斯（Calgacus，位於現今北蘇格蘭的喀里多尼亞部落首領）在即將對抗入侵的羅馬軍隊前一晚所說的話，形容其他人是怎麼看待羅馬的統治前景，這段敘述廣為流傳：

> 大自然的旨意為，所有人的兒女及親屬該是其最珍貴的事物。但他們卻因為受徵用為其他地方的奴隸，而被迫離開我們。我們的妻子與姐妹，雖然也許能逃過敵人的污辱，卻遭人以友誼和熱情好客之名羞辱。他們聚積我們的貨物與財產作為貢品，取走我們的收成品放在他們的穀倉。我們的雙手與身軀，在鞭打之下、凌辱之中，因整伐森林與沼澤的辛勞而疲憊不堪。[6]

諸如此類的反抗領袖為數眾多，所以羅馬的軍團鮮少能喘一口氣。「天知道，」一位士兵抱怨道：「鞭打與傷口總與我們同在！嚴寒的冬天與苦幹的夏天、殘忍的戰爭與無益的和平也是。」[7]當奧古斯都去世時，駐防日耳曼邊境的軍團馬上就發起叛亂了。

奧古斯都為他的繼任者留下沈重的負擔。提貝里烏斯皇帝（Tiberius，主政一四年至三十七年）努力地為一場破壞羅馬一部分領土的洪水善後，並處理萊茵河沿線的叛亂事件、把權的禁衛軍（禁衛軍的工作是保護羅馬皇帝，且是義大利半島境內唯一數量眾多的軍隊）、高漲的食物價格，以及馬其頓與敘利亞的稅收起義。漸漸地，羅馬的穩定局面被暴力所取代。公元三十一年，禁衛軍司令塞揚努斯（Sejanus）被告發企圖奪權之後，塔西佗如此寫下：「皇帝殺紅了眼，他現在下令處決所有與塞揚努斯共謀而受逮捕的人」、「這是一場大屠殺。不論性別年齡，地位顯赫與否，那些人遍地橫屍堆放……恐懼已痲痹了人類的同情心。」[8]在塔西佗以及與其同樣受到歡迎的同時期作者蘇埃托尼烏斯（Suetonius）的書頁中，寬容與正義是反覆出現的主題。但他們憤恨地表示，大多數皇帝都濫用權力。

元老們抗議越來越多的移民獲得公民身份並獲得政治影響力。「難道我們必須輸入如成群囚犯的大量外國人，且不給我們自己既有的貴族留下任何工作嗎？」[9]這種情況持續惡化，並發生了一段插曲，建立起帝國繼承的破壞性先例，其中，卡利古拉皇帝（Caligula，主政期間：三十七年至四十一年）遭禁衛軍殺害。禁衛軍擁立卡利古拉的叔父克勞狄烏斯（Claudius，主政期間：四十一年至五十三年），並從克勞狄烏斯那裡獲得豐厚的「忠心」獎賞。之後，在尼祿（Nero，主政期間：五十四年至六十八年）的統治下，羅馬爆發出熊熊的火焰：在現實中，一場大火摧毀了羅馬城；在象徵的意義上，皇帝尼祿孤僻且獨裁的行為引發了公然造反。尼祿政權的批判者控訴：「傳統的道德完全被這引進的敗壞種給破壞殆盡了，他讓可能腐化及可以腐化的所有事物流入首都——異國的影響力使我們的年輕人道德敗壞，讓他們成了逃避責任者、體操員，與性變態人士。」[10]

從六十八年尼祿死亡，到阿拉伯人菲利普（Philip the Arab）在二四九年死亡這段期間，羅馬的皇帝平均在位時間僅六年。當然，也是有強大的統治者，例如圖拉真（Trajan，主政期間：九十八年至一一七年）以及哈德良（Hadrian，主政期間：一一七年至一三八年）。只不過，特別是圖拉真，過度消耗帝國的資源。他在達契亞（Dacia，今日羅馬尼亞的一部分）、安息以及阿拉伯半島發動戰爭，這些戰役所耗費的資源迫使他讓貨幣貶值。他的繼任者哈德良也得從美索不達米亞撤軍，降低稅率，並更加倚賴地方當地的士兵。哈德良自豪於他為了恢復羅馬繁榮所付出的努力。舉例來說，羅浮宮中展示了一座將哈德良刻畫為戰神馬爾斯的大理石雕像，被愛神維納斯（Venus）所擁抱著。[11]但即使哈德良竭盡心力，仍還嫌不夠，其後繼任的皇帝，例如馬可・奧里略（Marcus Aurelius，主政期間：一六一年至一八〇年），試圖好好恢復羅馬過度損耗的資源並平定邊境與日俱增的動亂。其他皇帝則較為輕率且不負責任，例如，狂大的卡拉卡拉（Caracalla，主政期間：一九八年至二一七年）放眼征服全世界。

生於希臘的歷史學家兼元老院議員卡西烏斯・狄奧（Cassius Dio, 150-235），見證了大多數羅馬人在二世紀晚期至三世紀初期所經歷的混亂及暴力鎮壓行動。他的著作內容強烈譴責權力的濫用、腐化，以及為了向皇家國庫供應源源不絕的黃金，而不停發起的戰爭。有關於羅馬統治本質的任何假象都已然消失。為了應對不列顛尼亞（Britain）的叛亂，塞提米烏斯・塞維魯斯皇帝（Septimius Severus，主政期間：一九三年至二一一年）下令：「別讓任何人逃過全然的消滅、逃過我們的雙手，就連母親子宮裡的胎兒也不能放過。」[12]但塞維魯斯也發現，無窮止盡的戰事會讓皇帝不受愛戴。狄奧記載：「塞維魯斯繼位十週年紀念時，他發送金幣給所有收受賑濟穀物的百姓以及禁衛軍，每個人獲得的金塊數量相等於他在位的年數。」[13]

其他皇帝卻沒那麼精明。卡拉卡拉在軍隊以及取悅大眾的角鬥士（gladiator）的競技比賽上花費甚巨，最後被迫貶低幣值，並宣布帝國所有非奴隸的男性為公民，只因他迫切地想增加稅收。「他會指定某些自由人或富人為比賽的監督者，為的就是期望這些人也會投入金錢於其中。他也會帶著鞭子，從觀眾席下方的競技場向觀眾行禮並索求金幣，其模樣同最低階的表演人一般。」[14]狄奧譴責社會秩序的瓦解：以恐懼為基礎的統治手段、在義大利農村成群結隊的遊蕩武裝歹徒，以及皇宮內的縱慾狂歡。他寫到某位皇帝時提及：「他淫猥的程度之高，甚至要醫生在他身上裝上女人的陰道。」[15]羅馬的兆頭不佳，眾神皆發出了嚴厲的警告：「你的房屋將浴血而毀滅。」[16]

但是羅馬帝國即使陷入無政府狀態，卻仍倖免於難。其一部分的原因是，於外，沒有人可以挑戰羅馬的軍事力量。羅馬只有一個對手：安息帝國。但安息帝國最多也僅能威脅羅馬在亞美尼亞以及黎凡特的領地。

帝國大多數的邊境地區都是部落居住的區域。日耳曼森林或蘇格蘭高地的游擊戰術讓羅馬軍團飽受折磨，但是一旦羅馬的援軍抵達，狀況就能受到控制。「日耳曼人不穿胸甲，也不戴頭盔，」塔西佗請一位將軍告訴他的軍隊以安定軍心。「就連他們的盾也沒有強化過……他們所持的某種矛，攻擊範圍只限於他們前方的那一列。其他人僅持有兩端讓火燒過，或連接短金屬尖頭的棍棒。生理上，他們看來很強大，也很適合衝刺，但他們卻無法承受傷害。」[17]至關重要的是，羅馬發達的道路系統、支配了地中海的海軍，以及能在萊茵河及多瑙河等河川巡航的小型戰艦，讓其擁有了他人無可匹敵的長程力量投射。在鼎盛時期，羅馬鋪砌的道路長度超過八萬公里，建立船艦數量超過一千艘的艦隊，並在地中海、黑海及北海建造數十個港口（其中在北海的港口數量較少）。羅馬人也善於在部落間分而治之，例如允許一個部落自由與之進行貿易，同時卻讓另一個部落吃閉門羹，或是聲明某社群為友，同時宣布另一個社群為敵。

讓帝國得以倖存的另外一部分的原因則是，於內，菁英階層安撫了群眾。羅馬城一百萬居民中存在著相當嚴重的不平等現象。當富人在首都山丘上蓋起奢華的別墅時，窮人只能住在密密麻麻如迷宮般的單元住宅以及被乞丐、罪犯和妓女佔據的黑暗巷弄中。首都有三分之一的人口可能是奴隸。[18]一名工人每日可賺取約四個塞斯特斯幣（Sestertius，古羅馬貨幣單位），但公民卻需要超過四十萬塞斯特斯幣，才能取得上層社會的騎士階級地位。地主可以非常富裕。據傳其中一位名為馬可斯・安東尼烏斯・帕拉斯（Marcus Antonius Pallas）的地主，身家甚至超過三億塞斯特斯幣。[19]百姓很認命地接受他們的貧困生活。維吉爾、塞內卡（Seneca），以及其他許多寫作家也都讚頌辛勞工作的美德。

流行的詩歌以及戲劇內容將貧窮視為理所當然的情況，有時也幽默看待之。第二世紀希臘作家魯齊烏斯・阿普列尤斯（Lucius Apuleius）的小說《金驢記》（*The Golden Ass*）中，驢子說：「我遭受寒冷之苦，但我的主人情況也沒多好。的確，因為他極其貧窮，所以無法為他的床添購稻草或甚至最小的毯子。」[20]為了改善貧困公民的生活條件，帝國會定期舉辦壯觀的角斗競技和戰車比賽，在這種時刻，便會大興土木建築宏偉的工程，例如建造羅馬競技場（Colosseum）、翻新馬克西穆斯競技場（Circus Maximus），以及建設大型的公共浴場。皇帝竭盡所能地保證各行政區可以穩定供應糧食。在極端的情況下，則有軍隊恢復秩序。卡西烏斯・狄奧記載：「許多人發起許多暴動，其中一些暴動引發巨大的惶恐，但都很快地被鎮壓了。」[21]在帝國羅馬社會中，不平等的現象長久以來被推往可以被接受的程度上限。

管理野蠻之邦

在羅馬帝國邊境之外，則是野蠻之邦。生活在帝國邊境地區的民眾抱持著模棱兩可的態度，即使是軍事統治上最兇暴的對手，也會尋求經濟上的利益。例如喀里多尼亞人在他們蘇格蘭高地上的棱堡頑強地抵抗羅馬軍團，但他們首領的墳地上，卻擺滿了羅馬的工藝品。日耳曼部落與羅馬人進行了無數次戰爭。另外，居住在萊茵河下游北方的弗里斯人（Frisii）將羅馬收稅官處以絞刑，並反抗暴虐的羅馬總督。但一些弗里斯部落跟許多日耳曼民族一樣，為羅馬軍隊提供後備軍隊。

達契亞人是羅馬北方邊境上規模較大的聚落之一。最初，羅馬人收買他們，要他們別跨越多瑙河。但隨著帝國內部動盪不安，進取心強烈的達契亞國王開始越過邊境襲擊而來。但羅馬人的反擊相當兇猛，打敗了達契亞人，並捕捉、殺害其國王。最終，達契亞在一〇五年併入為帝國的一部份。大量熱衷於開採達契亞境內金礦的羅馬人湧入，但達契亞人仍持續反抗他們，最終迫使康茂德皇帝（Emperor Commodus，主政一八

○年至一九○年）給予達契亞部落更高的自治權。

許多因素影響了這些部落民族的行為。他們的政治組織在分裂的部族以及強大國王治理下所產生的凝聚力量之間移轉。他們大多數人是顯然企盼穩定生活的小農，但他們也以其戰士風氣，以及不論男女老幼皆可動員打仗的能耐聞名。他們領地中的安全程度一直不停地變動。鄰近羅馬邊境的部落所承受的壓力，隨著東方來的遷徙民族節節上升。這些移民是受到此地區相對溫和的氣候與逐漸富裕的社會所吸引而來。

帝國無法總以同樣的氣勢捍衛邊界，其防衛體系——也就是所謂的邊境長城（Limes）——常面臨人手短缺的窘況。相反的，帝國常採用更圓滑的政策。帝國發展貿易或賦予菁英特權的行為，提高了邊境民族成為帝國一份子的欲望。就在邊境之外的部落受邀成為納貢國（tributarii）：以支付稅金和軍事支援換取進入羅馬市場以及獲得羅馬保護的權利。有些部落成為盟友（laeti），可藉由向軍隊供應兵力而獲得帝國內的土地。受到特權最多的部落則成為聯盟（*foederati*），這些部落得以在帝國中安頓下來、保留他們的領袖，甚至還可因為在後備軍隊服役而獲得津貼。

不列顛尼亞以及萊茵河與多瑙河沿岸的部落並未留下任何有關於他們與羅馬帝國之間關係的書寫資料。主要尚存的文本是塔西佗與卡西烏斯・狄奧等歷史學者的作品。在希臘、黎凡特，與埃及這些當地書寫資料有流傳下來的地方，事情又不同了。在希臘，這個時期的思想家意見分歧。有些思想家試圖讓國人安於羅馬統治，例如歷史學家哈利卡納蘇斯的狄奧尼修斯（Dionysius of Halicarnassus）與地理學家斯特拉波（Strabo）皆認為羅馬可以保護希臘免於小亞細亞上的敵國入侵、海盜之患，以及黑海沿岸躁動的遊牧部落威脅。另一方面，哲學家阿里斯提得斯（Aristides）頌揚在帝國中的移動自由。其他人則沒有那麼順服於羅馬。例如，地理學家保薩尼亞斯（Pausanias, c.110-c.180）主張，羅馬的征服迎來「希臘陷入衰弱谷底的時期」。[22]他哀嘆於希臘城鄰是如何失去自由，以及他們領導人又是如何汲汲營營地成為帝國菁英的一員。「最惡劣的罪，」他宣稱，便是「為了個人收益而背叛祖國與同胞。」[23]他證明羅馬進行了掠奪、其在科林斯等大城強制減少人口，以及總督專斷的任意行為。

上述的最後一點，也最讓亞歷山大里亞的斐洛（Philo of Alexandria, c.20BC-c.50CE）所詬病。亞歷山大里亞的斐洛是一位生活在公元一世紀時在世的希臘猶太哲學家，他居住在埃及。他在標題為《反弗拉古斯》（*Against Flaccus*）的短文中，形容在埃及的羅馬長官如何在民眾間煽動發起反猶太的騷動。但或許最能鮮明描述在羅馬政權下中東生活狀態的，是記載於《新約聖經》中，耶穌基督的故事——他的和平抵抗、他的受難，以及他所受的十字架刑。對幾個世紀以來許許多多的人來說，這故事內容已成為了帝國壓迫的象徵。使徒約翰譴責羅馬人來了之後，便奪走了土地與猶太人的靈魂。但他更嚴加批評許多與征服者勾結的當地人士，特別是當羅馬總督龐提烏斯・彼拉多（Pontius Pilate）將耶穌與罪犯巴拉巴（Barabbas）放在一起審判的時候，自願受到操弄及收買的那些人。亞歷山大里亞的斐洛與生於一世紀的歷史學家弗拉維奧・約瑟夫斯（Flavius Josephus, 37-150）脈絡化福音中的描述內容，他們雙雙記載彼拉多專橫的統治方式，以及其對於猶太習俗的輕視，是如何造成巴勒斯坦的動亂。只不過這兩位作家的觀點卻變得羅馬化了，他們暗指羅馬對猶太人的統治是上帝的旨意。

第二世紀初圖拉真在位時，是羅馬帝國的鼎盛時期，當時羅馬是世界上數一數二大的帝國。但是，如果說漢朝和阿契美尼德王朝支配的土地面積可能更為遼闊，那麼羅馬則支配了廣大的海上區域，範圍從北海，經由地中海一路延伸至黑海以及紅海的北部。羅馬帝國主義的程度按理來說也更大。羅馬不僅有能力征服，而且也有能力整合征服的領地，其手段為嚴格的管理措施、協調的標準、菁英之間的共同語言、船運，以及無雙的工程技術，這一點從各大小港口、道路、橋樑以及倖存至今的渠溝就可看出。海洋與陸地的勢力相結合之下，羅馬帝國無疑是有史以來規模最大的帝國之一。

絲綢之路上

根據古代歷史學家記載，安息是延展於幼發拉底河與興都庫什山之間的國際化帝國，且仍是羅馬最大的敵人。例如塔西佗稱羅馬與安息為兩個最偉大的帝國（*maxima imperia*）；特洛古斯（PompeiusTrogus）認為世界分為羅馬與安息兩部分。儘管如此，安息帝國卻身處壓力之下。從羅馬人的角度來看，他們與安息人之間的理想關係很明確：他們必須將安息帝國視為一大勢力，但仍不如羅馬。目前放置於梵蒂岡博物館的「第一門的奧古斯都白色大理石雕像」（Prima Porta statue of Augustus）聞名遐邇，其胸甲上顯示一名安息軍人怯懦地歸還一面在先前戰役中，從羅馬軍團處獲得的軍旗。安息國王甚至將自己幾個兒子送到奧古斯都處作為質子，以確保接下來的統治者會是羅馬的血脈。

但和平局面並未維持太久，為了爭奪亞美尼亞這個緩衝國，這兩大政權陷入一場地理政治的零和賽局，其中一方的獲益被視為另一方的損失。在幼發拉底河流經的邊境上，緊張局勢也持續存在。起初，羅馬的野心止步於河川西岸，但在一一五年，圖拉真皇帝越過了河。根據塔西佗記錄，歷史上，羅馬在東方發起的戰役被視為鞏固國內皇帝聲望的一種方式。而圖拉真也確實將自己的戰爭和波斯對亞歷山大大帝的討伐相提並論。只是，安息置換了亞美尼亞國王在先，此舉動激怒了羅馬。另一個造成緊張局勢的因素則是羅馬的「任務蠕變」（mission creep）。與達契亞對戰之後，圖拉真率領軍隊至黑海，除了達契亞的黃金之外，高加索和中東的貿易機會也向他們招手，但是安息人卻激烈地對抗羅馬入侵。圖拉真的繼任者哈德良從美索不達米亞撤退，但一九八年，塞提米烏斯・塞維魯斯皇帝又回到那裡。他攻陷安息首都泰西封，並且併吞了北美索不達米亞。二一七年，安息與羅馬又劍拔弩張：卡拉卡拉皇帝準備帶著軍隊從安那托利亞山前往美索不達米亞。不過，卡拉卡拉如廁休憩的時候卻遭到暗殺，讓這場遠征戛然而止，羅馬人也被迫求和。

但此時安息帝國已筋疲力竭，以致受到一個僅離波斯波利斯遺址兩公里遠，歷史上位於阿契美尼德王朝心臟地帶的小附庸國入侵。在二二四年，其統治者阿爾達希爾一世（Ardashir I）在泰西封，就亞述及波斯的傳統自稱為「萬王之王」。一個新的帝國就此建立。薩珊帝國（Sasanian Empire）將統治中東與中亞一大部分的地區，直到伊斯蘭教於第七世紀誕生為止。

即使安息帝國毫無疑問地正在衰退，卻仍是連結地中海與亞洲的重要貿易中心。赫羅狄安（Herodian, c.170-c.240）是在希臘出生的羅馬官員兼歷史學家，他描述第三世紀初期欣欣向榮的貿易發展，並認為專業化可以緩和政治關係：「因為安息人製作香料與精美的紡織品，而羅馬人出產金屬且製作商品，讓這些產品不再因為稀少而為商人走私。當一個世界受一個最高當局所管理，那麼雙方人民都能享用這些產品，並一同與對方分享。」[24]但現實卻並非如此直截了當。來自於中國和羅馬的資料皆顯示，安息人試圖保有他們作為亞洲商業守門人的地位。九十七年，一位中國使者〔甘英〕徵求安息王室許可，讓他能經由波斯灣前往羅馬。安息人卻似乎說服他這場旅途會過於艱辛。「海水廣大，」他們說：「海中善使人思土戀慕，數有死亡者。」[25]不過，中國人可能很清楚他們被欺騙了。中國史書〔後漢書〕記載，羅馬皇帝「常欲通使於漢，而安息欲以漢繒綵與之交市，故遮閡不得自達。」[26]

安息欲壟斷絲路的貿易並非羅馬唯一的經濟顧慮，羅馬作家也擔憂他們與東方國家的貿易逆差。老普林尼（Pliny the Elder）認為羅馬女性對東方奢侈品的渴望，讓帝國付出了大筆金錢：「每年印度都耗費我們帝國五億五千萬以上的塞斯特斯幣。」[27]塔西佗則警告，羅馬支付敵國過量的金錢以購買女人的奢侈品。但羅馬當局非但不試著控制羅馬富人的花費，反而要掌控貿易。首先，羅馬試圖控制黎凡特的轉口港，例如帕邁拉（Palmyra）與佩特拉（Petra），藉此免付額外的關稅。羅馬同時也經由紅海促進與阿拉伯半島、印度，甚至中國港口的海上貿易。羅馬跟中國之間大部分的貿易活動都是非直接進行的，雖然前者可能最早在一六六年就曾派遣大使到中國。然而，目前中國人仍然不為所動。中國史書記載：「其所表貢，並無珍異。」[28]

貴霜帝國

雖然安息帝國阻礙羅馬與中國直接進行陸上貿易，但羅馬與印度的海上貿易卻增加了。奧古斯都統治期間，羅馬每一年都駛船前往並停靠印度次大陸西岸邊的數個港口。一位一世紀的旅人詳細記錄下這一段漫長且令人疲憊的旅程。他從亞歷山大港出發，經過羅馬戰艦為防範海盜而巡航的紅海，再沿著印度洋險峻的海岸航行。[29]他的著作《厄立特利亞海航行記》（*Periplus*）敘述南亞海岸眾港口原先都是獨立的城邦或是小王國的一部分，這些政權積極想藉由各種手段獲得貿易的支配權，例如指定港口、指派官方領航員、海關官員、巡防海盜，以及主張源於古代對該區域的管理權。以珍貴的香料「乳香」為例，「沒有國王的允許，誰也不准公然或暗中將之運載上船；如果沒有允許，就算只運了一粒，船也無法結關離港。」[30]河川連接起這些港口與內陸地區，而黃金、珠寶、紡織品以及香料都倚賴這些河川運輸。這些政權也與較原始的部落定期舉辦市集。「他們攜家帶眷，背著大包裹及編織的籃子，裡頭看起來裝著綠色葡萄葉……他們在那兒舉辦好幾天的餐宴，他們將籃子展開鋪在地上當作地墊，之後再回到他們位於內陸的家。」[31]這位旅人也指出那些他認為是「亞歷山大大帝遠征的痕跡，例如古代的神廟、堡壘的城牆以及碩大的水井。」[32]

印度與中亞的內陸地帶仍是危機四伏的戰爭競鬥場，次大陸的南部劃分為數個王國，包括百乘王朝（Satavahana）、西薩特拉普王朝（Kshaharata）、潘地亞王朝（Pandyan），以及朱羅王朝（Chola）。在北部，月氏的貴霜帝國趁著安息帝國衰敗而藉機擴張勢力。如《後漢書》所記載：「及月氏破安息，始得高附（Kabul，喀布爾）。」[33]月氏能夠派出成千上萬的騎士，這是該地區其他勢力所望塵莫及的能力。

月氏一個個擊破印度河—恆河平原上的王國，其所帶來的影響反映在第二世紀早期佛教僧侶馬鳴菩薩（Ashvaghosha, c.80-c.150）的傳記中：理想的狀態是「當今天下泰平，大王長壽，國土豐樂，無諸災患。」[34]然而，後來月氏來到，並要求進貢，且期望每個王國都支付一筆三倍於其全部財富的金額。馬鳴他悲天憫人的佛教徒國王屈服了，他對月氏說：「若有所求當相給與。何足苦困人民久住此耶？」[35]儘管如此，王國還是被侵占了。

羅馬人可能認為只有兩位偉大的皇帝，也就是羅馬自己的皇帝以及安息國王。但貴霜國王自認可以跟這兩位國王平起平坐。貴霜國王在硬幣上模仿羅馬皇帝而自稱為「奧古斯特」（August），同時依照美索不達米亞的傳統自視為「萬王之王」，另外，也承中國皇帝的「天子」之名。根據傳說，強大的迦膩色伽一世皇帝（Kanishka，統治時間：一二七年至一六三年）擁有超能力並打敗了邪惡的蛇王。羅巴塔克銘文（Rabatak Inscription）尊稱迦膩色伽一世為「偉大的救世主，貴霜的迦膩色伽，那正義、那公正、那獨霸、那值得崇敬的神，他已從娜娜（Nana）及所有眾神那裡獲得了王權」[36]。馬圖拉銘文（Mathura Inscription）描述他「堅守真正的法律」。[37]貴霜的皇帝也自豪於他們的灌溉系統。如控管費爾干納盆地（Ferghana Valley）上撒馬爾罕城（Samarkand）大部分供水的達爾貢姆水庫（Dargom dam）等建設都是無與倫比的。

貴霜帝國劃分了總督轄地，但這些轄地可能沒有像在阿契美尼德王朝那樣的被嚴格控制。即便如此，中國的旅人仍讚賞貴霜帝國的力度及宏偉。令人驚訝的是，即使該地區金礦數量不多，貴霜人仍鑄造了大量的金幣。唯一可能的解釋是，貴霜帝國從安息、羅馬和其他貿易夥伴之處獲得了大量的經濟盈餘，另外，南亞平原和中亞綠洲結合在一起，也具有龐大的農業潛力。貴霜帝國在巔峰期間，掌控了連接南亞、美索不達米亞、現今中國境內的塔里木盆地（Tarim Basin），甚至西伯利亞以及亞丁灣（Gulf of Aden）主要港口的重要商隊路線。如同四世紀前的阿育王一樣，迦膩色伽一世採用佛教為國家的官方宗教，並利用宗教正當化他對於上百個不同部落及語言的公義統治。

貴霜帝國在古代版本的「大博弈」中，展露關鍵玩家之姿，為了取得中亞肥沃高原和貿易走廊的控制權，與羅馬、安息、匈奴與中國相互競賽。公元五十年左右，貴霜帝國為了控制札格洛斯山脈東部的綠谷，與安息帝國打了起來。卡西烏斯・狄奧記錄貴霜與羅馬結盟：「提議交涉的印度人現在立了友好條約，並送了老虎以及其他禮物到羅馬，這是羅馬人第一次見到老虎。」[38]同一時間，貴霜人也跟中國協定了條約，但其效力卻很短暫。中國王室拒絕與貴霜通婚，貴霜帝國除了大感屈辱之外，也擔憂中國在中亞增長的規模，於是向中國宣戰。貴霜帝國戰敗時，中國提出相當羞辱的條件。為了向中國報仇，貴霜帝國與匈奴結盟。但是，當薩珊人推翻官僚僵化的安息帝國時，貴霜皇帝韋蘇提婆一世（Vasudeva I）便試圖與中國重新建立聯盟關係。為了討好中國人，他甚至還發行了銘印上自己中國名字的硬幣，但這卻是衰敗的徵兆。韋蘇提婆一世在二三五年去世之後，貴霜一分為二，最終瓦解為若干小國。

即使沒有了貴霜帝國，南亞、中亞、中東、地中海與中國仍比以前更緊密地連結。南亞吸收了希臘的影響之後，現在也對羅馬文化產生了興趣。方向相反過來也是一樣，羅馬公民也對亞洲奢侈品愛不釋手。貿易、文化和旅遊有助於鞏固歐亞大陸之間的連結，權力政治也是。中國、羅馬、安息、貴霜與印度間建立了外交關係，但他們之間也發動更多的戰爭。這是因為，經由絲路並穿越興都庫什山與天山的貿易交流越多，彼此對於貿易掌控權的競爭就越加激烈。

關閉玉門關

中國的漢朝於是也同安息與貴霜一樣，是爭相稱霸中亞地區的主要競爭者。漢朝堅守中國為「天下中心」（Middle Kingdom）的傳統觀念。如我們已知，他們認為世界秩序是圍繞帝國疆域的同心環，而皇帝的任務就是維持中國領土的和平，並抵禦蠻夷世界。但在公元前一世紀末期，和平的狀態卻受到來自內部的威脅。

漢哀帝在公元前一年去世後，帝國崩陷於隨之而來的繼承之亂，引發窮苦農民的怨恨。大司馬王莽費盡心思爭取民心。他評論道：「故富者犬馬餘菽粟，驕而為邪；貧者不厭糟糠，窮而為姦。」他提出全面徹底的改革。王莽從他的太皇太后姑姑手上獲得攝政權後，即刻打擊奴隸制度、將農田國有化，並著手建設基礎設施。他也試圖抑制食物價格，並任命市場監督人收購低價商品，等價格提升後再賣出。[40]只不過，他這些徹底的施政手段卻受到大洪水、饑荒，以及反對其公然篡位的勢力所阻撓。造反份子與盜賊組織成武裝軍隊，例如赤眉軍。

在此同時，另一支皇家宗室劉秀，趁亂而取得優勢。對於王莽政權的反抗中，他掌握關鍵性的時刻展現了出色的軍事領導能力並獲得勝利，成功取得華北平原大部分的領土。公元二十五年，劉秀宣布即位為復興漢朝（所謂「東漢」）的皇帝，是為東漢光武帝。他選擇象徵火焰及氣勢的紅色作為新的皇家代表色。漢光武帝盡力提高他為天命合法繼承人的正當性。如同奧古斯都一樣，他栽培重要的作家，其中一位是宮廷歷史學者班固，班固敘述新的漢朝「恢皇綱」。[41]他為權力的集中化提出了有力的理由，並重拾董仲舒的儒家王室理論。光武帝也知道要持續當權，就必須安撫百姓，於是他保留下一些王莽較平民主義的政策。他批准廢除奴隸制，削減朝廷官員數量、重新分配土地給窮人，並令農夫免於義務兵役的負擔。

前述最後一點引人注目的改革有一個目的，那就是要裁減中國社會的軍備，讓內戰難以發生。但這卻對帝國的外交政策造成嚴重的後果。中國軍隊目前只有兩千四百名朝廷衛兵，以及另外五位大將軍，各率領三千五百軍隊，勢力遠遠不及鄰近許多國家。其解決方式，便是徵召罪犯以及非漢人的戰士。[42]這時，中國產生有史以來最依賴以蠻制蠻的策略。在這種情況下，班固反對在國界之外發動戰爭。他斷言，胡人「隔以山谷，雍以沙幕，天地所以絕外內也。」、「約之則費賂而見欺，攻之則勞師而詔寇。」[43]

接下來約束胡人的策略，恰巧碰上胡人衰弱的時期。公元二十四年，匈奴不顧漢朝索求進貢，主張劉秀應該要回報他們協助攻打王莽而支付報酬才是。但在五〇年，匈奴聯盟因為繼位之爭而分裂之後，南匈奴同意了納貢的義務，遣送一名王子到漢朝廷作為質子，並成為緩衝國。北匈奴則無力對漢朝造成威脅，同時也受臣服於東漢的烏桓及鮮卑等敵國所擾。在這情況之下，中國的將軍漸漸輕慢了起來。「夫胡兵五而當漢兵一，何者？兵刃朴鈍，弓弩不利。」[44]西漢御史大夫晁錯也將匈奴比喻「如飛鳥走獸於廣野」。[45]如此不屑一顧的態度卻沒有持續多久。

漢光武帝的繼任者為漢明帝（五十七—七十五年），他登基的時候適逢北匈奴的雄心逐漸增加，他們掠劫邊境上的貿易站，並攻擊其裝備薄弱的守衛部隊。他們與南匈奴之間的衝突造成大量移民湧入，但中國當局很快地付錢要求他們回國。胡人如果發起軍事挑釁，中國便討伐之。漢章帝（七十五—八十八年）下令軍隊推進中亞深處，徹底解決匈奴的問題。在貴霜以及當地其他小國統治者的協助下，班超將軍成功平定大部分的「西域」。當匈奴也為饑荒所襲，好幾位首領都跑到邊境以示臣服之意。「自兵威之所肅服，財賂之所懷誘，莫不獻方奇，納愛質，露頂肘行，東向而朝天子。」史書內容誇道。[46]中國朝廷再次設置西域都護府以管理賦稅事宜。[47]如果有統治者繳不出款項，便被廢除職權，其官員皇家綬帶便會授予至新的傀儡手上。

明章之治是中國的黃金時代。內政局面回歸穩定狀態，稅金低廉，大部份的農夫也免服兵役。漢章帝成功管控一場嚴重的牛疫感染，也試行社會保障政策，內容包括年少的父親可享稅款減免、生育的已婚婦女可獲贈糧食，養不起小孩的父母也可獲得補助金。公元七十九年，漢章帝明顯為了鞏固自己作為公正君王的統治地位，邀集全國名儒參加「白虎觀會議」。會議結果確立了以儒學為基礎的治國新宣言，內容關於國內的朝廷禮儀、社會正義、律法，以及公共管理。同一時間在邊境之外，儒家的和諧思想透過越來越儀式化的關係和禮儀來傳播，這些關係和儀式旨在利用其莊嚴與更加奢侈的禮物懾服外邦使者。

這黃金盛世卻沒有維持多久。削弱武力的政策證明是不堪一擊的。朝廷官員不信任胡人，於是建議派駐更多軍隊守衛邊境。付給異國領袖的津貼也高的驚人。北匈奴勢力減弱的情況下，也降低與南匈奴、鮮卑，和烏桓合作的必要。這些胡人的津貼被砍之後，便開始掠奪中國農夫。公元九十四年，南匈奴正式與北匈奴聯手對抗漢朝。

與此同時，另一鄰邦則試圖從這混亂的局面獲利，他們是居住在華北平原西部的遊牧羌族。一〇四年，緊張局勢升級，戰爭全面爆發。漢朝廷感到恐慌之下，從若干邊境駐軍處撤兵，以求保障「關東」的安全。

一位重要的賢人告誡可能會產生地理政治的骨牌效應：「是故失涼州，則三輔為邊；三輔內入，則弘農為邊；弘農內入，則洛陽為邊。推此以相況，雖盡東海猶有邊也。」[48]

漢朝從這時開始瓦解。在內憂外患夾擊之下，漢安帝（一〇六年至一二五年在位）決定採取孤立主義。他封起玉門關——玉門關是絲路上連接起中國與中亞的主要關口——並結束與關口西邊民族之間，已無法維持的從屬關係。漢安帝是惡名昭彰的昏庸無能之君，文字記載在他的統治期間，國內「逐漸減少善舉。」他最初頒布的法令包括對於窮人，廢除了土地與糧食的再分配，同時地主家族的權勢再次攀升。在《四民月令》中，作者崔寔譴責土地一塊塊地被轉移到朝臣手上，皇帝增加稅率的要求也促使地方官員扣押農人的田地。無田可耕的農民只能聽憑富有的地主安排，這些地主將他們當作勞工一樣剝削。崔寔表示，鄉間情勢越來越動盪不安，使得地主必須加強屋室的防禦，並聘請私人守衛。[49]漢安帝的繼任者統治時期，爆發了大規模起義，例如一四二年的五斗米道起義，以及一八二年的黃巾之亂。當代著名的詩詞描寫出一個無常且悲傷的世界。

浩浩陰陽移　　年命如朝露
人生忽如寄　　壽無金石固
萬歲更相送　　聖賢莫能度
服食求神仙　　多為藥所誤
不如飲美酒　　被服紈與素

與羌族之間的戰爭使情況惡化。文字記載如下：「（鮮卑……）故數犯障塞，且無寧歲。唯至互市，乃來靡服。」[51]記載顯示死傷人數成千上萬，大片農田損失，國庫花費更加龐大。朝臣現在建議放棄羌族所居住之地，這等於默認漢朝已無力阻止他們在外圍領土上勢力的流失。社會上層人士漸漸不關心躁動不安的帝國西部，而較關注東邊豐饒的農業地區。於是，經濟重心從華北平原轉移到了長江沿岸，距離西方的邊境更遠了。[52]

漢朝廷中，出身於富裕農家的士大夫把權。人說：「秦漢以來，山東出相，山西出將。」[53]那些士大夫不願意釋出權力給強大軍隊中居首位的軍人，所以便仍採用過去的舊政策，使用軟實力，並利用代理軍隊打仗。一位朝臣與皇帝對話時表示：「且天下彊勇，百姓所畏者，有并、涼之人，及匈奴、屠各、湟中義從、西羌八種，而明公擁之，以為爪牙。」[54]另外一位官員則購買闡述孝道的書籍，並拿到羌的領土上發送。

帝國肥沃的東方心臟地帶無法應付西方粗野的權力政治。但就算朝廷不情願防禦邊境，國內節節上升的社會動盪以及越來越頻繁的政變，迫使朝廷投入資源到大量民兵上。當朝廷分裂為不同黨派時，民兵也跟進。這時，中國已經失去控制了。一九〇年，整個帝國陷入爭戰之中（關東聯軍以討伐董卓為名起兵），很類似幾個世紀前的春秋或戰國時代。每場戰役通常都有成千上萬的戰士參與。有權有勢的軍閥一開始趕走士大夫，接著則也排除了皇帝。在二二〇年，漢朝的最後一位皇帝從十多年以來的傀儡統治中解脫，並遭到罷黜。他很幸運，得以禪讓退位（降封山陽公），但國家本身卻沒那麼幸運，而分裂成為三個國家：蜀、吳、魏。隨之而來一世紀的內戰，奪走了數以百萬條的生命。

漢朝的瓦解影響了整個東亞。在朝鮮半島上，取代了古朝鮮的高句麗（Goguryeo）趁機脫離中國的監管。高句麗於前一世紀晚期建立時是打獵部落所聚合起來的聯盟，近期才在故國川王（Gogukcheon，一七九年至一九七年在位）統治下合併為中央統治的國家。《三國史記》（*Samguk Sagi*）是古代高麗歷史的編撰史書，其中正面地描述故國川為才華洋溢的指揮官及公正的統治者。傳說當他來到一個窮困的城鎮時，他將自己的衣服分予當地居民，隨後也設立了糧食補給的制度。高句麗很有可能曾是漢朝的僕從國，雖然兩者之間小衝突不斷。這主要是因為高句麗領土橫跨鴨綠江的兩岸而缺少與漢朝之間的天然國界，另外則是因為雙方長久以來爭奪滿洲的草原地。漢朝瓦解時，高句麗短暫地擴張了勢力，卻又被隨後建立的魏國給擊退。

同時間，在日本的國家建設進行緩慢。中國的歷史資料顯示，一世紀間，倭國（Wa，日本的古名）群島上有數百個小國都仍處於分散的狀態，但在二三〇年，邪馬台國（Yamatai）統一了這些國家。漢朝的皇帝禪讓後，日本的君王決定向魏示好，魏國立刻便採用了傳統的朝貢方式，授封其為「親魏倭王」並給予特別的紫色綬帶（銀印青綬）。這種綬帶也曾在漢朝用於認可東南亞統治者的地位。例如，中國資助且保護在現今越南之地的眾國王。徵氏姐妹（Trung Sisters）在四十一年起身對抗中國霸權時，漢朝派遣一位「伏波將軍」馬援率領兩萬士兵討伐之。「援所過輒為郡縣治城郭。」[55]但來自濃密叢林中的游擊式的攻擊持續地對支持中國的要塞進攻，後來漢朝便恢復先前的措施，透過貿易與外交上的恭維方式對其間接地控管。[56]漢朝滅亡之後，孫吳也延續同樣的政策。

雖然漢帝國覆滅了，中國的文化及經濟仍具有相當大的影響力。看看漢族的沒落，與當代羅馬帝國有某些驚人的相似之處。在這兩個帝國中，起初帝國主義都為其中心地區帶來安全保障，但接著卻引起會破壞穩定的社會不公、引發上層階級的墮落，並在帝國持續地向外擴張時，削弱帝國的核心，造成過度消耗國力的後果。漢朝關閉玉門關，幾乎跟哈德良命令古羅馬軍團從美索不達米亞撤兵的時間是一樣的，這也許並非巧合。

極端的世界

因此，奧古斯都以及漢光武帝所在的世界是極端的世界，是人們首度開始橫跨大陸進行貿易與探索的時代。商人與使者行萬里路。關於那位在九十七年欲前往羅馬，卻在途中滯留在安息帝國的中國使者，我們已知道他的故事。但在一六六年，也有一位羅馬特使前往東方，並抵達現今為越南的地方，希望能奉上禮物給中國皇帝。

羅馬、安息、貴霜與漢帝國都允諾了某種和平與和諧。的確，羅馬和漢朝曾各有好幾十年的和平盛世，但即便是在那個境界，和平也總是相對的。沿著邊境的地帶，暴力永無止息之日。在任何情況下，這種形式的和平主要使核心地區的小部分菁英受益，他們控制著食品供應、奢侈品貿易，與專營事業。在羅馬帝國，可能有一成五左右的人口由奴隸組成。[57]在中國，只有百分之一至二的人口是奴隸，雖然在城市有比較高的比例，而且農民的生活也沒有比奴隸好多少。部落民族也有奴隸。因為他們在掠奪行動中會劫人為奴，所以定居的社群很懼怕他們。

所以，除非是在政局穩定的時期住在帝國首都，不然大多數的男男女女以及孩童都從未真正的安全，也常常過著困苦的生活。人民通常一天僅食用少量的穀物與豆子以存活，偶爾才添一些油脂、水果或蔬菜。[58]常見營養不良與疾病肆虐，尤其在人口密集的城市更是如此。兩歲以下幼兒的死亡率是五成。[59]帝國的核心價值，是為了提升首都內一小塊地區的特權而非其周邊腹地；是為了提高少數富裕上層人士的利益，而非大量窮苦貧困的人民的利益。

CHAPER

7

The Great Imperial Crisis

帝國大危機

公元二五〇年至五〇〇年

鮮卑
匈奴
曹魏
百濟
洛陽
吐蕃
貴霜
蜀
東吳
伐迦陀迦王國
帕拉瓦王朝
太 平 洋
扶南國
度 洋
500 1000 1500 km
500 1000 miles

公元二五〇年左右的東半球

東漢公元二二〇年

公元四百年左右，中國詩人陶淵明〔三六五至四二七年，東晉、劉宋的文學家〕寫下他心目中理想的世界模樣：

凱風因時來，
回飆開我襟。
息交遊閒業，
臥起弄書琴。
園蔬有餘滋，
舊穀猶儲今。[1]

在歐亞大陸的另一端，四至五世紀期間住在羅馬高盧省一位名叫帕拉狄烏斯（PalladiusRutilius Taurus Aemilianus）的地主，著手寫一本給新手農夫的書。他在書中給出的建議，將協助農夫們照料一個如陶淵明所描述的寧靜安穩的天堂，在這個天堂中有取之不竭的井水、蔥鬱的原野、溫暖的空氣、果園中沈甸甸的果樹，以及建設完善的道路。[2]即使在一千年以後，人類仍夢想著在大自然中過著和諧生活。

但陶淵明以及帕拉狄烏斯的田園詩問世時，各個社會正深陷政治衰敗的泥淖。公元二五〇至五〇〇間，整個歐亞大陸都處於帝國退化的時期。西羅馬帝國受蠻族侵擾。舊時壯麗的帝國遺跡仍存於君士坦丁堡（Constantinople），只是東羅馬帝國再也無法達到如羅馬帝國甫建國之後兩百年間的強大勢力。在中國，蠻夷湧入漢朝崩解後而成的國家之中。在南亞，笈多王朝（Gupta Empire, 319-550）的盛世也相對地短暫。有一段時間，剛成立的薩珊帝國（224-615）成為特例而一枝獨秀，但也在第五世紀末衰退了。歐亞大陸其它地方則是鬥爭與不停變動的聯盟戰場。其中，規模相對小的政體，例如扶南國（Funan）、潘地亞王朝、高句麗、大和王權（Yamato Kingdom），以及遊牧社會和遷徙民族，為了生存與霸權而相互鬥爭。

民族大遷徙

三世紀到五世紀之間，羅馬和中國這兩大政權的中心苦於衰弱的內政與持續的移民壓力之下。致命的推力來自歐亞大陸的中心，匈奴以及與匈奴有血緣關係的匈人（Huns）住在蒙古和中亞的平原以及河谷地帶。匈人是由若干部落群體組成的民族，包括白匈奴、紅匈奴，以及嚈噠人（Hephthalite）等。這些有著血緣及文化關係的遊牧民族結盟成群，隨著他們的牛群在不同牧草地之間遷徙，這形成了他們群體的核心。在蒙古與中亞草原的邊緣地帶，半遊牧民族和貿易商與定棲的農業社群維持交流關係，後者卻瞧不起那些流浪民族。他們認為流浪民族是野蠻而腿型如弓的野獸，因為嚴峻的氣候而養成四肢發達的體格。緊張不安的中國官員記載其「風雨罷勞，飢渴不困」。[3]但也許不那麼令人驚訝的是，匈人卻以截然不同的觀點看自己。例如，從北印度發現的銘文過分恭維地歌頌一位匈人首領：「他的英雄氣概……特別以真誠為特點，土地則以正義治理。」[4]

在第三世紀，流浪部落和農業中心之間的關係遭受極大的擾亂，這部分由環境變遷所造成。在蒙古與中亞，氣候變得相當嚴峻，迫使匈奴與匈人遷移。樹木學研究顯示，在二四二至二九三年之間，大草原氣候更加乾燥。[5]差不多在這段時間內，匈奴、鮮卑以及中國人在黃河沿線區域所發生的衝突更加頻繁。在三一一年，匈奴攻陷中國都城洛陽。大約在同一時間，匈人離開他們位於伏爾加河（Volga）岸上的家鄉。儘管我們一般認為匈奴是相當野蠻的勇士，但對他們來說，這趟跋涉四千公里的旅程仍艱辛不已，他們一路上飽受困乏之苦。公元三七〇年，他們越過頓河（Don），並在幾年之後抵達多瑙河。在這裡，他們與居住於當地的哥德人（Goth）產生衝突。大量逃離的哥德人令他們居住在羅馬帝國邊境的日耳曼同胞感到惶恐。他們竄逃湧入羅馬的邊境長城。米蘭的安波羅修主教（Bishop Ambrose）為這場劇變作出解釋：「匈人壓迫到阿蘭人（Alan），阿蘭人壓迫哥德人，哥德人再壓迫到太發爾人（Taifali）以及薩爾馬提亞人。」[6]

氣候變化（也就是驅使匈奴人出走他們平原的原因）加上人口過剩的問題，促使日耳曼部落加速從波羅的海地區向南遷移到易北河（Elbe）和萊茵河之間的平原，並前進黑海。幾個世紀以來，波羅的海一直是貿易與移民的中轉地，但這一次人口大批出走的數量太多也造成太多動盪。想想哥德人的處境。他們源自於丹麥半島（Danish Peninsula），在第一世紀左右沿著易北河定棲，在那裡，他們與當地的部落發生衝突。接著在三五〇年左右，他們遷移到多瑙河，這一次他們則是與羅馬軍團開戰。漸漸地，他們在羅馬帝國的繼位之爭中，也跟著涉入了內戰，造成數千人死亡。哥德部落之間，也常常為了領土與統治權而發生衝突。他們也受饑荒之苦，接著還遭遇匈人前鋒部隊的襲擊。哥德人最終跨越了多瑙河到了羅馬帝國境內，其背後原因較多是出於走投無路，而非為了侵略。現在，他們聽憑當地領袖發落，據說後者用食物換取哥德孩童作為奴隸。四〇五年，哥德人忍無可忍，他們行進至羅馬要求土地與權利。

另外一支日耳曼主要部族汪達爾人（Vandals），遭遇也沒有比較好。他們在二世紀時穿越了波羅的海後，立刻與當地的部落發生爭戰。二七〇年左右，他們再遷至多瑙河，並與羅馬簽訂條約，同意止步於北方河岸。但當哥德人來到時，他們向羅馬當局乞求重新安置，卻遭到拒絕。但是，在陸續輸給哥德人和匈人之後，他們被迫往西移動，沿著多瑙河進入今日的斯洛伐克、奧地利以及瑞士。在匈人仍緊追不捨的情況下，他們在四〇六年到達萊茵河，在這裡他們遭遇了當地的法蘭克人（Frank）。接下來的多次交戰中，他們損失了好幾萬人口。四〇九年，汪達爾人跨越庇里牛斯山脈並進入西班牙，但他們在此的村落很快地就受到西哥德移民的威脅。四二九年，他們終於穿越了直布羅陀海峽並抵達非洲。在那裡，他們擊敗了羅馬軍隊以及柏柏人（Berbers）並建立汪達爾王國。

對汪達爾人、哥德人、勃艮第人（Burgundian）、撒克遜人（Saxon），以及許多其他遷徙民族而言，他們前往西歐以及南歐氣候溫和農地的長途旅程既漫長、艱苦又充滿暴力。這些旅程並非短期急遽的軍事入侵，而是民族大遷徙（*Völkerwanderung*）：由氣候變化、艱苦生活、缺乏安全保障與財富誘惑所持續引發的移民危機，這些危機快速地越演越烈以致無法收拾。首先遷徙者會與當地居民發生衝突，接著更不幸的，是會與羅馬帝國發生戰爭。遷徙民族的軍隊規模上看數萬人：例如，攻入羅馬心臟地帶的匈人軍隊派出大約六萬名戰士。但如果帝國的組織內部沒有先行腐敗的話，即使是如此大規模的軍力也無法勝出。

羅馬的隕落

二四八年四月，成千上萬羅馬公民群集在羅馬競技場與馬克西穆斯競技場。當時正舉行盛宴，人們發送多餘的麵包給窮人。特製的硬幣印上如永遠的羅馬（*Romae Aeternae*）與嶄新世紀（*Saeculum Novum*）等標語，以此慶祝這永恆之城的新紀元。根據羅馬曆法，這座都城恰好建於整整一千年前，在這一千年間，羅馬是戰場常勝軍。羅馬人無疑享受著他們的慶祝活動，儘管許多人一定想知道帝國的未來是否將持續取得勝利。羅馬才剛從一個動盪的時期中恢復過來，在那期間曾一年之間就換了五位皇帝。羅馬城曾陷入異教徒與基督教社群的宗教衝突中。日漸增長的基督社群再也不願躲藏於地下墓穴之中。二五〇年，剛就位的德西烏斯（Decius，二四九至二五一年在位）皇帝，命令所有的公民都該敬拜羅馬的神〔傳統的諸神崇拜和皇帝崇拜〕。不吉利的是，這項法令頒布後，國內隨即發生瘟疫，最嚴重時曾在一天內奪走城內五千居民的性命。

甫就任的迦太基主教西普里安（Cyprian）身兼基督教作家，他寫出正消逝中的世界秩序。[7]只有天堂能將人從疫病與壓迫中拯救出來。與此同時，帝國邊界發生緊急情況的消息傳到了首都。阿拉伯人菲利普〔二四四至二四九年在位〕適為羅馬千年誕辰時的皇帝。他為了有餘力防禦北方邊境，被迫與東方的薩珊王朝簽署羞辱性的和平條約，同意放棄亞美尼亞的統治權，同時必須支付高額的賠款。第五世紀晚期的拜占庭歷史學家佐西姆斯（Zosimus）在著作中寫出當時普遍混亂與無力的氛圍。「哥德人、斯基泰人、勃艮第人，以及卡皮人（Carpi）看到皇帝無力保護國家，卻對羅馬城牆以外事物置若罔聞，於是他們再一次地掠奪歐洲城市中所有剩餘之物，同時，在另一個地區，薩珊人入侵亞洲。」[8]

但即使與薩珊人之間的羞辱條約顯示羅馬勢力在另一個帝國面前所受的侷限，其軍事能力仍勝過哥德人和其他日耳曼部落。羅馬帝國的北方邊境受幾條作為強大天然屏障的重要河川保護，另外，要塞、道路、幾個世紀以來建立的供應鏈所組成的網絡、在川海之間穿梭巡航的戰艦，最後，當然還有威武的軍隊，都可以防禦之。羅馬大軍總數超過三十萬人，他們的武備精良、擁有重裝部隊，也具有高超的兵工技術，這是蠻族所望塵莫及的。

因此，羅馬現在的問題不是軍事問題，而是在政治上衰弱。即使有些皇帝可以暫時阻止帝國內部分裂的勢力，在千年之慶後的那個世紀期間，每位皇帝平均在位時間只有三年。二九三年，戴克里先〔二八四年至三〇五年在位）試圖藉由任命三位共治君王，讓他們各統治帝國的一部分，以抑制帝國權威的危機。戴克里先統治的時期，可作為羅馬帝國揮之不去的困境之象徵。一方面，帝國的軍事野心毫無上限，重建要塞、擴張軍力，並對國界之外的敵人發動戰爭。國外使者被迫採用傳統波斯的跪拜形式，在皇帝面前五體伏地。「我們——人類的保護者——同意正義必須介入。」戴克里先宣稱：「如此一來，人們長久以來企盼可以處理他們無法供養自己的解決方法，藉由我們的遠見，可為了大眾的利益而實行之。」[9]這仍然是最純粹的帝國主義精神。

另一方面，戴克里先竭力應對由大規模價格通脹引起的帝國內部社會動盪。他試圖訴諸民粹主義，責怪有錢的投機人士：「他們沈迷於為數龐大卻可以讓國家受益的財富，儘管如此，他們追求個人的收入，而且猛圖那騙人所得的利潤。針對他們的貪婪，我們共同的人性邏輯促使我們設定一個限度。」[10]更造成災難的是他的貨幣貶值政策，他試圖強行施行最高價格，增加稅收以支付更高的軍事費用。結果，全國爆發反稅起義。

在之後的內戰結束後，君士坦丁大帝（三〇六年至三三七年在位）強大的政府與改革才會為帝國帶來舒緩之期。為了控制物價飆升的情況，他採用一種名為蘇幣（solidus）的新式金幣。他在公元三一三年，也透過發布米蘭敕令（Edict of Milan）試圖終止異教徒和基督徒之間的宗教暴行，該法令承認宗教自由的權利。雖然君士坦丁在臨終前才皈依基督教，但他的敕令在傳統上被視為羅馬帝國正式停止迫害基督徒並開始接受其信仰的時間點。另一項對帝國影響同樣深遠的政策，就是君士坦丁決定遷都至位居險要之地的希臘城市拜占庭（Byzantium），並在三三〇年以新羅馬（Nova Koma，一般稱為君士坦丁堡）之名重建之。這樣是為了讓他更易於管控富裕卻難以駕馭的東邊省份，同時讓帝國再一次地集中權力。[11]

但在現實中，羅馬帝國在第四世紀逐漸分裂為西半部及東半部，分別由相互競爭的皇帝統治羅馬與君士坦丁堡。儘管如此，帝國仍然決心保衛其北部邊界，因為他們很清楚如果蠻人越過萊茵河並佔領阿爾卑斯山口，或穿越多瑙河並征服匈牙利平原，他們僅需幾天就能進入義大利的中心。雖然君士坦丁大帝與之後的瓦倫提尼安一世（Valentinian I，三六四年至三七五年在位）仍有能力粉碎蠻族敵軍，羅馬帝國卻持續衰微。羅馬漸漸倚賴訓練不足的蠻人協助防禦國土，這些蠻人有些是軍團的一員，有些則身為聯盟。羅馬也用黃金攻勢換取和平。動盪的情勢殘害了各省的貿易與農業，同時間居住在大城市中的有錢人卻揮金如土，造成稅金飆升，引發暴亂。當連續幾年的惡劣氣候導致饑荒時，情況便完全地失控了。

三五六年，羅馬與名為阿勒曼尼（Alamanni）的日耳曼部落同盟之間爆發戰爭。鄰近的薩利昂法蘭克人（Salian Franks）最終獲得他們位於斯海爾德河（River Scheldt）附近的定棲地，羅馬也將他們納入聯盟。三六三年，羅馬同意每年支付薩珊人一筆黃金，作為維持雙方和平的費用。這一次，元老院決定向西比拉之書（Sibylline Books）諮詢神諭。預言表示：「羅馬從亞洲附庸國中獲取的財富，亞洲將取回其三倍的數量，以奉還羅馬那可惡的傲慢」、「從亞洲被帶往義大利並居住於其中的所有人，義大利將付出其二十倍的人數，到亞洲作為一文不值的奴隸。」[12]若干年後，內戰在最糟糕的時刻爆發了。

匈人到達東歐大草原之後，將哥德人驅趕出他們的家鄉，迫使他們不顧一切地懇求羅馬允許他們跨過多瑙河進入帝國，並安頓在南方的河岸。羅馬卻不認真看待這情況。「當外國使者以祈禱懇求並斷言一支流浪民族（哥德人）可能會來到我們這一邊的河，人們感到喜悅多於恐懼。」歷史學家兼軍人的阿米阿努斯（Ammianu Marcellinus, c.330-c.391）寫下。[13]羅馬拒絕了請求之後，引發新一波邊境大戰，到三八二年，哥德人以留在多瑙河南方的條件而接受成為聯盟的一員後，才結束了這場戰爭。但情況仍持續惡化。如編年史家普洛斯帕（Prosper Aquitaine, c.390-c.455）所記載：「一場凶猛的野蠻風暴席捲義大利。」[14]

狄奧多西皇帝（Emperor Theodosius）於三九五年去世之後，羅馬帝國正式分裂。從此時開始，便有兩個羅馬帝國了：西羅馬帝國以羅馬為首都；東羅馬帝國則以君士坦丁堡為首都。不過，即使帝國一分為二，至少表面上仍保持其傳統帝國的威望。硬幣上仍印著皇帝們勇猛殺敵的模樣，只不過現在是使用價值低下的銅所鑄成。羅馬人仍建造凱旋門，只是上頭的雕刻圖樣常是從舊的紀念碑上回收再利用。伊斯坦堡裡一座方尖塔的台基上，仍展示狄奧多西皇帝傲視著跪拜的蠻人圖樣。在羅馬治世的傳統中，君士坦丁大帝與狄奧多西發布法律與協定以管理國際關係。四世紀的政治家敘馬庫斯（Quintus Aurelius Symmachus, 345-402）以及其他作家敘述皇帝在和談過程中，由一大群裝備華麗的騎兵護送。他們帶著壯麗的軍旗，試圖恫嚇蠻族敵人。

只不過，羅馬晚期的皇帝大多倚賴大使及使節處理羅馬的外交事務，有時候全權授與大使可以代表皇帝談判，這些使者都是因為熟悉特定民族的語言和文化而受到招募。元老院仍然會正式接待國外代表，並商討戰爭經費所需要的稅金事宜。只是，從戴克里先的時代開始，大多數皇帝都接受皇家行政單位中的資深官員所組成的顧問委員會（sacrum consistorium）輔佐。但狄奧多西之後，羅馬的外交逐漸失能，草擬和約也不如先前一樣謹慎。[15]

四〇六年底，阿勒曼尼人、汪達爾人以及蘇維匯人（Suevi）突破西羅馬帝國北邊的國境，大軍壓境橫越萊茵河來到北高盧。羅馬軍隊從不列顛尼亞匆忙趕回與之對戰，可是如此一來，海岸受到撒克遜人大舉襲擊時，就毫無招架之力。編年史家赫德修斯（Hydatius, 400-469）的記錄表示「揮劍、饑餓、瘟疫以及野獸在世上各處肆虐。」[16]但更壞的事情才正要開始。四〇八年，從三八二年就定居在多瑙河岸的西哥德人入侵義大利，他們是為了替聯盟在高盧打仗，忠誠度卻遭到懷疑而被屠殺的哥德成員報復。當西哥德人猛然撲向羅馬城，即使羅馬試圖用大量貢品以及榮耀收買並平息他們，也徒勞無功。緊接著是漫長的攻城戰。「沒有援助，糧食也消耗殆盡，饑荒如預期般地發生，接著也產生了疫病，所有地方都布滿了屍體。」[17]最後是奴隸們將城門打了開來。

這一年是四一〇年，羅馬在八個世紀之後，終於落入異邦敵人的手中。攻城戰結束時，城中的人口比原先還少了一半，剩下五十萬人。「全世界最耀眼的那道光熄滅了；羅馬的頭確實已被砍下。」聖經學者耶柔米（Jerome, 340-420）哀慟表示。[18]雙手滿是戰利品的西哥德人很快地就揚長而去，但西羅馬帝國的垂死掙扎還持續了數十年，期間，它成為匈人、日耳曼民族，以及羅馬軍閥的戰場。最終，在四七六年，出身蠻族的羅馬將軍奧多亞塞（Flavius Odoacer）廢免了羅慕路斯・奧古斯都路斯皇帝（Emperor Romulus Augustulus）的王位。雖然奧多亞塞聲稱是在東羅馬皇帝的主持下行事，但他的部隊很快地就宣告了他為義大利國王的資格。至此，西羅馬帝國終於覆滅。

但是，東羅馬帝國在亞得里亞海的另一邊仍是強大的國家，其領土從多瑙河延伸至紅海，首都君士坦丁堡居民數約五十萬，另外，從義大利半島搭船過來的大量難民也增加城內的人口。君士坦丁堡的建設已經能與羅馬匹敵，有皇宮、教堂、競技場、儲水池、水道橋、浴場，以及名為奧古斯塔（Augustaion）的中央廣場，其為四周建有堅固牆面的羅馬風格的廣場（forum）。

公元四七六年這關鍵的一年，東羅馬帝國由芝諾（Zeno，四七四年至四九一年在位）統治，他盡其所能地維護舊時的榮耀。他接見外使時，身著紫袍，高高地坐在王位上。硬幣上的圖樣顯示一位頭戴皇冠的君王，將矛刺入倒地的敵人。但是在處理動盪的西部事務方面，他採取虛榮與務實並進的手段。由於他無法進行軍事干涉，於是便試圖封奧多亞塞為貴族（這是最高榮耀），想藉此立於奧多亞塞之上。但奧多亞塞卻不屑一顧芝諾給予的封建君主以及義大利君王的地位，於是，芝諾給予哥德國王狄奧多里克（Theoderic）類似的條件，最後，狄奧多里克打敗並在四九三年殺死奧多亞塞。

同一時間，在四八二年，芝諾也得調解東羅馬帝國中，不同基督教派之間的爭執。《合一信條》（Henoticon）是他失敗於調停立場各自不同的教會領袖之記錄，這一記錄文件以引人注目的吹牛稱號及表述形容詞作為開場——「凱撒芝諾皇帝，虔誠、勝利、成功、至高無上、最受尊敬的奧古斯都」——但在結尾卻幾乎要以懇求的方式祈求和平與統一。「我們主權的起源和構成，以及其威力和無敵的防禦是唯一正確且真實的信仰。」[19]皇帝與教會之間一世紀之久的嫌隙由此生根。四九四年，教宗哲拉修一世（Pope Gelasius）主動向芝諾的繼任者阿納斯塔修斯（Anastasius，四九一年至五一八年在位）提出教宗權威至上的有力論述。他在寫給阿納斯塔修斯的信中論述道：「這世界主要由兩個事物所統治，分別是主教的神聖勢力與皇家勢力。其中，主教所承擔的責任是如此之大，因為他們甚至必須在神聖的審判中對人類的國王進行評估。」[20]皇帝選擇默默地忽略這位教宗。他很務實地持續將主教作為外交官派遣出國，並專心致力於保障帝國的安全。

阿納斯塔修斯著手加強帝國東邊邊境的防禦工事，並建築一道從馬摩拉海（Marmara）綿延至黑海的牆城，以保護君士坦丁堡免於內陸以外的攻擊。他持續進行對西部各日耳曼國王授予帝國榮譽的外交想像：有些國王獲封貴族，有些則為榮譽執政官，有些甚至被封為「公共娛樂大臣」（tribunivoluptatum）。身為主教，同時也是歷史學家的都爾的聖額我略（Gregory of Tours, 538-594）記錄了法蘭克王克洛維（Clovis）在五〇七年打敗哥德人之後，受封為執政官的儀式：

阿納斯塔修斯皇帝給予克洛維函件，授予他執政官之職。在聖瑪爾定教堂中，他身著紫色古羅馬戰袍以及軍披風站著，並為自己戴上王冠。接著，他騎馬往門外去，用手向在場的群眾撒下金幣與銀幣……從那天起，他便被稱為執政官或是奧古斯都。[21]

像是克洛維受封榮譽執政官位這樣的事件，為西歐歷史中重要的新篇章畫下開端：野心勃勃的基督教的國王欲復興羅馬帝國的輝煌，並繼承其最卓越統治者的衣缽，例如尤利烏斯·凱撒、奧古斯都等。歐洲的政治秩序不停地進化，但羅馬的帝國文化——它的傳說、它的英雄以及象徵——皆保留了下來。

蠻族起義

在中國，漢朝在二二〇年滅亡後，隨之而來的是一個充滿混亂、戰爭與大屠殺的時代，數以千萬人因此死亡。所有的傳統價值觀都受到了質疑，其中最值得注意的，是竹林七賢提出酒精、個人主義、自由性愛，以及同性之愛為逃避當代哀愁的方式。

三個國家支配中國的政治地圖：曹魏、孫吳、蜀漢。魏國統治華北平原大部分地區。這裡的勢力從漢朝皇帝手中流落到了軍閥曹家手上，他們推辭天命並以此著名天下，因為他們擔心一旦成了皇帝，「感覺就像被放在爐上烹煮」。在南方，長江的兩岸，吳王統治了破碎且變動的地區，其領土一路延伸至紅河。蜀國統治長江中游到上游地區，其權力中心是四川平原，位於今日的成都市附近。這三國維持緊密的貿易關係，他們相異的地理環境和氣候造就彼此互補的貿易市場。蜀國在灌溉工程上投注大量的資源，他們善於種植棉花，也與中亞進行奢侈品買賣。吳國的農業經濟欣欣向榮，並專精於綠釉陶器等工藝的製作，也建造了一支船隊，其航程遠達朝鮮半島與印度。魏的情況則問題較多。他們苦於氣候變遷、乾旱與人口的減少。於是，他們必須從南方進口麥糧。由於飽受饑荒威脅，魏人不僅飢渴也野心勃勃。

儘管三國之間存在貿易關係，重疊的利益範圍卻把長江與黃河之間的平原變成戰場。蜀與吳早期曾結為同盟，其關係卻因為爭奪荊州這個位於長江的貿易中心而破裂。蜀國知魏國受動盪所困，於是在六年之內對魏國發動了五次大規模遠征。每一次征戰，成千上萬的戰士都被徵召上沙場。蜀人買通鮮卑和羌族開了第二個戰線，但魏國並不放棄，並且發起反攻，反而在二六三年拿下蜀的首都（劉禪向曹魏投降）。

同一年，名為司馬炎的軍閥推翻了魏王朝。司馬炎不認為皇帝的頭銜有什麼問題：當他奪取魏的權位後，便宣布將為漢朝復仇，這清楚地表明他志在天命。二六六年，他以武帝之名登基，正式建立晉朝（史稱西晉）。司馬炎這時將目標放在吳國。如同十四世紀問世的《三國演義》（中國文學中最偉大的散文經典之一）所言：「漢家城郭已非舊，吳國江山將復更。」[22]他全力打擊他的敵人吳國。他的臣子告訴他要速速採取行動：「孫皓暴虐已甚，于今可不戰而克。若皓不幸而歿，更立賢君，則吳非陛下所能得也。」[23]據說，司馬炎的軍隊為了要越過長江前往吳的首都，還花了七年建造一支艦隊。公元二八〇年，孫吳投降。

三國大部分領土都統一了，但徒有虛名。司馬炎的勢力從未是全面性的，他必須倚賴地方的宗室藩王管理他的領土。他的繼任者（晉惠帝）則完全無法控制之。史書記載西晉陷入內鬥、雹暴、地震、火災，以及奢靡競富等天災人禍之中。蝗害耗盡了稻作；當官員稟報皇帝人民因此食草果腹，他反問：「何不食肉靡？」[24]當代的作家抨擊西晉皇帝墮落及道德淪喪。晉朝大臣卞壺責難道：「悖禮傷教，罪莫斯甚。」[25]造成西晉滅亡的混亂局面，始於皇族中若干成員爭相奪位之故，史稱八王之亂（二九一年年至三〇六年）。同一時間，西晉分崩離析的領土外緣，也烏雲密布。華北平原的西方，在今日陝西高原上，一位感召力高的領袖統一了鮮卑許多部落。他主張，持續掠奪平原並不是長遠之計；他們應該要徹底地將之征服。「我歷觀前世匈奴、蹋頓之徒，苟貪財利，抄掠邊民，雖有所得，而其死傷不足相補，更招寇讎，百姓塗炭，非長計也。」[26]

鮮卑靠在中國敞開的大門上。中國的藩王耗盡了資源，便轉向蠻夷尋求他們協助自己贏得內鬥。蜀人與羌人合作，但不久後卻目睹羌人在三〇四年攻下他們的首府成都。一位西晉變節的將軍現在則親近匈奴。匈奴先前與（中原）皇室通婚以及遣送質子維繫盟友關係。其中一位質子名為劉淵，眼見這是可以自立為王的好機會，便稱漢王，建國為漢（後改為趙，史稱前趙）。劉淵之子劉聰的軍隊進據洛陽與長安，捕獲晉皇帝（懷帝、愍帝），並將之當作奴僕差使。

匈奴的入侵是巨大的災難。華北平原遭受數以萬計的蠻族戰士所淹沒。「飛箭如雨，火光衝天。」[27]西晉動員可能高達七十萬的士兵與其抵抗，文字記載曾有十萬之多的陣亡士兵一個個疊成一堆。華北平原受饑荒、疾病，與人口流失的折磨。絕望之下，晉國用公侯以及代王的頭銜利誘鮮卑，但為時已晚，三一〇年，鮮卑利用這一片混亂建國。

這段時期史稱五胡亂華（三〇四年至三一六年），五胡亂華完全地改變了中國的政治環境。晉國領土縮減至黃河以南的地區；從此，晉朝又稱為東晉。進據華北平原廣大地區的胡人幾乎毫不停歇地持續與地方藩王和其他胡族爭戰。三四〇年，鮮卑軍閥屠殺了二十萬人。三五四年，東晉（桓溫）討伐鮮卑，最終導致四萬人喪命。三八三年，東晉與前秦之間的戰爭造成七十萬人死傷〔淝水之戰〕。這些還只是最引起注意的慘事。

鮮卑利用東晉與前秦之間進行消耗戰的機會，再次爭奪霸權。這一次，他們將領土從黃河中游擴展到黃海。三九九年，鮮卑諸部舉行部落大會，宣告他們的領袖即位為北魏道武帝。這個胡人王朝渴望能如過去偉大的中國朝代一樣。道武帝稱：「上天降命」、「思寧黎元，龔行天罰。殪劉顯，屠衛辰，平慕容，定中夏……惟神祇其不祚於魏室，永綏四方。」[28]道武帝採用傳統做法，會與朝臣正式協商國事，也收取小國貢品，並收納這些小國的血脈作為質子。他派遣大使前往秦、東晉，以及遊牧民族柔然的部落中。

北魏統治黃河北部沿岸地帶一個世紀以上的時間。他們早期的皇帝與黃河對岸的南方地區，以及北方遊牧民族之間的紛擾皆保持一定距離。他們大多數人民都信奉佛教，並奉行漢化政策。隨著北魏朝廷越來越奢華，他們也建造了歷史留名的神龕，像是雲岡石窟，在那裡，精美雕刻的石碑與菩薩像融合了遊牧以及中國的藝術風格。就如同之前的朝代一樣，北魏也委任邊緣地帶的民族防禦邊境，然而這項政策再一次地為心懷野心的將領鋪路。五、六世紀交替之際，北魏帝國開始衰敗。

同一時間，在黃河南岸的東晉已恢復生息並鞏固勢力。大多數皇帝都是軍事領袖的傀儡，他們利用胡人的威脅作為藉口，透過發起大量戰役來鞏固自己的地位。戰爭的威脅總是籠罩著南方地區。但至少東晉在經濟上蓬勃發展。皇帝能力足以維持國家名義上的統一，卻無力實施嚴格的控管。這個大環境刺激了民間建設、貿易，與農業的革新。東晉都城建康成為藝術與商業中心，其建立交流關係的對象最遠到達印度洋地區。在這蓬勃發明的時代，移動型的碾米檯以及機械偶戲場等產品問世。在這個時代，用紙書寫逐漸廣泛，書法也發展為一種藝術形式。這也是偉大詩人輩出的時代，例如謝道韞：

遙望建康城，
小江逆流縈。
前見子殺父，
後見弟殺兄。

這首詩作於四二〇年左右。當時，東晉剛屈服於他們名望最高的將軍劉裕野心之下。晉朝政權滅亡（劉宋政權取而代之），領土也一分為二，之後更分裂為四部分。中國的中心地區直到五八一年才再次統一。在這背景之下，淨土宗的教義變得很受推崇。透過開悟，信徒可離開苦難的世界，前往鳥語花香、和平豐盛的極樂世界。淨土宗教義的逃避現實主義，發展時間與中國歷史上特別低潮的時期相符合。激烈的政治混亂遠比帝國秩序更貼切地定義三世紀到六世紀的這段期間。即使是西晉與東晉王朝，也因衰弱而分裂，並努力想控制長江與黃河之間的心臟地帶。

薩珊王朝

歐亞大陸其它大部分地區都感受到了中國和羅馬雙雙垮台的震撼。「我聽聞從中國內傳來的消息，一天比一天更糟，而非更好，」一位絲路上的貿易商說：「我在古丈這裡停留，哪兒也不去，也沒有商隊從這裡出發。」[29]另外一位商人也因所聽聞的事情而大為吃驚。他在信上寫下：「他們說最後一位皇帝因饑荒而逃離洛陽，熊熊大火燃燒他的宮殿與都城，把他的宮殿給燒燬，城市也毀滅了」、「洛陽已不復存在……仍在那邊的印度人與粟特人都餓死了。」[30]在絲路另一頭的巴勒斯坦，耶柔米（Jerome）以類似的文字描述羅馬陷落的景況：

> 誰能相信：征服全世界以建立的羅馬已然瓦解；國家之母已成為他們的墳墓；全東方、埃及，以及非洲海岸這些曾為帝國都城從屬之地，現則為其男僕、女僕的主人居住之地；我們每天會在神聖的伯利恆（Bethlehem）這裡接收曾尊貴富足至極，現在卻一貧如洗的男男女女？[31]

對介於中國與羅馬之間的薩珊帝國來說，兩大帝國的陷落利弊並存。薩珊人的目標是要建立一個比其前身的安息帝國更強大且富裕的國家。薩珊的政令宣傳人士責難安息的腐敗、暴虐以及無能，而讚美新王朝很厚道，既鼓勵農業發展的政策，也保護貿易路線免於盜賊之害。[32]

在阿契美尼德王朝的傳統上，薩珊君王聲稱祆教神祇阿胡拉馬茲達認可他們的身份為「萬王之王」（*shahanshah*）。在洛斯達姆帝王谷（Naqsh-e Rustam）的崖壁中——這裡也是阿契美尼德帝王的陵墓——第一位薩珊帝國國王阿爾達希爾一世（Ardashir I）的石雕像，刻畫其身騎馬背上，踐踏在安息的末代君王之上。「這是崇拜馬茲達的君王阿爾達希爾，波斯的萬王之王，他是神的後裔。」這段訊息以波斯、安息以及希臘等文字說明，這突顯了薩珊帝國的多元性。安息試圖以寬容政策應付此種多元性為其統治帶來的難處。一開始，薩珊人也如法炮製；但隨著國運越來越昌隆，他們的態度也變得強硬。

阿爾達希爾的兒子沙普爾一世（Shapur I，二四〇年至二七〇年）得益於羅馬的衰微，為了報復先前打的敗仗，在二五〇年侵占了敘利亞。根據沙普爾一世表示：

當我們一開始建立帝國時，戈爾迪安凱撒（Gordian Caesar）在整個羅馬帝國內，從哥德和日耳曼領土徵召大軍入侵巴比倫尼亞……戈爾迪安凱撒遭到殺害，羅馬軍隊也毀滅了。然後，羅馬讓菲利普成為凱撒。菲利普凱撒向我們提出條件，要付錢贖羅馬人的命，給了我們五十萬第納爾（*Dinar*）並且向我們進兵……然後凱撒〔羅馬皇帝〕再次撒謊，並對亞美尼亞犯了錯。接著，我們攻打羅馬帝國，在巴巴利索（Barbalissos）擊潰一支六萬人的羅馬軍隊，然後我們燒燬敘利亞以及其周邊地區，摧毀並掠奪一切。[33]

沙普爾一世的勝利展現出薩珊帝國對羅馬具有優勢。雖然在二七一年，羅馬根據新立訂的條約，將亞美尼亞的一大部分割讓給薩珊帝國，但後者仍不滿足。三一五年，沙普爾二世（三〇九年至三七九年）侵略亞美尼亞，為了「再次攻克曾屬於他祖先的」。他也宣令祆教為薩珊帝國的國教。其強迫信奉的過程，導致猶太人、基督徒以及佛教徒皆受到迫害。宗教迫害在某種程度上是加強王室聲望的手段，部分也是對羅馬和君士坦丁堡行使的策略，因為這兩者現在都已信奉基督教。羅馬則進行報復：「我們的任務是徹底消滅最邪惡的民族，他們的劍上沾了我們親屬的血，到現在還未全乾。」[34]但後來卻由薩珊人取得了勝利。隨著羅馬的威脅衰減，薩珊人將注意力轉往東方。沙普爾二世在中亞發起了若干場戰役，讓薩珊人成為匈人的對手。薩珊人企圖藉與鮮卑建立關係獲得支援以對抗匈人，除了派遣使者，也將馴化的大象當成禮物送去。

從第五世紀開始，薩珊人更頻繁地與匈人在薩珊帝國北方以及東方的邊境打仗。薩珊的國王占了優勢，並用此獲勝的機會試圖強迫東羅馬帝國讓步，當時後者受到匈人更為嚴重的侵犯。不過，君士坦丁堡是比匈人更難應付的軍事對手。所以巴赫拉姆五世（King Bahram V）能取得的協議，僅是東羅馬帝國將承認祆教徒的權利，而薩珊帝國也認可基督徒的權利。四四五年，泰西封（Ctesiphon）與君士坦丁堡簽署了一項新政策：薩珊人防禦安納托利亞免於匈人從東邊山道侵略的話，可以獲得報酬。

薩珊帝國在鼎盛時期，領土從幼發拉底河延伸到興都庫什山脈，並從鹹海一路展延至印度洋。帝國龐大的財富甚至給中國使節留下了深刻的印象。根據記載，其首都泰西封共有超過十萬戶家庭。至於帝國的其它面向：「土地平正，出金、銀、　石、珊瑚、琥珀、車渠、瑪瑙，多大真珠、頗梨、瑠璃、水精、瑟瑟、金剛、火齊、鑌鐵、銅、錫、硃砂、水銀、綾、錦、疊、毼、氍毹、毾　、赤麖皮，及薰陸、鬱金、蘇合、青木等香，胡椒、畢撥、石蜜、千年棗、香附子、訶梨勒、無食子、鹽綠、雌黃等物。氣候暑熱，家自藏冰。」[35]宮廷接待外國政要的規模極大。薩珊人用磚建造巨大穹形的會堂，其重量之重，讓下方支撐的宮牆看起來就像堡壘一般。國王們用阿契美尼德王朝傳統中英雄式的勝利浮雕與刻畫戰爭的塑像，為自己塑造出雄壯威武的形象。但薩珊光耀炫目的精緻藝品，例如繡幃、珠寶、釉瓦、壁畫、詩詞及音樂作品，則又呈現王朝截然不同的氣象。

薩珊人採取積極的政策，控制陸上的絲路及其在印度洋的海上貿易路線。他們在曼德海峽（Bab-el-Mandeb）與荷姆茲海峽（Strait of Hormuz）等戰略咽喉點附近建設海港與聚落，這兩個咽喉點將紅海和波斯灣與印度洋連接起來。即使羅馬與中國的動亂損害了貿易，絲路仍可持續為埃及、黎凡特、印度與東南亞的市場提供服務。

欲進入薩珊王朝的商人與使者都必須向管理、守衛邊境省份的貴族通報，其職稱為「馬爾茲班」（marzbans）。他們隸屬於規模更大的軍事貴族，這些軍事貴族提供了帝國的主要軍事資產：重裝甲騎兵。這表示薩珊王朝的社會階級分明。祆教百科大全《宗教行事》（*Denkard*）告誡：「要知道，國家的衰微始於國王允許臣民從事非其承襲的職業時。」[36]實際上，帝國在第五世紀末，的確似乎發生了社會動盪。一位名為瑪茲達（Mazdak）的激進傳教士吸引廣大的群眾支持社會革命，以扭轉日益加劇的不平等情況。其內容涉及土地改革、資助窮人，以及廢除保守派神職人員的特權。與此同時，皇廷和貴族之間的緊張局勢，尤其是與馬爾茲班之間，擴大為公開衝突。四五八年之後情勢最低迷，當時覬覦王位的野心分子先是讓嚈噠匈人進入長久以來，他們都不得其門而入的帝國。四七五年，匈人壯大，以至於國王被迫要納貢給他們。現在，「混亂與饑荒肆虐，女性為眾人共享。」[37]

笈多王朝

從薩珊帝國臨印度河的邊境往東邊約行進四十日的距離處，有一個小王國盤踞在恆河流域上，那便是笈多的故土。早期笈多人的歷史缺乏記錄，但證據顯示笈多王朝的建國君王旃陀羅・笈多（三二〇年至三三五在位）與強盛的摩揭陀王國公主之間聯姻，這證明笈多的地位越來越高。透過征服和聯盟，旃陀羅・笈多合併了恆河沿岸數十個其他小王國。如同薩珊王朝的統治者一樣，他自稱為「萬王之王」（*maharajadhiraja*）。六十年後，笈多王朝的領土從印度河一路延展至孟加拉灣。這是繼孔雀帝國之後的幾個世紀以來，首次出現如此興盛的原生印度王朝。貴霜帝國的垮台以及隨之而來的分裂，都讓笈多王朝從中獲益。只不過，笈多王朝能興起，也歸功於旃陀羅・笈多的兒子沙摩陀羅・笈多（**Samudragupta**，三三五年至三八〇年在位）這位能君順利的繼位過程。

沙摩陀羅・笈多跟他的父親一樣，都是賢能的戰略家與指揮官。許多鄰國君王受到他們的勸誘而與其聯姻。其他君王則受制於一種名為馬祭（*Ashwamedha yajna*）的儀式，透過馬祭，一位統治者藉由收受作為禮物的一匹馬，而接受其臣服的地位。拒絕接受馬匹的統治者，則得面對令人畏懼的戰爭武器，包括戰象、裝甲騎兵、使用防潮鋼製弓的弓箭手，以及裝備精良的河上水軍，其中，水軍讓笈多王朝得以讓勢力從沿岸水上投射至恆河沿岸以及內陸地區。[38]在這過程中，他們受到伐迦陀迦王國（Vakataka kingdom）的協助。笈多王朝與稱霸北德干高原的伐迦陀迦王國在此期間維持同盟關係。

笈多王朝的中心地區由國王直接管理，國王有內閣與議院（*sabha*）[39]的支持。附庸國的國王向笈多王朝進貢並遣送自己的兒子入宮。與叢林部落與北方山區間王國之間的關係，則隨意得多。古代考底利耶的《政事論》再次成為外交的實用指南，伽曼達卡（Kamandaka）這位影響力甚高的笈多作家多數的作品，便受其啟發。伽曼達卡認為政治混亂的本質意味父權專制（*nitisara*）是理想的統治形式。一個好國王應該總是將國家利益放在優先地位，並常設現代軍備，但要預防其耗盡國庫，或造成輕農的後果。他也絕不該期望與其他國家能建立長久的同盟關係。伽曼達卡也針對正義戰爭（just war）提出論點，他主張只有在調解（*sama*）、賄賂（*dana*），或挑撥離間（*bheda*）等策略都失效之後，才使用武力。

笈多王朝的王權跟孔雀帝國有許多共同處，如《政事論》跟阿育王的詔書內容表示。國王應該維護法律的規定（*dandaniti*），且應避免實施苛政（*krodha*）、不公平的刑罰，以及不正當的財產沒收。在個人特質方面，他應該熟習藝術、音樂、科學及箭術（*dhanurveda*），而不該縱情於酒色與賭博。銘文中呈現國王的價值為具有智慧、冷靜、慈悲、高雅以及感性等特質的戰士。即使在笈多王朝的帝國階級中，第一等的是眾神，接下來是法律，最後才是君王，但笈多的國王仍確保他們的威嚴是眾人所清楚可見的。他們的硬幣上印有國王殺死老虎或敵人的圖像。石雕則顯示笈多王朝的君王為「*digvijaya*」，意指世界四方的征服者。

笈多王朝的年代是文化和知識的全盛時期。雕刻家融合了希臘與亞洲的風格，創作出傑出感性的作品。伐蹉衍那（Vatsyayana）編彙他經典的情色論著《慾經》（*Kama Sutra*）。科學家假定地球必定是圓的。數學家開發了我們沿用至今的數字系統。笈多朝廷中的「九珍寶」（*navarathnas*）之一，即是梵語詩人與劇作家迦梨陀娑（Kalidasa），他的著作在其輝煌及感性上開啟了一扇窗。來自遠方的旅人——例如五世紀初的佛教僧侶法顯——都驚異於笈多王朝的財富、奢華與慷慨。[40]

但笈多國王的智慧和威嚴很快地受到了來自於嚈噠匈人的挑戰。嚈噠人侵占了阿姆河與費爾干納盆地上富裕的貿易城與農業區，這裡是前巴克特里亞王國的心臟地帶。在嚈噠人的庇蔭下，此地區以商業文化交流中心之姿蓬勃發展，且同時也是佛教朝聖者重要的目的地，他們成群前往當地的僧院以及宗教學校。[41]現在由於嚈噠人企圖壟斷通過興都庫什山的商隊路線，所以便與懷有類似野心的笈多王朝發生衝突。這引發了一系列重大戰爭，並對笈多王朝的西北地區造成了嚴重破壞。

起初，笈多王朝占了上風，並聲明國王「已完成他征服的計劃」、「現在，他可以專職於促進和平的任務，並棄劍而拾笛，作為毘濕奴以及其伴侶吉祥天女的信徒。」[42]但勝利是有代價的。由於無法控制的客觀因素，國王無法遵守伽曼達卡的治國訓誡而耗竭國庫金援軍隊，並以新名目徵稅，造成經濟發展停滯。到了五世紀末，經濟衰弱、邊境國的動盪，以及嚈噠匈人新發起的攻擊接連讓帝國一蹶不振，也讓嚈噠人得以支配中亞大部分地區以及北印度，雖然時間很短暫。

為佛弒獸

笈多王朝直到陷落之前，都是之前幾世紀興起的貿易體制主要的中心。笈多王朝透過興都庫什山的山道與薩珊王朝和中亞進行貿易；又透過印度洋與中國、東南亞、斯里蘭卡、阿拉伯半島、東非以及東羅馬帝國做生意。貿易的擴張恰逢傳統權力中心以外城市和王國的擴張。[43]扶南國是這其中一個王國。一處銘文稱之為「泥之國土」，因為扶南崛起於滿佈溼地的湄公三角洲。[44]中國文獻則稱之為東西交會之處，因為其港口連接南海與印度洋。來自馬來西亞的水手在此工作，這些水手常年航行於數百座東南亞群島之間，航海技巧嫻熟。[45]他們運送寶石、珍珠、檀香木、樹脂與香料。第三世紀，扶南似乎曾納貢給東晉，兩者之間除了使者往來頻繁之外，扶南也提供大量受訓過的大象給東晉。中國的文獻也指出在今日緬甸與寮國之地有五位小王視扶南為最高統治者。

中國旅人讚嘆於東南亞豐產的奢侈品，不止在扶南，還包括分別位於今日印尼與馬來西亞的多羅磨國（Taruma）以及狼牙脩（Langkasuka）。雖然這個區域中不同地區專事生產不同的商品，但為了貿易與爭奪海上路線而存在的競爭仍相當激烈。在南亞也是一樣。笈多王朝持續地試圖掌控貿易；他們沒落之後，則由其它王國延續了這場競爭。印度東南岸的潘地亞王朝與斯里蘭卡的國王們爭奪保克海峽（Palk Strait）地區商業的統治。斯里蘭卡豐富的自然資源讓其成為了廣大而誘人的戰利品。第五世紀間的四二九年，潘地亞王朝侵略斯里蘭卡島並統治了數十年。四四五年，潘地亞王朝被趕了出去，但這一段受壓抑的經歷，激起了斯里蘭卡的民族主義。《大史》（*Mahavamsa*）這部著於這段期間的歷史宗教史詩，將弒殺入侵者與弒殺野獸相提並論：佛陀的旨意為，島上居民應當維護其獨立的主權。內容寫道：「非信徒和過著邪惡生活的人，受尊敬的程度禽獸不如。但至於汝，汝將以多種方式為佛陀的教義帶來榮耀；所以，將罣礙從心中拋開吧，眾人之王。」[46]

佛教、貿易與移民也同樣地在東北亞發展。中華帝國的光環失色之後，滿洲、朝鮮半島、中國東海地區，以及日本群島成為若干野心小國的競賽場：例如，出身鮮卑卻主張天命的燕，或是朝鮮半島南部的百濟（Baekje）與新羅（Silla）。在日本，大和王權掌控本州（Honshu）大部分地區。本州是日本群島中最大的島。大和天皇的宮廷居所不定，天皇的地位是部落聯邦的領袖，而非正式的君主。

不過，權勢最高的政體，是朝鮮半島上的高句麗國。三百年時，高句麗國已經打敗其在中國東北平原的對手。高句麗國信仰佛教，其藝術受中國與遊牧風格的影響。[47]幾世紀以來，高句麗與鮮卑、新羅和百濟或以外交手段，或以開戰的方式相互競爭。廣開土太王（King Gwanggaeto，三九一—四一三年）碑上記錄了這些騷亂的規模，認為統一三國、打敗遊牧民族、在滿洲建造建築一連串的山城，以及將周邊小國收為臣屬皆是廣開土太王的功勞。這位君王僅在十年內，就打了十場以上的大型戰爭。[48]

在遠方的西邊，一陣類似的地區性衝突籠罩著紅海。有鑒於五世紀末期西羅馬帝國隕落，而東羅馬帝國的勢力又不及前朝，兩個貿易國迅速地填補這權力真空：位於今日葉門的猶太王國希木葉爾（Himyar），以及位於現今衣索比亞的基督教王國阿克蘇姆（Aksum）。希木葉爾王國已征服哈德拉毛（Hadhramaut）與古塞伯邑（示巴）等鄰近王國，後者兩國皆以生產乳香聞名。阿克蘇姆因出口象牙、大象與棉致富。第三世紀影響力甚深的薩珊先知摩尼（Mani）視阿克蘇姆為當代四大勢力之一，與羅馬、薩珊帝國和中國齊名。阿克蘇姆維持與君士坦丁堡之間的關係，並複製其浮華的排場。某位拜占庭遊人記載阿克蘇姆的君王接見賓客的時候，騎乘由四頭大象所拉行的黃金戰車之上。四世紀中的埃扎納石碑（Ezana Stone）記載某位君王打敗周邊眾國而成為「萬王之王」：「我讓他們的國王臣服於我之後，命令他們為他們的領土上繳貢品，並和平航行及經由陸路離開。」[49]他對希木葉爾王國發起的攻擊被稱為聖戰，是為了報復後者殺害基督教使者，同時為了收復先祖的領土。阿克蘇姆也對努比亞人發動戰爭，因為努比亞人洗劫阿克蘇姆的使者，且拒絕臣服。

國家的融合

公元二五〇至五〇〇年間如帝國冗長的危機一般展開，至少在地中海地區、西歐以及中國皆是如此。雖然羅馬帝國和漢帝國崩壞於不同的時期，但卻非常相似。首先，兩者都成為被掏空的國家：他們在國家邊緣地區掌有駐軍及要塞，但內部卻逐漸分裂。待他們無法支付維持駐軍的花費，蠻族也必須併入帝國時，他們看似堅強的外殼便動搖了。即便如此，由於近在眼前的誘人財富，以及環境變遷與大量移民，導致外來的壓力持續地升高。一旦邊境再也抵擋不了外來的壓力，便造成災難性的結果。

所以，漢朝與羅馬帝國的衰微，並不是因為權力的相對轉移——這意指強盛繁榮的國家單純地被更強而有力的國家所取代。在中國與羅馬，帝國危機激發混亂狀態、艱困的生活、饑荒，和人口的減少。如果外國勢力今天入侵華盛頓並迫使其公民遷往墨西哥，或現代北京被攻陷而數萬人被迫逃往韓國，所造成的影響就大致是如此。漢朝與羅馬帝國的命運應也提醒了我們，今天的蠻族入侵者往往是明天的公民。

這種國家融合的過程並不順利。民眾的遷徙通常是殘忍的暴力事件。但是，舊文明的同化拉力同時往往非常強大。侵略中國的蠻夷渴望天命的程度，就如同法蘭克國王克洛維渴望披上羅馬執政官的紫色披風一般。這在中東以及南亞地區較新成立的政權來說也是一樣。薩珊人採用偉大阿契美尼德國王的帝國傳統，並在他們波斯先祖的石像旁，刻製自己的石像，就如同笈多王朝的統治者，熱切地採納考底利耶與阿育王的教義一般。

這期間也另有一項重大地緣政治上的改變，那就是作為各民族之間管道的印度洋以及北方大草原的重要性日漸增長。印度洋上肯定曾有貿易活動，但強力證據證明從這一時期開始，印度洋上貿易的連通更為頻繁且持續。笈多王朝擔任中東以及東南亞之間的接合點，在這兩個地區，新興的貿易國地位日漸舉足輕重。在裏海以及黑海另一邊的北方大草原也是一樣。很久以前，斯基泰人與其他遊牧民族都曾在這條草原通道上旅行，但匈人在這條走廊上移動的速度，以及他們遷徙的規模，大概都是前所未見。大陸的絲綢之路在薩珊人再次統一中東以及波斯大部分地區之後便獲得重生，現在得以成為東西三方貿易路線的中間路段：在南面，是一個橫跨印度洋的海上網絡，從馬六甲海峽到荷姆茲海峽與曼德海峽；在北面，則是跨越大草原的路上運輸區。貿易考察和征服時的探險，不僅讓人們更加了解東半球是多麼的廣大，也激起人們向前推進理解界線的欲望。

CHAPER

8

In the Name of the Prophet

以先知之名

公元五〇〇年至七五〇年

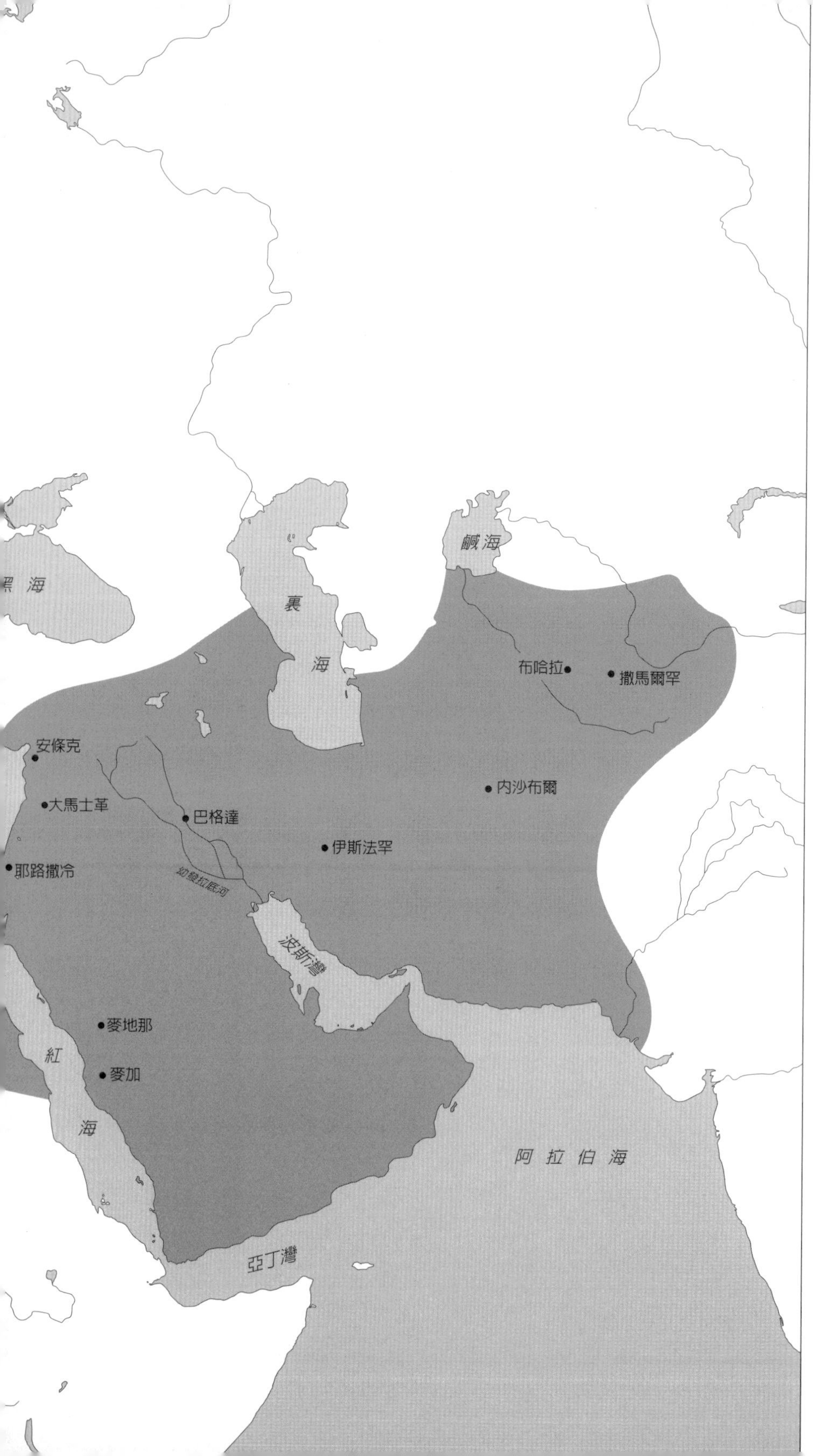
鹹海
海
裏
海
布哈拉
撒馬爾罕
安條克
内沙布爾
大馬士革
巴格達
伊斯法罕
耶路撒冷
幼發拉底河
波斯灣
麥地那
紅
麥加
海
阿 拉 伯 海
亞丁灣

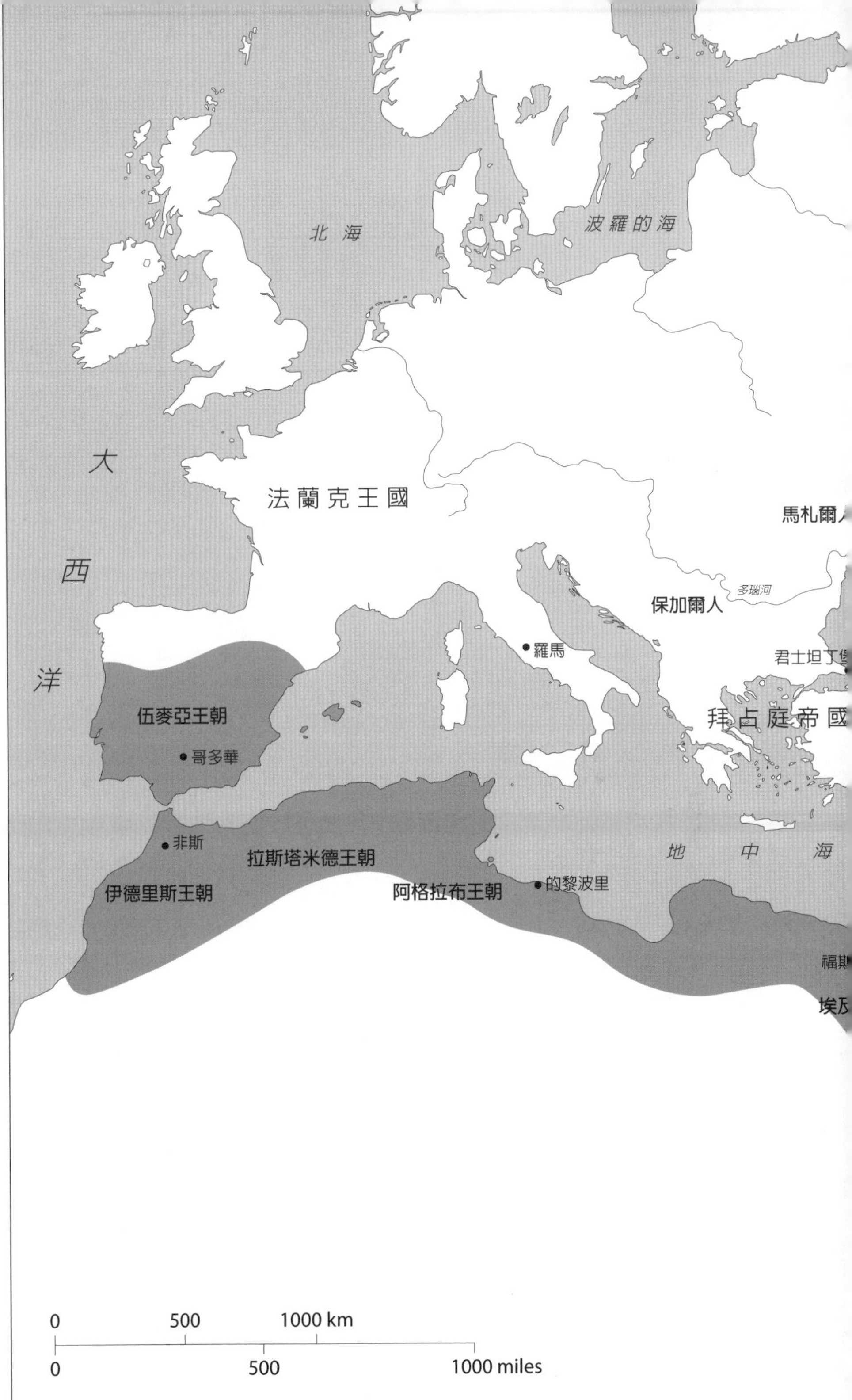

伍麥亞與阿拔斯王朝早期的哈里發國
公元七五〇年

西羅馬帝國淪陷，漢、晉朝黯然失色，笈多王朝欲維護勢力卻終告失敗，東羅馬帝國和薩珊帝國為了生存而掙扎——這些累積起來的影響，隨著東半球大部分地區受小國之間的爭戰所圍困，即產生了一個延續帝國危機與政治分裂的時代。但在同一時間，民族大遷徙以及在大草原間移動的遊牧民族證明，歐洲與亞洲命運的關聯性越來越高。在接下來的幾個世紀中，這種趨勢得以延續，而這主要是因為一個新興崛起的強大力量：伊斯蘭哈里發國（Islamic Caliphate）。

又一次的，在眾強權邊緣的小角色聲勢突然一躍而上。第一批伊斯蘭軍隊僅有幾百名戰士，稱為聖戰者（mujahedin）。但不到一世紀，哈里發國已經征服了廣大的領地。他們不僅比先前的所有強權都快速地達到此目標，他們的國土也更廣闊，從西邊的庇里牛斯山一路延伸至東邊的戈壁沙漠。很快地，使節與貿易商都跟隨了伊斯蘭戰士的足跡而行。哈里發國的外交網絡幾乎橫跨整個東半球，其商業網絡也是，且還包含絲路、地中海以及印度洋的大部分地區。

哈里發國轟轟烈烈的崛起，成為其他重大事件的背景：薩珊王朝與東羅馬帝國（或稱拜占庭帝國）的生存掙扎，以及另外兩股新勢力的興起，分別是西歐的法蘭克人與中國的唐朝。其中一個最顯著的特點是，薩珊王朝與拜占庭帝國等大國之間在嘗試阻撓阿拉伯人構成的威脅方面缺乏合作關係。另外則是這時代的三個新興勢力——阿拉伯人、法蘭克人以及唐朝——皆很快地摒棄其蠻族傳統，並採用更早期文明時期的傳統及打扮。唐朝掌握天命，法蘭克人聲稱繼承了羅馬的傳統，哈里發國則離開環境嚴峻的阿拉伯沙漠，到了黎凡特舒適奢侈的城市中。這些新興的政權延續了古老的帝國習俗。

哈里發國的誕生

四九七年，一位赫赫有名的人在位於阿拉伯的城市麥加（Mecca）去世。他的名字是哈希姆・伊本・阿德・馬納夫（HashimibnAbdManaf）。他是一位成功的貿易商，他甚至將商品賣到君士坦丁堡、敘利亞和衣索比亞。他也是當地的善心人士，供給旅人食物，並為城中積怨已久的各氏族進行調解。正是因為他結合了這種商業圓滑的處世方針與無私的憐憫心，讓他的部落古萊什族（Quraysh）得以支配麥加。麥加位置良好，距離紅海、水井以及商隊路線都不遠，所以也得以控制阿拉伯半島上大半的貿易行為。

哈希姆死後，古萊什族藉由促進多個部落之間的和諧維持他們的地位，這些部落因為商業競爭與宗教衝突而分裂。古萊什族提議年度休戰並建立具有共同儀式的社群（*hums*）。他們發起了一個協議制度（*ilafs*），這個制度讓人可以付費使用水井。古萊什族崇拜他們神的聖地稱為「天房」（*Kaaba*），他們宣告天房為禁地，在這裏，旅人可以和睦相處，其聖人也為衝突進行仲裁。這全都是小規模的權力政治：麥加如同其他阿拉伯半島上的城市一樣，只有幾千位居民而已。

儘管如此，麥加以一個小型地區霸權的姿態崛起，這件事確實引起了一些猜疑。五七〇年，一位獲君士坦丁堡支持的葉門基督教國王攻擊麥加。他失敗了，但在所謂的冒瀆之戰（Fijar War，五八〇年至五九〇年）中，瘟疫、內戰以及與其他部落之間的衝突使古萊什族的領導階層受到考驗。為了維持正義並彼此合作，他們建立了「善盟」（league of the virtuous）。就是在這動盪的時空背景之下，哈希姆的曾孫穆罕默德（Muhammad，五七〇年至六三二年）開始鼓吹信奉唯一真神阿拉（Allah），以及單一的烏瑪（*umma*，意為社群）。

穆罕默德試圖以其宗教教義讓嚴重分裂的社會團結起來。但麥加的菁英階層視穆罕默德為威脅，並企圖以暴力對抗之。他的追隨者首先逃往衣索比亞，在那裡他們受到一位基督教國王的庇護。在六二二年，穆罕默德遭遇一次謀殺未遂，之後便由信徒陪伴在麥地那（Medina）避難。穆罕默德正是在這沙漠城鎮中傳布他的新宗教。麥地那紛爭不斷的部族紛紛採用伊斯蘭教的教義，並將其轉譯為法規，規定所有穆斯林之間應和平相處，也應善待非信徒。到了六三一年，穆斯林的信徒數量暴增，以至於穆罕默德甚至能率領一萬人朝麥加前進。占領麥加是這位先知的最後一次勝利。他在六三二年死亡。

穆罕默德的繼任者稱為哈里發（*caliph* 或 *khalifah*），第一代的哈里發是他的岳父阿布・巴克爾（Abu Bakr），他是穆罕默德的非血親中首位皈依伊斯蘭教的人。這位哈里發在利達戰爭（Ridda Wars，六三二年至六三三年）中平定大多數阿拉伯部落，並在埃及、敘利亞與美索不達米亞發起戰役對抗拜占庭帝國與薩珊帝國，藉以占有那些穆斯林商人已很熟悉且有利可圖的貿易路線。第二代哈里發歐瑪爾（Umar，六三四年至六四四年在位）則完成這一任務，他征服泰西封、巴士拉（Basra）、大馬士革、阿勒坡（Aleppo）、耶路撒冷與亞歷山大港等大城市，並攻克了薩珊帝國。

早期哈里發的帝國意識形態如同其他許多新成立的帝國，是基於對信徒的慈悲心、對恭順非信徒的保護，以及對抵抗人士的懲罰等原則。哈里發歐瑪爾建議他的繼任者要樸素地生活、尊重法律，並協助窮人。他雇用傳令官宣讀聲明，告訴民眾他們有什麼權利，並設立行政法院，調查針對腐敗官員的投訴。他對非穆斯林實施了一項協議，讓他們以臣服換取人身安全。其中一項條款是：「非穆斯林的住宅必須蓋得很矮，他們離開房子的時候就必須屈身，好提醒他們自己低下的地位。」[1] 即便如此，穆斯林仍抱怨，基督徒與猶太人受益於政府的支出，卻沒有交付天課（*zakat*）的義務。天課是伊斯蘭教主要的課稅。

大約與此同時，神職人員將信徒口耳相傳而保留下的穆罕默德的啟示與教義化為文字寫成《古蘭經》（*Quran*）。這部聖典清楚闡釋伊斯蘭教的普遍願望：「天地之中所有事物皆屬於神；所有事物皆回到神之處。」[2]美好的生命就是要奉獻：「對所欲求事物的喜愛對男人而言是誘人的——女人、孩童、堆聚成高塔的金銀珍寶、外觀健美的馬匹、家畜與農田——這些事物也許為這一生帶來喜悅，但神有最好的回歸之地。」[3]在烏瑪中，正義該占上風：「不要非法花用彼此的財富……不要殺害彼此……如果你們其中有誰因為敵意與非正義的行為而做了這些事，就該遭受火刑。」[4]在烏瑪之外，不友善的非信徒應該被降服：「所以如果他們不撤退、不和解，也不停止攻打你，你在遭遇他們的時候，便要抓住他們並殺死之。」[5]

穆罕默德不太可能預期的到，在他死後不到十年，穆斯林的軍隊最遠已穿越興都庫什山脈、高加索山脈，以及阿特拉斯山脈（Atlas Mountains）。但是這些征服行動的沈重負擔以及戰利品使烏瑪分裂並點燃了內戰之火。幼發拉底河東邊的穆斯林自稱為什葉派（Shia），而西邊社群的穆斯林則稱為遜尼派（Sunni），這兩派穆斯林之間存在著分歧。遜尼派的伍麥亞氏族取得優勢，並在六六一年正式宣布為新的哈里發。於是，他們將伊斯蘭的權力中心從麥加轉移到黎凡特，從大馬士革發號施令。他們任用埃米爾（amir，意為總督）、成立底萬（divan，行政部門）、啟用單一貨幣，並促使阿拉伯語成為共通語言。他們廢除奴隸制，並重新分配土地。他們建造了大馬士革的大清真寺（Great Mosque）以及耶路撒冷的圓頂清真寺（Dome of the Rock）這兩座名建築以展現其政權的輝煌與虔誠。這兩個地方皆名列伊斯蘭教最神聖的地點之一。

伍麥亞王朝馬不停蹄地拓展帝國領土，一部分是要鞏固其威望，一部分為了疏導各阿拉伯部落的資源以防止他們攻打對方，再一部分則是為了奪取拜占庭帝國在地中海地區的生意。這也是為什麼伍麥亞的首位哈里發穆阿維葉（Muawiya）決心建造一支海軍，即使大多數的人力須以基督徒填補也在所不惜。這項決策遭遇民眾普遍的不滿，一位評論家訕笑道：在船上航行的人「就像木頭裡面的蠕蟲一般，如果船體側翻，他們也滅頂了。」[6]但這項政策卻成功了。第八世紀中期，伍麥亞哈里發國如日中天之時，曾統治世界上三分之一的人口，國土範圍從大西洋延伸至印度河，北至高加索山脈，南抵曼德海峽。

不可能的和平

第八世紀敘利亞僧侶提歐費勒斯・埃德薩（Theophilus of Edessa, 695-785）為服事哈里發的宮廷占星家，他所著的編年史以獨特的角度呈現穆斯林征服之下，地中海人民所承受的苦難。例如，在講述穆阿維葉哈里發的戰役時，他形容「蠻族勢力分布這片土地之上……搜刮黃金、奴隸與昂貴的衣著……當他們認為停留時間夠久了，就將其人類戰利品裝載到船上。那時是多麼痛苦和哀慟的景象！父親被迫與孩童分開，女兒被迫與母親分開，兄弟被迫與彼此分開，有些被送到亞歷山大港，其他則運至敘利亞。」[7]

提歐費勒斯的記錄特別珍貴的地方在於，他對於伍麥亞的侵略行為及拜占庭的無能都一律批判。[8]他領悟哈里發得以成功的一大原因，是由於其敵人的弱點，尤其拜占庭在第七世紀時無力與薩珊帝國等其它同地區的勢力合作以抵擋伊斯蘭的威脅。因此，要充分了解哈里發為何勝利，至關重要的是要理解拜占庭人和薩珊人之間長達數百年的對立如何塑造地中海與中東的政治局勢。

拜占庭帝國和薩珊王朝會如此相互敵對且不信任的主要原因之一，是因為它們在亞美尼亞和高加索地區的勢力範圍重疊。雙方爭相控制的區域，不僅是它們兩國之間的緩衝區，也是它們與中亞草原民族之間的屏障。這如履薄冰的僵局，時不時會因為某一方加強了邊境防禦工事而情況加劇。儘管他們會聲明加強防禦僅是為了預防遊牧蠻族的威脅，另一方總會懷疑他們是否正策劃陰謀並試圖扭轉現況至他們有利的局面。舉例來說，拜占庭皇帝查士丁尼大帝（Justinian the Great，五二七年至五六五年）在位第一年，便命令一名將軍在美索不達米亞北部的邊境上建造一座堡壘。歷史文本記錄：「因此，他急速開始執行皇帝下的指令。由於工匠人數眾多，堡壘已經蓋得很高了。但波斯人（薩珊人）禁止他們繼續蓋下去，並動口又動手地威脅，表示他們近期會阻撓其作業。」[9] 彼此也寄了信，也遣送使節，但雙方的爭執仍演變成全面戰爭。

摩擦不僅限於北部的亞美尼亞—美索不達米亞邊界。五二二年，在紅海海口，猶太的希木葉爾王國呼求薩珊人協助抵禦基督教的阿克蘇姆王國入侵，阿克蘇姆王國是由君士坦丁堡在背後撐腰。在阿拉伯半島北部，伽珊尼德（Ghassanid）與拉赫姆（Lakhmid）兩個王國分別代表拜占庭與薩珊帝國進行代理人戰爭。這兩個帝國也為了絲綢貿易而起衝突。五三一年，查士丁尼皇帝試圖繞過薩珊帝國控制的陸上絲路，藉由親近阿拉伯王國而通過紅海與東方直接做生意。他也企圖利用基督教僧侶從中國走私回來的蠶卵和相關知識扶植拜占庭的絲綢產業。

五三二年，查士丁尼大帝與薩珊皇帝庫思老一世（Khosrow I，五三一年至五七九年在位）簽署永久和平條約。受到北方蠻族壓迫的君士坦丁堡，支付了四十四萬塊黃金才得到這項特權。但和平維持不到十年。五六二年，一項五十年和平協議暫時中止了在亞美尼亞的堡壘建設、在帝國之間建立了一個非軍事區、協定未來的爭端將在帝國享有平等地位的基礎上解決、為外交官確立豁免權，以及指定允許跨境貿易的邊境哨所。十年之後，這兩個帝國再次開戰。五九一年，雙方再次簽訂永恆和解條約——十一年後，戰爭卻再次爆發。這一次，在赫拉克利烏斯皇帝（Emperor Heraclius，六一〇至六四一年在位）發起反攻之前，薩珊軍隊已兵臨城下，來到君士坦丁堡的城牆下。他的反擊一路推進到底格里斯河河岸，之後薩珊人在六二八年求和。

他們之間永無休止的戰爭使雙方都衰弱不堪，只能依靠邊境地區的國家防禦。這給哈里發製造了機會。即使穆罕默德和其繼任者已經開始他們的征服行動，泰西封跟君士坦丁堡仍繼續互掐。六三七年，一支穆斯林軍隊進軍泰西封。十四年後（公元六五一年），哈里發國消滅了薩珊帝國。六七四年，伊斯蘭的旗幟在君士坦丁堡城門前飄揚。

世上的兩盞明燈

拜占庭和帝國被哈里發國湮滅之前的薩洲，都認為自己是世界的中心，也是真正信仰的捍衛者。從地緣政治學的角度來看，拜占庭帝國的方針既重陸地也重海事，就像之前的羅馬帝國一樣，不止統治範圍浩瀚的領土，也支配地中海與黑海一大部分地區。帝國的人口數必達到了四千萬。光在君士坦丁堡，就大約有五十萬的居民。其最著名的地標聖索菲亞大教堂（Hagia Sophia，另稱為上帝聖智教堂）於五三七年竣工，是查士丁尼大帝極具聲望的一項工程。但在聖索菲亞大教堂啟用前不久，查士丁尼大帝為了消滅異教思想的殘存堡壘而關閉了雅典的新柏拉圖學院（Neoplatonic Academy of Athens）。

查士丁尼大帝以永不眠之帝的形象聞名，他不遺餘力地使正統基督教成為帝國的唯一信仰。羅浮宮館藏中，有一塊製作不凡的象牙牌匾，刻畫這位勝利的皇帝跨騎在一匹後腳站起的戰馬上，迫使一位戰敗的蠻人往後退。[10]馬蹄下，手持貢品的東方人卑躬屈膝地奉上象牙與老虎。一位女子蹲坐在皇帝前方，裸露一邊胸脯，她是土地的化身。她舉起一隻手緊握住皇帝的一隻腳祈求，另外一隻手則拿著水果。在牌匾最上方，耶穌基督注視著一切發生的事，身旁還有兩位長著翅膀的天使。其表達的訊息很明確：為基督征服世界是皇帝的使命。

為了進一步完成這個目的，查士丁尼在五三四年發行了《查士丁尼法典》（*Corpus Juris Civilis*）這一部民法編彙法典。法典中明載，上帝賦予皇帝祝福以征服其信仰的敵人。舉例來說，此法令生效之後，任何新建的猶太教堂都會受到取締。拜占庭的知識份子針對完美皇帝的特質辯論，他們提出古時政治家、將軍、皇帝與《舊約聖經》中的君王作為範例。《政治科學》（*Peri Politikes Epistemes*）一書描述他為一位睿智的哲學家國王：「財富，與受天地輪轉所牽制的時間的缺乏，並非在你我的掌握中……我們能掌握的，則是公義與非公義，好政體與壞政體。」[11]

拜占庭人不僅認為自己是羅馬的繼承人，且身為基督徒，他們的榮耀將超越異教的羅馬皇帝。六世紀晚期的莫里斯皇帝（Maurice，五八二至六〇二年在位），在他所著的《戰略學》（*Strategikon*）中清楚闡述拜占庭的世界觀，內容揭露了拜占庭保護其主要城市與商業中心的當務之急：除了君士坦丁堡之外，還包括在黎凡特與埃及的商業中心。因此他們創建緩衝區，並欲主導通往東地中海的門戶。《戰略學》呼籲要採取防禦、克制和隱瞞的警戒政策，「除非出現非常好的機會或優勢」。[12] 海軍在其戰略思想中是一個關鍵要素，因為它保護首都和重要的貿易路線。

《戰略學》也嘲笑淡色頭髮、無宗教信仰的蠻族，雖然在提到「邪惡」薩珊人的軍事威力時，帶有警告的語氣。如同羅馬與中國，拜占庭帝國成立了一個局處單位應對這樣的外國人，稱為蠻族事務局。從第六世紀開始，拜訪君士坦丁堡的使者會在金宴殿（Chrysotriklinos Hall）受到接待。金宴殿是八邊形的金色謁見廳，位於大皇宮的心臟位置，大皇宮則立於馬摩拉海岸邊。「當簾幕拉往一旁而露出內部時，且當鍍金建築的大廳閃閃發光，阿瓦爾人（Avar）特爾加吉斯（Tergazis）抬頭望向皇帝因戴著神聖王冠而閃耀的頭部，他崇拜地趴跪了三次，並一直待在地上。」《戰略學》中描述：「其他的阿瓦爾人也同樣敬畏地隨他動作，臉朝地面跪拜。」[13]

薩珊人認為自己與拜占庭人地位同等。庫思老國王一世在五三二年刻寫和平協議的內容如下：「神聖、良善的和平之父、古老的庫思老，萬王之王、幸運、虔誠且仁慈，神給予他極大的財富與偉大的王國，巨人中的巨人，給以眾神的形象。」[14]他稱查士丁尼為他的兄弟，形容這兩個帝國為兩盞明燈，是西方的月亮與東方的太陽。

在人們記憶中，庫思老確實排名薩珊帝國最厲害的統治者之列。雖然帝國一直以祆教為官方宗教，但庫思老奉行寬容政策，並樂於接受從查士丁尼的宗教狂熱中逃出的拜占庭異教徒。他組織了一次學者會議，討論不同宗教和政治制度各自的優點。最聰穎的移民會進入貢德沙普爾學院（Academy of Gondishapur），此學院在薩珊國王的贊助之下學習風氣興盛，並成為世界上最重要的知識中心。庫思老改善了美索不達米亞的灌溉設施，沿邊境建築要塞，並美化首都泰西封，建造名為塔克基思拉宮（Taq Kasra）的新宮殿。他在塔克基思拉宮中的巨大拱廳中接見外國的賓客。長遠來看，更重要的政策是他從低階貴族中招募騎兵以換取土地。雖然庫思老曾預期這項改革會損及高階貴族的地位，但此改革也產生了一個即將違抗他弱勢繼任者的強大新利益團體。

庫思老死後的數十年間，薩珊人持續拓展疆土，但帝國規模越大，諸如繼位之爭、稅金過高、宗教暴力（一位國王甚至改宗基督教）以及疫病等問題就更嚴重。而拜占庭人與新興的突厥汗國（Göktürk Khaganate）之間形成的聯盟也加速薩珊人的垮台。突厥是一個遊牧聯盟，其起源於中國北方，並已席捲其他若干大草原上的民族，以控制中亞與絲路的大部分地區。五六九年，拜占庭派出代表團與突厥建立直接貿易，繞過作為中介的薩珊人。拜占庭的使臣蔡馬庫斯（Zemarchus）覲見可汗的時候留下深刻的印象。當時可汗身著刺繡絲袍，坐在黃金王座上，黃金孔雀與銀製動物包圍著他。這些初步外交活動的成果是成立一個反薩珊人的同盟。雖然突厥掠奪並蠶食薩珊帝國邊境的行為對君士坦丁堡來說很有利，但其存在卻迫使阿瓦爾等遊牧社群更往西邊移動，從而也破壞了拜占庭帝國邊界的穩定。

即便如此，第七世紀初沒人預料得到，來自阿拉伯沙漠的部落可以打敗這兩個強盛的帝國。兩帝國即使因為相互爭戰而精疲力竭，他們的軍隊仍壯大，文化勢力仍廣闊，財富更是無人能比。哈里發的軍隊也許充滿活力且動力十足，但他們之間也存在歧見。哈里發也許擁有出色的騎兵，但薩珊王朝與拜占庭也有。實際上至關重要的，是這兩個大國沒有在哈里發國仍很微小時就認真地努力遏制之。隨之而來的，是骨牌效應的另一項實證：阿拉伯部落一旦併吞了帝國邊緣的城鎮，哈里發便能利用其資源奪得帝國內部的大城市。但是即使穆斯林軍隊越來越逼近，拜占庭人與薩珊人也未能合作。同時，這兩個帝國還受內部分裂所削弱。例如，在拜占庭統治之下的埃及，君士坦丁堡嚴格執行正統基督教義，導致科普特（Coptic）基督徒積極地支持穆斯林軍隊。對薩珊帝國來說，上述因素累積起來的效應相當致命。而拜占庭由於其強大的海軍，以及歐洲其它的盟國相助，雖然勢力削減不少，但尚能倖存。

西歐與東歐

在拜占庭帝國的邊界之外，歐洲仍分裂為眾小王國。民族大遷徙中的許多民族曾導致西羅馬帝國覆滅，他們定居在後者先前的省份當中，但持續有新來的求財之人與侵略者造成局面不穩定。目前，這地區沒有任何勢力能夠跟上伊斯蘭哈里發國的征服腳步。到了第八世紀初——在伍麥亞軍閥從拜占庭手上奪取北非大部分地區，並且進一步往北橫掃至直布羅陀海峽之後——哈里發已然站在歐洲的門檻上。

七一一年，一支可能不超過幾千人的軍隊進入了西班牙。他們發現西哥德王國局面混亂。一位生活於伊斯蘭統治之下的基督徒在第八世紀中期所編彙的《莫札拉布編年史》（*Mozarabic Chronicle*）形容這地區陷入宗教戰爭、疫病、巴斯克人起義與繼位之爭等困境中。七一七年，第一支伊斯蘭軍隊橫越庇里牛斯山，往西歐的海岸平原洶湧而來。他們發現這裡人煙稀少，散落著小型的木造建築，森林也再次漫掩過農田，這些農田曾為供應羅馬帝國統治下多得多的人口所用。

法蘭克人控制大部分之前的高盧羅馬行政區，他們在國王克洛維（四八一—五一一）的庇護之下，一統為單一國家。克洛維死後，國家分給三位好鬥的兒子而分崩離析。都爾的聖額我略記錄下這段邪惡、殺戮與掠奪的時期。「當所有人都浸淫在邪惡中，以行罪惡之事而樂，我們能怎麼辦？沒人畏懼國王，也毫不尊敬他的公爵或伯爵。」[15]

到了八世紀初，這號稱為墨洛溫（Merovingian）的王朝已耗竭無力；由此產生的無政府狀態讓一位名為查理·馬特（Charles Martel）的宮廷官員有完美的藉口可以奪取政權。伍麥亞人的到來，給這位新的法蘭克首領帶來另一個合法化其領導地位的重要機會，讓其在基督教世界與伊斯蘭教的鬥爭中成為名義上的領袖。七三二年，查理·馬特在圖爾戰役（Battle of Tours）打敗穆斯林軍隊的時候，贏得了至高的聲望。他的兒子，人稱矮子丕平（Pepin the Short），繼續抵抗伍麥亞人，並將法蘭克人的領土擴展至多瑙河。他持續地庇護教堂，也因此他欲取得墨洛溫國王權位的計劃受到了教宗的祝福。教宗宣稱：「讓握有權勢的人稱王，好過讓手無皇家勢力的人稱王。」[16]七五一年，新的王朝誕生了：加洛林王朝（Carolingians）。

即使法蘭克人很少真正團結起來，他們的國王仍竭力建立起一個國家。他們推廣共同習俗，發展更加標準化的政府體系，試圖藉此產生法蘭克人共通的認同感。但更重要的是，他們試圖與羅馬的帝國遺產重新接軌。從第六世紀開始，國王皆擔負奧古斯都大統帥（Imperator Augustus）這個古老的帝國名號，硬幣也鑄上帝國的桂冠圖樣。與君士坦丁堡的外交關係讓國王得以持續身為皇帝的忠實臣子身分，這是非常重要的。克洛維編彙法蘭克民法時，他雇用的高盧－羅馬（Gallo-Roman）法學家也大量參考了羅馬帝國法令。

在促進法蘭克人團結與強化國王合法性上，基督教提供了數一數二重要的手段。如都爾的聖額我略一般的高階教士，皆必須透過講道宣揚法蘭克人的共同身份認同。國王明確地自稱為上帝的幫手。「讓你的僕人們，我們的國王，巧妙地裝飾你美德的勝利，」某個墨洛溫彌撒的內容如此寫道：「讓身為你命令之下治理者的他們，在王位上得以永遠強大，也得以超越所有王國。」[17]克洛維是第一位改信基督教的法蘭克國王，他視在亞奎丹（Aquitaine）與勃艮第（Burgundy）的鎮壓行動為聖戰。他的兒子希爾德貝爾特（Childebert）支持主教強迫猶太人改信基督教。到了第八世紀，法蘭克國王自稱為蒙上帝恩典之王（*Rex Dei Gratia*，king by the grace of God）。他們派遣傳教士越過北邊與東邊的邊境，擴張法蘭克勢力。他們也在弗里西亞建造教堂，並將高階教士派到異教的撒克遜地區。不論其個人抱負為何，在越來越像打著十字架旗幟而行的征服之中，如聖威爾布羅德（St Willibrord）與聖博義（St Boniface）等使徒只是被利用的棋子。基督教漸漸地被當作發動戰爭的原因。拒絕信仰基督教的地區會受到殘忍地懲罰。

這與較早期的基督教明顯不同，當時基督教堅持使用和平的手段抗衡非公義之事，此外，受壓制折磨之苦則是上帝的旨意。[18]第三世紀時，神學家亞歷山大的革利免（Clement of Alexandria, 150-215）曾將基督徒比喻為手無寸鐵的軍隊，是一群和平的人種；迦太基的居普良（Cyprian of Carthage, c.200-258，迦太基教會主義）也曾提議要愛敵人。[19]這些是無世俗權力的基督徒觀點。一旦政治領袖採納了這一宗教，其對武力的態度就改變了。當君士坦丁大帝在三一二年，向羅馬附近一位敵對皇帝（馬克森提烏斯）進軍時，他激勵部隊的方式，便是向他們承諾，他們的勝利將會是神的旨意。第五世紀早期，讀者眾多的教父——希波的奧古斯丁（St Augustine of Hippo）主張上帝已將刀劍給予眾王，且這只是為了捍衛基督徒的平安。[20]在拜占庭帝國，宗教常常被用來合理化軍事行動。例如，《戰略學》認定拜占庭皇帝在上帝的支持下指揮他們的軍隊。這種宗教狂熱只會越來越明顯。到了第九世紀晚期，教宗利奧六世（Leo VI，八八六至九一二年在位）甚至認為，為了捍衛基督教的領土而使用「魔鬼的計謀」是有必要的。[21]

基督教國家的狂熱更受到阿瓦爾人的試驗。他們給東部的邊境帶來威脅，同時哈里發國也從南方近侵。阿瓦爾人跟匈人一樣，源自裏海東邊的大草原，並居住在黑海北邊的平原上。他們從那裡出發，進入安納托利亞、巴爾幹半島以及西歐。他們如同匈人一樣使用襲擾突擊的戰術，令人聞之色變。他們採用讓騎士在馬鞍上更加穩定的馬鐙以及一種強力短小的複合弓，更加完善了這種作戰形式。只不過，由於阿瓦爾人的數量遠比匈人來得少，他們所要對付的敵人也更有組織，這些因素都減低了這些技術革新的衝擊。

一開始，在第六世紀晚期時，拜占庭資助阿瓦爾人攻打格皮德人（Gepids）、保加爾人（Bulgars），以及其他多瑙河地區的遊牧部落聯盟。但這不足以阻止阿瓦爾人襲擊帝國的北部邊界。除此之外，阿瓦爾人的到來也打亂了義大利半島的局勢。拜占庭人一直努力恢復他們在半島上的統治權。倫巴底人（Lombards）協助阿瓦爾人擊敗格皮德人之後，越來越擔憂他們這位盟友的軍事力量。為了避開阿瓦爾人，他們遷徙至北義大利，在這裡，他們奪得了拜占庭大部份的領土。五八三年，阿瓦爾的可汗向君士坦丁堡勒索了十二萬金幣、一張金床以及一隻大象。但阿瓦爾的野心尚未窮盡。六二六年，阿瓦爾人聯合薩珊人圍攻君士坦丁堡。但赫拉克利烏斯皇帝（Heraclius）在隔年即取得勝利，預示了阿瓦爾的擴張即將終結。

保加爾人替代了阿瓦爾人，在拜占庭心不甘情不願的支持下占了上風。起先，阿瓦爾人應對的方式是與斯拉夫人聯手，卻徒勞無功。到了六八〇年，保加爾人已經吸收了巴爾幹東北部前阿瓦爾領土上的斯拉夫部落，並宣告成立一個新汗國。是他們迫使拜占庭人承認他們在多瑙河南岸定居的權利，並向拜占庭強行索取每年以金幣支付的款項。保加爾的可汗特爾維爾（Tervel）協助查士丁尼二世在七〇五年重新取回王位，所以後者授予他凱撒（沙皇，tsar）的稱號，並將女兒許配給他。但是他與君士坦丁堡之間的關係卻一直處於緊張的狀態。只不過，伊斯蘭軍隊在七一七年到七一八年之間圍攻君士坦丁堡時，是保加爾人在緊要關頭的支援才保住了這座城。現在，人們向特爾維爾這位蠻人致敬為基督教歐洲的救星。

西羅馬帝國滅亡一百五十多年後，歐洲仍然是一個支離破碎的地方。西班牙受伍麥亞人占據，且未來幾個世紀都處在伊斯蘭統治者的控制之下。庇里牛斯山脈是伊斯蘭教與基督教地區之間重要的屏障，保護著西歐海岸平原，這裡則由法蘭克人所支配。拜占庭人認為法蘭克人是蠻族，但後者的領袖卻漸漸自視為舊羅馬時代皇帝的繼任者。此時，多瑙河在歐洲形成了另一個主要隱憂。其東邊地區是阿瓦爾人與保加爾人等野心勃勃政權的領地。但這些政權受到不利農業的環境所限制，所以人口規模一直很小；另外，黑海北方草原不停湧入的移民與他族的侵略行為，讓他們所受到的影響比西歐來得大。

中國農田上的盔甲

六世紀初，始於三一六年西晉陷落時的政治與社會之根本變革仍如火如荼地進行中。最重要的是中國的經濟中心遷移至長江的南部地區，這裡慢慢地成為中國的第二糧倉。華北平原這中國先前的文明中心，現在則完全拱手讓給了匈奴與鮮卑等胡族。

對蠻夷來說，他們對於中國文化的陌生程度，不少於日耳曼人出身的法蘭克人，對羅馬文化的相異感受。但如同尋求浸濡羅馬帝國的往日輝煌，並改信基督教的法蘭克人一樣，這些在中國的蠻夷有意識地採納了中國的帝國傳統與文化。他們競相建築最美輪美奐的寺廟，並在他們的皇宮中舉辦最奢華的典禮儀式，甚至到了開始瞧不起遠在長江另一邊的原生中國人的地步。一位遊人描述：「地多濕墊，攢育蟲蟻，土瘴癘，蛙黽共穴，人鳥同群。」[22]由南向北的中國旅人，則不得不被北方城市的景況所打動，如同一名訪客形容：

> 自晉宋以來，號洛陽為荒土，此中謂長江以北盡是夷狄。昨至洛陽，始知衣冠士族並在中原。禮儀富盛，人物殷阜，目所不識，口不能傳。

逐漸地，中國的民族構成完全改變了。北方的蠻夷與原生中國人交融，中國的移民也與南方的蠻夷融和。在這過程當中，舊儒家秩序漸漸受到這時期開始廣泛傳播的佛教、道教信仰體系的挑戰，彼此之間也相互交流。

文化方面，中國蓬勃發展。但在政治方面，這卻是分裂與紛爭的時期。史書記載：「農民須著盔甲耕田。」[24]到了第六世紀末，政治勢力具體化為三個王國：陳（南朝）、北周，及北齊。其中勢力最強，領地最廣闊的是北周，是鮮卑人建立的國家，其範圍從蒙古大草原一路延伸至湄公河的上游地帶。這給予北周莫大的戰略優勢，讓其得以掌握所有可進入中國東部的山谷。這代表他們最先得利於西方遊牧民族帶來的重要軍事發明，例如馬鐙。[25]他們也得以從四川高地居民那裡獲得造船與航行的技術，可以用於動盪流域間的戰役。

另一場爭奪霸權的重大戰爭迫在眉睫。五七七年，北周據稱超過五十萬的大軍壓境北齊並消滅之。五八八年，北周發動水陸兩軍大舉進攻長江另一頭的南朝。在入侵行動之前，北周即到處發送小冊子，警告居民南朝統治者的墮落與罪惡已經讓他們喪失了天命。他們的大軍迅速得勝的同時，也證明了這項說法。自從漢朝在二二〇年覆滅後，這是超過三百五十年來首次單一統治者穩固地控制了中國心臟地帶的大部分地區。北周現在建立了新的帝國王朝：隋朝。雖然隋朝的壽命短暫，但在中國的統一上卻很關鍵。隋朝政權雖出於遊牧蠻夷，但他們志在恢復漢帝國的盛世。現在，上天授命他們開創一段長久的和諧時代。

唐朝

然而，上天必須再多等三十年，才得見一個也同樣源自鮮卑的新的王朝崛起而取得天命。六一八年，在古突厥（Göktürks）的協助下，唐朝推翻了疲於應付邊境戰事與內政民變的隋朝。有這麼短暫的一刻，中國再一次地注視著內戰的深淵。不過，這初生的朝代很幸運，因為其首位皇帝的繼任者是極具才能與經驗的戰士，他無情地殺害了兩位兄弟後獲得皇權。這位新皇帝稱太宗（六二六—六四九年在位）集結了數十萬大軍對付紛擾的局面。「患在邊境少安，則人主逸游忘戰，」太宗表示：「今朕不使汝曹穿池築苑，專習弓矢。」[26]在五年之內，他平定國內的叛亂勢力，並恢復了邊境的穩定。

新政權的情勢一旦穩固，太宗就轉移注意力到和平的治國之道。他必須鞏固自己的正當性。他按照古代儒家傳統，正式接受了天命。帝國王朝以樹作為象徵：皇帝的智慧從樹根處流向樹枝（他的後代）。樹枝必須成長強壯，卻不能太沉重。皇帝也應該表現出慈悲、仁慈、禮貌、尊重傳統和體貼等特質。為此，太宗費心培養良好的治理手段，並以此為主題寫下兩篇文獻，分別是《帝範》以及《貞觀政要》。最重要的是，他建議避免窮兵黷武。他告誡曰：「土地雖廣，好戰則民凋；中國雖安，忘戰則民殆。」[27]為了調和如此尚武之氣，他鼓勵藉由文化與教育陶冶個人的品德與禮節。

六一八至六八三年之間，唐帝國即使不是百分之百地和諧，仍有相當穩定的政局。人口增長至五千到六千萬之間，先前是在漢朝才曾有過這種程度的成長。社會相當尊重儒家思想以外的信仰，包括道教、祆教、基督教和伊斯蘭教；甚至，太宗本人也曾參加佛教儀式，以紀念戰爭受難者，並下令建造佛教寺院。藉著利用囚犯開墾帝國邊緣的土地，以及使用新式抽水機與改良過的犁，讓農業生產物數量大增。這使得絲綢工廠、鑄鐵廠和陶瓷廠的產量增長。一位史官甚至示意產有盈餘：「因供應充足，米、穀、布價直落。」[28]民眾湧聚至城中，例如首都長安，現在約有三十萬居民。「長安是商人的天堂，」一名絲路商賈證實：「市場上有三千貨攤，由兩百商會所擺設。城中遍布果樹，湖水，景色優美。」[29]如羅馬人一樣，唐朝人將城市分布建造為網格狀，在規劃供水與其它公共設施時也非常謹慎。這些城市促進了新發明的傳播，例如雕版印刷、新藥品，以及最重要的貿易。

唐朝早期的皇帝試圖促進絲路沿線的商業活動；雖然他們想跟古突厥建立「和諧市場」的意圖僅等於單方面地設立交易的條件。古突厥控制了中亞地區絲路的大部分地段。早期的唐朝皇帝也鼓勵透過海路與東南亞以及更遠，鄰近印度洋的國家發展貿易。「每年海事貿易關稅獲利一百萬緡的官員可獲陞遷。」[30]他們降低海運的稅率，也派遣官員到國外與其建立關係。中國邀請若干貿易夥伴在首都設立外使館，這些國家甚至收受津貼。這些行為似乎得到了回報。詩人頌唱：「梯航萬國來，爭先貢金帛。」[31]即便如此，中國的唐朝仍主要是陸上強權。太宗首次看到偉大的海時，他非常害怕雷鳴般的波浪；接著，他認為海只不過是首都的護城河罷了。著名的地理學者賈耽（730-805）曾著述一路通往波斯灣的航行路線，但他大多留存下來的作品以描寫中國的陸上鄰邦、絲路沿線的政體，以及與中東地區的陸路貿易為主。

雖然東亞大多數政權基於貿易與佛教（這時，佛教已成為這地區最普遍的信仰體系）等共同關係而結合，他們仍不停地為了要控制貿易或占有戰略城市與天然資源而相互競爭。因此，中國的外交政策軟硬兼施。當唐朝不再需要古突厥的協助時，便以武力脅迫他們離開中國；只不過他們與唐朝同化之深，甚至正式請求太宗擔任古突厥的可汗。「貴族之子成為中國人的奴僕，貴族純潔的女兒成為中國人的婢女，」古突厥的銘文記載：「中國人以花言巧語和讓人喪志的財富迷惑他們，同時也讓那些居住遠方的民族接近自己。」[32]西邊另外一個威脅來自吐谷渾國（Tuyuhun kingdom）。吐谷渾是鮮卑的一個分支。起先，唐朝廷曾欲以聯姻的方式，避免吐谷渾再次襲擊其邊境。吐谷渾拒絕時，唐朝皇帝便轉向吐蕃國。一名唐朝公主被送往吐蕃之後，吐蕃便成為有力的盟國，出兵數萬終結了吐谷渾的自負。

在東方，唐朝發現自己正與朝鮮王國高句麗競爭，後者為維護其霸權而奮鬥。在大規模地入侵半島之後，太宗試著藉由襲擊邊境、擾亂其貿易，及支持其在朝鮮的主要敵手新羅國等手段削弱高句麗。六六八年，高句麗最終被強大的新羅—唐朝聯軍所攻滅。朝鮮半島的大半地區成為唐朝的保護國，也就是所謂的安東都護府，而新羅國王則僅被視為中國外交政策的附屬。

同一時間，日本仍在野蠻氏族競爭與大和統治者欲一統帝國的氣力間游移。他們接納了從中國傳來的佛教、都市計劃，以及儒家的王者仁愛（imperial benevelence）等觀念，此一觀念也成為聖德太子（Prince Shotoku）於六〇四年制訂著名十七條憲法(Constitution)的基石。儘管聖德以仁治國，他卻也曾破壞與中國的外交關係。在一封正式書信中，他以日出之處形容日本，以日沒之處形容中國，藉此頌讚兩國之間緊密的關係，但中國皇帝卻將之視為荒謬的污辱，因為這段文字假設兩國在某種程度上是平等的。

唐朝也與印度的各個王國維持聯繫。雖然佛教起源於印度，但唐朝認為自己是其主要的維護者。只不過，他們利用知名佛僧協助傳播中國影響力的政策並不總是順利。舉例來說，六四八年，印度僧人將中國使節王玄策關入大牢，他們害怕唐朝在此地區發揚佛教，如此一來會削弱他們崇高的地位。王玄策逃到了吐蕃，他在那裡集結了吐蕃軍隊，並率領他們討伐印度，為唐朝報仇。隨後，吐蕃國王獲贈榮銜、染色豐富的絲綢、蠶卵，和造紙工匠。儘管受到了一時的挫折，唐朝仍持續派遣使者前往印度。

太宗於六四九年去世時，唐朝的光芒便開始減弱。繼位之爭爆發，而且接下來幾位皇帝都無法超越創朝皇帝的成就。西方地平線出現的伊斯蘭哈里發國讓情勢更風起雲湧。六五一年，首位阿拉伯使者抵達中國，據稱他甚至試著讓皇帝改信伊斯蘭教。其後，他們似乎每四年都會派遣一位目的相同的外交使者到中國。隨後還有更糟糕的羞辱。

哈里發國的擴張導致許多中亞國家向唐朝尋求救援，但唐朝已無力給予協助。隨著絲路沿線的武力抵抗一一淪陷，哈里發國的軍隊不懈地向東前進。七五一年，哈里發國軍隊在費爾干納盆地間的怛羅斯戰役（Battle of the Talas River）擊潰唐朝軍隊。唐朝的大同時代已經結束。

存在於中亞的伊斯蘭哈里發國，在東半球各方盡頭之間建立了強大的地緣連結。強權持續的競爭促進人們橫貫大陸間移動能力的發展，尤其是歐洲、非洲和亞洲之間日益增長的商業和外交。但如同東半球受到地方性的暴行所圍困，那些仍遠超出亞洲或歐洲君主的影響範圍、知識或想像的疆界也是如此。奧爾梅克文明消失過後若干世紀的現在，該是回到西半球的時候了。

擲矛者貓頭鷹

在美國中西部俄亥俄州的羅斯郡（Ross County）一處公園內圓頂形狀的墳墓，長久以來都是個謎。在那些墳墓內，考古學家發現源於今日美國與加拿大邊界的銅、東岸來的鯊魚牙齒和雲母、來自阿帕拉契山脈的黑曜石與熊牙，以及來自墨西哥灣的貝殼。最終，考古學家認為這些墓葬屬於歷史學家稱為疏林時代（Woodland Culture）的人。他們生存於第五世紀，住在木製柵欄所圍護的城鎮中，並使用弓箭與彼此打仗。他們是北美首支發展出階級社會、大型村落，以及遍及大陸大部分地區貿易網絡的民族之一。

雖然北美人口仍然稀少（五世紀晚期的氣候變遷抑制了人口發展），在墨西哥灣南部，情況卻大不相同。這裡部落雲集，有些部落人口達數萬人之多。這些部落的心臟地帶形成他們的政治與信仰中心，他們在此建築巨大的石造金字塔。其中最大的是特奧蒂瓦坎古老的太陽金字塔（Pyramid of the Sun），從底部到頂共超過七十公尺高，其位置鄰近今日的墨西哥城。早在第四世紀，特奧蒂瓦坎的人口可能就超過十二萬。這裡有許多座神殿、一個皇家堡壘、寬廣的街道、工場、單元住宅，以及一個大型的蓄水池。其非凡的建築和藝術珍品證實了它曾經繁榮並充滿力量，而這歸功於農業、貿易和征服的綜合成果。

特奧蒂瓦坎位於眾城鎮集結而成的網絡中心，並期望這些城鎮供給軍隊與貨品。不過，特奧蒂瓦坎的野心不僅限於鄰近區域的部落。特奧蒂瓦坎的商人很久以前就已發現了南向與東向路徑可前往猶加敦半島上富裕的城市，他們也在最重要的一條路上設立了某種商會。[33]這些城市都屬於馬雅文化（Maya culture）的一部分。他們有共通的象形字母、月曆、建築風格、諸神殿，也都熱愛一種高度競爭，具宗教意義的球賽（蹴球）。

猶加敦有數十個馬雅城邦。這些城邦的存在取決於對水資源的控制：半島為季節性的乾旱，因此，只有統治者建造並維護大型水庫時，農業才能蓬勃發展。主要城市管轄周邊較小的衛星城鎮，這些城鎮必須參與宗教節慶並提供價值高的商品作為貢品（patan），例如可可豆、黑曜石，以及色彩鮮豔的羽毛。[34]他們豎立石碑以劃定邊界，並主持較小城鎮的神廟。馬雅人是戰士。他們的藝術、文化和宗教都讚頌雄性力量。他們也用令人望而生懼的神祇與戰士國王（warrior-king）的塑像裝飾神廟，例如一塊來自提卡爾城（Tikal）的銘碑，描繪國王踐踏倒下敵人屍體上的樣子。[35]

四世紀晚期，士兵取代了身處馬雅地區的特奧蒂瓦坎貿易商。特奧蒂瓦坎的風暴之神命令擲矛者貓頭鷹國王（考古學家如此稱呼他）一路擴張特奧蒂瓦坎城的勢力和威望至猶加敦。擲矛者貓頭鷹在一城又一城中殘暴地廢黜它們的統治者，並用自己的親人取代之；在提卡爾大城，擲矛者貓頭鷹的兒子取代了其被處決的國王。馬雅政體間紛爭的狀態與投槍器等精良武器都助長了特奧蒂瓦坎的征服。[36]有超過一百五十年的時間，特奧蒂瓦坎的霸權黑影籠罩於猶加敦之上。只不過，五五〇年左右，也許因為饑荒和內亂的關係，特奧蒂瓦坎的星光黯去。

隨之而來的權力真空引發馬雅城市爭權奪霸。由於缺乏金屬製武器，馬雅人使用尖端裝上石頭的箭、矛及棍棒攻擊，並且身穿用鹽岩薄片所補強的原始鋪棉盔甲。戰敗的士兵會遭受屠殺，其領袖則用以祭神。大約在此時，城市開始投入防禦工事。[37]但因為戰勝者往往在其占領城的蓄水池中下毒，讓人只能棄之不用。到了第七世紀早期，猶加敦上的兩個重要城市崛起：卡拉克穆爾（Calakmul）和提卡爾。這兩個城市間長久以來曾進行貿易、外交、皇室互訪等交流，也曾舉行聯合儀式；但為了爭奪帕西翁河（Pasión River）沿線的貿易，以及共同勢力範圍內的小城市而導致戰爭。在卡拉克穆爾終於在第八世紀中葉吃了敗仗前，雙方之間至少發動三次大戰。

儘管發生此類的戰爭，馬雅文明仍延續至第九世紀，但卻在此時神秘地滅亡了。人口壓力很可能導致農地過度集約化，而在氣候變遷的時期，這種情況則更加嚴重。不論原因為何，在相當短的時間內，馬雅人拋棄了他們的城市，以及這些城市所供給的複雜社會，而返回小村落生活。到了第十世紀，叢林再次占據了許多恢宏的馬雅金字塔綜合建築。

CHAPER

9

The Earth Between Hope And Calamity

處於希望與不幸之間的世界

公元七五〇年至一〇〇〇年

突厥可汗
渤海國
契丹人
新羅
長安
大和
唐朝
吐蕃（西藏）
波羅王朝
羅
臘蒂哈臘
遮婁其
羅濕陀羅拘陀
太平洋
帕拉瓦
羅渦國
占婆
真臘
阿努拉德普勒
馬六甲海峽
三佛齊
度洋
巽他海峽
500 1000 1500 km
500 1000 miles

丹麥日耳曼人
保加爾人
斯拉夫人
撒克遜人
亞琛
巴伐利亞
阿瓦爾人
法蘭克人
可薩人
亞奎丹
保加利亞
古突厥
君士坦丁堡
哥多華
拜占庭帝國
伍麥亞王朝
地中海
大馬士革
伍麥亞王朝
利比亞人
麥地那
紅海
麥加
迦納
阿克蘇姆帝國
班圖
大西洋

七五〇年左右的東半球

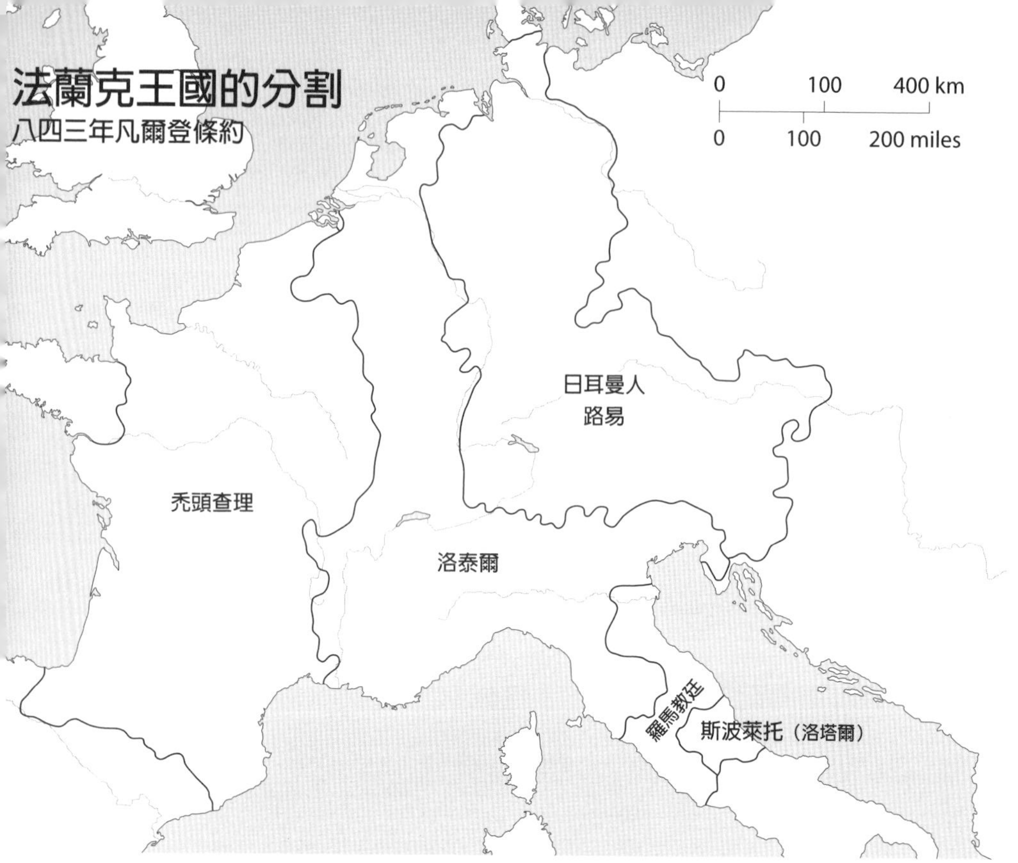
法蘭克王國的分割
八四三年凡爾登條約
0
100
400 km
0
100
200 miles
日耳曼人
路易
禿頭查理
洛泰爾
羅馬教廷
斯波萊托（洛塔爾）

法蘭克王國的分割
八五五年的分裂
0
100
400 km
0
100
200 miles
洛泰爾二世的王國
日耳曼人路易
的王國
布列塔尼半島
禿頭查理
的王國
路易皇帝二世
的王國
普羅旺斯查理
的帝國
羅馬教廷
（路易二世的領地）

中國洛陽的博物館藏有世上數一數二精緻的唐代墓葬俑。這些有趣的赤陶小塑像呈現優雅的舞者、兇猛的戰士，以及在駱駝上暫歇的富商模樣，這些駱駝負載沈重，經常沿著絲路艱苦跋涉。此類藝術品於第八世紀下半葉問世，直到現在人們仍視這段期間為藝術及貿易的黃金時期。遊人形容商業中心人山人海，來自於遠方的商人絡繹不絕，就如真的大城市一般，當「絳紗燈數萬，輝羅耀列空中」時，城內「珠翠填咽，邈若仙境」。[1]

唐朝的皇帝並非唯一促進貿易的統治者；跟他們地位類似的君王，如法蘭克和拜占庭皇帝，以及繼承伍麥亞王朝的阿拔斯王朝（Abbasid Dynasty）哈里發也是如此。有無數文獻證明橫跨歐亞大陸的貿易行為規模增加，尤其是來自阿拔斯哈里發國的文獻。「底格里斯河讓我們得以與遠至中國的國家進行貿易往來，也把所有海洋產物以及美索不達米亞的食物帶給我們，」第九世紀的波斯博學家塔巴里（al-Tabari, 839-923）記載：「而幼發拉底河則向我們運送敘利亞、拉卡（al-Raqqah），以及其地域所產之物。」[2]十世紀阿拉伯地理學家穆卡達西（al-Muqadassi, 945-991）也表示：「來自埃及和中國的商隊行沙漠之路而來，且各種產品將藉海路從中國，也經底格里斯河從希臘國度以及摩蘇爾送到你的手上。」[3]

像塔巴里和穆卡達西這樣的世界主義者強調貿易的益處以及遙遠國度的驚奇美妙。對於這樣四處遊歷的學者以及探險家和貿易商來說，世界變得更開放了。「我們這年代所發現的事物，」十二世紀的波斯學者阿布・贊德・西拉非（Abu Zayd al-Sirafi）描述：「包括先前曾未知道的事，那便是中國與印度的海所開口面向的海洋，與地中海是相連結的。」[4]於是，八世紀與九世紀間，人們開始製作新的地圖集與百科全書以收錄印度洋以及通達中國的陸地路線，例如伊本・胡爾達茲比赫（IbnKhordadbeh, 820-912）的《道里邦國志》（*Book of Roads and Provinces*），以及賈耽所撰，巨幅且詳細的中國西境地圖。

伊斯蘭教最早先的信徒為商人：雖然其信仰禁止高利貸，卻允許信徒利用貿易獲利。伊斯蘭商人為了讓他們即使距離越來越遠也方便做生意，便開始發展複雜的商業設施。當代的資料記錄人們普遍使用債務協定或付款指示（*suftajahs*），讓商人不用隨身帶著現金。「*qirad*」則是一種合資協議，其中多個投資者將資金委託給一名交易人，期望他可以透過操作而獲利。[5]哈里發國也成立商業區（*funduqs*）、旅店，以及郵務中繼站，並出資建造橋梁，以改良古代的君王大道以及波斯御道等路線。與異教徒或不信教的人交易也不是問題：阿拔斯人與法蘭克人、拜占庭帝國、中國唐朝以及無數較小國家皆有商業關係並從中獲利。另一方面，君士坦丁堡降低貿易稅，並補貼商船的建設。[6]遠在西北方，異國珍品與古代希臘及羅馬的著作從中東各地運往亞琛（Aachen）法蘭克人查理曼（Charlemagne）的宮廷學校，這些商品讓王室驚歎之程度，甚至讓人們傳統上形容查理曼統治期間為加洛林文藝復興（Carolingian Renaissance）。

但這新生的全球主義仍遭受政治阻礙。我們從阿布・贊德・西拉非的文本可得知，絲路的兩邊從頭到尾都設有要塞，這些要塞控制著河谷、河上通道，或聳立於港口之上。他們保護貿易免於強盜侵擾，但也控制貿易並從中收取稅金。西拉非敘述，在天山東邊、唐代政府管轄區內的絲路上，守衛哨封閉了道路，商人必須取得許可，才能帶著他們的商品通行。[7]在某時期，唐朝禁止跟「黝黑民族」交易，這原本是針對中亞國家的措施。[8]強權之間的戰爭，以及各國國內的政治紛擾，都影響著貿易。「前往中國的貿易之旅中止了，且中國也崩壞了，」西拉非寫下唐朝滅亡時的情景：「中國人對商人徵收過重的稅（並）以武力奪取了他們的財產。」[9]

最重要的是，只有一小部分人享有奢侈品貿易以及伴其而來的世界主義。但是，他們的命運生活狀況也有改善。在歐洲，氣候漸趨溫暖。馬蹄鐵、重型犁，以及馬軛都讓農夫的生活得以輕鬆點，但人們仍必須天天與荒野對抗才得以生存。我們在關於一位生活在今日德國的流浪隱士的文本中讀到：「他會將準備要過夜地點的樹砍掉……並建造圍成圓形的柵欄以保護他的驢，讓驢不至於被數量眾多的野獸生吞活剝。」[10]法國北部的一位修道院長針對長期無法無天的狀態提出警告：「在吾王查爾斯領土上行土匪作為也不會受罰，而沒什麼是比暴力與掠奪更必然且長久的。」[11]當時的修道院記錄也有類似的悲觀描寫。在人口增長的地方，人們盡可能地在要塞或城牆的庇護之下避風擋雨。這情況不僅存於歐洲，在東半球的大部分地區皆然。

物殷俗阜

七三四年，唐玄宗（七一二—七五六年）寫信告知日本大和君王，其沒能返家的三位外使之命運。他們的船遭遇暴風雨，於是偏離了航道並沉於林邑（今日越南）海岸，這些外使在那裡遭到搶劫，並被售為奴。玄宗給予慰問之言：「然則林邑諸國比常朝貢，朕已敕安南都護，令宣敕告示，見在者令其送來，待至之日，當存撫發遣。」[12]

外交顯然一直是存有風險的事務；但玄宗的書信也顯示他高尚氣度之下的優越感。如此屈尊俯就的態度不僅針對日本君王而已，例如，玄宗也稱突厥的可汗為子，並且因為吐蕃國王自視與他地位相等，便拒絕其提出的和平商議。地位的高低很重要，既然皇帝背後有六十萬大軍撐腰，便可以堅持自己的原則。

玄宗在位期間又稱為「開元盛世」，是充滿信心、和平且經濟繁榮的時代。[13]在喧鬧的首都長安，有若干靜謐的皇室花園，其內，從中國各地收集的外來鳥禽與獸類反映帝國所賦予的自然和諧。這是中國藝術的古典時期。玄宗也創立首支中國戲班，稱為「梨園」。他禮遇李白等詩人，以及周昉、張萱等畫家，這些藝術家則創作以讚頌皇室生活的輝煌與典雅作為回報。工匠融合亞洲各地的手法與風格，製作出精緻奢華的赤陶、黃金、美玉及絲製品。

玄宗本人力求在統治藝術方面的卓越表現。雖然他贊同儒家對傳統的尊重，但卻是道家信徒。他背離了法家和儒家的原則以使唐朝的律法更加公平。他鼓勵農事以填滿國家的糧倉、在長江與黃河之間的大運河上增建水閘，並藉由各式其他手段促進國內外的貿易。唐代歷史家記錄：「天下大治，河清海晏，物殷俗阜。安西諸國，悉平為郡縣……四方豐稔，百姓殷富……丁壯之人，不識兵器。路不拾遺。」[14]

從各方面看來，這時仍是唐朝的鼎盛時期。但很快地便顯示其實際上僅是金玉其外。天然災害耗盡了糧倉。饑荒與暴行迫使皇帝將居民從人口過剩的首都疏散。這時期數一數二偉大的詩人杜甫寫下：「朱門酒肉臭，路有凍死骨。」[15]中國東北方爆發叛亂，讓皇帝只得從西方邊境撤兵。該地區各政權很快地利用了這樣的局勢：吐蕃人違反和平協議；遊牧民族回紇（Uighurs，維吾爾人）加強了對今日蒙古地區的控制；同是遊牧的契丹人（Khitan）群集侵襲邊境。剩餘的中國軍隊則過於薄弱，無力在七五一年的怛羅斯戰役打敗伊斯蘭哈里發國的軍隊。

更糟的還在後頭。七五五年，節度使安祿山利用北方艱困的情況發起叛變。這次起義成為中國歷史上最血腥的事件之一，奪走了數千萬人的性命。「行人弓箭各在腰。」杜甫寫道：「哭聲直上干雲霄。」[16]七五六年，唐玄宗被迫讓出權位。繼任的皇帝〔肅宗〕恢復了部分穩定的局面，但也只能透過請求回紇以及哈里發國的傭兵阻止吐蕃的侵略行為。七五八年，阿拉伯與波斯海盜燒燬廣州城，其海港過了五十年都未重建。七六二年，後來成為皇帝的唐德宗被派遣至回紇確認結盟關係時，他們竟放肆地要德宗跳舞。

此次經驗讓唐德宗（七七九至八〇五年）在登基後，立刻重新思量與回紇之間的關係。他召請使臣一同審慎計議策略。有些使臣傾向於跟吐蕃結盟以對抗回紇，但其他人卻視吐蕃為主要對手且提議攻擊之。一位將領建言道：「吐蕃弱則求盟，強則入寇，今深入塞內而求盟，此必詐也。」[17]只不過，皇帝仍決意繼續與吐蕃談判。但後者只要被稱為唐朝「從屬」，就拒絕進行協商。最終，吐蕃如願以償，並與唐朝在七八三年結下盟約。一年後，中國爆發叛亂時，吐蕃軍隊協助巡邏長安大街。但首都情況一旦安穩下來，唐朝廷與吐蕃之間的緊張情勢又死灰復燃。這一次，中國決心與回紇和哈里發國盛大聯盟以阻止吐蕃人。一位朝臣建議：「臣願陛下北和回紇，南通雲南，西結大食、天竺，如此，則吐蕃自困。」[18]於是，唐朝廷在七八九年建立盟約，但卻未維持多久時間，所以西邊的局勢持續不穩定。

同一時間，帝國內部也四分五裂。唐德宗企圖實施一連串財政改革以救濟窮人，卻只是讓問題更加惡化。現有的稅收制度以一個家庭的成員數量為基準計算其稅額，這卻導致了農村人口外流。新的稅收制度則不計人頭數，而是以家庭的財富與資產為基準而計算，但這將社會更加地兩極分化。德宗死後的那段期間，中國的經濟管理不善、貪腐，局勢也動盪不安。包括鹽稅在內的許多稅收項目被廢除，但這加速了朝廷權勢的衰落。氣候變遷更進一步惡化了這些困境。詩人岑參寫下：「瀚海闌干百丈冰。」有一段很長的時間天氣特別冷，導致農產品歉收，這重啟了唐朝與北方遊牧民族的衝突。[19]唐宣宗（八四六至八五九年在位）短暫維持了秩序，但之後在他的繼承人統治之下，唐朝在經濟上持續衰退，政治上逐漸瓦解。當最有錢的一群地主不願支付稅金時，唐僖宗（八七三至八八八年在位）便恢復徵收鹽稅。這卻導致走私、犯罪等情節，社會也更加不安。唐代最後一位皇帝〔唐哀帝〕於九〇七年遭篡奪者毒害時，這個朝代早已名存實亡多年。

唐朝覆滅之後，隨之而來的是超過半個世紀的無政府狀態，這段時期稱為「五代十國」（九〇七—九六〇年）。實際上，爭權人士的數量不止如此，但很少有人能倖存幾十年以上。永無止歇的爭戰促進武器的發展，例如火藥拋擲器，以及長形的斬馬刀。北方人口流失的速度尤甚。城市一貧如洗，用以傳輸供應食品的運河系統也停止運作。國家無法抵禦外國的入侵。吐蕃、回紇，與契丹人現在支配了大片曾是唐代領土的地區。即使是後漢、後唐與後晉等中國王朝，也是由中亞血統的強人所統治。文學家王仁裕（880-956）責難當代互相爭權的中國王朝，讓胡人統治者手到擒來。他詳述後晉「失馭，奸臣賣國，雄師殺卒，束手送降，赤子蒼生，連頭受戮……開闢已還，未有若此之亂也。」[20]

此一期間到目前為止，最強大的勢力是來自蒙古滿洲大草原的契丹部落聯盟。九〇七年，其首領耶律阿保機自立為遼朝太祖。他對中國人的敗壞嗤之以鼻，嘲笑他們許許多多的暴亂，並期望中國君王（他稱其為兒）能親自來謁見他並答應他的領土要求。他對一位不幸的使節說：「我漢國兒子致有此難，我知之矣。聞此兒有宮婢二千，樂官千人，終日放鷹走狗，耽酒嗜色，不惜人民。」[21]太祖於九二六年去世時，遼帝國已向南擴張至黃河。

有一會兒的時間，東亞的權力平衡往北轉移，北方滿洲的平原與山丘成了權力政治的競技場。黃海與渤海蜿蜒的海岸平原上，遼朝與後周等支配黃河南岸的小國相爭。九五四年，後周軍隊在高平之戰迎擊遼朝所支持的聯軍。歷史記載說明，北方聯軍低估了其對手，在南向烈風中試圖進攻，卻遭大敗，於是他們的南向擴張便推遲了。此場戰役過後不久，九六〇年，一位後周將軍（殿前都點檢趙匡胤）建立了中國商業最蓬勃發展的朝代之一：宋朝。雖然遼朝持續掌控黃河北方的地區，宋太祖與太宗這兩位初宋皇帝藉降服黃河以南的其他國家以擴張宋朝的領地。九七九年，宋朝攻擊盤踞黃河兩岸，且前身為後漢的北漢。但遼朝馳兵救援北漢。遼朝與宋朝之間將持續對立一百五十年之久。

在朝鮮半島上，新羅王國自從第八世紀早期擺脫唐朝附庸國身分後，便一直是該地區首屈一指的強權。

但在九三六年，剛建立不久的高麗王國推翻了新羅王國。高麗王國自視為高句麗的傳承者。雖然新羅長期以來歷經政治衰敗，但我們尚不清楚高麗確切是如何取勝的。只不過，隨著高麗的出現，朝鮮的國家建設也來到了新的水準：其統一朝鮮半島的成就直到今日仍被視為理想的韓國統一。高麗太祖（王建）出身富裕的貿易世家，且非常清楚該如何維持其統治權。他的治國方針包括虔誠信奉佛陀、在朝廷力保廉潔、薄賦稅、廣納建言，以及堅守國家的獨立等原則。

太祖總是對潛在的內外在威脅保持警覺。他在死前不久承認：「我只恐怕我的繼任者會耽溺情慾與貪欲，並摧毀治理的原則，」接著，他警告：「由於我們的國家與蠻邦共享邊界，所以必然要慎防他們入侵的危險。」[22]但這終究會成為迫切的危機。起初，遊牧民族女真將高麗王國與遼朝分隔，但後兩者協議聯手防阻女真人掠奪他們的城鎮。不過，遼朝在九九一年大敗女真之後，便直接遙望鴨綠江另一頭的高麗。遼朝與高麗都自認有權在彼此領土上建立據點。一位遼朝將軍試圖合理化其侵略行為而宣稱：「汝國不恤民事，是用恭行天罰。」[23]

佛陀的戰士

在東南亞，第九世紀間，新成立的王朝為今日仍能見於柬埔寨、越南、印尼以及緬甸的國家與文化搭建出輪廓。該區域許多河川與覆蓋森林的山區為不適宜人居的地勢，對陸地交流來說是棘手的阻礙，但這卻促進海路的聯繫，藉由貿易交流、共通的印度教與佛教信仰，以及創建共同的藝術語言維繫彼此關係。這種藝術語言現今仍可見於該時代寺廟、皇宮遺址與殘餘物品。這形態的地勢也使該地區成為中國與印度之間具有極大戰略重要性的海上貿易主要通道。馬六甲海峽（Strait of Malacca）與巽他海峽（Strait of Sunda）成為重要的中繼站，促使人們建造重大的貿易港，而這些貿易港，尤其在馬來西亞、蘇門答臘（Sumatra）與爪哇（Java），都可以助長國家的發展。

但貿易、信仰和進步也孕育了戰爭。七世紀晚期在蘇門答臘島崛起的三佛齊（Srivijaya）王國，位於馬六甲海峽與巽他海峽間，具有戰略優勢，是第一個開始藉支配這些咽喉點以控制貿易流向的國家。[24]三佛齊討好中國，其使用的手段是派遣使者前往中國進貢，並拿胡椒、龜、珍珠和象牙與中國換取鐵、陶瓷與絲綢。三佛齊也向北印的波羅王朝（Pala Dynasty）提議在其境內建造佛教寺廟，並願意捐贈黃金給南印城市的寺廟。三佛齊的國王也聯繫哈里發國，聲稱自己熱切地希望彼此可以進行買賣，並請求哈里發國「派遣一位可以教導我伊斯蘭教並以其律法指導我的人。」[25]三佛齊征服馬來半島並攻打高棉及占婆國（分別位於今日的柬埔寨與越南）的貿易城鎮，以試圖阻擋他人瓜分貿易量。中國文獻記述，三佛齊迫使船隻停泊在馬六甲海峽，如此一來，他們便可以監控這些船隻並向其課稅。

商業上的競爭以其宗教的面相示人。七世紀晚期，三佛齊的國王按照佛教教義乘船出行（*siddhayatra*）。原意為尋求靈性覺知的旅程，實際上卻牽涉了對貿易城的征服。三佛齊軍隊摧毀馬來半島的印度教寺廟，並建造佛教僧院以取代之。起初，三佛齊經由王朝間的聯盟將自身勢力擴張到鄰近的爪哇島。但到了九世紀，這兩個島國陷入為爭奪區域霸權而日益激烈的鬥爭中，這爭鬥將延燒千年。

同時在大陸上，三佛齊的威脅在第九世紀初促使闍耶跋摩二世（King Jayavarman II）統治下的高棉統一。闍耶跋摩二世將高棉的政治中心往北遷移，讓其比較不受三佛齊的戰船侵擾。在這過程中，高棉也征服了羅渦（Lavo）這個小國家，並讓它成為可以維護高棉的西部邊界的傀儡國。接下來的兩世紀間，闍耶跋摩二世的繼任者將漸漸擴展高棉帝國的邊界並累積財富。十世紀末，爭奪高棉王位的敵對勢力發生內戰，甚至也把遠在印度的地區強權捲入其中。

東南亞的國家之間除了彼此的衝突之外，也有密集的外交聯繫。國王們利用宗教擴張他們的影響力，建造寺廟與紀念碑，並讓神職人員及僧侶擔當使節之責。儘管如此，就某程度上來說，戰爭幾乎毫無間歇，雖然軍隊人數僅有數千人——這在規模上不比中國或印度發生的超大型戰役，而比較接近當代歐洲的戰爭。這種情況多多少少可以歸因於這時期該區域出現的首批重要君主制國家的成因及影響。對於這些新建立的王朝來說，地位幾乎就是一切。舉例來說，爪哇國王是「世界救星」與「佛教保護人」，另一方面，三佛齊的君王自稱為「海陸之王」。「勝利的是這位三佛齊王，」一處銘文稱：「他統治的榮耀受鄰近統治者的崇敬，且他是此世界的造物主所創，就像是為了要強化這最好的宗教。」[26]只不過，東南亞的政治在實際上是存在於印度及中國相互重疊之勢力範圍陰影下的無政府狀態。

印度的四大王國時期

「這位王子的心因追求而成聖，因為他認可了他人的功勞。他的驕傲隱藏在真正的謙遜之下。」[27]八世紀的詩人兼劇作家薄婆菩提（Bhavabhuti）在他的劇作《偉大英雄記》（*Exploits of a Great Hero*）如此形容統治者的特質。依照古代史詩的傳統，這部戲劇描述印度教神祇羅摩（Rama）的早年生活，也是上層種姓婆羅門（Brahmin）僧侶所擁護的理想正義，與墮落國王和支持他們的邪僧所造成的罪惡之爭。薄婆菩提的劇作充滿殘酷情節，無人能倖免，即使是婦孺也不例外。

在薄婆菩提的時代，印度的總人口約莫六千萬。大多數人口分布於印度河—恆河平原上，跟世界其他地方差不多，絕大多數的居民都住在農村聚落。直至今日可見，刻製於該時代大量的「英雄石像」顯示出他們每日所面對的難事。這些石刻紀念聚落中重要的男男女女，包括為了保護自己村落而喪命的戰士；保護家人不受劫匪侵害的丈夫；以及一位殺死花豹的農夫，這隻花豹欲吃掉他所豢養的牛隻。但是印度沿岸地區的居民也越來越多。在那裡，貿易城蓬勃發展並連接起豐饒的內地與海外市場，最遠曾達歐洲與中國。

在這時代，城市居民與農夫都同樣籠罩在一重大事件的陰影之下，那就是波羅王朝、羅濕陀羅拘陀王朝（Rashtrakuta）、普臘蒂哈臘（Pratihara）王朝，以及北方肥沃平原上伊斯蘭哈里發國之間的爭鬥。這場衝突既是宗教也是國家之間的競爭：哈里發國自然是穆斯林，但波羅人信仰佛教、普臘蒂哈臘人信奉印度教，而羅濕陀羅拘陀人則是耆那教信徒。似乎他們各有長處，所以沒有任何一方能取得明確且長久的優勢；波羅人的戰象和戰船數量為其中之最，羅濕陀羅拘陀的步兵數量最多，而普臘蒂哈臘的騎兵最優秀。

波羅王朝在七五〇年左右，發源於博多河（Padma River）河岸，博多河位於今日孟加拉，是恆河下游最重要的支流。一群部落領袖授與瞿波羅國王（King Gopala）「保護者」（pala）的名號，期望這可以終結該區域的內鬥衝突。記錄下此事件的銘文如此敘述：「為了終結類似魚群之間發生的事態，人們製作了榮耀的瞿波羅（Gopala），也就是國王頂上的羽飾寶石，並牽起吉祥天女的手。」[28]。另一處銘文讚頌瞿波羅「放出戰象」對抗相鄰部落與國家。[29]很顯然，對外的征服與國內的穩定這兩件事，在波羅人心中同樣重要。

波羅王朝興起的同時，德干高原與印度南邊海岸的大部分地區落入了羅濕陀羅拘陀國王但地陀伽（Dantidurga）的掌控之下。他也是羅濕陀羅拘陀王朝中，首位舉行大布施（mahadana）儀式的國王。大布施讚頌國王受神聖宇宙的黃金子宮哺育而生，於是，與國王等重的金塊銀條會發送給窮人。普臘蒂哈臘王朝開國君王尼伽巴陀（Nagabhata）是匈人後裔。他擊退哈里發國的武力入侵並「從災難中復得土地」[30]之後，統一了印度河－恆河平原的西北部。哈里發國儘管遭遇了挫折，仍持續試圖強行進入北印度，他們自從七世紀晚期抵達印度河岸時就開始這麼做了。他們的行為合乎邏輯，因為哈里發國已掌握阿拉伯海北邊的海岸平原以及通往印度河流域的山谷間道路。征服此地，不僅能將真主之言傳播給異教徒，也能奪取其豐富的農業與商業資源。該地有兩點聞名遐邇，首先是豐盛的物產，再來便是可接收從絲路經由喀喇崑崙山脈（Karakoram）運至印度洋的各種商品。

這四大勢力之間的鬥爭持續將近兩世紀之久。達摩波羅王（King Dharmapala）為了北方佛教聖地而展開聖戰時，波羅王朝首先發起了攻擊。但他主要的目標卻是卡瑙傑（Kannauj）這個位於印度河－恆河平原中心點的貿易城。他擊敗了普臘蒂哈臘與羅濕陀羅拘陀，皇家杜爾巴（*Durbar*，仲裁所）也在八〇〇年左右認可他的霸權。達摩波羅王在杜爾巴指派一位傀儡國王治理恆河中游地帶。「他優雅牽動著的雙眉給出指令，任命卡瑙傑卓越的國王，很快地布加（Bhoja）、麥提雅（Matsya）、馬陀（Madra）、拘羅（Kuru）、雅度（Yadu）、亞梵那（Yavana）、阿槃提（Avanti）、犍陀羅（Gandhara）和吉拉（Kira）等國王皆認可之，尊敬地磕首跪拜，他們的王冠顫抖著，般遮羅（Panchâla）欣喜的長者舉起了他的黃金加冕罐。」[31]

但達摩波羅沒能保全這塊區域。那些表面上卑躬屈膝的國王很快地都變節了，他們請求普臘蒂哈臘前來，並與之聯手打敗了波羅王朝。隨後，羅濕陀羅拘陀發動新一波攻擊，並將波羅與普臘蒂哈臘都擊敗了。八五〇年左右，普臘蒂哈臘的密希羅布加（MihiraBhoja）國王發起一連串攻擊，再次引起戰事。普臘蒂哈臘在印度次大陸西北方的勢力維持了六十年左右，接著被獲得阿拉伯人協助的羅濕陀羅拘陀打敗。然而，到了八世紀末、九世紀初，這三位國王都開始遭受內亂之憂。其原因不明，但從哈里發國分離出去的伽色尼

（Ghaznavid）王朝立刻趁虛而入。公元一〇一八年，佔領卡瑙傑城的並非印度王朝，而是一位穆斯林君王，人稱伽色尼的馬哈茂德（Mahmud）。

各國為了爭奪北印控制權而長期競爭的同時，也竭力傳播他們的文化及宗教影響力。波羅王朝建造佛教僧院，這些地方後來成為學習中心。羅濕陀羅拘陀首都曼基多（Manyakheta）是重要耆那教思想家的居所，例如數學家摩訶吠羅（Mahaviracharya）以及彭那（Ponna）與阿地卡毘・彭巴（Adikavi Pampa）等兩位詩人。信奉印度教的普臘蒂哈臘則留下令人讚嘆不已的寺廟群，例如位於奧西揚（Osian，在今日的拉賈斯坦邦）的印度廟以印度藝術史上數一數二精美的雕刻裝飾。這些強權儘管相互爭戰，卻仍與彼此進行貿易：在奢侈品方面，他們的經濟大部分是互補的。此外，包括藝術、戰爭，以及富麗堂皇的皇廷的經費，都來自於貿易、土地、鹽以及礦物所徵的重稅。即使沒有明確的證據，但賦稅之重擔必定主要落在一般百姓、當地工匠及小農的肩膀上。

阿拔斯王朝的占領

七一四年前後，伍麥亞的哈里發瓦利德一世（Walid I）下令建造一座新的皇宮城。很不尋常的是，他選擇的地點既貧瘠又偏遠，距離首都大馬士革約兩天的交通距離。這個地方名為安吉爾（Anjar），後來興建起壯觀的柱廊、大廣場，以及精美雕刻的大理石。哈里發打算在這僻靜之地安居，並沉溺在詩詞、美酒及溫柔鄉之中。瓦利德一世與其之後的繼任者，不容許他人違逆其欲求。這些伍麥亞人主張自己地位等同於先知穆罕默德而顛覆了傳統的伊斯蘭政治思想。[32]伊斯蘭教已不見容分歧的意見，更不用說是不同宗教了，取而代之的是極權主義。

只不過，新的服從教義與現實之間的分裂是前所未有的嚴重。伍麥亞王朝正搖搖欲墜。在東方，臣屬的波斯人已經厭倦於針對祆教的鎮壓、湧入的阿拉伯移民、為了金援要塞城而強徵的沈重稅金，以及阿拉伯人日漸增長並拒其他人於治理權之外的民族優越感。七一九年，以什葉派為主，名為哈希姆派（Hashimiya）的反抗行動集團，在中亞偏僻的山谷中崛起。集團領袖聲稱為巴努哈希姆（Banu Hashim）氏族的傳人，穆罕默德也曾隸屬於這個氏族。他們譴責伍麥亞哈里發得位不正，並允諾將人民從他們的暴行中解放。他們宣揚什葉派伊斯蘭教的同時，也結合祆教元素，並向猶太教徒、遜尼派信徒以及基督徒釋出善意。哈西姆派的行動受到波斯和美索不達米亞日益廣泛的怨恨所推動而像野火一樣蔓延開來。

七四三年，敘利亞爆發內戰。伍麥亞哈里發在大馬士革附近遇害時，得勝的一方下令將他的首級「叉在長矛上，以酒淋於其上，在全城遊行示眾，並宣告『此為那位嗜酒人的首級』」。[33]數千頭駱駝將皇家藏寶運出城。[34]同時是占星家的僧侶提歐費勒斯・埃德薩（The ophilus of Edessa, 695-785）記錄：人們遭「毆打及掠奪，婦人在丈夫面前受到侵犯。」[35]與此同時，哈希姆派運動的軍隊持續壯大，並往美索不達米亞平原湧入。目前為止，「黑衣人」與一支有勢力的什葉氏族結盟，這支氏族聲稱是先知穆罕默德最小的叔叔阿拔斯（Abbas）的後裔，後來人們稱他們為阿拔斯人。

七四九年，一場地震侵襲中東，毀壞了若干城市。對編年史家而言，這不祥之兆很明顯：新的混亂時代即將展開。提歐費勒斯・埃德薩寫道，「人們親眼證實，美索不達米亞的地板裂開長達兩英里，一匹像騾子般且純潔無瑕的動物從裂隙中出來，牠用人類的聲音說話，宣告某個沙漠國家將入侵阿拉伯。」[36]混亂占據了世界，不僅在民間事務方面。四處可見爭鬥與殺戮。七五〇年，阿拔斯的首領阿布・阿拔斯・薩法赫

（Abu al-Abbas al-Saffah）率領技高一籌的什葉戰士，在扎卜河戰役（Battle of the Zab）中打敗伍麥亞的十萬大軍。薩法赫取得勝利後，便宣布自己為阿拔斯王朝的首位哈里發。

伍麥亞的滅亡引發社會學者、法學家與神職人員激烈辯論如何維持伊斯蘭社會的秩序。各方皆同意：《古蘭經》與先知的話語仍該是法律的主要基礎、應當維持烏瑪制度，且也應該持續傳播伊斯蘭教。但之後，他們對於確實施行上述基本原則的手段，則未達到共識。

源於此時期而影響深遠的觀念之一是：所有非穆斯林社會應該集體被視為「戰爭之地」（Dar al-Harb）的一部分。法學家阿布・哈尼法（Abu Hanifa）首先提起這個觀念，後來，他的弟子賽班尼（al-Shaybani）在著作《國家法概論》（*Introduction to the Law of Nations*）中，為此觀念與其延伸論點增添細節描述。賽班尼的論述並未質疑是否該對異教徒發動聖戰（jihad），畢竟他們已經處在「戰爭之地」中。但書中確實針對發動聖戰的手段提出了一個框架。拒絕接受伊斯蘭教義的人應該遭受爭鬥、殺害、掠奪或奴役，儘管在某些情況下，可以對婦女、兒童及長者展現一定程度的仁慈。[37]但是賽班尼也展示出其務實的一面，他表示在某些情況之下，可以跟戰爭之地的人民協商和平協議，也可以給予他們的商人與使節通行證，並與他們進行貿易。

十一世紀著名的法學家馬瓦爾迪（al-Mawardi）更加強了這些觀點。他的作品《治理規則》（*Ordinances of Government*）是伊斯蘭教中以司法、政治與戰爭為主題的著作中，最詳盡的作品之一。馬瓦爾迪最重視的是國防：哈里發最主要的責任是保護聖地以及信徒的國土，也就是所謂「和平之地」（Dar al-Islam）。「當混亂之時，無領袖者沒有任何好處，如果在他們之中無知的人起身領導，那麼他們將永遠不會有領袖。」[38]只有在如此的混亂發生之時，哈里發才會轉於履行聖戰的義務。馬瓦爾迪跟賽班尼一樣，聲明戰爭之地的居民應當有納貢以換取求和的機會。該領土則變成「契約之地」（Dar al-sulh）的一部份。「只要他們有納貢，就不行繼續對他們發動聖戰。」[39] 如果異教徒做出抵抗，就可以使用任何方式「將他們從其屋室趕出，日日夜夜傷害他們，用打鬥或是焚燒的方式。」[40]

為了象徵他們對先知穆罕默德熱誠的效忠，阿拔斯使用黑色為官方色：他們的旗幟，甚至使者身上穿的束腰外衣都是黑色的。一個多世紀之前，穆罕默德的軍隊勝取麥加時所帶的旗幟就是黑色的。硬幣上的文字擁立哈里發為「信徒的國君」及「神僕」。新的哈里發在繼位時宣誓。其中一位哈里發聲明：「首領必須將宗教與正義維持在正確的道路上，保護所有穆斯林的權利，並發動對抗異教徒的戰役。神的慈悲與智慧……幫人類省下尋求領袖的麻煩。他親自指派領袖，並讓他們成為先知穆罕默德的後裔以榮耀他們。」[41] 另一位則立誓：「願真主為見證人，如果他讓我作為信士的長官（Amir al-Mu'minin），並讓我成為哈里發」、「如果他確實讓我成為哈里發，我將遵循祂及先知的話語以及生活方式，並將之傳達給我的人民。我也不會隨意殺人或毀壞場所、奪取他人的屋室或掠奪他們的國家，並會謹慎地做出決策。」[42]

阿拔斯的首位哈里發在擴張伊斯蘭帝國的同時也再次將權力集中化。雖然他們嚴厲批評伍麥亞人鬆散的管理風格，卻採用其最重要的幾項治理手段，例如底萬與卡迪（*qadis*，意為伊斯蘭法的法官）。他們也採用重大的創新措施，例如維齊爾這個職位（Wazir 或 vizier，意指首席顧問）。哈里發國現在由中央直接管轄的若干核心省份以及周邊省份所組成，前者如美索不達米亞、敘利亞、伊朗西部，後者則包括亞美尼亞、北非以及中亞。核心省份的總督往往都是皇室家族成員，他們時常輪調，且受郵政部（*barid*）監督。郵政部是一種直接向哈里發彙報的情報單位。周邊省份則部署了軍事總督。

七六二年，阿拔斯王朝第二代哈里發曼蘇爾（al-Mansur，七五四年至七七五年在位）將首都遷至新建立的城市巴格達，官方稱為和平之城（Madinat al-Salam）。在曼蘇爾的治理期間，巴格達成為藝術、科學及哲學中心。他派遣使者至君士坦丁堡請求希臘哲學家的著作，欲將之放入又稱為「智慧宮」（Bait al-Hikma, house of wisdom）的圖書館。在哈倫・拉希德（Harun al-Rashid，七八六年至八〇九在位）的統治下，王朝達到鼎盛時期。哈倫最廣為人知的，是他出現在完全虛構的《一千零一夜》（*Book of One Thousand and One Nights*）中，這個作品帶懷舊色彩地將他掌權的哈里發國描述為伊斯蘭文明的黃金時代。不過，該時代皇室詩人的讚詩也相同地充滿溢美之詞：

> 「因為哈倫，每個地區都光輝閃耀，
> 他的公正作為造就了通直大道。
> 一位透過關注上帝的要求而對其事務下達命令的領袖……
> 他面容的光彩讓人睜不開眼。」[43]

也許諸如此類的頌詞並非肺腑之言，如塔巴里（al-Tabari）偷偷地觀察到：「詩人唱著關於他的讚詞，並因此獲得重賞。」[44]

哈倫仍是王子時，在對抗拜占庭帝國的戰役中獲得了寶貴的經驗。於是，他當上哈里發之後第一件事，便是強化臨拜占庭邊境的防禦，並將前線省份中持有異議的總督砍頭。[45]然而，儘管他警戒心很高，但在他的統治期間，尚屬年幼的阿拔斯哈里發國卻開始走下坡。在敘利亞、埃及與波斯的動亂從未止歇。西班牙的哥多華酋長國（emirate of Córdoba）雖認可這新王朝，但卻是伍麥亞王朝最後一個反抗前哨。七八八年，伊德里斯王朝在摩洛哥自立為朝。七九三年，伊朗的總督抗拒王命。阿拔斯派出了五萬部隊討伐之，才得以恢復秩序。哈倫死亡之後，局勢更加混亂。到了八一三年前後，巴格達已無法無天。叛變的士兵「會結群成黨，走到一位男子面前，抓住他的兒子並將之帶走，完全無法阻止他們，」塔巴里寫道：「沒有管理機關能出面制止……因為管理機關自己都還需倚賴他們。」[46]到了八二〇年，哈里發國失去對敘利亞以及中亞大片領土的控制。

檢視阿拔斯哈里發國的國庫後，發現其存量在九世紀減少了五成。[47]他們與拜占庭帝國之間的戰爭耗損了財政。除此之外，他們忽視美索不達米亞的農業生產，也無法徵收埃及與東方省份的稅金。哈里發的收入越少，就越努力課徵新稅——隨之而來，卻是更嚴重的動亂。哈里發漸漸仰賴軍方人士維護其統治，但卻必須以土地作為報酬。八六九年，波斯灣鄰近巴士拉（Basra）之處爆發了大型的奴隸暴動。哈里發國持續進口奴隸投入基礎建設、農事與步兵中。此次的津芝叛亂（Zanj Rebellion）奪走了數十萬條人命。青年男子成為奴隸的奴隸，女人則成為他們的姘婦。一位目擊者回憶：「當他們被殺時，我可以聽見他們喧囂之聲，叫道『阿拉是唯一真主』。」巴斯拉的津芝首領「燒燬會眾的清真寺；他也在港口放火，從錨鏈燒到艦橋上，熊熊大火吞沒了所有事物，包括人、動物、商品與貨物……身上有點錢的人會被折磨，並在財物被榨取一空之後遭受殺害，但窮人則直接被殺死。」[48]。這場叛亂延續了十四年才終於被平定。

同時，阿拔斯哈里發國持續瓦解。八六八到九〇五年之間，突倫王朝（Tulunids）掌管了埃及與黎凡特大部分地區。九〇九年左右，法提瑪王朝（Fatimid Dynasty）從阿爾及利亞為起點擴張勢力。九三〇年代，白益王朝（Buyid Dynasty）開始占據波斯與部分的美索不達米亞，在九四五年甚至更占領了巴格達。只不過，伊斯蘭世界分崩離析的同時，另外一個源於中亞草原的小型邊緣勢力正厲兵秣馬，伺機攻擊。

地獄般的歐洲

阿拔斯在鼎盛時期的居民數量多達五千萬人。當時巴格達市民超過一百萬人，是全世界最大的城市。[49]相較之下，查理曼統治下的法蘭克帝國人口約二千萬人，拜占庭帝國人數約一千萬人，保加利亞帝國（Bulgarian Empire）有兩百萬人，而伍麥亞西班牙的人口更少。[50]在歐洲，富裕的商業城市慢慢崛起，包括哥多華、塞維亞（Seville）、巴勒摩（Palermo），義大利半島的城邦、科隆（Cologne）、美茵茲（Mainz）、雷根斯堡（Regensburg）、巴黎，以及倫敦等。全世界只有十多座城市人口超過兩萬人。只有在巴勒摩與哥多華等阿拉伯城市，以及拜占庭的首都君士坦丁堡，才有超過二十五萬的居民。

八世紀晚期到九世紀初期間，北歐和西歐一度成為強權政治的焦點。影響最深遠的事件，便是自羅馬滅亡以來，西歐首度建立起真正的帝國。這個帝國在法蘭克的查理曼（七六八年至八一四年）打敗弗里斯人、撒克遜人、巴伐利亞人、阿瓦爾人以及倫巴底人之後得以建立；羅馬在公元八〇〇年聖誕節當天正式承認法蘭克帝國的地位，當時，教宗加冕查理曼為「羅馬人的皇帝」。查理曼的「神聖羅馬帝國」（後世如此稱之）是建立於加洛林前人的成就之上。他所繼承的領土比潛在對手大得多，讓他得以匯集更多財政資源與軍隊攻打南部及東部的敵人。他的騎兵特別強大。重裝甲騎兵（中世紀騎士的先祖）所發動的奇襲可以確實地擊潰步兵；騎馬部隊在橫掃敵對城市周邊的領地時也相同重要，因為如此一來，城內的人將因為饑餓而屈服。[51]

信仰異教〔信仰騰格里〕而由克魯姆大公（Khan Krum，七九五年至八一四年在位）統治的保加利亞帝國是另一個此時期重要的新興勢力，強大的騎兵也是其最顯見的軍事優勢。雖然克魯姆的名聲遠不如查理曼來得響亮，但顯然的他征服的領土涵蓋了東歐一大部分地區。他之所以能如此，是由於阿瓦爾與法蘭克之間的戰爭讓前者衰弱，拜占庭也因為與阿拔斯打仗而精疲力竭。另外一個新的歐洲大國是位於西班牙的伍麥亞哥多華酋長國，其前身是伍麥亞哈里發國的一省，因為拒絕承認阿拔斯王朝而在七五六年誕生。

法蘭克人、保加爾人、阿拉伯人與拜占庭人之間的競爭——也是異教徒、基督徒與穆斯林之爭——形成若干特殊且超越了信仰的聯盟。雖然法蘭克人自豪於其身為基督教世界守護者的名聲，他們仍準備與阿拔斯人結盟以對抗哥多華的伍麥亞勢力。查理曼在信件中稱哈倫・拉希德為他的「兄弟」。哈倫・拉希德則回報以一隻名為阿布爾・阿拔斯的大象、獵犬、馬匹，以及高級鋼鐵製成的劍。拜占庭帝國也是法蘭克人與阿拔斯人的共同敵人。七七四年攻克的義大利倫巴底王國（Lombard Kingdom）後，使法蘭克人與君士坦丁堡直接進入競爭關係，後者仍有部分領土在義大利半島。法蘭克人在亞德里亞海上的船艦讓拜占庭人備感威脅，拜占庭人特別感到不悅的，是查理曼對於羅馬城的保護讓他獲得了教宗的支持與頭銜。

為了爭奪亞得里亞海——尤其是名義上雖然臣服於拜占庭一城，但實際上卻越發自主且戰略態勢明顯的威尼斯——使得加洛林與拜占庭之間的關係快速惡化。查理曼的女兒與拜占庭皇室繼承人訂了親，卻被留在查理曼位於亞琛的皇宮中。[52]查理曼也派遣使者向克魯姆提議聯合對阿瓦爾人發動攻擊，更頒布禁售武器給後者的命令。「別讓他們販售武器或胸甲。」[53]阿瓦爾人屈服了之後，克魯姆的騎兵轉往南方攻打拜占庭帝國。他殲滅了拜占庭軍隊，殺了其皇帝，並將皇帝的頭顱當作飲杯。只有當克魯姆準備拿下君士坦丁堡時，情急的拜占庭人才求和。多年間，外交使節穿梭於兩國宮廷之間，直到他們終於在八一五年訂定和平協議為止。隨後，兩國甚至安排一同劃定界線的任務。

當時歐洲多半由高階教士進行外交工作。他們主要的任務並非與他國協商，而是宣讀其君主的信件。往來亞琛與君士坦丁堡的使節得花上五十天，才能通過其間危險的道途。有時候疲憊不堪的使者終於抵達目的地時，卻遭到惡劣的招待。一位使者哀嘆拜占庭主教接待他時所給予的窮酸待遇：「書上寫道『神是愛』，而他全然欠缺此恩典。」[54]但有時候，使者的見聞似乎讓他們不知所措。為查理曼作傳的宮廷官員艾因哈德（Einhard）記述使者卑微地對著皇帝的廚師俯拜，因為他們誤認廚師為皇帝。[55]艾因哈德也描述隨後的正式謁見：

皇帝身覆黃金珠寶，如旭日東昇輝煌閃耀：三位年輕人展現如天上的騎士風度一般圍繞著他站著，是他的兒子，自此成為王國內的夥伴；他的女兒及其母親才貌兼備，身戴珍珠飾品；教堂的領導，尊嚴與美德無以倫比；修道院長因身世高尚又聖潔而超群絕倫；貴族，有如出現在吉甲（Gilgal）營中的約書亞；以及一支大軍，如同將敘利亞人與亞述人驅逐出撒馬利亞的軍隊。[56]

八一四年，查理大帝與克魯姆雙雙去世，再加上哈倫・拉希德在八〇九年死亡後內戰持續肆虐於阿拔斯哈里發國，這讓君士坦丁堡有稍作喘息的機會。然而，過沒多久，拜占庭帝國卻被迫傾力對付北非伊斯蘭軍隊持續對於其西西里屬地的攻擊。[57]八四〇年，拜占庭派遣代表團至哥多華提出結盟的要求，以對抗入侵者與阿拔斯人，並建議酋長國收復其先祖曾在黎凡特所有之領土。同一時間，保加爾人正專注攻打查理曼的繼任者虔誠者路易（Louis the Pious），直至八三〇年間，他們才又開始壓迫巴爾幹半島上的拜占庭邊境。加洛林帝國侵犯拜占庭帝國勢力範圍的能耐則進一步地被削弱，因為虔誠者路易在八四〇年死後所爆發的內戰，以及在八四三年終結內戰的《凡爾登條約》（Treaty of Verdun）。和平的代價將法蘭克帝國一分為三，分別是西、中，及東法蘭克王國。

統治者竭力卻無法維持他們的權威時，歐洲再一次地陷入了無政府狀態的泥淖，其狀況可怕至極。十世紀初的阿拔斯旅者，例如伊本・法德蘭（Ibn Fadlan），描述歐洲富有林木、水果，以及蜂蜜，但卻是寒冷、暴力且汙穢的地獄。[58]從九世紀初開始，西歐便成了維京大患的犧牲品。舉例來說，西法蘭克聖伯廷修道院（Abbey of St Bertin）的編年史記載，在八四一年：「丹麥海盜順河道而下攻擊盧昂，燒殺擄掠而奪城，或屠殺或俘虜僧侶及住民。」[59]後來發生更慘絕人寰的事：八四五年，沿塞納河而下攻打巴黎的維京大船隊洗劫蹂躪了聖伯廷修道院。「那些異教徒在許多地點侵擾基督徒，」西法蘭克王國的桑騰修道院（Abbey of Xanten）在該年的編年史中如此記錄：「但因為查理（法蘭克國王）怠惰，竟許諾如果他們離開高盧的話，便給他們數千磅金子、銀子，而他們也照做了。儘管如此，大多數聖徒的修道院皆已毀壞，許多基督徒都被俘虜了。」[60]同一時間，當地軍閥也不加約束地相互爭鬥，讓他們的百姓遭受「毀滅、焚燒、強姦，悖理逆天以及褻瀆的行為。」[61]

這樣的浩劫加強了許多基督徒的觀點，即公元一千年預示著世界末日（Doomsday），也就是最後審判日（Day of Judgement）。「到時，國王的暴政、地方長官的不公與強奪行為以及他們奸詐、非正義的審判和詭計都會終止，」一位英格蘭僧侶寫下：「那些在此生中歡樂愉快的人將會呻吟和悲痛。他們的蜂蜜酒、葡萄酒及啤酒將轉為他們的飢渴。」[62]然而，十一世紀拂曉之時的歐洲未遭永恆的救贖或天譴，只見歐洲還正從羅馬帝國的滅亡中恢復，仍是政治分裂、經濟落後且人口稀疏。只不過這時期也顯露出一個地緣政治秩序的骨幹，乍看之下，對於現代人來說突然變得更為熟悉：神聖羅馬帝國的日耳曼國家、英格蘭王國、法國、波蘭與匈牙利——以及似乎永遠位於兩極的羅馬教廷與拜占庭帝國。

歷史之鏡

讓我們試試為公元第一個千年的歷史——也就是過去四章的主題——做點結論，並再一次主要專注在東半球以及五個主要層次：權力分配；政治組織；政體間互動的本質，包括戰爭與和平的起因；人與其環境的互動；以及針對世界政治的思想本質。

權力在第一千紀始終仍重度倚賴人口的大小。人口代表人手；人手又代表農夫、工匠，與戰士。數大便是美。但也有其他因素，讓群體得以更有效率累積權力。例如，行動力助長了長途貿易、資源開發，與征服。羅馬人在這方面首屈一指，他們讓人望塵莫及的綜合陸上運輸能力提高了他們互相通連的本領：例如，標準化的道路、信使的服務，以及行動力極高的軍團。他們也擁有強大的海軍及大型貿易艦隊。

最成功的政體擁有一切：大量的納稅人口、經濟凝聚力、軍力、良好的行政管理，以及能幹的領導者。僅有天然資源之三位一體——水、沃土，以及溫和的氣候——已是不足夠的。舉例來說，埃及與美索不達米亞不僅不再是獨立的政體，其人口也幾乎沒有增長。華北平原仍是中國農業生產的命脈，但北方高原及南方丘陵也變得一樣重要。在南亞，權力的中心從印度河–恆河平原往外延展，涵蓋了北方的貿易路線與南方的海岸城市。

第一千紀的政治秩序由一連串的帝國主導，這些帝國在鼎盛時期，各自掌控了千萬臣民。羅馬是其中數一數二龐大且成功的帝國，它結合了其在地中海地區以及歐洲阿爾卑斯山脈以北大部分地區的優勢。正如它的崛起重新塑造了東半球的政治地圖，它在第五世紀的瓦解也定義了之後地緣政治的前景。漢帝國在第三世紀的覆滅，隨後便是將近四個世紀的政治分裂，這也是類似的後果。在這兩個事例中，隨之而來的權力真空讓曾被視為蠻人的民族所填補：在中國有羌、鮮卑，與匈奴，在歐洲則是日耳曼人。

羅馬與中國之間廣大的地區存在其他重要的政體。在中東，薩珊王朝取代了安息帝國，接著以黎凡特為權力據點的伍麥亞伊斯蘭哈里發國接替了薩珊王朝。然後，則是以巴格達為中心的阿拔斯哈里發國。同時，一連串的帝國支配著南亞，這些帝國各以不同地區為中心，包括西北方，印度河周邊（例如貴霜帝國）；在南方，德干高原之上（例如羅濕陀羅拘陀）；以及東北方，盤踞於恆河中下游沿線地區的笈多王朝，他們在印度次大陸上的控制範圍是無可匹敵的。

然而，到了九世紀與十世紀交替之際，東半球大多數的帝國秩序——唐朝、阿拔斯王朝、加洛林帝國與拜占庭帝國——皆顯露崩解之姿。有那麼一刻，似乎再也無偉大帝國的容身之處。離心力量盛行；權力支離破碎。橫跨整個地球，從馬雅文化搖籃猶加敦、歐洲與中東，到日本群島，猛烈動盪時期與帝國穩定時期分庭抗禮。

人們因為少數而一再重複的理由打仗。最顯而易見的，國家進行戰爭，是因為他們有能力也有野心這麼做。舉例來說，在七世紀的中國，唐太宗對其國力深具信心，以致他往各方征戰。在中美洲，特奧蒂瓦坎一直往馬雅的中心地帶推進，因為他們體認到權力的天平確實往對他們有利的方向傾斜。發動這類戰爭的動機通常以公平或正義作為粉飾。例如，三世紀的薩珊國王以報復他們先前所受的冤屈，並收復他們祖先被奪取的事物為名義，向羅馬發動戰爭。許多帝國政權懷具一種支撐起羅馬治世的信條，即是：羅馬的征服為陷於黑暗的國度帶來和平與繁榮。的確，在中國，鮮卑渴切地利用天命合理化他們的征戰，如同華北平原上的國家最初利用天命正當化企圖征服他們的行為。

另一方面，許多戰爭會發生，是因為國家的軟弱誘發外國的干預。在某些情況下，叛亂與動盪致使統治者或覬覦王位人士徵求外國勢力協助恢復秩序——但卻發現它們昔日的盟友更擴大了動盪。例如，五世紀的薩珊帝國與嚈噠匈人，以及八世紀晚期，衰弱的唐朝與吐蕃之間都發生過這樣的事。在其它地方，帝國過度擴張，削弱了國家的活力，以至於帝國從內衰敗：例如，九世紀晚期，負荷過重且筋疲力盡的阿拔斯哈里發國瓦解，隨後，新的國家崛起於北非、波斯與黎凡特。有時候，則是環境因素的影響，迫使急切的人類發生衝突。也許，這方面最顯著的例子，就是驅使匈奴與匈人離開他們故土的氣候變遷，造成戰爭與遷徙等連鎖效應，最後以四七六年，西羅馬帝國滅於日耳曼人之手而告終。

戰爭的另外一個主要成因是國際關係理論家稱為「安全困境」（security dilemma）的說法：即，一國加強國家安全的行為，會導致其鄰國起身應對，因此造成緊張局面而最終導致戰爭。在國境與勢力範圍往往僅鬆散劃分的時代，讓潛在敵人離國家中心腹地越遠越好是最安全的做法。由於這項因素，華北平原國家與其在朝鮮半島、北方與西方高原，以及南方丘陵上鄰國間的緊張局勢一再出現。此外，這項因素一方面導致羅馬與拜占庭帝國間大量的衝突，另一方面也造成安息與薩珊王朝為了亞美尼亞高原和北美索不達米亞平原所發生的爭戰。

另一個促進競爭與對峙的因素，便是想要控制貿易收益。許多眾人爭奪的地區都是重要的商業通道：例如，為了爭逐霸權而在中亞不停上演的激烈鬥爭，實際上是為了壟斷絲路橫越歐亞大陸大部分陸地所輸送的財富之流。然後，當長途海上貿易在一定程度上為了繞過陸路阻礙而橫跨印度洋發展時，另外一個鬥爭的戲台於焉誕生。例如，薩珊帝國與三佛齊王國為了掌控他們各自在印度洋上的戰略咽喉點而竭盡心力，此即見證。

最後則是宗教。雖然宗教上的歧異不一定阻撓政體建立友誼與合作關係，但所有的宗教跟信念，包括印度教徒、佛教徒、儒家人士、道家人士、基督徒、穆斯林，與異教徒等，都曾發動聖戰。三佛齊的佛教徒國王形容其七世紀晚期的征戰為靈性開悟的追尋（*siddhayatras*）。信仰基督教，位於東非的阿克蘇姆王國為了報復使節遭到殺害，而攻擊阿拉伯半島上信仰猶太教的希木葉爾王國。八世紀的加洛林王國在聖十字架名義下動員軍隊，以正當化其針對南方穆斯林與東方異教民族所發起的戰爭。宗教上的分歧甚至可能造成同一宗教的信徒相互攻打。八世紀時，阿拔斯主張他們從伍麥亞王朝手中搶奪哈里發國，至少在某一程度上是因為後者缺乏真正對於伊斯蘭教的熱誠。僅過了二十多年，羅馬宗皇請求加洛林人維護其基督教的領導權不受倫巴底王國與拜占庭帝國（較前者隱晦）的干涉。

無疑地，在第一個千年期間，人們仍對和平的理想懷抱持續而熱切的渴望。但對於世界政治本質的思考往往因為情緒或錯覺而脫韁。國家、文化和宗教間的互動以鬥爭為特點。伊斯蘭學者在信徒的社群（烏瑪）與非信徒的世界（戰爭之地）間畫出非常清楚的界線。《新約聖經》的教義則遠沒那麼好戰；但從第四世紀開始，拜占庭大多數神學家主張基督教君王有責任以武力保護他們的臣民不受異教徒攻擊。影響力甚高的笈多理論家伽曼達卡告誡，君王應該總是處於準備好的狀態，因為他們的同盟關係絕對不會持久。唐太宗警告如果他們允許男性寬心度日並忘卻戰爭，國力會嚴重地削弱。太宗是中國歷史上數一數二賢能的君王，對於未來的領導者，他還有另一項睿智的忠告：把歷史學得透徹。「以史為鏡，可以知興替。」[63]

CHAPER

10

The Mongol Shockwave

蒙古人的衝擊波

公元一〇〇〇年至一二五〇年

契丹人
開封
北宋
高麗
日本
太平洋
波羅王朝
蒲干
遮婁其
駭黎朋犄
占婆
馬來人
朱羅
高棉
阿努拉德普勒
馬六甲
馬來人
三佛齊
度洋
巽他海峽
500
1000
1500 km
500
1000 miles

冰島
挪威
瑞典
蘇格蘭
丹麥
基輔羅斯
保加爾人
英格蘭
波蘭
諾曼第
法蘭西
匈牙利
可薩人
保加利亞
拿坡里
哥多華哈里發國
拜占庭帝國
法提瑪王朝
阿勒坡
巴格達
法提瑪王朝
白益王朝
柏柏人
利比亞人
圖瓦雷克人
阿拉伯
迦納
衣索比亞
豪薩人
班圖
大 西 洋

一〇〇〇年左右的東半球

公元九七四年，中國宋太祖舉行水上閱兵，共投入數百艘戰艦演練水戰。他的艦隊中有名為「海鶻」的戰艦，以鐵壁強化並裝備有投石機，也有裝設了起落裝置的平底帆船。[1]接下來一世紀，宋朝皇帝建立了世紀上最強大的海軍，共有一萬三千五百艘船艦。他們與敵人交手的時候使用炸藥，發動前往越南與朝鮮半島周邊地區的大型遠征，在菲律賓建立基地，並具備一路航行至荷姆茲海峽的知識。[2]在背後支撐其海軍實力的是強盛的國內經濟與工業，以及明確的帝國遠見，將其用於對付蠻夷、海盜，或所有在國境外對於中國利益的威脅。[3]

因此，如果說在第二個千年的開端，有一個強權蓄勢待發在全世界散播其影響力，好像就該是中國。但卻並非如此。宋朝的中國相當分化，所以其海上軍力最終主要被部署在河上以平定國內的動亂。中國最大的阻礙是北方胡人的入侵：起初是十二世紀的女真人，接著是十三世紀的蒙古人。

蒙古族人的侵襲讓中國的經濟發展為之中斷，直到一百五十年後的明朝才得以復甦。[4]此一轉捩點重大地改變了東半球的權力平衡。雖然蒙古人也曾攻打伊斯蘭政權與東歐的國家，但不同於匈人，他們止步於維也納而並未再西進。如果當初他們繼續往西挺進，那麼西歐在該時期的發展——農業革新、貿易擴張、商業中心城的崛起，以及王國的建設——也許會被消抹殆盡。

目前尚不清楚蒙古人究竟為什麼中止他們在西方的戰事行動，但與其說是由於歐洲軍事上的勝利，其似乎更有可能是因為地理問題以及巧合。歐洲的政體因為暫時不必面臨外來侵略者的毀滅行為，便更加用盡心力持續彼此競爭，想在軍事、經濟，與金融上稱霸。其中不僅國家、侯國與公國，連日漸茁壯而自信滿滿的城邦也加入競賽，其中由威尼斯帶頭做示範。然而，野心和侵略也蔓延到其他的競技場上。但即使是因為聖地遭佔據而發起的聖戰——最著名的是針對非信徒的幾次十字軍東征——每次也都只有數千名騎士參與其中。這些軍隊身邊伴隨著大批的掏金客和虔誠人士，但同樣惡名昭彰的，是其在後勤與領導能力方面之缺乏。這時，歐洲還尚未開始其驚人的全球征服時代。

宋朝

九五四年的高平之戰遏止了中國北方的遊牧勢力並讓南方得以統一，之後，宋朝在九六〇年宣告其已接收了天命。宋朝開國皇帝太祖趙匡胤（九六〇年至九七六年在位）按照儒家學說，允諾會恢復和平，向他們臣民一再保證：「取天地無私之象。」[5]實際上，宋朝在其建立後的一世紀間，花了大量的時間竭力鎮壓那些仍拒絕接受他們霸權的邦國與人士。

宋太祖著手集結成千上萬的大軍以鞏固自己的勢力。敵對的軍閥只能接受以下嚴峻的選項：面對壓倒性的大軍，或退隱至遠離權力中心的邊陲地帶。忠心耿耿的將領則獲賞成為地方長官。民政政府的地位更加鞏固，共劃分為三省六部：中書省、門下省，以及尚書省，這又包含吏部、戶部、兵部、刑部、工部，及禮部。禮部監督國際關係、宮廷儀式、科舉考試，以及佛教與道教僧人。所有官員必須宣誓對皇帝恭順，不得掠奪農村，也禁止虐待平民。

隨著國內漸漸統一，主要的國安問題就變成如何防禦邊境以抵抗北方大國：遼朝及西夏（吐蕃族）。一〇〇五年，宋朝與遼朝訂立澶淵之盟。澶淵之盟規定宋遼承認彼此的地位平等；但遼朝視宋朝每年上繳之銀與絹為貢品。一段時間過後，宋朝廷針對應對西夏侵略邊境的最佳措施進行辯論。有些人讚成維持現有的妥協政策，儘管是出自於務實的因素。[6]「我們的將軍平庸；兵士不利，應該等黨項自行分化，我們再攻擊之。」[7]

其他人反對綏靖政策。一派主戰的官員引用澶淵之盟，稱其為恥辱。他們斷言，把北方讓給遼的話，宋朝將永遠也不會如漢朝或唐朝一樣強盛。「我方軍隊師老兵疲，敵方卻日益強盛，」[8]另一位官員表示。政治家范仲淹聲明：「天下久平則倚伏可畏。」另有一名官員也假設：「夏人敢與我們為敵，因為他們已從我們的遼朝強敵獲得援助。」[9]但最後，皇帝仍決定訂定合約，並再一次用茶葉、銀及絹等「禮物」換取和平。他允諾：「我們將維護百年的和平關係。」[10]

接下來的確是一段繁盛時期。宋朝皇帝加強他們對於華北平原以及長江以南肥沃農業區的掌控。宋神宗（一〇六七年至一〇八五年在位）統治期間，所謂的變法引入一種福利國家的原型。變法內容包括重新分配糧食、抑制價格、卹養金、孤兒照護，以及禁止奴役。人們的生活條件改善了。在這期間，由於重建了和平、從東南亞引入產量更高的稻米品種，以及鐵、絹工業的快速發展，平均每人的經濟生產量甚至還可能倍增。內、外貿易皆活絡發展。一〇八七年，在東南的泉州設立了市舶司（掌蕃貨、海舶、征榷、貿易之事），其並成為中國國際海上貿易的主要轉口港。

中國的宋朝成為世界最大的經濟體，就連敵對國家也無法抗拒其強大的吸引力。例如，鄰邦遼朝的統治者竭盡所能地效法宋朝的富饒與文教素養。軍事平衡也轉移了。九七九年至一〇四一年間，宋朝軍隊呈三倍成長，規模來到一百二十五萬人。宋朝善於製造火藥，並採用火砲。他們下令禁止出口硫磺、硝石與木炭，這三者是火藥的主要成分。皇帝（神宗）也頒布養馬法以減輕宋朝軍隊對中亞進口馬匹的依賴。除了軍力之外，宋朝也訴諸經濟制裁，如果鄰國拒絕屈從，就切斷與其之間的貿易關係。

但平靜的日子並不持久。中國的軍隊也許龐大，裝備也精良，卻從未能鎮壓宋朝的外敵。與夏之間的合約未能劃分邊界，以致衝突持續發生。[11]在南方，宋朝與占婆結盟以征服越南的李朝（Ly Dynasty）。這場戰爭大傷宋軍元氣，到了一〇七七年，宋軍被迫撤退。諸如此類的戰事，以及貢獻給夏和遼朝的「歲幣」，再再虧空了國庫。一位大臣擔憂地表示：「我們八、九成的財政收入都投入軍隊了。我們軍隊的數量可謂龐大，但我們的財政可謂耗竭。」[12]一〇七四至一〇七六年間肆虐中國北方的饑荒，也使情況更加惡化。

各種挫折接踵而至。宋哲宗在一〇八五年，年僅八歲時即位，他選擇討伐西夏。他的繼任者宋徽宗於一一〇〇年登基，據稱他為了追求對藝術的熱愛而輕忽了自己的責任。一一二五年，當宋徽宗喜悅地沉溺於詩詞和畫作中時，女真人起身反抗他們的遼朝領主。雖然徽宗支持女真推翻遼，但女真獲勝之後卻轉身對抗宋朝，並對首都〔汴京〕發動奇襲。侵略當頭之時，徽宗將皇位禪讓給他的兒子。一一二七年，徽宗父子雙雙被虜獲，被女真帶往其在中國東北的首都〔五國城〕。

女真人勝利的速度之快、規模之大，綜合起來，可歸因於宋朝的自滿與無能。另外，女真優秀的騎兵實力勝過宋朝步兵、砲隊及戰船所擁有的優勢。一位宋朝將軍解釋：「金人專以鐵騎取勝，而吾以步軍敵之，宜其潰散。」[13]女真人所建立的朝代稱為金，他們統一了中國北部平原，同時間宋朝的餘黨則撤往長江，並藉南宋之名持續統治。一一四一年，南宋同意以銀錢和絹支付高額歲幣，換得與金朝協議合約並訂定兩者之間的疆界。有一段時間，這兩王朝皆興旺繁盛。在北方受到挫敗的南宋，這時準備將他們的精力導向海外。再一次的，海軍規模擴張、新港口開張，朝廷也鼓勵海上考察。

幾乎剛好就在此時，蒙古人開始帶來了威脅。蒙古人居住在蒙古鄂爾渾河谷四周，數世紀之前，這裡是匈奴人住的地方。一一三〇年，蒙兀國聯盟（Khamag Mongol confederation）首次與金朝發生衝突。雙方在一一四七年簽署和約時，蒙古人強迫金朝納貢。這項和約持續不久；在隨之而來的小規模戰鬥中，蒙古節節敗退。但數年間特別寒冷的夏季讓蒙古人大量損失牲畜，迫使他們重新振作向南推進。一二〇六年，蒙古的部落以歷史上最富傳奇性的領袖成吉思汗為中心而集結起來。成吉思汗的名字意指「世界的統治者」。成吉思汗為了讓世界統一於蒙古統治之下並報復過去所受的不當對待而宣揚天神騰格里（Tengri）所指示的聖戰。

一二〇七年間進攻中國的蒙古軍隊人數可能沒超過十五萬人，且全體騎在短小精幹的馬匹上。儘管如此，他們卻大有斬獲，這主要歸功於蒙古人閃電攻擊的戰術、致命的複合弓、有為了奪取戰略關口而犧牲千萬士兵的準備，以及金朝將軍的叛變。到了一二三四年，蒙古聯合南宋對金朝使出致命一擊，導致金朝滅亡。「道旁僵臥滿累囚，」金朝詩人元好問的作品哀慟表示：「生靈盡。」[14]而金朝的領土馬上便成了蒙古攻擊南宋的踏腳石。

南宋頑強抵抗。在持續了數十年的戰爭期間，蒙古人逐漸掌控滿目瘡夷的邊境行政區；他們慢慢熟習南宋的火藥兵器與攻城武器後，便逐漸使用這些武器對抗其發明人南宋。一二七六年，蒙古人終於拿下南宋首都臨安（杭州）。侵略方蒙古的編年史吹噓道：「執政大臣忘讎忍辱。」[15]蒙古入侵造成大量屠殺，死亡人數高達數千萬人，將近三世紀之後，中國的人口和農業產量才能恢復。[16]在地緣政治上同樣影響深遠的是，在宋朝這數一數二外展導向（outward-looking）的中國朝代之下急遽成長的世界主義被連根斬斷了。

征服異教徒為基督服事

在某些方面來說，蒙古只是最近期從邊緣地帶占據中國心臟地帶的遊牧蠻夷族群。只不過，他們不同於其他族群的地方，是他們同時懷抱著征服遠在波斯灣與地中海等地區的希望。蒙古人在十二世紀首度發起的戰役可能是受氣候變遷以及金朝衰弱所造就的投機主義所激發，但當他們開始結算因勝利而獲得的戰利品時，便受到成吉思汗所作出的承諾所迷惑。他曾允諾會率領他們獲取更多財富，並前往天神騰格里為他們所命定的帝國。成吉思汗的後代則毫不含蓄。他的孫子貴由汗（Güyük Khan）在一二四六年寫信給依諾增爵四世教宗（Pope Innocent IV）時自稱「全民皇帝」。

從日出到日落之地，所有土地已臣服於我。誰可以違背上帝的旨意而這樣做？你現在應當誠心地說：「我將臣服並服侍你。」汝自己該立即率領所有君王來服侍並伺候我們！[17]

在他們之間的蒙古可汗計劃征服歐亞大陸，遠至「偉大的海」（great sea），也就是大西洋。一二三七至一二四一年之間，他們摧毀了東歐，殺害其一半人口。其他歐洲城市收到令人震撼的傳聞。「不管男女，他們都一律拖行至教堂中，在裡面可恥地虐待他們並殺害他們，」匈牙利王國的阿普利亞的羅傑教長（prelate Roger of Apulia）寫下。「他們的娛樂就是在父親或丈夫眼前強暴他們的女兒或妻子。」[18]但蒙古人疾速地來到歐洲，也疾速地從歐洲消失。這很有可能又是因為氣候變遷所造成：雨量增加使得東歐大草原沼澤遍布，減緩了蒙古騎兵的速度，也減少他們的草料。在歐洲的蒙古遊牧族群比其在中國的數量來得少，也缺乏中國的攻城武器，所以歐洲城市的銅牆鐵壁得以撐過比較久的攻勢。成吉思汗的繼承人拖雷去世後，許多指揮官被召喚回國選出新首領〔勿里勒台〕。西歐則免於蒙古的入侵。至於如果蒙古人並未轉頭離去的話會發生什麼事，仍是一個讓人著迷的問題。

無論如何，十三世紀中歐洲的政局在根本上仍跟查理曼的兒子們在四百年前割據他的帝國那時一樣分裂、多極。到了十一世紀初，六大政體包括位於其地理中心位置的日耳曼而主導歐洲的神聖羅馬帝國、拜占庭帝國，以及法蘭西、英格蘭、波蘭和匈牙利王國，不過這些王國與那些後來與他們同名的國家並無太多相似之處。其中，尚未有任何國家有強大的中央政權，或甚至是明確的邊界，而仍只是由公爵及伯爵領地、自治城鎮，甚至主教轄區所鬆散合併而成的。另外也還有羅馬教廷。教廷精神權威的頭銜讓其坐擁可能無窮的政治影響力。

東法蘭克王國最後一位加洛林皇帝在九一一年去世，他身後無子嗣。於是，未來將組成人稱神聖羅馬帝國的若干領土的領袖便經由選舉選出他的接班人。之後幾個世紀的皇帝皆由選舉脫穎而出，候選人都屬於同樣而世代相承的幾個日耳曼王朝：奧托王朝（Ottonian）、薩利安王朝，以及霍亨斯陶芬王朝（Hahenstaufen）等等。最先將帝國權威建立在帝權轉移（translatio imperii）之原則上的，是十世紀的奧托皇帝。帝權轉移意即單一的帝國誥命從羅馬傳遞至拜占庭，再從拜占庭傳遞至法蘭克人，最後從法蘭克人傳遞至日耳曼人手上。因此，他們擔受「日耳曼國王」、「羅馬皇帝」，以及古老且表尊敬的奧古斯都皇帝等頭銜。[19] 如甘德斯海姆的霍羅斯維特（Hrotsvit of Gandersheim, 935-1002）這位修女兼歷史學者等人更增添了他們的基督教光環。甘德斯海姆的霍羅斯維特描述奧托一世為新的《聖經》大衛王，「征服異教徒為基督服事以建立神聖教會的穩定和平。」[20]

然而，基督徒的和平僅為奧托王朝遠大的世俗及擴張戰略蒙上薄薄一層偽裝。他們的帝國缺乏天然屏障的邊界。帝國西部橫跨萊茵河兩岸，如洛林（Lorraine）與低地國家（Low Countries）等領地導致他們與法蘭西發生衝突。在南部，巴伐利亞公國橫跨阿爾卑斯山兩側，所以可用以進出義大利的布倫納山口就在其中。在北部及東部的開放平原上，奧托軍隊持續不斷地與丹麥、波蘭和匈牙利打仗。奧托王朝也會占國家小而弱勢的君主的便宜，而吞併他們的土地。舉例來說，奧托一世在九五一年欲插手拯救遭倫巴底人囚禁的義大利國王洛泰爾二世遺孀阿德萊德皇后（Queen Adelaide）時，藉機自立為義大利的國王。十年後，當篡位者趁奧托不在的機會奪取義大利的王位時，教宗懇求奧托：「看在主的份上……國王將親自從暴君的尖牙中解救教宗及其照看的羅馬教會，並讓他們恢復健康與自由。」[21]並獲得奧托的回應。義大利教士利烏特普蘭德（Liudprand）虔誠地吟詠：「不管自身利益，且集結了武力，奧托迅速來到義大利。」由於利烏特普蘭德對於奧托王朝的忠誠，所以獲得主教的職位。[22]奧托也確保教宗會正式承認他的王權作為回報。

接下來的七十年間，皇帝隨意晉升或罷免教宗。但漸漸地，教宗職權經歷了革新，得以奪回之前曾有過的特權以及大部份的威望，甚至可以在一〇七六年開除亨利四世皇帝（Emperor Henry IV）的教籍，但也因此引發國內叛亂。教宗與皇帝之間衝突最激烈的事之一是主教的任命權。最終，他們在一一二二年以《沃姆斯宗教協定》（Concordat of Worms）達成妥協，此協定承認皇帝授予世俗權威（secular authority）給主教的權利，以及教宗授予他們靈性權威（spiritual authority）的權利。但教宗與皇帝以及其他世俗統治者之間的緊張關係持續在中世紀間沸騰，並加劇了這時代嚴重摧殘政治事物的不和諧與不穩定。

日耳曼得以擴張，是因為法蘭西人忙著抵擋古挪威人（Norse）。到了十世紀，有些古挪威人獲許可以定居在法蘭西的西北部，他們以自己的名字為這個地區命名為諾曼第（Normandy）。其他則持續掠劫西歐海岸。他們從波羅的海划著他們的長船到歐洲河川上洗劫城鎮、農場和修道院。後來，法蘭西國王也與威武的英格蘭安茹（Angevin）國王們陷入衝突，安茹掌控了法蘭西西岸大部分地區，以及投機地在雙方之間游移的多位男爵。一一九〇年，腓力二世（King Philip II）與英國的獅心王理查一世（Richard the Lionheart）訂立盟約，但協議失效，兩國軍隊在一二一四年在位於現在法國北部的布汶（Bouvines）短兵相接。法蘭西獲得勝利，並終於能在諾曼第與布列塔尼（Brittany）施行主權。法蘭西的路易九世國王（一一二六年至一一七〇年在位）採取重大措施集中權力，漸漸地權力平衡開始轉移。到了一二五〇年，路易掌握了歐洲人口最多的國家、最大的經濟體，以及規模最大的軍隊。他自稱為「神在世間的代理人」(*le lieutenant de dieu sur terre*)。

這迎來一段相對穩定的時期，讓歐洲得以再次繁盛，並且在羅馬帝國覆滅後首次能夠將影響力施加於其疆界以外的彼方。可達到真正基督和平的希望越來越大。一股和平主義運動正在修道院、教堂，和城鎮中萌芽，提倡「上帝的和平」，或至少是「上帝的休戰」。其中尤其著名的是具影響力的法國克呂尼（Cluny）修道院中的僧侶，他們組織了一系列的和平集會。「基督徒不該相互殘殺，因為不管是誰殺害基督徒，都毫無疑問地是在殺害基督。」[23]不過，儘管最後就連國王與皇帝都宣揚這個觀念，但歐洲的基督徒還是持續地互相攻打。

這時期更重要的改變是，隨著穆斯林世界分裂，歐洲的外在威脅也遭到削弱。這讓基督徒得以進行回擊。一〇九五年，烏爾巴諾教宗二世（Pope Urban II）為了奪回耶路撒冷而發動了聖戰：第一次十字軍東征。一〇九五至一二七一年間，至少有九次軍事遠征隊從歐洲出發到聖地作戰。即使十字軍既失序又混亂也並未引起對方立即反擊，這顯示出伊斯蘭世界政治上的脆弱之處。第一次十字軍東征中的戰士在飽嚐艱辛後，在一〇九九年奪得耶路撒冷，並統治該地近一世紀之久。這次神所給予的勝利伴隨著大滅絕般的暴行，如隨行十字軍的阿吉萊爾的雷蒙德（Raymond of Aguilers）神父所記述：「有些異教徒幸運地被砍頭，其他被從塔中插出的箭所刺穿，還有一些人則遭受長時間虐待並以熾熱的火焰燒死。」[24]戰爭結束時，耶路撒冷共有數千名穆斯林和猶太居民遭到屠殺。

在這時期，較暖活的氣候、鐵器日漸廣泛，以及輪作制度的使用都改善了農產量並促進穩定的經濟成長。這所謂的中世紀盛期是自從羅馬盛世之後，首度剩餘農產品足夠供應工藝發展、距離日漸加長的貿易，以及大型城市的發展。城市為了表彰其至關重要的商業地位，開始接受或爭取新的自主權，而這只刺激城市進一步地在其昌盛和繁榮程度進行競爭。這時代的經濟成長也助長人口成長：到了十三世紀，歐洲的人口約莫六千萬人，幾乎跟中國、印度和中東位於同一個層次了。[25]而人口成長則助長移民。城市過度擁擠，以及對於土地的競爭，造成許多西歐與北歐的年輕人加入宗教與經濟目的密切相關的十字軍東征，以及到遙遠的大陸東方尋求財富。

多瑙河外之境

如果說匈牙利、保加利亞與基輔羅斯（Kievan Rus）在一二三七至一二四一年間的蒙古征服為西歐提供了緩衝，那麼，其造成的破壞與人口流失也形成了空缺，讓日耳曼公侯、波羅的海地區的條頓騎士等許多其他群體都受惠。但該區域恢復了生機，部分歸功於中歐的移民，以及多瑙河、維斯瓦河，與聶伯河等河川沿線貿易增長。波蘭在皮雅斯特王朝（Piast Dynasty）統治下復興了起來，並與匈牙利王國齊名成為兩大天主教國家。匈牙利藉其金礦、鹽礦，以及控制神聖羅馬帝國、亞得里亞海，與黑海地區之間的貿易而致富。基輔羅斯源於貿易城諾夫哥羅德，此地在蒙古的侵襲後持續藉由波羅的海和黑海間沿著聶伯河進行的買賣而欣欣向榮。因此，莫斯科持續聯繫君士坦丁堡，結果莫斯科大公園信奉了東正教，其信教的過程就類似早些時候黑海附近的保加利亞帝國。這些國家不停地與彼此、與周邊半遊牧的庫曼人（Cuman）和佩切涅格人

（Pecheneg），以及位處他們南方的強權拜占庭帝國競爭。

十一世紀初，君士坦丁堡仍是歐洲最大城，如一隻巨大蜘蛛般蜷伏在延伸至歐亞大陸大部分地區的巨大商業網的中心。其宏偉巨大的城牆共曾被圍攻九次，但從未倒下，其帝國在第十世紀歷經了復甦。拜占庭掌握某地的貿易之後，就會在該地建築外觀樸實，內部卻飾以華麗鑲嵌藝術與壁畫的教堂和修道院，在卡拉布里亞（Calabria）、希俄斯（Chios）伯羅奔尼撒、雅典、賽普勒斯等地皆是如此。如博斯普魯斯海峽、墨西拿海峽、奧特蘭托海峽、以及多瑙河三角洲等戰略通道附近的要塞港所形成的網絡，聚集了龐大的收益。他們與可以從北方供應毛皮與金屬的君王簽署貿易條款。可以主宰黑海地區的糧穀貿易是很重要的。[26]為了保護這個商業帝國，拜占庭部署了大規模的軍艦隊、在安納托利亞用要塞築起了壁壘以保衛其南部邊境，並分化毗鄰於北方邊界的國家與民族。

十世紀拜占庭的君士坦丁七世皇帝〔九一二年至九五九年在位〕在他所著作，以帝國統治為主題的《帝國行政論》（*De Administrando Imperio*）中建議他的兒子要表現智慧、避免依賴武力、與佩切涅格人建立同盟以對抗保加爾人、基輔羅斯人與突厥人——並千萬別向他們販售人稱「希臘火」（Greek fire）的可燃燒式武器，畢竟拜占庭海軍的霸權可是得仰賴這種武器。[27]儘管如此，帝國的安全還是受到了挑戰，分別來自佩切涅格人與保加爾人的同盟；來自支配愛奧尼亞海的諾曼人（Normans）；來自一〇四七年，一場引發了佩切涅格人攻擊的內戰；來自安納托利亞地區塞爾柱突厥（Seljuk Turks）日漸擴大的自信主張，自從他們在一〇七一年的曼齊刻爾特戰役（Battle of Manzikert）中打敗拜占庭之後便是如此。根據拜占庭皇帝阿歷克塞一世（Alexius I Comnenus，一〇八一年至一一一八年在位）的女兒安娜・科穆寧娜（Anna Comnena）所述，這位皇帝曾表示：「我不幸發現帝國四面都被蠻人包圍，且沒有任何防禦方法值得考慮。」[28]

阿歷克塞一世建立的新王朝最終恢復了秩序，但也付出了極高的代價。國內的動盪造成皇帝忽略了海軍，以致拜占庭必須倚賴威尼斯的協助。威尼斯曾是拜占庭的附庸，現在卻有望成為他們在經濟上的勁敵。拜占庭的編年史家尼基塔斯・蔡尼亞提斯（Niketas Choniates, 1155-1217）描述皇家海軍在資金上的匱乏鞏固了威尼斯的地位、傷害了貿易，也從國庫轉出了更多的收入。[29]受淺潟湖所保護的威尼斯共和國試圖在義大利半島的動亂中獨善其身並將眼光轉往海上。一〇八二年，威尼斯人獲得在拜占庭帝國進行買賣時免繳任何稅金的權利，以作為他們協助拜占庭抵抗諾曼人入侵愛奧尼亞海的回報。

在科穆寧王朝（Comnenian Dynasty）的統治下，君士坦丁堡於十二世紀再次繁榮了大半時光。君士坦丁堡持續輕視西歐，他們認為東正教較為優越，並認為威尼斯的商人在君士坦丁堡發展的商業活動稍微補償了他們失去的貿易直接掌控權，且因此感到滿足。[30]然而長期在軍事上的弱勢，迫使皇帝持續與西方結盟。正是因為一位拜占庭使節在一〇九五年的皮亞琴察大會（Council of Piacenza）告知烏爾巴諾教宗二世基督徒在東方遭遇到的困境並尋求協助，才導致幾個月後的第一次十字軍東征。只不過，君士坦丁堡與西歐之間的猜疑仍根深蒂固。拜占庭仍然將西歐人當作蠻人看待。西歐人則以眼還眼，認為拜占庭人好吃懶做、傲慢又不老實。[31]

到了十二世紀晚期，地中海地區的海上權力平衡已明確地向西方轉移。一一八〇年，君士坦丁堡僅能召集三十艘船，但威尼斯可以召集一百多艘船。與此同時，拜占庭與西方之間的不信任感，加上威尼斯人在商業和政治上野心勃勃，造成君士坦丁堡在一二〇四年遭威尼斯人與法蘭西和低地國組成的軍隊聯手劫掠。後者的軍隊是為了到聖地加入東征而往東來。讓拜占庭人感到恐懼的是，一位來自法蘭德斯（Flanders）小國的伯爵成了皇帝。各地區拒絕承認新統治者，所以帝國分崩離析；剩餘的貿易活動幾乎全都落到了威尼斯人手上。

異教徒的毀滅者

君士坦丁堡以東沒有任何大型政權能夠與早期伊斯蘭哈里發國或先前的薩珊王朝長久以來的成就匹敵。十一世紀時，中國與歐洲之間廣大的區域由於有四大強權競爭霸權而仍是零散破碎：伽色尼王朝、白益王朝、塞爾柱王朝，以及法提瑪王朝，它們權力中心分別位於現今的阿富汗、伊朗、安納托利亞與埃及。儘管阿拔斯王朝也倖存了下來，且其聲名遠播的首都巴格達仍是重要的文化與學識中心，但實質上卻先後落入白益王朝與塞爾柱王朝的掌控。這些王朝讓阿拔斯的國王成為傀儡，並與哈里發國來往，藉此為自己臉上添光。

塞爾柱王朝起源於居住在裏海與鹹海之間平原的一支突厥部落，他們在九五〇年左右開始信仰伊斯蘭教。在一〇三四年，他們總數尚未超過一萬人，當時他們被迫離開家園，踏上艱巨的遷徙路程：「純粹出於必要，」十三世紀的敘利亞編年史家巴爾・希伯來（Bar Hebraeus, 1226-1286）記錄：「他們被迫離開前往另一個地域，為自己與豢養的牲畜找尋食物。」[32]起初，他們希望可以在呼羅珊（Khorasan）地區（在今日的伊朗與阿富汗）和平地取得新安居地。他們謙恭地寫信給伽色尼的蘇丹：「如果蘇丹認為合適的話，他可以將我們收為僕人……我們沒有地方可去。」但是蘇丹的維齊爾告誡他：「直到目前，我們都還算在處理牧羊人的事務，但如今他們已經成為佔據我們省份的軍隊。」[33]伽色尼人欲將塞爾柱人驅趕出境時，卻被打敗了。伽色尼人不僅被迫給予塞爾柱人最初提出的要求，也無力阻止他們在一〇三六年時占有梅爾夫（Merv）

這座宏偉的商隊城。

但很快的，塞爾柱人不再滿足於自己手中獲得的事物。一〇四〇年，他們打敗了伽色尼帝國。當時伽色尼帝國已經因為苛稅與宗教壓迫而嚴重衰微，其軍隊動作遲緩，根本無法與行動自如的塞爾柱騎兵較量。一〇五五年，苟延殘喘的阿拔斯人為了對抗白益人而向塞爾柱人求援。塞爾柱人迅速地將白益人逐出巴格達並占據之，儘管在名義上，巴格達的宗主權屬於阿拔斯。一〇七一年，塞爾柱人在曼齊刻爾特戰役打敗拜占庭軍隊，也因此控制了安納托利亞的大部分地區。此時，塞爾柱人聲稱自己是古波斯的阿契美尼德王後裔，且繼承了薩珊統治者的天賜之權。他們也懷抱統治世界的雄心大志，這可以從曼齊刻爾特戰役戰勝方的後裔基利傑阿爾斯蘭二世（Kilij Arslan II）眾多的頭銜中看出來：

> 偉大的蘇丹、威嚴的萬王之王、阿拉伯與波斯蘇丹之首、眾國之主、世界與宗教之榮耀、伊斯蘭與穆斯林之柱、眾王與眾蘇丹的榮耀、法律的保衛者、異教徒與多神教徒的毀滅者、虔誠戰士的協助者、阿拉之國的守護者、阿拉之僕的保護者、魯姆（Rum）、亞美尼亞、法蘭克及敘利亞國土的蘇丹。[34]

對安納托利亞的征服使得塞爾柱人直接面對黎凡特的法提瑪王朝。源自於今日突尼西亞的法提瑪王朝屬於什葉派，絕大多數是柏柏人的血統。他們在十世紀晚期將權力中心遷往埃及，主要的目的是為了阻止遜尼派阿拉伯人的擴張。[35]他們的統治者是宗教領袖也是政治領袖：他們不只要求哈里發的頭銜，也想獲得伊瑪目（imam，意為什葉派領袖）以及馬赫迪（Mahdi）之名，馬赫迪是什葉派期盼可以在末日即將到來時恢復世界公義的救世主。「世界是你的，也是你的王朝所擁有，」一位法提瑪詩人歌頌。「你的帝國正青春，噢，馬赫迪，而時間是其奴隸。」[36]法提瑪士兵隨著古代法老王軍隊的腳步橫越西奈沙漠、進入黎凡特，甚至朝美索不達米亞前進。然而，他們未能戰勝阿拔斯人的抵抗，之後被塞爾柱人驅逐出安納托利亞。

到了一〇七六年，塞爾柱人已奪得大馬士革並向前突進，深至埃及。一位身在開羅的猶太貿易商驚訝得目瞪口呆：「他們進入福斯塔特（開羅），搶劫、謀殺，並強奪、洗劫倉庫。」[37]十三世紀初的阿拉伯史學家伊本・艾西爾（Ibn al-Athir, 1160-1233）描述：「敵對蘇丹之間的戰爭沒完沒了，貪腐的情況蔓延開來，財產遭受劫掠，人們遭受殺害，國土受到毀壞，村莊付之一炬。」[38]面臨塞爾柱人威脅的法提瑪王朝恰巧可以利用第一次十字軍東征，當時十字軍已通過安納托利亞，正節節逼近耶路撒冷。一〇九八年，法提瑪建議割據黎凡特：讓法蘭克人取得敘利亞，法提瑪人則獲得巴勒斯坦。這項提議並未掀起漣漪，但此時塞爾柱人的威脅看來已較不急迫。接續的衝突將塞爾柱國土一分為二，分別是位於安納托利亞的魯姆蘇丹國，以及中亞的花剌子模王國（Khwarazmian Kingdom）。

法提瑪王朝也陷入內部鬥爭，他們與塞爾柱人、十字軍，以及北非部落之間的衝突，以及富裕地主日漸增長的勢力都削弱了他們的權威。最終，在一一七一年，一名懷具野心的維齊爾薩拉丁（Saladin）推翻了法提瑪王朝，並在埃及建立了埃宥比王朝（Ayyubid dynasty）。薩拉丁將塞爾柱的魯姆蘇丹國趕回安納托利亞，並從十字軍手中奪回耶路撒冷。雖然後來獅心王理查一世率領一支新的十字軍，在阿爾蘇夫戰役（Battle of Arsuf）打敗薩拉丁，卻未能成功奪回耶路撒冷。等到薩拉丁十八個月後死亡時，在一一九三年，理查一世已經因為憂心其在英國的王位不保而放棄了聖地，只剩蒙古人能給予伊斯蘭政體致命的一擊。一二五八年，他們攻陷巴格達，使穆斯林世界陷入混亂。

「蘇丹相互爭吵，」伊本・艾西爾寫下關於十一世紀晚期伊斯蘭中東的描述。「這讓法蘭克人得以佔領土地。」[39]阿拔斯哈里發國在第九世紀瓦解之後，尚未有一個伊斯蘭政權能同時掌控埃及、黎凡特、美索不達米亞，與波斯。埃及與美索不達米亞的灌溉系統遭受忽視，因為菁英都把焦點放在貿易上。但是，受到亞得里亞海潟湖保護的威尼斯逐漸蠶食伊斯蘭在東地中海地區的商業優勢。只有到了十六世紀，在塞利姆一世（Selim I）和蘇萊曼一世（Suleiman the Magnificent）等強大的鄂圖曼（Ottoman）蘇丹統治下，伊斯蘭世界才恢復一定程度的團結。

印度之門

乍看之下，十一世紀至十三世紀中這段時期的印度次大陸正是美術與建築、科學與文學欣欣向榮的時代——至少對多數的菁英來說是如此，蓬勃的經濟讓他們得以過著令人欽羨的生活。商船與遠方的國度做生意，帶著豐富的異國商品回國。當時有勢力很大的商人公會、繁榮且免稅的貿易村落，以及保衛跨境商務的皇家執法官。[40]「花園，為了全人類喜悅而以葡萄、講堂、水質清澄的井和飲水噴泉充溢其中。」——這就是印度跟貧瘠而煙塵彌漫的中亞相異之處。[41]

然而，這也是十多個王國爭相取得霸權的時代。許多文學作品敘述一個被分歧與紛爭所撕裂的世界，一個密探出入、聯盟變動、野心過大的國王，以及手足相殘的國度「王權是帶刺的匍匐植物；它破壞家族之情，」喀什米爾（Kashmir）一處小國的國王表示。[42]印度教社會中富有和貧窮種姓之間的階級鬥爭很普遍，人民也普遍對統治階級抱持憤恨的態度。「螃蟹弒父，小蜂殺母，但忘恩負義的卡雅斯塔（Kayastha），當他們有錢了，便宰殺所有人，」同一位喀什米爾國王評論道。他接下來表示，貿易商「跟老虎唯一相異之處，是臉上抹了油、嘴上能言語、以及粗鄙的風采……娼妓、卡雅斯塔與大商人在本質上皆虛假不實。人的能力就跟沉睡之蛇一般，在發怒時才為人所知。」[43]

在這期間內，位於印度東南部且信奉印度教的朱羅王朝以亞洲最強勢的貿易國之姿崛起。朱羅人在灌溉系統上投入大量資源以提高農產量，同時也擁有規模數百艘船的艦隊，他們將之用於貿易與軍事遠征。十世紀的最後一年，他們從一位商人處得知斯里蘭卡發生內鬥之後便入侵該島。朱羅王朝將斯里蘭卡變成類殖民地，他們大肆破壞佛教僧院、吸收當地首領、開拓森林，並建立新的聚落。[44]在這之後的一〇二五年左右，朱羅人消滅了他們在印度洋上最大的商業對手——東南亞的三佛齊王國。他們的目地之一是奪取橫跨克拉地峽（Kra Isthmus）的貿易。克拉地峽是馬來半島最狹窄的位置，這裡形成了「西拉甫（Siraf）與阿曼（Oman）船隻的總匯合，它們在此與中國的船交會。」[45]

在印度本地，朱羅王朝與潘地亞王子所組成的同盟不合，因為後者想擺脫朱羅的牽制。當他們拒絕納貢時，朱羅人便剷平亙古的潘地亞加冕廳，但這只讓情況越演越烈。潘地亞人轉而支持造反的斯里蘭卡王子們，以及遮婁其王朝（Chalukya）——又稱「朱羅之懼」。[46]數十年來，遮婁其王朝與朱羅王朝這兩個同樣信奉印度教的王國，為爭奪肥沃河谷以及德干高原上的貿易路線而爭鋒相對。著名的《遮婁其王朝史》（*Vikramankadevacarita*）是遮婁其國王超日王六世（Vikramaditya VI，一〇七六年至一一二六在位）的聖徒言行錄，其描述「朱羅再次變得驕傲且侮慢」，引起鄰國的恐懼。[47]當他們之間調停失敗時，戰爭便隨之而來。但後來戰敗的是朱羅王朝，他們被迫派遣大使奉上一位公主與勝利的遮婁其國王結姻，以藉此求和。

諸如此類的分歧事件引起北方的異國入侵，並在發動攻擊的時候從中受益。印度軍隊的規模，以及北方王國為了防護主要道路免於中亞的威脅而建成「頸鏈」狀的堡壘，也就是所謂的「印度之門」，在在讓中國與穆斯林訪客為之驚歎。只不過，軍隊與堡壘在十一世紀晚期都未能成功地阻擋新一波的攻勢。發動攻勢的是來自於呼羅珊地區的軍閥，人稱為古爾人（Ghurid）。驚恐不已的印度人稱之為「馬之主」（Gates f Hind）[48]，也因其伊斯蘭教信仰而稱之為「食牛蠻人」。[49]北部的王國與部落頑強抵抗，並將古爾人敘述為全印度教徒的共同敵人。但如遮婁其王朝等印度教主要國家所處位置離戰事發生地點甚遠，所以他們起初並未展現同仇敵愾的態度。較小的國家因此飽受古爾人機動的弓箭騎兵隊猛烈攻擊，他們的步兵很艱辛地與之對抗。一一七五至一一八六年間，古爾騎兵重創北印國家之後，抵抗的力道減弱。印度之門現在已經敞開；但有更多古爾人湧了進來。一一九八年，他們在德里設立一座大清真寺，以此紀念在印度建立了穆斯林政權。

海上之盟

儘管歐亞大陸的遊牧與部落文化在幾世紀間提升其深度與素養，拜占庭與宋朝在跟他們外交往來時仍堅持他們各自的帝國傳統。兩者都仍保有專門處理「蠻夷」事務的局處，雖然他們主要的工作僅是在使者進朝的時候管控外交禮節而已。而那些使者的主要任務仍是在君主間傳達書寫或口頭的訊息。同一時間，外交在某種程度上成為全球性的，或者至少是跨洲而進行的，尤其在絲路沿線更是如此。也許最值得注意的是，拜占庭皇帝米海爾七世（Michael VII）於一〇七八年派遣使者前往宋朝宮廷協商聯手對抗塞爾柱人的事宜。只不過，宋朝認為拜占庭的代表僅是一般的納貢人士。「歷代未嘗朝貢。元豐四年十月，其王滅力伊靈改撒始遣大首領你廝都令廝孟判來獻鞍馬、刀劍、真珠。」[50]這並未阻止另一群拜占庭使團來訪，他們於一〇九一年受中國接待。

在中世紀的歐洲，教士與學者（兩者難以區分）仍是國與國之間外交往來的要角。他們和平調解分歧的手段也相當出色。舉例來說，亞西西的聖方濟各（St Francis of Assisi）就是十三世紀初基督教社群內提倡寬容與和平的主要人士之一；他甚至在一二一九年旅行至開羅，嘗試說服埃宥比蘇丹改變信仰來終止十字軍東征。

但是在這時期，羅馬教廷漸漸利用外交手腕力圖提高其宗教上與政治上的權威。他們也發起和平會議，這是教宗用來辨識共同敵人並尋求盟友以對抗之的主要策略之一。諾曼人與神聖羅馬帝國都躋身教廷最大敵人之列。教宗認為前者從十一世紀中葉開始在義大利的征伐行動對他們的安全構成了威脅。例如，聖利奧九世教宗（Pope Leo IX，一〇四九年至一〇五四年在位）曾提及「最邪惡的諾曼之國」，並呼籲從神聖羅馬帝國的魔掌中解放基督教。[51]而聖額我略七世教宗（Gregory VII，一〇七三年至一〇八五年在位）稱教堂為「基督的軍團」（the legion of Christ），並提倡從歐洲各地的騎士召募「聖彼得民兵」（militia of St Peter）以保護教廷利益的觀念。一一七七年，威尼斯舉辦一個大型的和平會議以消弭神聖羅馬帝國、羅馬教廷與其在北義大利城邦的盟友，以及諾曼王朝的西西里王國之間的分歧。一一八三年，在康斯坦茨（Constance）舉辦的後續會議認定北部城邦脫離帝國控制而擁有自治權。

然而，中世紀最大的共同敵人是伊斯蘭教。一〇九五年，烏爾巴諾二世教宗在克萊芒（Clermon）舉行會議呼籲團結，其請求的事項，即將成為在黎凡特開展而對抗穆斯林的聖戰，這一場戰爭將持續近兩百年。「你們長久以來已見世界中的紛紛擾擾，」他哀嘆道。「儘管，神之子呀，你們比以往更堅定地允諾要一同維持和平，並維護教會的權利，但你們仍有一件重要的工作要做，」他接著說。「因為你們在東方的弟兄姐妹們亟需你們的幫助……因為，如你們大多人已知悉，突厥人與阿拉伯人攻擊了他們。」[52]

十字軍東征牽涉多國的投入，這有助於刺激中世紀大量的外交行為。舉例而言，身為十字軍的維耶哈杜昂的杰弗里（Geoffrey of Villehardouin）曾提及他率領第四次十字軍東征（一二〇二年至一二〇四年）的男爵們一開始在蘇瓦松（Soissons）舉行高峰會，然後指派全權特使前往協商，接著再派遣他們到威尼斯求援。在威尼斯，十字軍的代表使者必須提出充分理由，首先是向總督，接著向大議會，最後則是向聖馬可廣場的大眾全體集會說明，其使用的手法，讓人想起修昔底德描述克基拉島使者向斯巴達人與雅典人發表演說時的樣貌。根據維耶哈杜昂的杰弗里（他是十字軍的發言人）所述，威尼斯人要「我們跪拜在你們的雙腳前，在你們同意憐憫海外的聖地前不能起身。」[53]威尼斯點頭幫忙，但同時卻繼續跟十字軍的敵人進行貿易。

這事件顯示，中世紀的外交策略於決策上，權宜之計跟原則一樣重要。政治聯盟與貿易協定有恃無恐地立了又廢，而最關鍵的則是形勢。例如，一〇九六年，烏爾巴諾二世教宗準備幫忙諾曼第公爵就一項和議進行協商，讓後者能在第一次十字軍東征中率領他的軍隊。一一五〇年左右，具影響力的克呂尼修道院院長鼓勵神聖羅馬帝國皇帝以及諾曼人言和，讓他們得以針對拜占庭皇帝這「沒用統治者」在第二次十字軍東征（一一四七年至一一四九年）的失敗行為而報復。義大利人可能也普遍鄙視拜占庭人，但當腓特烈・巴巴羅薩（Frederick Barbarossa）在一一七〇年代襲擊北部的城市時，他們仍趕忙取得拜占庭的協助。君士坦丁堡在一二〇四年淪陷後，拜占庭人渴望將十字軍逐出其首都，便準備謀求與他們的死敵——塞爾柱人——結盟。在一二二〇年，威尼斯也與塞爾柱的蘇丹簽訂貿易協定，協定內容給予雙方船隻與貿易商的保護，此外，也承認雙方的財產權。[54]

蒙古人這另一個基督教的共同強敵也未能引起後者團結的態度。一些十字軍視蒙古人為對抗穆斯林的盟友。儘管蒙古的可怕暴力事蹟屢屢從東方傳出，何諾教宗三世（Honorius III，一二一八年至一二二七年）仍認為蒙古人是對抗伊斯蘭教的潛在夥伴，同時威尼斯與蒙古人簽署了一項貿易協定。另外也曾謠傳法國人曾試圖唆使蒙古人攻擊神聖羅馬帝國。[55]但蒙古人在一二四一年洗劫匈牙利之後，諾森教宗四世呼籲要組成共同陣線，也就是「對抗蒙古人的補救方法」。為了替一二四五年的歐洲領袖會議做準備，依諾增爵派遣聖方濟各會的僧侶若望・柏郎嘉賓（John of Plano Carpini），身帶豐盛的禮物前往蒙古可汗的宮廷。他主要的任務是打探蒙古人接下來對歐洲有什麼打算，以及替教宗遞送兩封信，信的內容解釋了基督教信仰並呼籲和平。教宗暗示，全世界難道不是受到與生俱來的共鳴連結而團結一心？而且難道不該讓所有人跟隨基督的教導並「和諧團結地生活在對神的敬畏中。」[56]貴由汗（Güyük Khan）則反駁，如果教宗與他的歐洲統治者同胞渴望和平，那麼就應該要效忠於他。一二四八年，蒙古首度派遣到西歐的兩位特使抵達羅馬，他們傳達的口信內容直言不諱：眾神授命他們的可汗統治全世界。儘管如此，雙方仍持續進行外交。接下來幾年，法蘭西的路易九世又派遣特使前往蒙古試圖說服他們協助前往聖地的十字軍，同時熱那亞人（Genoese）希望能獲准在蒙古人所掌控的黑海地區進行貿易。

在歐亞大陸另一頭的中國外交手法也以投機主義為其特徵。宋朝促成了與吐蕃、夏、金，甚至蒙古等其他許多民族的合盟。有時候這些和約的目的是要挑撥離間，讓其他政權不會聯合起來反抗他們；其他時候，他們為了休戰而立定和約，讓他們得以重整過度損耗的軍隊。宋朝地位顯赫的宦官童貫特別提倡私下協商的條約，人稱「海上之盟」（宋金夾擊遼）。

跟歐洲的政權一樣，宋朝的許多特使都是從知識階層中募集而來，雖然這項策略不總是帶來好處。有一次，在一〇七五年，沈括這位能力出眾的博學家出使遼朝，試圖在與遼朝的長期商討過程中打破僵局。多年以來，宋朝與遼朝力圖劃定共同交界：製圖師已勘測了該區域以製作精細的新地圖，同時其他領域的專家也研究了歷史前例和法定論據，但卻徒勞無功。[57]沈括與他的下屬另外又花了好幾個月的時間查閱皇室檔案，搜尋新證據以支持宋朝的主張，同時背下相關資料。然而，當他們終於獲准覲見遼朝皇帝時，他們所有的刻苦努力成果都立即被皇帝生氣的駁回了。[58]

關於南宋與金之間在一一四〇年代早期的交涉失敗則更慘烈。雖然兩國皆同意將黃河當作交界，但和議簽訂尚未滿周年，雙方的強硬分子便因為覺得和議條件很恥辱而發動新戰爭。南宋皇帝憂心衝突將使他的將軍藉機坐大，所以委任資深官員秦檜與金議和。秦檜是宮中知名的議和派；他也曾被金國當作人質，所以與後者發展出緊密的關係。秦檜首先逮捕並處決了參與戰爭的南宋將軍——這一失策讓軍隊失去領導，也讓金人在接下來的交涉中占得上風。南宋和金朝在一一四一年簽訂紹興和議時，交界已幾乎南移至長江——這對金朝相當有利——同時，宋朝必須給予金朝大量的補償，他們的地位也被稱為是「無足輕重」。[59]民間對於此普遍被視為秦檜的背叛之事件發出強烈譴責，從此之後，秦檜的背叛常被拿來激發中國的愛國主義。[60]即使到了今天，在前宋朝首都杭州，市民經過受害於秦檜的古人墳前仍會朝秦檜跪下的塑像吐口水。

為何是歐洲？

蒙古的擴張是一〇〇〇年至一二五〇年之間最重要的政治事件。就如斯基泰人以及他們之前的匈人，蒙古人穿梭於從蒙古延伸到東歐的大草原上之草之道路，在歐亞大陸上的移動力無以倫比。如同先前遊牧民族入侵時一樣，氣候變化也是一項重要的動盪因素：一段時期中特別寒冷的夏天迫使蒙古人離開他們的家園。他們的入侵對於權力分配有決定性的影響：他們在亞洲造成長期的局勢不穩和經濟衰退，但卻未傷及西歐，讓西歐得以繼續其直到此時都平凡無奇的發展。

這結果大半是地理上的後果。西歐與中國在政治上皆四分五裂：中國受南宋、大金及西夏所分據；西歐則分裂為法蘭西、神聖羅馬帝國，以及若干其他小國。在這兩個地區，政體都未能團結以對抗共同的蒙古威脅，這造成了骨牌效應，因為蒙古人能夠調度邊緣地區征服國的資源來對抗權力的中心。在這兩個地區所發生之事件之間最大的相異點是距離上的不同。蒙古人在鄂爾渾河谷的心臟地區大約距離華北平原一千五百公里遠，但距離西歐最近的邊緣地帶則有六千五百公里遠。因此蒙古人在西方集結的武力永遠也比不上他們在東方的武力規模；況且，蒙古軍隊為了替他們的可汗舉辦喪禮而千里跋涉地班師回朝到東方之後，並未再試圖回到西歐，這也是為人所能理解的。與此同時，穆斯林世界持續的分裂，這意味西歐不用像前幾世紀時那麼懼怕其南方的邊界，而且可以致力經營自公元一〇〇〇年以來便已萌芽的發展。這件「意外幸運的事」在歐洲歷史上將證明是很重要的。

CHAPER 11

Hudding in the Darkness

蜷縮於黑暗中

公元一二五〇年至一五〇〇年

蒙古
德里
德里蘇丹國
闍婆
南宋
越南
高棉
朱羅王朝
馬來人
三佛齊
愛努人
日本
太平洋
度洋
500
1000
1500 km
500
1000 miles

冰島
挪威
芬蘭人
瑞典
諾夫哥羅德公國
基輔羅斯
蘇格蘭
丹麥
阿爾斯特省
條頓騎士團
英格蘭
波蘭
神聖
羅馬帝國
法蘭西
匈牙利
可薩人
熱那亞
比薩
保加利亞
拉丁帝國
卡斯提爾王國
尼西亞
格拉納達
耶路撒冷
阿拔斯王朝
埃宥比王朝
利比亞人
圖瓦雷克人
阿拉伯
馬利
衣索比亞
豪薩人
貝南
班圖
大　西　洋
基爾瓦
神聖羅馬帝國
蒙古帝國

一二五〇年左右的東半球

「這遺忘的蟄伏並不會萬古長存，」佩脫拉克（Petrarch, 1304-1374）在公元一三三〇年作出保證。「驅散黑暗之後，我們的孫輩將得以走回過去純粹的光輝。」[1]歐洲暫時進入一個振興知識的新時代之際，這位也是詩人的義大利思想家如此寫下。修道院中由抄寫員勤奮地繕寫的古老文學與哲學作品漸漸廣為流傳。由伊斯蘭思想家保存的科學與數學經典專著，與新的觀念一同傳回西方。創造力豐富的奇才，如但丁（Dante, 1265-1321）和喬托（Giotto, 1267-1337），創作非凡、創新的傑作。但佩脫拉克所處時代的歐洲也歷經重要的經濟突破：紡織品製造、鋼鐵生產，以及穀物碾磨。這也是貿易的革命時代，例如運輸發展以及日漸複雜的金融工具與網絡。

然而佩脫拉克非常清楚，「黑暗」仍徘徊不去。羅馬，這個他即將居住的大城，仍只是皇家大理石的廢棄堆。該城遭入侵軍隊洗劫、被盜匪掠奪，又遭教宗拋棄，人口縮減至僅三萬五千人，直到十五世紀才會開始重建；此時仍非宏偉穹頂與優雅廣場林立的時代。從十三世紀晚期開始，世界進入小冰河期，整個歐洲的氣候變得更冷也更惡劣。食物產量減少，饑荒隨之而來，導致人口更容易受疾病所影響。人稱黑死病的流行性瘟疫在一三四七年至一三五一年之間在歐洲肆虐，至少造成四成的人口死亡。

對許多人來說，歐亞大陸另一端在十四世紀的生活也是同樣的嚴峻。中國也經歷了小冰河時期的寒冷效應並遭逢瘟疫之苦，同時，一世紀前蒙古入侵所帶來的經濟影響仍餘波蕩漾。[2]整個區域都受到極大的苦難、猛烈的社會動盪，與災難的戰爭所創傷，特別是火藥大炮的使用越來越普遍，更加大了戰爭的破壞程度。這項中國發明的革命性武器很快被傳到了印度次大陸、中東地區以及歐洲，這預示了一個新戰爭時代的開端。

一二五〇至一五〇〇年間，重新燃起恢復秩序的希望以及戰爭的現實都型塑了外交、政治與政體統治。

這段時期見證了歐洲與中國新王朝的到來；中東、中亞，與印度也誕生了新帝國；此外，中美與南美洲則在數世紀前馬雅文化滅亡後首次出現了重要的政權。這時期還勉強稱得上是重生的年代。

普世和平

一二五〇年代初期，巴黎市民在哥德式的巴黎聖母院（Notre-Dame）內參加禮拜時，沐浴在穿透壯觀玫瑰窗傾瀉而下的神之光當中。這些參拜者很清楚，在這石造的奉神貢品牆外，上帝之光也照耀著充斥戰爭、困乏，與惡魔的世界。巴黎也許是富裕國家中朝氣蓬勃的首都，但國王與不少貴族都在埃及參加聖戰，強盜則肆虐於城的四周。作曲家佩羅坦（Pérotin）為聖母院寫的彌撒內容唱頌：「看那諸國的人民，蜷縮於黑暗中。」吟唱詩人吉侯・希奇耶（Guiraut Riquier）則用非宗教的歌曲悲嘆貴族受世俗欲望的驅使而瘋狂。只有信仰奉獻的愛可以創造出無盡至福和平的世界。[3]在巴黎哥德式大教堂的陰影之下，「廣聞博士」大阿爾伯特（Albertus Magnus）推論，在和平降臨世間之前，為了教會而犧牲是最高的善，且基督教世界也需要保護。

許多其他十三世紀中期的教士也抱持類似的想法。例如根特的亨利（Henry of Ghent, 1217-1293）主張信奉基督教的貴族不應彼此打仗，而應該聯手對抗異教徒。[4]博韋的樊尚（Vincent of Beauvais, 1184-1264）擁護基督徒該團結的觀念，且應該要遵循基督的榜樣以實現和平。基督「非靠刀劍，而是憑藉他的和藹取勝。」[5]義大利神學家托馬斯・阿奎那（Thomas Aquinas, 1225-1274）則採取中間立場。他認為國王只要是出於對正義的熱忱，則可藉由爭鬥防衛他們的領土。而且在所有統治體系中，君主制最有可能促進共同利益。根據阿奎那的定義，共同利益即是和平與善良正直生活的結合。但國王的威權應該由自然法（natural law）來檢驗。自然法源於上帝的永恆法（eternal law）。他相信人類天生就是社會動物，願意通過追求共同利益和反抗暴政以昇華單調的鄉村生活。這樣的信念讓他獲得了信心。

但該由誰來當國王呢？佛羅倫斯詩人，同時也是政治家的但丁・阿利吉耶里（Dante Alighieri, 1265-1321）提出普世王權（universal monarchy）的理論。他在政治論文《論王權》（*De Monarchia*）中提出，要終止眾王之間，以及神聖羅馬帝國與教宗之間的戰爭，就必須賦予皇帝崇高的屬世普世王權，屬靈的領袖地位則要留給教宗。與但丁同時代的法蘭西政治理論家皮耶・杜博阿（Pierre Dubois, 1255-1321）贊同普世王權的觀念，但他認為法蘭西國王比較適合這個角色。聖座則獲得如羅馬的吉爾斯（Giles）大主教等思想家的支持，因為長期以來教廷認為最高政治權力屬於教宗。同時，義大利思想家帕多瓦的馬西利烏斯（Marsilius of Padua, 1275-1342）選擇神聖羅馬帝國，但堅持應該用民主方式選出。英格蘭哲學家奧坎的威廉（William of Ockham, 1285-1349）則更進一步主張教宗與皇帝兩者如果做出不公義的行為，則都可以被廢黜，另外，如果基督徒非奴隸，就可以自由地批評教會。佩脫拉克的作為可能是歐洲對公義統治者之渴求的最佳例證。他首先請求民粹主義領導人連佐的克拉（Cola di Rienzo, 1313-1354）為義大利帶來和平，然後請求教宗，最後則請求皇帝。結論：所有人同意團結、公義，與和平之必要，但對於其最終保障的人選則有深深的歧見。

然而有一些思想家認為外交是實現並維持和平的最佳途徑。侯歇的博納（Bernard du Rosier, 1400-1474）是十五世紀的法蘭西法律權威，他堅稱「大使的業務就是和平」、「大使為公共利益勞心費力……大使是神聖的，因他為了大眾福祉而行動。」[6]同一時代且身為使節與傳記作家的科米納的菲利普（Philippe de Commynes, 1447-1511）則沒那麼具有崇高理想，他針對外交高峰會提出警告，因為這些高峰會鼓勵嘩眾取寵又不光彩的勸說手段。「每一天，」他敘述其中一場會議：「他們用某種詭計或其他方法誘惑人，將人從一邊帶往另外一邊……之後那個地方被稱為市場，因為人們在那裡討價還價。」[7]威尼斯外交官埃爾莫勞・巴爾巴羅（Ermolao Barbaro, 1454-1493）則更直言不諱。大使的作用並非為了推動普世和平，而是要「做、說、建議，並思考出最能維護並擴張他自己國家的事情。」[8]如同法蘭西國王路易十一指示他的使者說：「如果他們騙你，那你務必要加倍地騙他們。」[9]

儘管如此，國家之間越加緊密的政治與經濟關係，導致越來越多專業外交官出現。雖然大部分是執行特定任務的特使，漸漸地常駐大使也受到任命。他們的工作是收集資訊、贏得盟友並警戒敵對國家的使者，也維護本國政治與經濟的利益。外交活動的擴張也讓政府成立新的官僚體系以管理、歸存官方的往來訊息，同時也發展外交實踐之常規與對於其典型之處理方式。早在一三三九年，威尼斯即意識到只要讓他國使者遭受阻礙或煩惱，他國便會報復在威尼斯自己的使者身上，而這些使者「持續到世界各地工作」——於是，最好要推動外交豁免原則讓使節為威尼斯的利益服務。

十四至十五世紀間，在義大利最顯見和平與穩定的好處——不論這些好處是透過外交合作還是普世王權的手段獲得。貿易迅速發展，城市與國家協議出數百項特別條約（*pacta speciala*）以促進商務。十五世紀早期的威尼斯總督托馬索・莫塞尼格（Tommaso Mocenigo）甚至提議將義大利變成和平樂園。「你們供給全世界，」他向市民們聲明。「讓我們生活在和平中，如此一來我們的城市將富於金銀、工藝、航運、房屋、有錢的市民，以及人口成長。」[10]但貿易也是衝突的原因之一。米蘭與佛羅倫斯競爭絲織物的生產。佛羅倫斯曾嘗試壟斷明礬的生產（明礬可用於印染衣物），也曾施壓教宗，要求禁止從穆斯林供應商處進口明礬；另一方面，米蘭也曾試圖控制經由聖哥達山口（Gotthard Pass）入口的法蘭德斯紡織品。同一時間，威尼斯為了爭奪波河而捲入與米蘭之間的紛爭，於是與佛羅倫斯聯合起來。但當米蘭陷入內戰且威尼斯變得過於強大，佛羅倫斯則換邊站。威尼斯接著便與拿坡里結盟。更多戰事接踵而至，漸漸地教廷也牽涉了進來，教廷企圖在造成第二位教宗遷移至亞維儂的分裂時期結束後，再次在義大利半島上建立其政治勢力。

一四五四年，米蘭與佛羅倫斯就《洛迪和約》（Peace of Lodi）達成協議，鄭重宣告將維護現狀並克制介入對方的內政事務。幾個月後，他們與其他義大利好戰派人士接受教宗的提議：接受全面和平並組成義大利聯盟。但緊張情勢繼續醞釀，自古以來政體間的敵對情緒以及統治者強烈的個人野心更是火上澆油。漸漸地，跟以條約為基礎的國際秩序之最高原則相比，對於權力平衡有務實的理解才能維持穩定局勢，如重要的佛羅倫斯政治家羅倫佐・德・麥第奇（Lorenzo de' Medici）所提出：「我不在乎全體聯盟……我更相信欲望與思想，而不是白紙黑字的條款，正如你所知，這些條款隨時因必要而訂定、違反。」[11]他的看法並非全是錯的：義大利半島直到十五世紀末皆享有相對的和平。

只要突厥人滯留在亞德里亞海以東，且歐洲北方的勢力——特別是法蘭西與神聖羅馬帝國——都忙於處理自家問題而無暇干涉阿爾卑斯山以南的事務，那麼義大利還尚可承受其混亂的局面。法蘭西在十四和十五世紀大多時間深陷與英格蘭一連串的衝突中，人稱百年戰爭（一三三七年至一四五三年）。百年戰爭源於英格蘭和法蘭西王位繼承與統治權相關的爭議，並由於兩國皆透過結盟與傭兵團攻打對方，所以戰火延燒至西班牙、葡萄牙、蘇格蘭、法蘭德斯以及德意志地區。英格蘭的長弓部隊在阿金庫爾（Agincourt）抵消了法蘭西騎兵的威力。他們在此役取得勝利（一四一五年），並與富裕且半自治的勃艮第公國結盟之後，一度控制了法國北部的大部分地區。但英格蘭能君亨利五世（Henry V）之死（他僅留下尚在襁褓中的繼承人），加上法蘭西對英格蘭的掠奪統治之憤恨日漸增長，終於導致了局勢的轉折。

一四二九年，聖女貞德（Joan of Arc）於奧爾良之圍（Siege of Orléans）激勵法蘭西人得勝，之後英格蘭人便慢慢地被擊退。一四三五年，法蘭西在阿拉斯會議（Congress of Arras）取得了重大的外交進展。在會議中，法蘭西成功說服勃艮第人終止他們與英格蘭的同盟關係。雖然百年戰爭的最後一役發生於一四五三年，但衝突直到一四七五年才正式終結，當時交戰中的兩國國王在法蘭西北部的皮基尼（Picquigny）會晤。他們在一座特別建造於索姆河上的木橋上會面；由於擔心遇刺，兩位國王以及他們的隨從之間由「一扇堅固的格柵或格架分開，就像是用來造獅籠的格柵。」[12]

百年戰爭讓英國國王損失他們承襲自諾曼人與安茹人先祖留在大陸上的所有領地，除了一五五八年才終於被讓渡的加萊（Calais）之外。這場戰爭帶來的財務重擔以及戰敗的羞辱感，在英格蘭引發一場內戰——王室家族爭奪王權所引起的玫瑰戰爭（Wars of the Roses，一四五五年至一四八五年）。對法國而言，王權伴隨著勝利而來的王權擴張，他們進一步將王國從領地之集合——主要經由封土建邦所形成的封建鈕帶——轉變為明顯較為現代的中央集權國家。儘管法蘭西貴族仍持續試圖重掌自治權，特別是在所謂的瘋狂戰爭（Mad War，一四八五年至一四八八年）中，但隨著勃艮第公國在一四七七年回歸王室直接治理之下，法蘭西軍隊也在戰役中殺死了最後一位公爵後，法蘭西確確實實地成為歐洲的大國之一。法蘭西高漲的自信，讓其干預德意志、西班牙與蘇格蘭之事務。一四九四年，法蘭西入侵義大利並引發一連串持續六十年以上的衝突。

在這些義大利戰爭中的另一個要角是哈布斯堡王朝（Habsburg Dynasty）治理下的神聖羅馬帝國。哈布斯堡是帝國內數一數二顯赫的家族，從十三世紀晚期就掌控著奧地利公國。哈布斯堡家族與西吉斯蒙德皇帝（Emperor Sigismund）的獨生女在一四三七年的策略性聯姻為其家族成員鋪路，可望在三年後被選為實質上的皇帝。但直到一四五二年，腓特烈皇帝三世（Emperor Frederick III）才終於說服教宗正式承認其頭銜並在羅馬為他加冕。

哈布斯堡不靠戰爭，而是持續藉由聯姻壯大。「讓其他人發起戰爭，但幸福的奧地利，你應當嫁娶」成為家族內的非正式格言。腓特烈三世在一四五二年迎娶葡萄牙公主，這為他帶來大量的嫁妝，讓他得以鞏固地位。他最重大的成就則是讓他的兒子馬克西米利安（Maximilian）與勃艮第末代公爵的女兒及繼承人結親。雖然繼承法承認法蘭西主張公國的所有權，但低地國家中勃艮第大量的財產則在一四七七年，隨馬克西米利安的妻子而來。法蘭西曾試圖抵制之，最後卻在一四九三年被迫承認哈布斯堡的聲張。然而憤恨不曾散去，法蘭西與哈布斯堡帝國之間的對立引發了接下來三百年間歐洲的大部分衝突。

馬克西米利安一世在一四八六年繼承他父親的皇位時，哈布斯堡之星辰正升騰而上。馬克西米利安一世自述為新一代的克洛維、查理曼，以及奧古斯都，是集三者為大成者。他對主要貿易路線的掌控，讓雅各布・富格爾（Jakob Fugger）這名富可敵國的銀行家深感興趣。雅各布・富格爾藉由資助馬克西米利安的政治計劃（尤其是確保身為他繼承人的孫子能繼任皇帝的計謀）以取得經濟特權。馬克西米利安在一五一九年去世時給他的金主留下了巨額債務，但他身後留下的國家，卻包括若干歐洲最富裕的地區。

到了十五世紀末，法蘭西與哈布斯堡帝國主導了歐洲的秩序。他們的邊緣地帶則存在若干較小政權。在伊比利半島，數世紀以來為了驅趕伊斯蘭入侵者的努力（收復失地運動，*Reconquista*）隨著格拉納達酋長國（Emirate of Granada）於一四九二年戰敗而宣告勝利。卡斯提爾王國（Kingdom of Castile）以及亞拉岡王國（Kingdom of Aragon）是勝利的一方。這兩國在一四六九年藉由聯姻而結盟，現在則統治半島上除了葡萄牙之外的大部分地區。自從十五世紀早期開始，葡萄牙即漸漸將精神投注到大西洋與西非地區。在製圖學、航海術，以及船艦設計等方面的革新協助下，勇敢的葡萄牙探險家占領了馬德拉群島和亞速群島，並往南一路航行至非洲最南端，在一四八八年抵達好望角。西班牙的君王由於欽羨葡萄牙的海上新發現，同時期望能創建直通東方富饒之地的海上路線，也在一四九二年發起航海行動，由熱那亞航海家克里斯多福・哥倫布（Christopher Columbus）領航。帝國野心的新舞台——以及獲得無窮財富的希望——正招手呼喚。

在歐洲東部，若干國家形成了緩衝，可以抵禦來自大草原的侵犯。這些國家領土遼闊，但人口卻都未超過五百萬人。[13]儘管他們之間的貿易量龐大，但大陸腹地蘊含的大量天然資源導致彼此激烈的貿易爭奪戰，這表示這些國家過於分化，無法對他們西邊疆界上較發達且人口眾多的國家構成威脅。

其中最重要的政權之一是波蘭王國。在長時間的分裂之後，王國在皮雅斯特王朝（Piast Dynasty）統治下於一三二〇年統一。皮雅斯特國王促進共同的、天主教波蘭人的認同，並達成與貴族共存的措施，也就是讓貴族組成強大的議會（*sejm*）。後人用讓人想起羅馬帝國時代的話語向他們的成就致敬：他們建立起木造的原始國家，而留下了石建的現代國家。

皮雅斯特的血脈在一三七〇年衰亡之後，繼承權最終傳到了雅蓋洛人（Jagiellonians）手上，雅蓋洛人先前曾統治歐洲最後的異教國家——立陶宛大公國。十五世紀大半時間，這個合併而成並已完全信仰基督教的王國占據波羅的海與黑海之間的主導地位。雅蓋洛的君王也繼承波希米亞與匈牙利的王位；但儘管他們漸漸滲透哈布斯堡的勢力範圍深處，卻未對後者產生重大威脅。相反的，波蘭—立陶宛王國卻發現自己漸漸受到在東邊崛起，好鬥且野心勃勃的莫斯科大公國所挑戰。

莫斯科在十三世紀蒙古人之侵略的餘殃中，憑藉基輔羅斯的殘存碎片拼湊而建成，其在一四八〇年終於擺脫「韃靼桎梏」（'Tatar yoke'）之前，一直都是蒙古的納貢附庸國。在伊凡三世（Ivan III，一四六二年至一五〇五年在位）統治之下，大公國的面積成長三倍，為俄羅斯帝國（Russian Empire）立下根基。伊凡三世透過與拜占庭末代皇帝的姪女成親，聲稱莫斯科繼承了拜占庭的帝國披風而為「第三羅馬」（Third Rome）。他採用沙皇（*tsar*，意為凱撒）為頭銜的決定傳達了明確的訊息：此乃是與任何西方所謂羅馬皇帝平起平坐之人。

鄂圖曼帝國的崛起

一二五八年，數百名突厥騎士從中亞來到安納托利亞協助魯姆（Rum）的塞爾柱蘇丹國，這時蘇丹國因為蒙古人多次侵襲而殘破不堪。這些新來到的騎士定居在西北方綿亙的土地上。蘇丹國瓦解成十多個較小王國時，他們也宣稱獨立。他們的領袖奧斯曼（Osman，一二九九年至一三二三年在位）開創的鄂圖曼（Ottoman）帝國，即將成為偉大的王朝之一。

位於內陸的鄂圖曼帝國起初將目光投向鄰近富裕的沿海城市，例如布爾薩（Bursa）。薄弱的鄰近國家讓他們在早期發動的戰役中多所斬獲，而他們的征服行為很快地也讓他們與拜占庭帝國發生衝突。君士坦丁堡與拜占庭帝國從未自一二〇四年第四次十字軍東征中的攻城以及隨之而來的西方統治中復原。十三世紀中期便登上王位的巴列奧略王朝（Palaiologos Dynasty）與塞爾維亞人和保加爾人之間之戰事令人疲憊不堪，加上瘟疫與通貨膨脹，都使王朝坐困愁城。

面臨鄂圖曼帶來的壓力，拜占庭被迫放棄一座座的要塞。一三四五年，鄂圖曼人橫越達達尼爾海峽並進入歐洲。一三五五年，皇帝約翰五世（John V）向羅馬教宗懇求發動戰爭抵抗突厥異教徒。一三八七年，塞薩洛尼基（Thessaloniki）淪陷。到了一三八九年，擁有火炮與奴隸所組成的耶尼切里菁英步兵團（Janissaries）作為後援的鄂圖曼騎兵已往前推進至科索沃。即使鄂圖曼人已掌握亞德里亞海，威尼斯與熱內亞仍派遣使節前往君士坦丁堡協商，讓他們可以用最低價格從黑海進口穀物。當鄂圖曼帝國陷入一場為時短暫的內戰〔一四〇二年至一四一三年〕時，歐洲人卻沒趁機擊退他們。於是，他們繼續征服。到了一四五〇年，君士坦丁堡周邊的地區皆被拿下，而被稱為「紅蘋果」的君士坦丁堡被攻陷也只是遲早的事。一四五三年六月，在長時間的攻城之後，鄂圖曼蘇丹穆罕默德二世（Mehmed II，一四四四年至一四八一年）參加他在聖索菲亞大教堂的第一次星期五的祈禱儀式。這座宏偉的拜占庭穹頂教堂當時成了一座清真寺。

教宗警告：「你們這些不幫助匈牙利人的日耳曼人，可別期望法蘭西人的照應。而你們這些法蘭西人，除非你們協助日耳曼人，否則不用期望西班牙人的幫忙……現在穆罕默德已經征服了東方，他也會想征服西方。」[14]威尼斯曾與鄂圖曼在海上交戰，並在加里波利（Gallipoli）附近擊毀對方一支小型船隊。但接下來為保全阿爾巴尼亞與波斯尼亞所發動的地面作戰則全都打了敗仗。

穆罕默德開始自稱為羅馬皇帝。他將自己與亞歷山大大帝與尤利烏斯・凱撒相提並論，請人翻譯《伊利亞特》，並前往特洛伊參訪阿基里斯的墳墓。他邀請歐洲學者與藝術家駐留在他的皇宮，其中包括為他作肖像畫的威尼斯畫家真蒂萊・貝利尼（Gentile Bellini）。他在編彙法典時結合羅馬與拜占庭律法中的要素，並成立米利特（*millet*），在米利特中，非穆斯林可支付稅金給鄂圖曼帝國以保留一定的自治權。他也任命君士坦丁堡的新東正教宗主教，且允許歐洲貿易商繼續在黑海與東地中海地區活動。穆罕默德並未破壞拜占庭帝國的傳統；他想要更勝一籌。他的傳令員宣布鄂圖曼視羅馬本身為下一個大戰利品；征服羅馬之後，便可以侵略「金髮之人」的所有領土。[15]

一四七〇年，一名身在希臘的威尼斯軍艦指揮官稟告了無比嚇人的景況。「整面海看起來像座森林，」他寫道。「聽到這個說法似乎令人難以置信，但親眼見到此事更是超乎想像！」[16]此處的「森林」其實是上百艘船艦所組成的艦隊，是穆罕默德二世秘密地在金角灣的新船廠所建造的。這些船上都裝有義大利與匈牙利專家所鑄造的火炮。鄂圖曼帝國已然成為海上強權，隨時準備挑戰威尼斯共和國等基督教國家。希臘史學家米高・克利托布洛斯（Michael Critobulus, 1410-1470）清楚表明穆罕默德的意圖：「他之所以這麼做是因為他理解海上力量很強大，義大利的海軍規模很大，且他們主導了海洋並統治愛琴海上的所有島嶼，另外，他們也嚴重地損害他的沿海地區，不論在亞洲或歐洲都是。」[17]一四九九年，鄂圖曼在佐奇奧海灣（Zonchio）打敗威尼斯海軍，這是船舷火炮首次在歐洲的海戰中亮相。[18]威尼斯現在得倚賴匈牙利人防禦亞得里亞海的東邊海岸。一五〇二年，威尼斯共和國簽署了一項休戰協定，承認鄂圖曼的所有獲益。現在義大利看來唾手可得。

早些時候，威尼斯曾希望開啟對抗鄂圖曼的第二戰線。在一四六三與一四七一年，威尼斯元老院派遣使者拜訪土庫曼人的白羊王朝（White Sheep Turkomans），這是鄂圖曼以東最鄰近且與之交惡的政權。但使者兩次前往白羊王朝，都受到土庫曼人斷然拒絕。十四至十五世紀間中亞的遊牧勢力逐漸瓦解、衰微之際，白羊王朝正是該地區許多部落聯盟之一。成吉思汗於一二二七年死亡後數十年間，蒙古人的領土一分為四：統治中國至一三八六年的元朝；支配西伯利亞與東歐大草原，直到十五世紀中期瓦解的欽察汗國，以及分別位於中亞與波斯的察合台汗國與伊兒汗國，這兩個汗國後來被帖木兒（Timur 或 Tamerlane，一三七〇年至一四〇五年在位）率領的蒙古—突厥大軍所滅。約莫有三十年的光景，帖木兒控制著黎凡特至興都庫什山脈之間的廣袤地帶。帖木兒是讓人聞之色變的戰士，但他的帝國從未如阿契美尼德王朝或薩珊王朝一般成熟，其存在的時間也不如這兩個王朝長。從十五世紀開始，遊牧民族藉騎兵突襲所發動的戲劇性征服開始受到定居社會火藥武裝軍隊的反抗。白羊王朝就是因此而在一四七三年戰敗，當時鄂圖曼人用槍及火炮擊潰數千騎兵。

印度國王中的蘇丹

鄂圖曼帝國與莫斯科大公國等勢力的發展，讓西歐不至於受歐亞大陸中心蔓延的不穩定局勢所影響。但情勢在印度次大陸卻很不一樣，穆斯林統治者即將支配該地區達五世紀之久。十二世紀晚期，人稱古爾人的伊斯蘭軍閥從呼羅珊大軍橫掃並征服北印度大多地區。古爾統治者在一一九三年返回他在中亞的領地時，將他剛在印度獲得的屬地交由庫特布丁・艾伊拜克（Qutb al-Din Aibak）打理。庫特布丁・艾伊拜克是一名奴隸，同時也是他最信任的指揮官。他去世了之後，艾伊拜克拋棄了古爾領主的權位而建立獨立的德里蘇丹國（Delhi Sultanate），並利用建造堡壘與清真寺來鞏固他的統治地位。

大多數的印度王國都有大量的步兵和戰象，卻缺乏馬匹，也無法同心協力，以至於他們行動緩慢且彼此分裂，無法抵抗以騎兵為主的伊斯蘭軍隊發起的疾速戰役與劫掠。到了十四世紀早期，蘇丹國穩穩掌控了印度河—恆河平原，不是併吞就是間接統治德干高原上的主要國家。每一次得勝，蘇丹國就獲得大量黃金、寶石、珍珠與人力等貢品以充實國力。蘇丹也展開宣傳戰。他們聘請詩人改寫傳統故事，讓穆罕默德先知與其家族伴隨著人們喜愛的印度傳說人物出現在故事中。[19]

但蘇丹國統治之穆斯林的一面毫無疑問地導致了緊張局面，尤其因為某些早期蘇丹大舉提高賦稅、將貿易的壟斷權保留給穆斯林，且毀壞印度教廟宇。穆罕默德・賓・圖格盧克（Muhammad bin Tughluq，一三二五年至一三五一年在位）就是做得太過火的蘇丹之一。他下令從德里遷都至德干高原中一處城市，命令軍隊橫跨喜馬拉雅山脈，對中國進行不可能成功的侵略行動，並對臣民課徵重稅，導致各地爆發叛變。

在這時空背景之下，一個新的政治勢力——毗奢耶那伽羅王朝（Vijayanagara）——於十四世紀中期在德干高原上崛起。世人常稱為帝國的毗奢耶那伽羅以相當鬆散的結盟方式統治印度次大陸南半邊的大部分地區。然而，毗奢耶那伽羅建立於武力之上：他們與較小的印度教國家頻繁地相互攻打。這些較小國家只要吃了敗仗，即對毗奢耶那伽羅供應步兵以對抗北方的穆斯林，藉此，他們可以保留自己的堡壘和土地。[20]毗奢耶那伽羅與蘇丹國之間進行了多場戰爭，有時牽涉成千上萬的軍隊，但彼此都無法給對方致命一擊。

毗奢耶那伽羅的首都讓來自中國、歐洲，與伊斯蘭世界的遊客皆震懾不已，直至今日在卡納塔克邦（Karnataka）的亨比村（Hampi）仍可見其廢墟。一位波斯旅客在一四四〇年代記述：「眼中的瞳孔從未見過如那座城市的地方，智慧之耳也從未聽聞世界上存有任何與之相等之物。」[21]他特別感到佩服的是國王的無窮財富、其一萬兩千名妻妾，以及城中三十萬居民中的某些人是如何狂熱地衝向皇家遊行的車隊並跪拜於其輪下。[22]城中幾座重要的建築風格可見來自於蘇丹國與其他印度教國家的影響。皇宮聳立在氣勢雄偉的平台上，平台四周飾有浮雕圖案，顯示國王的軍隊、他們的戰俘，以及打獵的群眾、舞者，和外國人士。這些人身處市場、象圈、堡壘、水槽，與寺廟旁。在帝國其它地方，也到處可見類似的兼容並蓄風格之寺廟與堡壘。

雖然毗奢耶那伽羅的徽章圖案內容是一隻野豬面向著新月和一把劍（這無疑代表其與德里蘇丹國相對的立場），但他們的君王卻也受到北方伊斯蘭勢力的正面影響。他們採用了北方在時尚、藝術風格，以及軍事戰術方面的元素，而且很古怪的是，他們使用「印度國王中的蘇丹」為稱號。[23]只不過毗奢耶那伽羅的法律和社會基本上仍然是遵循印度教義，其社會按照種姓制度嚴格分出階級，穩坐階級最上層的是具僧侶身分的婆羅門。然而，理想中的毗奢耶那伽羅國王，就跟許多其他文化中所描述的類似：「一位在位的國王必須始終以法（*dharma*）為目標而治國，」且他應該「用武力摧毀他的敵人以對抗其行動，應當友善也應該保護所有人。」[24]

毗奢耶那伽羅的國王從不曾忘記貿易在戰略上的重要性。但與主要是陸上勢力的德里蘇丹國相較之下，他們也透過印度洋為他們國家旺盛的活力尋求其他出路。他們試圖進入果亞等戰略港口並企圖入侵斯里蘭卡。他們也採用比較和平的方法，促進與中國，甚至是與亞歷山大港和葉門城市等穆斯林商業中心的海上貿易關係。舉例來說，一位來到毗奢耶那伽羅的葡萄牙訪客描述，國王為了要對抗德里蘇丹國而依賴荷姆茲海峽附近的伊斯蘭國家進口馬匹給他。[25]首都內，哈札羅・羅摩神廟（Hazara Rama Temple）中央平台上的雕刻圖樣顯示一位穆斯林貿易商賣馬給國王。[26]「國王應該改善國家的港口，依此鼓勵商業發展，讓人能夠自由地進口馬匹、大象、珍貴寶石、檀木、珍珠，與其他商品。」一位毗奢耶那伽羅較晚期的國王提出忠告，「將禮物與慷慨的報酬給予進口大象與良馬的遙遠國度貿易商，讓他們依附於你，那麼那些商品永不會落到你的敵人手中。」[27]

明朝陰影之下的亞洲

一二七二年，蒙古國的偉大領袖忽必烈（Kublai Khan），給受他征服的中國民眾捎來一段訊息：「（我們）誕膺景命，」他表示。「予一人底寧於萬邦……事從因革，道協天人。」[28]儘管新朝代的國號「大元」表示崇高無上之意，其統治者卻一心倣效以前中華帝國政權的威望。

然而，這場結合終究是矯揉造作的成果。儒家準則不止被用來重建王室行政，也用以建造忽必烈的新首都，位置就鄰近今日的北京。只不過，忽必烈的私人臥房牆面貼上了來自西伯利亞的毛皮，他的兒子也一直住在皇宮旁邊的帳篷內。[29]無論元朝如何努力漢化，他們始終卻都是進行壓迫的一方。社會被分為三個階級，蒙古人在最上層，接下來是西方的穆斯林移民，最底層則是中國的漢人。農民雖然可能得利於新式灌溉工程，卻也得承擔為了四處征戰而產生的高額稅金。

他們的許多征戰都以失敗告終。蒙古騎兵不善於在東南亞山間的熱帶叢林作戰，這些來自於大草原的戰士也不精於海事。兩支針對日本的海上長征大軍從未返國；另外，他們派遣上千船隻的船隊討伐未如期進貢的爪哇，也只達成短暫的效果。一二七九年，元朝遭遇嚴重的財政危機。農民的起義受到殘暴鎮壓，穆斯林少數民族也被禁止按照儀式宰殺羊隻，諸如此類的情事在在加重了社會的失望氛圍。為了抗議元朝的統治，著名畫家鄭思肖〔1241-1318〕並未在他創作的蘭花圖中畫上土壤，以此象徵蒙古皇帝是如何根除了中國的傳統社會。[30]

元朝針對蔓延的反抗行動所採取的手段有成有敗。他們宣布更多儒家詔令，恢復傳統科舉，並建造糧倉。中國在文化方面蓬勃發展，部分是因為他們與西方進行更密切的交流。然而，老百姓仍舊承受重稅、通貨膨脹、不公平的待遇，與饑荒問題。到了十四世紀晚期，中國也受到持續異常寒冷的天氣所影響。[31]繼承問題以及與西北方蒙古汗國之間的對立讓王室越來越難以維護勢力。忽必烈正式建朝八十年後，元朝面臨鋪天蓋地的起義。隨著紅巾軍群雄占了上風，元朝的天命不再。

元朝衰微之際，權力集中到兩個強大的軍閥上。其中一位是出身農家的朱元璋。身為孤兒的朱元璋在紅巾軍中的地位迅速地竄升。一三六三年，朱元璋已能利用著火的船擊敗他的對手。五年之後，他採用「洪武帝」（一三六八年至一三九八年在位）的稱號並接受天命。他的新王朝國號為「大明」，意指「光輝」。明朝將治理中國兩百五十年以上。曾經歷貧困處境的洪武帝分田畝給農人、簡化官僚機構、指示軍隊要自給自足〔衛所兵制〕、修築灌溉網絡、編彙給予百姓更多保障的法典〔大明律〕，並拓殖南方的肥沃地區。

只不過除此之外，在十五世紀間，中國仍舊動盪不寧。洪武帝毫不留情地集權於中央，處決了數萬名的潛在對手。此舉引發上層人士的不滿，在他死後不久便導致一場短暫的內戰〔靖難之役〕，也促使永樂帝（一四〇二年至一四二四年）過度強化錦衣衛和軍方的權力。整體的經濟緊密地集中，但皇帝特別花心力管理糧食供應，有時他們將餘糧直接送往農產不足的地區，有時則允許將餘糧拿到公開市場上販售。結果造成饑荒、稅收水平大幅波動，以及暴力的起義抗爭。不過，由於未有大規模的外來侵犯或內戰，在一三九三年至一五〇〇年間，人口從六千五百萬增加到一億兩千五百萬。

起初，明代的外交政策有利於貿易。永樂帝宣詔：「正當廣示無外，諸國有輸誠來貢者，」並建立三處海上貿易部門。[32]由於中國自給自足，便得以支配其貿易夥伴。明朝宮廷期望鄰邦蠻夷可以滿足他們各種需求。這些鄰邦在官方指派且受中國官員監督的海陸貿易中心內從善如流。明朝也指望其中的許多國家可以拿自己的商品進貢。達到要求的使節可以住在特別安排的住所，與中國百姓隔離開來。有時候數百名代表從不同國家前來，讓接待城市用來招待他們的資源緊縮，更不用說他們的駱駝、馬匹與大象了。[33]這類任務的高潮時刻，便是在皇帝跟前磕頭。在儀式開始前，使節必須等上好幾周的時間，甚至更糟的是他們還會因為沒有好好磕頭而被毆打。

貿易政策後來變得較為反覆無常。明朝常常關閉與西藏和西北方遊牧民族之間的邊境。一四二四年，洪熙帝（明仁宗）不僅終止他們與西藏以茶易馬的邊境貿易，更禁止與越南以金易珍珠，並下令燒燬皇室船艦。他說：「國家的安全在長城之內，不在海上。」[34]

明宣宗（一四二五年至一四三五年在位）時政策又有短暫的變動。繼永樂帝之後，宣宗在一四三〇年下令出動大型艦隊在中國貿易路線沿線重申中國的國力：「茲遣太監鄭和、王景弘等齎詔往諭，其各敬天道，撫人民，共享太平之福。」[35]不論是出於戰略因素或純粹基於意識形態上的原因，皇帝的一個決定都可能扭轉近一億人口的社會之貿易關係。

明帝國的財富與勢力不僅來自貿易，也是軍事征服的成果。明朝擁有世界上最大規模的常備軍，人數逼近一百萬。明朝大軍征服了中國前朝之邊界以外的領土，且強占了滿洲與內蒙古的大片區域以驅逐殘存的蒙古人。他們也併吞南方位於今日雲南的若干獨立王國。明朝軍隊從這個新權力據點往南入侵其他的南方國家，例如在一四〇六年被編列為省的越南。明朝在北方的擴張政策部分是因為擔憂國家的安危，但在東南亞的干預行動則純粹是為了擴展勢力。

後者跟中國為時甚短但前所未有的海軍力量投射時期同時發生。一四〇五至一四三三年間，鄭和將軍七次航行至印度洋，甚至遠達非洲之角與紅海。[36]雖然這幾次遠征的航海圖與日誌都佚失了，卻有證據顯示鄭和的艦隊曾在爪哇和蘇門答臘進行軍事干預以維護其中國殖民者。鄭和很可能也造成斯里蘭卡的科提王國滅亡。內閣首輔楊榮稱其居民為有毒的瘟疫，是無關緊要的蟲，該被消滅——男女老幼皆然。但明朝的海軍行動不止限於鄭和的事蹟。例如一四〇〇年，皇帝威脅侵略日本，中國海軍船艦也於一四〇六年，在朝鮮海岸附近與海盜交戰。

中國明朝在十五世紀自始至終都屹立於其鄰邦之上，包括擁有七百萬居民的朝鮮高麗王國。高麗王國在十三世紀時未能抵擋蒙古人入侵，所以成為元朝的附庸。元朝崩壞時，高麗王國一時恢復了其自治權，甚至還在一位明朝使者前來聲明擁有朝鮮領土之後，派遣軍隊到兩國邊境，但最後仍不得不進貢。與元朝發生摩擦的同時，國內的動盪削弱了高麗，讓新的王朝看到了奪權的機會。得名自古代古朝鮮的朝鮮王朝採用了儒家思想，如此一來朝鮮人口近半數都是奴隸的這件事便可正當化。[37]朝鮮王朝傑出的國王世宗（一四一八年至一四五〇年）為加強國家的安全而竭心盡力。他一方面採取親中的外交政策，另一方面則入侵日本的對馬島以消滅威脅戰略貿易路線的成群海盜。

在世宗進行干預的同時，日本列島正因其封建領主間猛烈的競爭行為而慘遭蹂躪。日本天皇是有名無實的領導。這些領主為了獲得天皇認可為將軍而互相鬥爭。幕府將軍的頭銜起初意指「征夷大將軍」。擔任將軍的人即為日本實質上的統治者。「四海不寧，戰火讓天色暗了下來，」歷史名著太平記（*Chronicle of the Great Peace, Taiheiki*）中，一位天皇如此陳述。「如果法律之德並未消滅好戰之人，那麼何時才能恢復和平？」[38]從十三世紀初開始，將軍即統治日本大部分地區，並發布首部日本法典以促進民間和諧——雖然這始終是遙不可及的白日夢。

蒙古人分別於一二七四與一二八一年的兩次入侵都神奇地受到颱風阻撓，在這之後，日本開始自認為是神與神風所選之地，是由受到天照大神祝福的天皇所統治之地。[39]他們稱蒙古人與朝鮮人為狗，同時政治理論家北畠親房（1293-1354）主張日本的佛教賦予其位於中國與印度等其他佛教國家之上的神聖領導地位。實際上，此時幾乎永無止境的衝突局面導致人們精疲力竭而促進了佛教在日本的傳播。內戰、蒙古人與中國人的侵擾，以及修築防禦工事的花費引發農民揭竿起義與更多的內戰。只不過在同一時間，各城市與地區間的經濟競爭刺激藝術、工業，與軍事科技上的重大發明，此外，日本在公元一五〇〇年時的人口已達到一千萬。

十三至十五世紀間大部分的時間，東南亞受若干國家支配，分別是越南的安南與占婆王國；柬埔寨的高棉帝國；泰國的素可泰（Sukhothai）王國，以及之後的阿瑜陀耶（Ayutthaya）王國；另外，在東南亞群島上，則是信訶沙里（Singhasari）王國，其取代了三佛齊作為貿易領導勢力的地位，後來則被滿者伯夷帝國（Majapahit Empire）所取代。儘管這些國家之間的依存關係相當密切，他們也共同面臨中國強大國力所體現的威脅，卻很少進行政治上的合作。在這時期，此地區的歷史充滿各種令人眼花撩亂的外交計策與戰爭事件。除了中國多次侵害越南之外，最重要的事件也許就是高棉帝國面臨了國內衝突而衰微，以及素可泰這個前附庸國的崛起。

儘管如此，東南亞許多地區持續繁榮成長，這大部分要歸功於水稻盛產所產生的剩餘糧食。地域性的貿易欣欣向榮，尤其是在奢侈品方面，而外交活動也是如此。一位滿者伯夷詩人頌揚其國家與吳哥王朝、阿瑜陀耶、安南、占婆，以及其他六個較小國家之間的關係。蓬勃的經濟促使城市發展，而國王們為了展示自身威嚴而建造巨大的寺廟建築群，例如吳哥窟。

快來納貢吧

直到十四世紀，非洲居民數量仍未達五千萬。他們大多居住在非洲大陸的沿海地區，尤其是在地中海、印度洋，以及幾內亞灣沿岸。然而，現在非洲正歷經重要的政治轉型。鐵器、灌溉技術，以及新品種作物的傳播慢慢地提高了農產量。結合農業與畜牧的新城市崛起。剩餘糧食的數量有限，所以大多販售於當地市場。但由於對黃金、象牙，與奴隸的需求日漸增長而促進了長途貿易發展。其中一個重要的貿易網絡將撒哈拉以南非洲與紅海和印度洋沿岸連結起來；另一個則跨越撒哈拉沙漠而將前述網絡連接至地中海。

東非的整個海岸線上遍布由內陸國家供應的貿易城市。在非洲之角的港口受伊法特（Ifat）、阿達爾（Adal），與瓦桑加利（Warsangali）等小蘇丹國所控制。這些國家之間競爭激烈，但在十三與十四世紀時，他們不得不結盟對抗衣索比亞這個基督教國家的熊熊野心。衣索比亞的所羅門王朝（Solomonic Dynasty）聲明自己是萬王之王，也自稱為聖經中所羅門王與席巴女王的後代。他們發動戰爭，原因是為了獲得非洲腹地與海外市場之間的貿易控制權，並讓蘇丹國成為附庸。他們最遠曾派遣使者到君士坦丁堡和羅馬。[40]

再往南則有十多座斯瓦希里人（Swahili）的貿易城，包括摩加迪休（Mogadishu）、蒙巴薩（Mombasa）、尚吉巴（Zanzibar）、基爾瓦（Kilwa），和索法拉（Sofala）。到了十四世紀，基爾瓦已吞併大多其他城市，並支配非洲與馬達加斯加島之間的海峽。[41]遊歷廣闊的伊斯蘭學者伊本・巴圖塔形容十四世紀的基爾瓦是世界上最美麗的城鎮之一。他也記述基爾瓦從事蓬勃的奴隸貿易，並長期在內陸部署兵力。[42]

他們發動戰爭的對象是重要的陸上政權——大辛巴威。大辛巴威如同衣索比亞的所羅門王國一般，曾吞併周邊高原地區許多以畜牧為主的酋邦。一四○○年左右是大辛巴威最昌盛的時期，當時其首都巨大的石牆內住了約一萬八千人，之後，領土的草原不足以維持成長中的人口而導致王國衰敗。大辛巴威的商貿地位被其最大的對手穆塔帕王國（Kingdom of Mutapa）所取代。穆塔帕王國獨占了非洲南部的黃金、銅，與象牙買賣。穆塔帕的字意為「掠奪」，它的國王自稱為「受掠奪地之王」。穆塔帕王國征服了東部沿海地區以及尚比西河沿岸的較小政權。[43]

在葡萄牙人於一四八五年登陸之前，很有可能非洲南部與東部的國家就早已開始與中非地區交易奴隸與黃金。中非土壤肥沃，幾個世紀以來對移民與村落來說都具有吸引力。一座位於烏干達，靠近比溝比亞姆真以（Bigo bya Mugenyi）的泥土造防禦堡壘，或許曾是基塔拉帝國（Empire of Kitara）的中心。這個鬆散的帝國在十四至十五世紀間支配著大湖（Great Lakes）地區。[44]基塔拉的貿易路線甚至可能遠達剛果河。位處距大西洋海岸不遠處高原上的姆班扎剛果（Mbanza-Kongo）在十五世紀時，是該區域銅、鐵、奴隸，與農產品的貿易中心。姆班扎剛果是剛果王國（kingdom of Kongo）的首都。剛果王國透過聯姻與征服合併了洛安哥（Loango）與敦哥（Dongo）等較小國家。[45]

在北方，跨撒哈拉貿易網絡包括地中海的消費者市場、阿拉伯與圖瓦雷克（Tuareg）商隊、薩赫爾（Sahel，撒哈拉沙漠以南的一條草原地帶）上作為守門人的不同政體，以及主要的供應商，也就是幾內亞灣沿岸的各個城市。其中最重要的城市是埃多，它是另稱為貝南王國（Kingdom of Benin）的比尼（Bini）的皇都。比尼字意為「戰士」。直至十五世紀，該地區仍受酋長統治，酋長會選出一位歐巴（*oba*），也就是國王。一段內戰時期之後，在十五世紀中葉，一名稱作埃布阿雷（Ewuare）的統治者實行中央集權。埃布阿雷意指「麻煩已經結束」。他除了對比尼進行改革，還征服若干幾內亞灣的貿易政體以擴大版圖。隨著比尼逐漸強盛，他們也漸漸以冶金術聞名，尤其是青銅器。

在薩赫爾有三個政權爭相掌控加奧（Gao）和廷布克圖（Timbuktu）等城鎮，這些城鎮是貿易中心，對畜牧人來說也是重要的水源地。莫西人（Missi）的王國在一四〇〇年占有了廷布克圖。他們的首都是瓦加杜古（Ouagadougou），意指「快來納貢吧」，他們的統治者則自稱「世界之王」。崛起於加奧城的桑海帝國（Songhai Empire）讓他們飽受威脅。加奧城是幾內亞灣和尼日河與北非之間進行黃金、鹽、象牙，與奴隸貿易的重要交會點。一四六八年，廷巴克圖屈服於桑海的駱駝戰士。套句某位伊斯蘭歷史學家的話，桑海的駱駝戰士「犯下惡行重大的罪，焚燒並摧毀這座城鎮，還殘暴地對那裡的許多人刑求。」[46]位於他們西邊的馬利帝國（Mali Empire）滅亡時，他們也從中得利。馬利帝國也曾藉買賣黃金與鹽而繁榮。在其十四世紀的黃金時期，也曾能夠動員十萬騎兵以及數以萬計的步兵，這些士兵來自馬利的附庸國且人人裝備從阿拉伯人那兒進口的武器。然而內戰、圖瓦雷克遊牧民族的侵襲，以及莫西帝國與桑海帝國屢次的攻擊，讓馬利在十五世紀時滅亡了。

洪水的邊緣

一五〇〇年前，西半球一直是偏安一隅的世界，人口可能也未超過四千萬。[47]在哥倫布於一四九二年發現伊斯帕尼奧拉島（Hispaniola）的二十五年後，西班牙強行進入中美洲時，他們發現阿茲特克帝國（Aztec Empire）統治著墨西哥灣的沿海平原。

阿茲特克帝國的起源可以追溯到大約兩百五十年前〔特諾奇提特蘭建城於一三二五年〕，當時它是聚集在該地區的眾多城邦之一。其居民是墨西加人（Mexica），他們以弓箭之技讓人聞風喪膽。起初，他們以傭兵的身分受僱在其他城市之間頻繁發生的戰爭中作戰，他們也進貢給威望更高的國家。最後他們與特斯科科（Texcoco）和特拉科潘（Tlacopan）這兩個城邦組成了三邦同盟，此聯盟強大的軍事力量成就他們在一四三〇年建立阿茲特克帝國。帝國最初的目標是要統治沿海平原，接著是掌管墨西哥高原的貿易路線，但後者卻導致他們與強盛的塔拉斯卡王國發生衝突。兩國皆沿著邊境建築堡壘、徵召其他民族代理打仗，並與數萬士兵作戰；但雙方皆沒能獲得恆久的優勢。

阿茲特克是好戰的社會。神廟上駭人的塑像證明了血腥的儀式與人祭。一首阿茲特克的詩提醒民眾：「你被送往洪水的邊緣，大火的邊緣。洪水與大火是你的責任，你的命運。」[48]據說帝國由太陽神下令進行戰爭，且太陽之子統治著這個國度。除了利用共同信仰與文化的關係，皇帝更藉由任命行政地區的總督，以及建築公共工程來鞏固勢力。在帝國中心的是特諾奇提特蘭城（Tenochtitlan），現在是墨西哥城的歷史中心。建於淺水湖島上的特諾奇提特蘭城中可見堤道、河渠、金字塔、廣場，以及無數花園，居民也超過十萬人。

在南美洲，十五世紀末的主要國家則是印加帝國。直到十三世紀，太平洋沿岸上仍只有伊茲馬（Ichma）、奇穆（Chimu），以及皮昆切（Picunche）等文化的小城市零星散布。由於這些城市與世隔絕，所以幾乎沒有防禦設施，也因此輕易地遭新興勢力庫斯科（Cusco）所吞噬。藏身在安地斯高山上的庫斯科城在十四世紀時開始為了尋求黃金與奴隸而襲擊其他城鎮。[49]不久之後，襲擊行動搖身一變為代表印加太陽神而發起的聖戰。隨著庫斯科越來越強大，他們歡迎鄰國自願支付貢品以獲得他們的保護，並入侵那些拒絕此條件的國家。[50]

到了十五世紀後期，庫斯科已完全從城市變身為王國，接著再成為擁有介於安地斯山脈和太平洋間綿延五千公里領土的帝國。如阿茲特克統治者一般，人們崇敬印加皇帝為太陽之子。因此，他被委以捍衛國土的責任，人們也期望他能夠作為「窮人的親愛之人與行善之人」。[51]印加人認為庫斯科是世界的肚臍。圍繞其而建造的帝國分為四大區域，每一大區域又各分成若干行政地區。印加人實行同化政策，迫使降服的國家接受他們的語言、藝術、建築，與納貢交易。身為神選之人，印加人自己得以免稅。繳稅的責任便以勞動責任的形式落到戰敗社會的頭上。他們必須建蓋帝國廣大的道路、橋梁，與軍事要塞網絡。[52]

阿茲特克與印加帝國都在十六世紀早期被西班牙的征服者〔conquistadores〕所推翻。他們利用「斬首」戰術克服了看似極端不利的條件而取得驚人的勝利。當時阿茲特克的末代皇帝蒙特祖馬（Moctezuma）指揮著二十萬大軍，但西班牙征服者埃爾南・科爾特斯（Hernán Cortés）手上的兵力只有六百出頭。一五一九年，科爾特斯在猶加敦登陸時，蒙特蘇馬並未馬上做出反應，可能因為他不了解這個相對遠距的威脅，也或許是因為無人察覺到阿茲特克宣告開戰的傳統方式。科爾特斯在猶加敦建立據點之後，他首先打敗若干較小國家，逼迫他們加入自己的勢力。然後他向特諾奇提特蘭挺進，使出詭計進入了蒙特祖馬的皇宮並俘虜了皇帝。少了統治者，阿茲特克帝國便解體了。同樣的，一五三二年，手握八萬大軍的印加皇帝阿塔瓦爾帕（Atahualpa）也太晚才意識到法蘭西斯克・皮薩羅（Francisco Pizarro）與其一百六十八位隨從的危險性。當西班牙人受邀至卡哈馬卡城（Cajamarca）謁見印加皇帝時，他們卻發動奇襲。阿塔瓦爾帕起初被虜為人質，接著被處決，後來由一位傀儡暫時代替他的位置。雖然印加的最後堡壘還繼續抵抗了四十年，但在接下來的三個世紀，前印加帝國將由西班牙人統治。

在許多方面，一二五〇年至一五〇〇年間的西半球和撒哈拉以南非洲，與亞洲、歐洲，和北非並沒有太大差異。在這裡，政權間也為了領土、貿易、奴隸，與信仰而爭吵不休，儘管其規模小很多。最大的不同是他們缺乏技術能力，無法發展出如火藥等增強武力的器具以及真正的遠洋船，甚至就美洲人來說，他們也欠缺了良馬。雖然歷史學家仍就此發展缺口的成因進行爭辯，但其後果已顯而易見。這些地區相對薄弱的硬武力讓他們無力招架歐洲與亞洲的入侵者以及隨之而來的大規模殖民。

海上拾荒人

蒙古人在十三世紀中葉登抵東歐時，對其受害人來說，他們既兇殘又無情，並能夠如神出鬼沒般地使出鎚擊。如同早些時候來自大草原的入侵者一般，他們都受益於本身互為因果的優勢：他們透過遊牧的生活方式與馴馬技巧而精熟草原上的路徑。西班牙與葡萄牙在大約兩百五十年後先是分別成為海上霸權，然後變成美洲的統治者，他們在手法上有些相同之處。這兩國都曾是邊緣政權，位於西歐與地中海的邊陲地帶。但他們在大西洋的位置，讓他們得以藉由開發快速且適於航行的卡拉維爾帆船以及先進的航海功力開拓海上的途徑。於是，海洋之於西班牙與葡萄牙，如同大草原之於蒙古騎兵。就美洲與非洲的原住民的觀點來看，西班牙人與葡萄牙人出其不意的到來之劇變，就跟經歷過蒙古人入侵的人所感受到的一般。

一五〇〇年左右西班牙與葡萄牙的全球探險為國與國之間的競爭與衝突開闢了全新的戰場。在這方面，中國似乎又再度錯失良機。明朝的艦隊規模的確龐大，也比葡萄牙人早了幾十年抵達印度洋以及非洲的海岸。尚不清楚明朝受何驅使而展開海上航行。但我們知道的是，保守的宮廷在一四三三年（鄭和去世之年）下令停止出航後，就再也沒繼續了。龐大、具階層制度、單極且中央集權的明朝以及彼此競爭激烈、相對較小而多極的西歐國家，如果單看這兩者之間顯見的政治差異，則無法充分解釋明朝這關鍵的決定。儘管地理因素在這之中無疑地起了作用：如果想到眾多敵人爭相突破中國的大陸邊境，並且其龐大的國內經濟也可以依賴河川、水渠和沿海水域的船運供應時，中國人看來就不那麼向內導向。要是當時中國持續在印度洋上進行海上探險，並且在非洲建立了商業甚至殖民的一席之地，又會發生什麼事呢？我們也僅能臆測而已。然而，沒能做到這一點的全球政治影響是相當大的。

CHAPER

12

A New Age of Islamic Conquest

伊斯蘭征服的新時代

公元一五〇〇年至一七五〇年

蒙古
東察合台汗國
朝鮮王朝
日本
明朝
吐蕃
德里
德里蘇丹國
太平洋
朱羅王朝
柬埔寨
馬六甲
度洋
500
1000
1500 km
500
1000 miles

芬蘭人
蘇格蘭
條頓騎士團
莫斯科
喀山
丹麥
英格蘭
波蘭立陶宛
欽察汗國
波希米亞
法蘭西
奧地利
威尼斯
鄂圖曼帝國
佛羅倫斯
鄂圖曼帝國
拿坡里
西班牙
鄂圖曼帝國
帖木
馬木路克
利比亞人
圖瓦雷克人
阿拉伯
阿
維德角
桑海帝國
馬利
豪薩人
衣索比亞
伊法特
阿達爾
瓦桑加利
費爾南多波島
聖多美島
摩加迪休
蒙巴薩
剛果
尚吉巴
大西洋
基爾瓦
穆塔帕王國
索法拉

一五〇〇年左右的東半球

人們普遍認為克里斯多福・哥倫布（Christopher Columbus）在一四九二年發現美洲的那一刻意味著歐洲將稱霸世界。然而，如同這一章顯示，歐洲的擴張主義仍不是十六至十七世紀期間形成這個世界的主要事件。誠然，西班牙征服者來到美洲摧毀了原住民的生活，而且葡萄牙與西班牙的統治者甚至還簽署了《托爾德西里亞斯條約》（Treaty of Tordesillas，一四九四年）來瓜分世界。但十八世紀中葉在美洲、非洲，與亞洲的殖民屬地，跟後來比起來是小巫見大巫。可以直接控制的海外領地大多侷限在配置了數十名士兵的沿海要塞，漸漸地，這些要塞周邊築起了商人與探險者使用的木屋。儘管農業、貿易、銀行、技術，和製造業相繼發展，但歐洲經濟增長緩慢。全歐洲的薪資和城市化甚至都停滯不前，除了荷蘭與英國之外。[1]工業革命是直到一七六〇年之後，才發揮了驚人的影響。

一五〇〇至一七五〇年期間，世界人口從大約四億人成長至七億人以上，其中不到五分之一的人住在歐洲，有一半以上的人則住在亞洲。對這些人來說，意義更重大的是穆斯林帝國在人口密集的中東與南亞崛起。鄂圖曼王朝、薩法維王朝（Safavids），以及蒙兀兒王朝（Mughals）征服了大約四分之一的世界人口。擁有世上另外四分之一人口的中國則因滿人入侵而陷入混亂，最後以清朝的建立結束了亂局。歐洲這個另一個重要的人口中心仍受國內與國際之間的暴行所苦，僅舉幾個最有名的衝突為例：八十年戰爭（Eighty Years War，一五六八年至一六四八年）、三十年戰爭（Thirty Years War，一六一八年至一六四八年），與西班牙和奧地利繼位之戰（一七〇一年至一七一三年；一七四〇年至一七四八年）。這些戰爭都是結合各種領土、宗教，和商業利益等因素而起。

這個小國家心懷憂慮地活在占地廣大的帝國陰影之中的世界，無疑比以往都更加緊密相連。證據就是當時歐洲、中東，與中國分別製造內容越來越精確的地球儀與地圖，以及大量增加的旅行日誌和敘述文字。國內的讀者津津有味地閱讀這些作品中對於遙遠異國風情的描述。印刷術的發展、對於地理勘探的資助，以及最重要的，對財富的貪婪欲望，都促進了實際旅行和資訊共享這兩種形式的交流。自從中國鄭和的平底帆船在十五世紀初於印度洋上航行以來，並未出現火力如此強大的船艦尋求黃金、香料和奴隸。不過，現在已經沒有向內導向的中國皇帝阻擋人們轉向大海。歐洲國家爭相壟斷海外貿易，與此同時，雄心越來越大的商人進行的事業既刺激了具有股份公司、股票市場，和金融產品激增的現代資本主義發展，同時也受其所鼓舞。歐洲的世界霸權毫無疑問地是在這段時間內打下了根基，但前往寶座之路仍受更強大的角色所霸佔。

鄂圖曼帝國

直到十五世紀為止，鄂圖曼人都自認在所有參與的戰爭中都是處於劣勢的一方。然而，在一四五三年攻克了君士坦丁堡之後，蘇丹認為自己至少等同於神聖羅馬的皇帝，且懷抱征服世界的大志。[2] 十六世紀初期，塞利姆一世（Selim I，一五一二年至一五二〇年在位）重新展開了鄂圖曼欲稱霸一切的企圖。

從君士坦丁堡的角度來看，三個最重要的競技場分別是中東、黑海，以及地中海。在中東，讓鄂圖曼深感興趣的是黎凡特與紅海的貿易、耶路撒冷的聖城、麥地那、麥加，他們也與以波斯為中心點的什葉派薩法維帝國抗衡。塞利姆一世在給薩法維君王的信中自述為遜尼派伊斯蘭教的捍衛者，並譴責後者行使暴政與壓迫，最嚴重的是指控他酗酒。他下令六萬鄂圖曼軍隊入侵美索不達米亞。在查爾迪蘭戰役中（Battle of Chaldiran，一五一四年），鄂圖曼戰勝了薩法維帝國，這要歸功於移動火炮與明火步槍。塞利姆沒能完全攻克薩法維帝國，但他獲得黎凡特與北美索不達米亞的控制權。這項勝利激起鄂圖曼繼續在東部邊境征服的野心，範圍從北方的亞美尼亞到南方的埃及與紅海。

塞利姆的繼任者是成績更為斐然的征服者：蘇萊曼大帝（Suleiman the Magnificent，一五二〇年至一五六六年在位）。當時巴爾幹半島以及黑海西部的大部分地區已受鄂圖曼帝國統治，但蘇萊曼大帝利用匈牙利的一場內戰展開攻勢。當時匈牙利控制多瑙河沿線的貿易以及與波羅的海之間的一些陸上商業活動。在一五二六年的摩哈赤戰役（Battle of Mohacs）中，鄂圖曼證實自己的火藥武器優於傳統的匈牙利騎士。匈牙利國王以及其至少一萬五千名麾下遭受殺害，首都後來也被焚毀。這次勝利規模之大，導致一股恐慌湧入歐洲其它地區。在一五二九年，蘇萊曼大帝來到了維也納皇城大門之前。他沒能攻下維也納，這主要歸咎於物資短缺以及惡劣的天候，後者讓他無法攜帶大部分的攻城重砲。維也納解除了圍城危機後，神聖羅馬帝國才開始加強其東部的防禦。

同一時間，蘇萊曼大帝將眼光投向地中海。「如果這些蠍子（基督徒）駛船佔據海洋，如果威尼斯總督、教宗以及法蘭西與西班牙國王的旗幟在色雷斯的海岸飄揚，都是因為我們寬容以待。我要一支數量龐大且非常強大的海軍。」[3]這些是塞利姆曾講過的話，但將其付諸行動的是蘇萊曼大帝。他龐大的海軍陣容讓鄂圖曼的戰鬥機器在海陸兩地都讓人聞之喪膽，並在普雷韋扎之役（Battles of Preveza，一五三八年）與傑爾巴之役（Battles of Djerba，一五六〇年）打敗了基督教聯盟大軍。短短二十多年後，鄂圖曼已成為地中海地區首屈一指的海軍勢力。

在蘇萊曼的長期統治下，帝國達到極盛時期。伊斯坦堡的美讓歐洲的外交使節都嘆為觀止。[4]本身也是詩人的蘇萊曼大帝贊助四十個文化學會。他也下令在伊斯坦堡建造遠近馳名的蘇萊曼清真寺（Süleymaniye Mosque），並資助圖書館、醫院、學校，與公共澡堂。戰利品、貢品、貿易稅收的盈餘，以及紡織品和軍備工業的收益填滿了國庫。槳帆船的建造與人力配置、耶尼切里軍團的陣容、農園與皇宮的勞動力，更不用說鄂圖曼有錢人的後宮妻妾都需要他們從國外引進數十萬奴隸來填補。[5]他們徵召奴隸的方式，是透過向巴爾幹半島上的基督徒收取「血稅」（blood tax）、或者透過在黑海地區「收割大草原」的軍閥、來自撒哈拉以南非洲的奴隸商隊，以及為北美奴隸市場提供貨源的海盜。這些海盜從地中海與大西洋行駛的船上，或是遠從愛爾蘭和冰島上的劫掠中強奪走基督徒男女及兒童。海盜猖獗，以至於當時有俗話流傳：「阿爾及爾（Algiers）下起了基督徒大雨。」[6]

鄂圖曼帝國看來似乎永垂不朽。朝臣提出了理論，說明蘇丹的權力立於一種良性的循環之上：只要蘇丹維持公義，那麼他的臣民便會蓬勃發展並支持他。但實際上，蘇萊曼大帝死後的數十年內已可見鄂圖曼勢力的極限。十七世紀，雖然紡織品及其他商品的產量增加，帝國卻始終與通貨膨脹和貨幣貶值的效應奮戰。[7]到了世紀末，新蘇丹登基後立即動手殺死所有的兄弟以確保王位的慣例也常常引發內戰、政變和動盪的局勢。耶尼切里軍團漸漸開始利用這情勢來控制王位的繼承，任命維齊爾，並暗中破壞蘇丹的勢力。帝國的輝煌時代即將走到尾聲。

因為沒能征服薩法維帝國，鄂圖曼人得在東邊部署許多軍隊。同一時間，俄羅斯的擴張讓他們難以防禦黑海周圍的領土。鄂圖曼人也漸漸落後於歐洲「航海時代」的海事革新。這裡的轉折點是一五七一年的雷龐多戰役（Battle of Lepanto），取得勝利的歐洲艦隊大小規模跟鄂圖曼同等，但卻裝備了雙倍數量的大砲。雖然在地中海間狹窄的海灣與海峽中，鄂圖曼的槳帆船表現仍舊比較好，但他們的戰艦不管論質還是量，都未能比得上歐洲國家。儘管他們在十六世紀間在印度洋進行了幾次海上遠征——在一五六五年，他們甚至航行到了蘇門答臘島的亞齊蘇丹國（Sultanate of Aceh）——但鄂圖曼卻無法與歐洲在東方不斷增長的商業與海軍力量抗衡。

一六八三年，鄂圖曼再次圍攻維也納。這一次，神聖羅馬帝國以及波蘭立陶宛聯邦（Polish-Lithuanian Common-wealth）為數眾多的騎兵與大砲粉碎了鄂圖曼的武裝軍隊並解除了圍攻行動。到了十七世紀末，一股基督教聯軍的勢力將鄂圖曼的邊境往回壓迫至巴爾幹島上，這是鄂圖曼歷史上首次大量損失領土。問題早在一七〇三年就出現了，當時耶尼切里軍團將蘇丹趕下台而支持其兄弟。艾哈邁德三世統治期間(一七〇三年至一七三〇年在位），他建立了新的現狀。雖然鄂圖曼帝國不再能對西歐造成威脅，他們在地中海與中東地區仍是最大的單一勢力。例如一七一七年，他們占有威尼斯大部分在希臘的領土，且在一七二四年時，從衰微中的薩法維帝國手上一度強占了亞美尼亞與高加索山脈的領土。

薩法維帝國

在薩法維王朝全盛之時，其君權從黑海延伸至興都庫什山脈，並掌管了大約五千萬人口。只不過，薩法維帝國又是另一個源於美索不達米亞和波斯邊緣的小政權，當時是一五〇一年，一名稱為伊斯馬儀（Ismail）的宗教領袖成為奇茲爾巴什（Qizilbash）的國王（奇茲爾巴什又稱「紅頭」，是高加索山脈間什葉派的勇士部落組成的聯盟）。一旦伊斯馬儀坐穩了王位，便在他的領土上實施十二伊瑪目派教義，令其為官方的伊斯蘭教：「有了真主的幫助，如果人們說出一個抗議的字，我將拔劍殺得他們片甲不留。」[8]即使如此，他也向古代偉大的波斯君王看齊，例如居魯士大帝、大流士、庫思老，與亞歷山大大帝。他不僅自詡為萬王之王，也冠上蒙古的「可汗」以及印度的「巴哈杜爾」(*bahadur*)頭銜，後者意指「英勇的戰士」。這反映出波斯人、蒙古人、突厥人，以及烏茲別克族漸漸被他納為屬民的過程。[9]但最重要的是，薩法維的沙阿（shah，意為君主）是半神性的「人間的神之影」，也是奧秘的蘇菲派薩法維耶教團（Safaviyya）的精神領袖，以及馬赫迪（Mahdi，意指救世主）在世間的代言人。薩法維王朝得名於薩法維耶教團，而馬赫迪到來的那天意味著世界末日。[10]

帖木兒後代統治的蒙古─突厥帝國衰微，讓伊斯馬儀沙阿因而得利，他在一五〇一年征服亞美尼亞，到了一五〇四年已攻克波斯大部分地區，並於一五一一年攻取烏茲別克斯坦的部分地區。一五一四年，他與鄂圖曼帝國首次進行大型戰爭。這場戰爭不止是什葉派薩法維與遜尼派鄂圖曼之間的聖戰，也跟千年以前拜占庭王朝與薩珊王朝因龐大領地所起的衝突一樣，都是為了要控制高加索與美索不達米亞。但當鄂圖曼與薩法維雙方人馬在查爾迪蘭戰役短兵接戰時，卻是鄂圖曼人占了上風。在這之後，鄂圖曼人占領美索不達米亞大部分地區，並洗劫了薩法維王朝的首都大不里士（Tabriz）。一五五五年，鄂圖曼人占盡優勢，於是簽訂羞辱的阿馬西亞和約（Peace of Amasya），讓他們得以進入波斯灣，在兩政權之間建立廣大的緩衝區，並強迫薩法維人放棄若干至聖的城市，例如納傑夫（Najaf）與卡爾巴拉（Karbala）。

雖然剛開始薩法維人輸給了鄂圖曼人，阿拔斯沙阿一世（Shah Abbas I，一五八八年至一六二九年在位）卻化身他們的勁敵。鄂圖曼在其蘇丹穆拉德三世（Murad III）於一五九五年死亡後發生了內戰，這讓阿拔斯沙阿一世得以把鄂圖曼軍趕出美索不達米亞，並於一六二三年奪回巴格達。此次的成功也展現了國內改革的成果。阿拔斯將權力從奇茲爾巴什軍閥身上轉移至新的政治行政機關，以及一支新成立、更專業，且裝備現代歐洲武器的軍團，這兩者的人力都來自於高加索的奴隸。當喬治亞人在一六一四年起身反抗時，阿拔斯殘忍無情地鎮壓他們，屠殺了好幾萬人，並強行虜走更多人到波斯囚禁起來。因為喬治亞國王拒絕聲明放棄基督教信仰，阿拔斯閹割他的兒子們，並將他的母親折磨致死。留下這位喬治亞國王獨流「無盡尼羅長河之淚」。[11]

薩法維王朝在東方則與蒙兀兒帝國這個新興的伊斯蘭政權發展緊密的外交關係。一五四四年，薩法維的沙阿為一度被趕下台的蒙兀兒皇帝胡馬雍（Humayun）提供庇護，並舉行演奏會歡迎他，在會上「面容姣好的女子既親切又溫順，且擅長給予服務。她們宛如天堂裡的處子般站在各個角落」，雖然他之後還因為胡馬雍拒絕改宗十二伊瑪目派教義而想處決他。[12]阿拔斯沙阿在位（1587-1629）時，雙方關係更加惡化，當時阿拔斯希望取回被蒙兀兒人奪走的貿易路線。北方烏茲別克的君王們為雙方的緊張情勢火上澆油，這些君王甚至邀請蒙兀兒人加入一個大同盟：「如果賈漢沙阿（Shah Jahan）從德干高原進軍北方，那麼我們也會趕往那裡……取得勝利之後，讓我們拿下呼羅珊，那個國家中你欲求之事物，你則可以納進帝國領土，並將剩餘之物給予我們，」一位烏茲別克人這樣對蒙兀兒皇帝提議，但後者並未接受。[13]一六二二年，阿拔斯沙阿奪取了這場衝突核心的最大獎賞，就是位於今日阿富汗的坎達哈（Kandahar）戰略要塞與貿易城。

戰利品、對貿易的控制，以及帝國的絲織工廠讓阿拔斯得以揮霍大量金錢建築他的新首都：伊斯法罕（Isfahan）。如阿里卡普宮（Ali Qapu）等建築物的施建，劃下薩法維王朝藝術與建築的黃金時代。對薩法維人來說，伊斯法罕是伊斯蘭與世界貿易的中心，也是「帝國延伸至世界四大基點，且沒有軍隊或勢力能違背他的偉大國王」所在地。[14]但阿拔斯死後不久，薩法維人的燦爛光輝開始黯淡下來。其中一個原因是儘管薩法維君王實行讓可能成為競爭對手的家族成員都失明的習俗，但幾乎每一任沙阿的登基都仍伴隨著繼位之爭。另外一個原因則是他們輕視農業，導致帝國城鎮過度仰賴國際貿易。阿拔斯統治時期擔任大臣的伊司坎德・貝格（Iskandar Beg, 1560-1634）同時也是名歷史學家，他描述薩法維的統治者考量貿易路線的安全以及提高絲織品出口量重要性優於農業，也敘述他們是如何禁止出口金條。[15]但薩法維原本獲利豐碩的絲織品貿易受鄂圖曼帝國對於黎凡特的掌控，以及歐洲人在印度洋與波斯灣日益增加的駐軍給破壞了：十七世紀時，英格蘭貿易商開始直接從孟加拉灣船運絲織品到歐洲而迴避薩法維的壟斷事業。薩法維人甚至缺乏如鄂圖曼帝國擁有的近岸海軍，以致於無法保護自己的利益。

最糟的是北方擴張迅速的俄羅斯沙皇國所帶來的威脅。這兩個政權自從在十六世紀上半葉建立直接關係之後，有時結盟對付他們的共同敵人鄂圖曼帝國，有時則為了高加索地區的領地與貿易而對峙。一七二二至二三這兩年，於內衰微且於外四面楚歌的薩法維帝國遭鄂圖曼帝國與俄羅斯全面擊敗。隔年的《君士坦丁堡條約》（Treaty of Constantinople）中，勝利國割據了薩法維帝國。突厥軍閥納迪爾汗（Nader Khan）廢黜了薩法維的末代皇帝，先是以攝政王的身分統治，後來在一七三六年自立為沙阿。他短暫地恢復了國家領土的完整性，甚至率領波斯軍隊進軍印度的蒙兀兒王朝並洗劫德里。但他在一七四七年遭受謀殺後，波斯再一次地四分五裂而陷入混亂的局面。

蒙兀兒帝國

蒙兀兒人跟薩法維人一樣源於十六世紀初期的中亞。一五〇五年左右，他們越過開伯爾山口進入印度河—恆河平原。德里蘇丹國起初曾起身抵抗這些侵略行為，但其它地方邊界遭遇的威脅使蘇丹國無法持續抵禦之。一五二六年，蒙兀兒的首領巴布爾（Babur）創建了他的新王朝，但讓王國成為真正的帝國的卻是他的孫子阿克巴（Akbar，一五五六年至一六〇五）。阿克巴是傑出的指揮官。即使他的軍隊在技術上不如其它南亞國王與蘇丹的部隊，但他在戰術使用上天賦異稟而屢屢取勝，例如在一五五六年，他在決定性的帕尼帕特戰役（Battle of Panipat）中獲勝，當時的對手為孟加拉的蘇丹。

阿克巴以身為成吉思汗的後裔而自豪。他與鄂圖曼人和薩法維人一樣取得萬王之王的頭銜，也跟後者一樣自稱是人間的神之影。但同時他也將王權形容為神所發出的光芒，這是他數千萬印度教與佛教屬民所熟悉的概念。身為穆斯林的阿克巴有自意讓自己成為所有宗教的統治者，他實施印度教與佛教中法（*dharma*）的觀念為主要的治理原則，出資翻譯《摩訶婆羅多》與《政事論》等印度古典著作，擢升次等的印度君王成為蒙兀兒貴族，並舉行會議，讓穆斯林、印度教、佛教、祆教，與基督教的學者參與其中闡述自己的信仰。他從這些論述中萃取出一個統合的教義，稱為丁—伊拉赫（*Din-illahi*，意為「神之宗教」），並透過宗教寬容法令而廣傳普世和平（*Suhl-ikul*）的原則。

一五九五年，阿克巴的維齊爾阿布爾—法鄒（Abu'l-Fazl）完成了阿克巴在位時期的官方歷史著作。《阿克巴本紀》（*Akbarnama*）是對於阿克巴的致敬作品，其字裡行間提及柏拉圖、亞里斯多德，與亞歷山大大帝，也援用《摩訶婆羅多》的內容和印度教信條的祈禱文。這本書總結了對未來君王的一些重要建議。印度的多元社會——阿布爾—法鄒稱之為大市集——其興旺完全倚賴國王足夠的智慧以維持穩定。阿布爾—法鄒主張，由於人們自私、短視近利，且只知自利，如果少了國王，衝突的風暴將永不平息。「人類的優越性取決於理性之珍寶，」[16]他接著解釋這意味國王必須忍耐而不擴張自身的利益、要維護公義、尊重屬民的宗教、謹防寡廉鮮恥的朝臣、論功行賞、維護軍隊的良好狀態並避免讓鄰近國家訴諸於戰爭，在私人生活上，也要避免耽溺於女色和賭博。[17]「所有的衝突都是這點造成的，」阿布爾—法鄒作出結論：「那就是人無視於其國家的需求，而讓無關緊要的問題占據了其身心。」[18]

阿克巴最重要的改革之一，就是制定了稱為曼薩布達爾（*mansabdari*）的制度，在這個制度中，皇帝將其擁有的土地盈餘分給軍官與文職行政官以確保獲得他們的忠誠與效勞。另一項重要的改革則是聘雇了歐洲與鄂圖曼士兵與軍事工程師，以火繩槍和大砲使他的軍隊跟上時代潮流。這次的軍事革命勢不可擋，以至於許多在印度次大陸上的小國國王無法再抵抗蒙兀兒的勢力。舉例來說，烏茲別克和荷蘭的外交使節敘述蒙兀兒軍隊持續沿著印度河征戰，斬去遭擄獲的當地首領首級，且威迫村民將婦女與幼童出售為奴。[19] 阿克巴為了維持貿易的流量，也沿著興都庫什山與喜馬拉雅山口蓋起要塞，並確保他掌握了古吉拉特（Gujarat）與孟加拉的港口，這些港口是通往中東、非洲，以及東亞的商業門戶。他在一六〇五年去世時，蒙兀兒帝國涵括今日的巴基斯坦，整個印度（除了最南端的部分），以及孟加拉。

蒙兀兒規定鹽、火藥製作必須使用的硝石，以及紡織品的生產為國有的專賣。阿克巴命令老百姓購買當地產品，讓拉合爾（Lahore）的圍巾製造商與阿格拉（Agra）的地毯織布商可以與波斯進口的商品競爭。[20] 紡織品、香菸、茶，以及其他商品的出口量龐大，讓帝國賺取了大量輸入的金條。只不過，缺點就是上述的出口商品有很大一部分都受到外國人控制，也就是駐居在沿海貿易城，並融資給當地行政官員以獲取貿易許可以及庇護的英格蘭與葡萄牙人。

如此對歐洲人的依賴導致了摩擦。一六八六年，英格蘭皇室特許與東亞和南亞進行貿易的東印度公司（East India Company）企圖強迫蒙兀兒帝國授與商業特權。當英國船隻封鎖海岸，從而阻撓印度朝聖者前往麥加時，蒙兀兒皇帝奧朗則布（Aurangzeb）派遣一支艦隊對抗東印度公司在孟買的總部。最後，在一六八九年，英國人被迫投降並支付大筆的賠償金。歐洲的貿易商現在開始發展印度的東岸以作為綿花的替代來源，並煽動緬甸的阿拉干（Arakan）王國與蒙兀兒人爭奪對於恆河三角洲與孟加拉灣的控制。奧朗則布為了抵禦威脅，下令建造三百艘歐洲式樣的船；但為了要保護他的港口，他終究必須向荷蘭人與英格蘭人求援。後兩者視此為一個契機，可以強化他們相對於葡萄牙的地位。一名維齊爾透露：「一艘裝載歐洲人的船能擊潰二十艘由蒙兀兒人駕駛的船。」[21]蒙兀兒在整個十七世紀也許持續贏得陸上的戰爭，但在海上他們則只能任由更先進且全副武裝的歐洲船艦擺布。

奧朗則布於一七〇七年去世，引發繼位衝突與內戰。自阿克巴時代以來變得更加苛刻的宗教政策又加劇了這些衝突，以至於他們與占多數的印度教徒關係惡化。同一時間，東印度公司在帝國中取得影響力的地位之高，讓他們享有免稅貿易權，每年只需繳交幾千盧比，藉侵蝕蒙兀兒的行政制度而更加富有、強勢。由於帝國對軍隊與北方的防禦皆採忽視的態度，讓波斯君王納迪爾沙阿（Nader Shah）得以在一七三九年入侵。蒙兀兒的騎兵遭裝備明火鳥銃的步兵以及擁有馬上旋轉槍的野戰砲兵摧垮。首都德里淪陷。「此刻，在人民的淚洗之下開始強取豪奪，」一位蒙兀兒廷臣寫下：「家家戶戶滅絕。許多人吞毒，其他人則自刎而結束生命……簡而言之，幾世紀以來所累積的財富於一瞬間易主。」[22]為了運走蒙兀兒皇帝的金庫，得動用七百頭象、四千匹駱駝，與一萬兩千匹馬。[23]

一體化的世界

十六世紀大部分時候，明朝統治之下的中國隨著經濟繁榮與人口倍增而昌明鼎盛。紫禁城這座位於北京的中央皇宮複合建築從一四〇六開始建造，至此時竣工。外國使節必須在禮部的監督下演練整整三天的儀式禮節，之後才被護送至午門，也就是紫禁城的正門。穿越若干寬闊的廣場，並通過碩大的太和門之後，身著絲袍的司禮監太監會來迎接他們，並引領他們走上共四十階的樓梯至太和殿。在這規格最大的閣殿中，他們必須在皇帝前磕四次頭，皇帝坐在龍椅上，身旁盡是黃金、美玉及絲帛。

第一位歐洲人來到時，皇帝禁止貿易，但對他們威力強大的大砲深感興趣。最終，中國仿製西方的大炮原型而製作了數千座「紅夷大炮」。[24]明武宗因頹腐而遭受批評，但他與馬六甲蘇丹國結盟對抗葡萄牙。一五二一年，他的平底式帆船在屯門附近（接近現今香港）打敗了一小支葡萄牙艦隊。由於無法強行進入中國的市場，葡萄牙開始提供火炮和佛郎機炮（breech-loading swivel gun）給日本海盜。這些日本海盜很快地便暴露出中國沿岸防禦的弱點。他們洗劫港口，沿著大運河一路往上掠奪，圍攻重要的要塞城市，最後還脅迫明朝與葡萄牙合作。一五五四年，澳門成為葡萄牙在中國的第一個貿易拓居地。

在北方，蒙古與女真部落現在眼見可以強化他們對明朝的地位，便結盟侵襲中國。一五五〇年，蒙古騎士到達了北京城郊要求貿易權。他們遭到擊退，但仍費力取得協議，以馬易帛。朝廷下令修築長城，擴建至今日所可見之龐大規模。沿海地區也蓋起防禦工事以威懾海寇。其他挑戰一一浮現。一五九二年，超過十五萬日本軍隊入侵朝鮮半島。臨津江之戰（一五九二年至一五九八年）逼得明朝不得不干預，並造成新的財政缺口。中國北方與南方都爆發叛亂。雖然叛亂受到鎮壓，萬曆皇帝仍決心躲避公眾生活。皇帝疏於朝政，造成了權力真空與朝內黨爭，同時軍隊也不再受統一指揮。

但現在，更大規模的叛亂行動在中國北方的邊緣地帶發酵。這裡女真人的侵襲、叛離的明朝軍隊，以及大量的匪盜都使農民憂心不已。[25]與此同時，長時間寒冷的氣候促使女真人如四個世紀前的蒙古人一樣，離開家園而往南推進。從一開始，女真首領努爾哈赤（Nurhaci）聲稱他們是在進行對抗明朝的聖戰。[26]一六一八年，他將針對明朝對女真人的迫害與領土侵犯提出之控訴具體化為一份檄文，稱為《七大恨》，其所有的意圖與目的都是宣戰。「明萬曆帝不擅於政治。他怠於內政，」努爾哈赤後來為他的行為辯解時說：「以至天懲罰之，給予我大明皇帝於黃河以東之地。既然天助我且賜地於我，我恐怕如未以天意治國，將會受懲。」[27]一六三五年，努爾哈赤的繼任者（皇太極）命令人民拋棄他們原有而在中國有貶視意涵的女真姓名，藉此具體化他們日益增長的權勢。現在他們稱為滿人。

影響了滿人的氣候變遷同時在中國也造成了饑荒。大運河乾涸，以致城鎮缺乏糧食。[28]特別是可怕的颱風一次又一次地造成浩劫。叛變的領導者欲建立對人口為多數的農民更有利的政權之際，叛亂蔓延到了全國。為了平定造反民眾，倉皇的明朝官員（遼東總兵吳三桂）引清兵入關。現在滿人受到跨越長城的請求，心懷不滿的明朝將軍則在那裡與他們相會。[29]在一連串交戰之後（史稱松錦之戰，一六四一－一六四二年），朝廷忠誠派的軍隊被打敗，為明朝敲下了喪鐘【作者這段敘述有誤】。一六四四年，明朝末代皇帝自縊於煤山。天命傳到了另一個夷人所建的朝代：清朝。

清朝的滿人統治者很快地採納了中國帝制傳統的衣缽。他們將明朝的官員納入新政府，保留重大的設施，並發揚古代的經典著作。他們擁護佛教（藏傳佛教），且儒家價值再次定義了帝國主義。努爾哈赤表示：「有過惡者天咎之，致令國勢衰敗，存正念者天祐之為君，而國乃興矣。」[30]然而，清朝入關的首位皇帝同時也想避免全面同化。八旗子弟禁止與漢族女子通婚，也不能務農；他們進行狩獵，以展示其滿族身分；他們也持續舉行滿人傳統的薩滿教儀式。

至於外交政策，清朝第一位統治者順治皇帝（一六四四年至一六六一年在位）恢復了進貢傳統，接待遠從越南安南王國、日本南方琉球群島，以及西藏來的使節。順治帝曾宣諭：「今中外一統，四海為家，各國人民，皆朕赤子」。[31]但現實卻並非如此。軍閥把持了南方的雲南、廣東，與福建省。在北方，清兵遭遇往東擴張而到達滿洲的俄國軍隊，並與準噶爾汗國的蒙古人競爭中亞貿易路線的控制權以及對西藏這個佛教中心的影響力。

最盡力保護清朝不受外來勢力威脅的是康熙皇帝（一六六一年至一七二二年在位）。他認為中國不能僅仰賴守護著其傳統疆界的山河所給予的保護。他們的戰略該是要透過擴張進行防禦：「以琉球守東南，以高麗守東北，以蒙古守西北，以越南守西南。」[32]康熙帝首要的措施，便是與俄羅斯協商一份邊境和約。接著，他利用喀爾喀與準噶爾蒙古人之間的衝突，攻擊了後者。康熙帝宣誓他們必須消滅準噶爾的威脅；這是天意。[33]在他統治期間，也曾在臺灣、越南、緬甸，與西藏進行戰爭。

康熙皇帝之後由雍正皇帝繼任（一七二二年至一七三五年在位），後者決心對付雲南頑強的叛軍。中國人稱當地居民是為謀生而殺戮的土棍（aboriginal thug）和苗疆夷（frontier barbarian），同時卻覬覦該地區擁有的銅、鹽，與茶資源，以及直通西藏的路徑。[34]這次戰役是場大屠殺：數萬百姓遭受殺害，包括婦孺。反抗清朝的人被砍下四肢。一位清朝地方官員解釋道：「如我們現在不殺一點人，將來就得殺更多人。」[35]但該地區仍動盪不已。同樣的，在台灣，由於清朝廷將其劃分為重要的戰略之地，所以政策也變得更加嚴厲。隨著更多士兵被部署到台灣島上，老百姓移居過去之後，該地區的殖民開拓也漸臻成熟。[36]

在中國的陰影之下，許多小國持續彼此競爭。在東北方，日本攝政者豐臣秀吉用鳥銃統一全國，隨後也用其進攻朝鮮。秀吉統治世界「日照之處」而受到讚揚。[37]其後，對立的德川氏創立江戶幕府，在位將近三世紀之久〔1603-1868〕。他們讓天皇有名無實，屢次威迫朝鮮進貢，並發起軍事遠征，最遠曾抵台灣。然而，他們對於歐洲貿易商漸增的勢力越來越憂心，主張應該限制與非日本人之間的商業等其他交流。一六三三年，德川統治者頒布了一項孤立政策，起初稱為海禁（Kaikin），但後來更普遍稱為鎖國

（sakoku）。[38]

在東南亞，歐洲的武器也讓信奉佛教的黎（Le）朝皇帝得以加強他們對現今越南大部分地區的掌控。緬甸的東吁王朝與泰國的阿瑜陀耶王國競爭，尤其是為了安達曼海（Andaman Sea）上貿易港口的控制權。後來，阿瑜陀耶被馬來蘇丹國攻退，但後者也因為馬來亞半島與如馬六甲海峽一般的戰略航道而面對來自柔佛（Johor）、亞齊（Aceh），與萬丹（Banten）等蘇丹國的競爭。當首批荷蘭與葡萄牙殖民者各試圖建造相互競爭的貿易站時，這些蘇丹國即受到挑撥離間，預示了該地區數世紀的歐洲帝國主義即將開始。

歐洲的鋼鐵時代

到了十八世紀初，世界四大強權——清朝、薩法維王朝、蒙兀兒王朝，以及鄂圖曼帝國——全都被動地與歐洲殖民者進行貿易，仿製歐洲武器，打探西方科學，並歡迎西方的藝術家。但他們沒人料想得到這相互爭吵而無足輕重族群的遙遠競技場即將統治全球。克里斯多福・哥倫布也許終究連起了兩個半球，而葡萄牙探險家瓦斯科・達伽馬（Vasco da Gama）在一四九七年至一四九九年繞行好望角之旅也許也開啟了前往亞洲的新路徑，但西班牙與葡萄牙的殖民開拓仍非常有限。

在西半球，如我們所見，征服者的軍隊規模很小；加諸於美洲本土人口的破壞大多是由於歐洲的疾病，而非武力所致。即使到了一七〇〇年，每年橫越大西洋的航班仍未超過兩百航次。亞洲對於歐洲透過印度洋入侵的抵抗則頑強得多，該地區領地遼闊的帝國能夠將初期的殖民活動侷限於沿海與海島上小型的貿易拓居地內。[39]到了十七世紀晚期，清朝和蒙兀兒王朝各統治超過一億五千萬人，而鄂圖曼帝國統治三千萬人以上；同一時間，西班牙帝國人口則在兩千萬以下。[40]跟亞洲帝國的征服相較之下，歐洲的航海殖民政策並不一定更加逞兇鬥狠而充滿侵略性。

於是，就政治勢力以及掌控大量人口的能力來說，這時間點的歐洲可能才開始崛起，但卻已遠遠超越了那四大陸上政權。最明顯的就是快速帆船持續的發展，這種船不僅可以遠途航行，也裝備了大量相對長距的加農炮。亞洲帝國僅擁有輕度武裝的沿海艦隊，以至於越來越難以抵禦歐洲的海軍勢力，這股勢力很快地便轉化為歐洲的海上霸權。隨著亞洲貿易、港口，與主要城市都受到威脅，歐洲開始取得經濟領先的地位。在中國與印度，人均經濟生產在十六世紀至十七世紀早期皆未有成長；但在西歐，這項指標提高了三成。

對市場與科技利益日漸激烈的競爭驅動了歐洲的成長。十五世紀時，北義大利曾是歐洲最富裕的地區，但權力中心漸漸開始往北邊移動，首先是佛拉芒人（Flemish）的布魯日（Bruges）城，但在其通往海上的主要路徑阻塞住，且原本盈利的羊毛織物貿易的競爭力也萎縮之後，權力中心便在十六世紀時轉往安特衛普（Antwerp）。「世界上沒有其他城鎮可以提供更豐富的設施讓我進行交易，」一位城中重要的商人說明：「安特衛普四通八達，許多國家都在那裡的市集相會。在那裡也能發現進行貿易所不可或缺的原料，也容易在短時間內找到並吩咐各種手藝的工匠。」[41]只不過在一五八五年，安特衛普因為受到西班牙人的封鎖，也失去了其通往海上的路徑。這導致商業活動的中心轉移到了阿姆斯特丹。

低地國家在此時已成為世界上最富裕的地區。歐洲在紡織品與金屬的地域性貿易，加上從南亞與東亞的香料海上貿易，讓安特衛普與阿姆斯特丹搖身一變，成為真正的全球商業中心。但在十七世紀期間，軍事衝突、貿易戰爭，與日益低落的競爭力，讓金融、製造業，以及科技的領導地位再次易手——這一次是到了倫敦。十八世紀，在紡織製造業的自動化、鋼鐵生產的革新，和金融組織的現代化等方面的突破性發展都為工業革命以及英國的優勢鋪路。

有幾個因素可以說明在這個時代，歐洲為何比較成功：沒有如中古時期那樣規模的流行病；氣候慢慢變得較暖活；廣為傳播的農業與工業新發明；技術工藝的成長以及城市中顯然為現代消費社會之誕生；從殖民地注入的財富資源；以及新金融工具與機構的大量增加。[42]中世紀早期的伊斯蘭貿易商曾使用最後一點所提及的某些工具與機構，另外一些則源於中世紀晚期的義大利。但它們現在於荷蘭與英格蘭積極地受到採用且發揚光大，並開始傳布到全世界。合股公司分散財務風險，從而鼓勵直接或透過新興股票市場投資，而這又更加促進貿易。各國開始成立中央銀行，例如一六〇九年成立的阿姆斯特丹銀行，一六九四年成立的英格蘭銀行。這些發展的累積效應是促進國際信貸，並對崛起中的貿易國家施加壓力，如果他們希望助長對外貿易，就需要奉行法規且維持低廉的商業稅。歐洲國家之間，以及這些國家之內城市之間的財富競爭，透過商業網絡、資本，與資訊，比以往都更加緊密地將歐洲大陸交織在一起。

一五〇〇至一七五〇期間，歐洲日益欣欣向榮的徵象刺激其思想家再次夢想普世和平的前景。「如果我們能夠讓君王成為神的化身，那麼統一的帝國將是最好的，」荷蘭人文主義思想家伊拉斯謨（Erasmus, 1466-1536）在一五三〇年著文表示：「然而，根據人類的習性看來，在基督教聯盟中聯合起來而權力適中的王國更為安全。」[43]他的友人，也是英國政治家的湯瑪斯・摩爾（Thomas More, 1478-1535），描述他作為烏托邦的理想世界是一座受四方海洋所保護的島，住在上方的人過著和諧的生活。「大多數君主致力於戰爭的藝術，而非和平的善的藝術，」他在一五一六年抱怨。「跟好好治理他們既有的國家比起來，他們通常較為決心而不擇手段地取得新疆域。」[44]他認為以支持其國家貿易的好處說服君主們，則可以更容易地實現和平。一個多世紀過去，佛蘭芒畫家，同時也是外交官的彼得・保羅・魯本斯（Peter Paul Rubens, 1577-1640）

仍抱持相同的見解。他主張：「全世界的利益在這時刻緊密地相連在一起。」[45]

十六世紀的法國政治哲學家尚・布丹（Jean Bodin, 1530-1590）的想法則是，貿易與交流將是「世界共和」（*respublica mundana*）的催化劑。其他人則認為（以採用先例的普通法和所有人類社會固有的自然法為基礎的）萬國法更有幫助。西班牙哲學家兼法學家法蘭西斯科・維多利亞（Francisco de Vitoria, 1483-1546）表示：「一個國家的主權有所限制，因為它是國際社會的一部分，而這國際社會是受團結與義務所結合。」[46]同樣是西班牙人且同為哲學家的法蘭西斯科・蘇亞雷斯（*Francisco Suárez*, 1548-1617）也強烈要求以各民族的共同需求為本的國際規則，但同時強調獨立主權的重要性。十七世紀的荷蘭法學家胡果・格勞秀斯（Hugo Grotius, 1583-1645）提倡自發的國際普通法。一六二三年，法國政治理論家埃梅希克・克呂塞（ÉmericCrucé, 1590-1648）甚至主張在威尼斯設置一個常設外使議會的國際協會。此協會將採多數決的方式達成決議，並擁有共同武力。

並非所有人都認為外交的作用是為了拓展世界共和。一六〇四年，英格蘭外交官亨利・沃頓（Henry Wotton, 1568-1639）在其著名的聲言中表示「大使是正直的人，為了自己國家的利益被派往國外撒謊。」[47]一年前，法國外交官尚・歐特曼（Jean Hotman, 1552-1636）曾表示大使的主要責任便是遮掩其國家的愚行，就像一個孩子保護著他老邁的家長。荷蘭外交官亞伯拉罕・威克福特（Abraham de Wicquefort, 1606-1682）在一六八二年闡述，一位大使的職責僅「在於維持兩君主之間有效的溝通，在於交付信件以徵求答案而保護其君主之國民及利益。」[48]他總結，每一位大使也都必須具備些許喜劇演員的特質。[49]

如一五二〇年的金衣會（Field of Cloth of Gold）以及一六四八年的西發里亞和議（Conference of Westphalia）的和平高峰會喚起人們對更美好未來的希望。當法蘭西的法蘭索瓦一世（King Francis I）與英格蘭的亨利八世（King Henry VIII）於一五二〇年六月在加萊附近會面時，有關於其華麗的臨時居所與龐大隨員之記載——更不用說對於兩位君王相互較勁的描述——在在令歐洲其他國家驚嘆不已，但也掩飾了這場集會在政治上幾乎一事無成的事實。亨利八世的內閣大臣寫下：「現在所有的基督教君王表現出他們似乎一致認為針對戰爭的人道主義批判是正確的。」[50]十六世紀期間，諸如此類國王之間的會面漸漸由所謂全權代表（plenipotentiary）之會議取代。全權代表意指大使們全權代表他們的統治者進行談判。一六四八年，一百多個代表團在北德的奧斯納布魯克（Osnabrück）與明斯特（Münster）兩座王城集結。單單法國的外交人員就帶了十二名廚師、五名烘焙師傅，以及三百桶酒。這些代表前來協商，要為三十年戰爭劃下一個句點，這場戰爭是自一五一七年的宗教改革以來，最近期發生且最具破壞力而摧殘了歐洲的「宗教戰爭」。因此出爐的《西發里亞和約》（Peace of Westphalia）為接下來所有的西方外交之道立下了最根本的原則之一：沒有任何一國有權利干預另外一國的主權或插手於其內政。

歷史學家稱《西發里亞和約》與約莫同時期的其他和議及和約為現代外交的濫觴，因為它們展現出一個國家政體的利益優先於君主個人或較為模糊的超國家性關係（supranational bonds）之利益，後者包括基督教世界或天主教、新教教會的關係。例如，一六二四至一六四二年間，身為法王路易十三的宰相的黎胥留樞機主教（Cardinal Richelieu），表示國家不再是源於神的給予，並建議要合理並嚴格地依照國家的利益（*raison d'état*）執政。然而，要評斷十七世紀是否為外交的分水嶺是一件很難的事。國家利益（*ragion di stato*）的概念最初是由外交官教宗喬瓦尼・德拉・卡薩（Giovanni della Casa, 1503-1556）於一五四七年定義的；而在十六世紀初前後，佛羅倫斯的政治家尼可洛・馬基維利（Niccolò Machiavelli, 1469-1527）曾概述政治首要追求的是「國家不擇手段的自保行為」。[51]

我們還必須問的是，如三十年戰爭這樣的衝突事件，在多大程度上是純粹且真正地相關於宗教。眾所皆知，法王亨利四世（King Henry IV）為了在一場表面上為了宗教而戰的內戰中保住他的王位，於一五九三年從新教轉而信奉天主教。三十年戰爭前的那段時間，亨利的大臣敘利公爵（Duke of Sully）已預期到衝突正在醞釀中，這是為了「將歐洲均分給某些政權，其使用的方式讓它們任何一方都不會因為其他人的領地或權利而引起嫉妒或恐懼。」[52]換句話說，宗教與政治始終都相互牽連。殖民仍以宗教為根據而合理化；眾國王持續主張他們以上帝的祝福統治；國家之間則持續進行宗教戰爭。

通往十七世紀中期主權相關的辯論之路，也在數十年前由尚・布丹、喬萬尼・博泰羅（Giovanni Botero, 1544-1617），以及托馬斯・孟（Thomas Mun, 1571-1641）等思想家，在關於國家在經濟事務中的作用之著作給鋪設好了。雖然樂觀主義者仍認定人們將為了共榮而合作，但經濟進步往往造成更多的暴行。促進經濟生產的科學與科技突破性發展，同時也讓槍支火力更為強大，防禦工事也更複雜且精細。眾國現在都負擔得起規模越來越大的常設軍隊，也資助盟軍進行代理戰爭。結果往往造成軍事僵局，而且是付出昂貴人力與物資代價的僵局。「不管這場戰爭何時停止，」英格蘭經濟思想家查爾斯・戴夫南特（Charles Davenant）評述大同盟戰爭（Nine Years War, 1688-1697）時說：「並非出於缺乏對敵對方的仇恨，也非因為缺乏人力打仗……而是最先破產的一方必須終止行動。」[53]經濟上的競爭也造成國家之間為了英吉利海峽、波羅的海的卡特加特海峽，以及地中海的直布羅陀海峽等戰略海上路線爭鬥，也爭奪商業、製造業蓬勃發展或自然資源豐富的地區，在歐洲是如此，其範圍也漸漸擴張到全球。

新金融與信貸工具的發展也造成動盪，尤其是當統治者往往融貸超出自己能力所能償還的金額。債務違約、貨幣貶值，以及苛稅常常導致社會不安。例如在一五六八年，財政困難的神聖羅馬皇帝企圖提高低地國家的稅金，結果造成的暴動更逐步擴大為八十年戰爭。一六一八年，貨幣貶值與稅金提升引發憤怒的波希米亞政治家將哈布斯堡的官員丟出會議廳的窗外，並展開三十年戰爭。即使是如十七世紀晚期住在阿姆斯特丹的西班牙猶太商人約瑟夫・德・拉・維加（Joseph de la Vega）般活躍於新金融市場的人，也視投機買賣為「世界上最不誠實且最無恥的交易。」[54]

經濟競爭產生了重商主義，重商主義是保護主義政府政策下的一個制度，其目的是為了建立強盛的國家經濟，並維持貿易順差。西班牙和葡萄牙為先驅的所有大國都設立貿易公司，這些公司可以從特定殖民地取得獨賣生意。英格蘭的重商主義者宣稱，唯有設立國有貿易公司才能扭轉不公的經濟秩序並改正西班牙人「對英國人的不公不義，其違反了萬國法，將英國人排除於西印度群島的貿易。」[55]同一時間，如法學家約翰・塞爾登（John Selden, 1584-1654）等思想家宣揚閉海論（*mare clausum*），藉以封鎖荷蘭這個在十七世紀時，離英格蘭最近的貿易勁敵。如托馬斯・孟等其他思想家，則主張禁止進口國內也有生產的商品。托馬斯・孟是十七世紀初期重商主義者的先驅，本身也是東印度公司的董事。

這些討論結果衍生大量保護主義的法規：例如在英國，一六五一和一六七三年的航海法規定所有往來於海外殖民地的貿易都必須經手英格蘭的運輸業；而一七〇〇與一七二一年的《棉布法案》（Calico Acts）禁止所有棉製進口商品進入英格蘭。只不過這些措施只不過是給歐洲戰事火上澆油而已。如法國財務大臣尚・柯伯特（Jean Colbert）在一六六九年告誡：歐洲的商務「是由兩萬艘船營運，而這個數字不能再增加了。每個國家都力求得到自己公平的份額並領先其他國家。」[56]重商主義看來是一場零和遊戲。

哈布斯堡的興衰

十六和十七世紀為現代歐洲強權政治奠定了基礎。該時期剛開始時，歐洲大陸受哈布斯堡帝國支配。哈布斯堡的婚姻擴張政策以查理五世在位（一五一九年至一五五六年）時達到高峰，他管轄的領土包括奧地利、匈牙利、神聖羅馬帝國、西班牙、葡萄牙，與低地國家，更不用說還有大量的海外殖民地。哈布斯堡擴張至兩大半球和大西洋、太平洋，與印度洋，如其政治宣傳人士自豪地吹噓，哈布斯堡是首屈一指的「日不落帝國」。[57]

然而，法國認為哈布斯堡沿著法國邊境擴張而形成了一大威脅。法王法蘭索瓦一世除了將其描述為邪惡帝國，甚至還準備與信奉新教的英格蘭與信奉伊斯蘭教的鄂圖曼帝國聯手對抗之。[58]查理五世將帝國領土分為西班牙與奧地利兩部分，分別由熱衷信仰天主教的兒子腓力二世與同時為神聖羅馬帝國繼任皇帝的弟弟斐迪南二世統治，在這之後，法國國王便趁機想削弱哈布斯堡的霸業。

他的第一個機會出現於一五六八年，當時荷蘭百姓起身抵抗西班牙人的統治，人稱這場歷時冗長而廣受人民支持的起義為八十年戰爭。但腓力二世煽動法國天主教與新教徒之間的內戰而藉此報復。另一個機會隨著三十年戰爭而至。這場戰爭源於一場針對哈布斯堡在中歐與北歐的統治而起的叛亂，並一度牽涉歐洲大陸上大多數政權。以下是黎胥留樞機主教在一六二九年提出的法國戰略概述。

> 我們必須時時憂慮阻止西班牙崛起之事，它的目標是為了加強統治地位並擴張領域。法國則不一樣，應

該只思量如何強化自身並建造、開啓可以進入鄰國的通路，以便在遭受西班牙壓迫時得以自保。[59]

為了達到此目的，法國金援以瑞典勇士國王古斯塔夫・阿道夫（Gustavus Adolphus）為首的清教國家反哈布斯堡聯盟，最後在各方筋疲力竭地於一六四八年坐上西發里亞的談判桌之前，自己也加入爭戰。儘管戰爭總是偽裝成天主教徒與新教徒之間的宗教紛爭，但實際上卻是為了歐洲政治霸權而鬥。由於哈布斯堡跟一六一八年相比，無疑地較為衰弱，讓法國從此戰受益。但西發里亞和議期間，各國對法國崛起的勢力已有所憂慮。在和議中，瑞典、荷蘭、奧地利與西班牙皆互相簽署雙邊和議。

三十年戰爭形式上的終止並未替歐洲帶來和平。西發里亞和議之後沒過幾年，英格蘭與荷蘭這兩個在歐洲名列前矛的貿易國正互相攻打，同時葡萄牙正竭力從西班牙獨立出來，而瑞典也為了稱霸波羅的海，而與其他北部勢力交戰中。同一時間，法國假託為歐洲解開哈布斯堡的枷鎖中而持續與西班牙進行戰爭，並一再試圖讓萊茵河沿線的日耳曼邦國、北義的城邦，與法蘭德斯的行省脫離神聖羅馬帝國。法國如此利他行為的可能受益者，卻完全不吃這一套。「法國的本質是不得滿足的，只有相距遙遠才能忍受之，」一位荷蘭政治小冊作者寫著。某位瑞士外交官警告：「冷靜想想，法國放眼擴張其王國並擴展天主教，最終甚至想獲得帝國之尊嚴。」

一六五九年，法國與西班牙終於點頭談和。法王路易十四為了回報西班牙的腓力四世將女兒嫁給他且奉送慷慨的嫁妝，便放棄了法國對法蘭德斯的所有權。但西班牙並未償付答應了法國的嫁妝，這件事被後者拿來作為占領西屬荷蘭的藉口。這引發了長達半世紀的衝突——遺產戰爭（War of Devolution, 1667-1668）、法荷戰爭（Dutch War, 1672-1678）、大同盟戰爭，以及西班牙王位繼承戰爭（War of the Spanish Succession,

1701-1714）。在這期間，歐洲大國輪番聯手抑制法國的野心。路易十四也許因為其耀眼華麗的宮廷而稱「太陽王」，但在輝煌燦爛的表面之下，國庫卻逐漸虧空。路易十四於一七一五年去世時，財政負荷沈重的法國已受到抑制，而建立起之權力平衡則不穩定。然而，要徹底而長久停戰的話，則完全是另外一回事。

自十六世紀中開始，波羅的海周邊各國為了爭奪該地區的領土以及收益豐碩的自然資源貿易，而忙著進行一連串的「北方戰爭」（northern wars）。由於其他競爭者都受到三十年戰爭的連累，讓俄羅斯得以大展身手。俄羅斯在一六一三年開始掌權的羅曼諾夫王朝（Romanov Dynasty）統治下，慢慢緩解了摧殘其國土的無政府狀態並制定了規章。俄羅斯在一六五四至一六六七年的俄波戰爭（Russo-Polish War）首次展現出實力，在烏克蘭奪得面積可觀的領地。一六八六年，俄羅斯與波蘭立陶宛（Poland–Lithuania）簽訂《永久和平條約》（Treaty of Perpetual Peace）時，協定的條件明白表示前者較為強勢。一七〇〇年，彼得大帝（Peter the Great，一六八二年至一七二五年在位）自認實力足以向瑞典挑戰波羅的海的霸權。俄羅斯於一七〇九年在波爾塔瓦（Poltava）大勝之後，便得以佔領瑞典在愛沙尼亞（Estonia）、拉脫維亞（Latvia），與芬蘭的領土。戰爭在一七二一年結束時，瑞典在波羅的海的支配地位已蕩然無存。

彼得大帝讓俄羅斯帝國晉身為北歐與東歐首屈一指的強權。他也趁薩法維逐漸衰微之際，蠶食鯨吞其位於高加索與裏海地區的領地。除此之外，他為自己建造嶄新的首都，那就是戰略地位於波羅的海的聖彼得堡。他也從荷蘭聘請造船師建立強大的現代海軍艦隊、成立自己的貿易公司，並採用重商主義政策以強化俄羅斯的經濟。彼得大帝在西化改革方面採取嚴苛手段，但他也立志成為開明的歐洲君王，就跟法蘭西或哈布斯堡的國王一樣。如同「羅馬人崇拜他們最早兩位沙皇——羅慕路斯與努馬（Numa），這兩位分別憑藉戰爭與和平的手段擴張他們的祖國，或如同在宗教歷史中的大衛與所羅門，分別藉由武力及政治手段為以色列創造福祉，」著名的東正教傳教士西奧凡・普羅可波維奇（Theophan Prokopovich）記述：「我們的情況是，彼得一人就達到這兩種成就。對我們來說，他是羅慕路斯，是努馬，是大衛，也是所羅門——僅彼得一人。」[60]

但無獨有偶，這時期在該區域另有一股勢力崛起：普魯士（Prussia）。普魯士誕生於一六一八年，當時布蘭登堡的選帝侯繼承了普魯士公國。由於其領土分布在柏林周邊地區和柯尼斯堡周邊地區（現代的加里寧格勒），所以早期君王的首要任務就是地域整合。腓特烈・威廉（Frederick William）選帝侯趁著三十年戰爭，利用法蘭西的資金建立常設軍，並吸收一些因戰爭而疲憊不堪的鄰近小國。「聯盟縱使很好，但比不上一國本身具備而可以確實依靠的軍事力量，」他在一六六七年寫下：「擁有軍隊和資源的君王才受人尊重。」[61]

腓特烈・威廉的繼任者為了進一步鞏固普魯士的地位與安全，在一七〇一年取得國際認可，讓普魯士從神聖羅馬帝國的選帝侯領土晉身為國家——這是普魯士長期以來在各反法國聯盟中之貢獻所換得的獎勵。縱使普魯士現在已是奧地利的哈布斯堡王朝之後最大的日耳曼國家，但單憑外交的力量是不夠的。腓特烈・威廉一世（一七一三年至一七四〇年在位）按照腓特烈・威廉選帝侯的教導而擴展軍隊，據說其規模之大，甚至伏爾泰都嘲諷道：「有些國家擁有軍隊，而普魯士軍隊則擁有國家。」為了生存，更別說為了繁榮發展，普魯士必須成為鋼鐵王國。「敬畏上帝的君王之責任，」腓特烈・威廉聲明：「便是要壓制撒旦的殿堂，不允許其存在，例如情婦、歌劇、喜劇、舞廳、芭蕾舞劇，以及化妝舞會。」[62]

歐洲的文藝復興時期以及全球與科學大發現的時期並非黃金年代，而是如魯本斯（Rubens）形容，在本質上是「鋼鐵時代」。[63]伊拉斯謨在一五〇〇年代早期曾哀嘆：「突厥人希望基督徒所遭遇之不幸，還不如基督徒對彼此造成的不幸來得殘酷。」佛蘭芒藝術家老彼得・布勒哲爾（Pieter Bruegel the Elder, 1525-1569）

在一五六二年繪製出對於《死亡的勝利》的天啟式想像。畫中，軍隊且戰且走地經過戰爭蹂躪背景中的斷垣殘壁及地平線上受火焚燒的屍體堆，似乎表達戰爭波及所有人，不論是窮是富。七十五載後，魯本斯在其名為《戰爭的恐怖》（Horrors of War, 1638）這如噩夢般的傑作中，呈現三十年戰爭的慘況。在英格蘭，哲學家湯瑪斯・霍布斯（Thomas Hobbes, 1588-1679）在內戰的背景之下，寫出具有深刻影響力的政治論著《利維坦》（Leviathan, 1615）。這場內戰最終導致英格蘭國王遭受處死。為了逃避在自然狀態下「污穢、野蠻又短暫的」人生，霍布斯敦促人類必須要服從君主專制形式的法治。

但之後在英國發生的事件顯示霍布斯的理論可能並不完全正確。一六八八年，所謂的光榮革命推行了君主立憲制的框架，其核心原則將持續作用並影響英格蘭、蘇格蘭，以及愛爾蘭從三個由共享主權而鬆散連結的個人君主制國家，逐漸改變為單一中央治理的國家的過程。雖然蘇格蘭與愛爾蘭在十八世紀將迸發零星的叛變，但這些改變不僅讓國內享有長時間的和平光景，也為英國這個長期以來的外緣勢力建立起背景基礎，讓其最終得以領先歐洲群雄並占據世界舞台的中心位置。

迸發

一五〇〇至一七五〇年間，歐洲仍遠遠不及世界的權力中心。其在美洲、非洲，與亞洲初期的殖民行動對當時的歐洲人來說看似為能量、野心，與暴行的驚人迸發，但實際上，如此的力量與鄂圖曼、薩法維，與蒙兀兒等三大伊斯蘭帝國相較之下仍不算大。儘管該時期歐洲的戰爭不可否認地相當野蠻，但強權爭霸的主要戰場是在亞洲。在這裡，造成衝突的原因跟前幾世紀沒什麼兩樣，同樣是想藉由控制帝國心臟地區的門戶以提高國土安全，以及對貿易與利益的追求。重商主義（國家為了保護並擴大商業而作出干預的政策）正在全世界如火如荼地進行。鄂圖曼人想掌控地中海的貿易，薩法維人力圖提高他們的蠶絲出口量，蒙兀兒人保護自己的紡織品工業，而歐洲統治者則特許國家貿易公司取得獲利的獨賣生意。大部分的強權都懷抱出海的野心。然而，在海上機動性方面，歐洲的地緣條件則開始產生重大影響。

跟以前一樣，人們仍為了防止其他國家變得過於強大而進行戰爭。舉例來說，在歐洲，哈布斯堡與法國先後面臨其他國家為了控制他們的擴張主義野心所組成的聯盟。相反來說，衰弱也仍舊引發他人的侵略。明朝的中國人意圖躲藏於他們重新修築過的長城之後，但皇帝無力統治，朝廷也隨著陷入混亂。在艱困局面引發社會動盪之際，滿人即趁機奪取他們的帝國。薩法維的衰微，讓規模處於劣勢的俄羅斯軍隊得以摧毀他們的王朝；美洲、非洲，與印度洋上諸王國的衰微，則讓歐洲殖民者得以粉碎他們的國家。

宗教的熱誠、燃燒的道德與文化優越感，以及相信愚昧野蠻人的世界幸而被賦予文明與和諧之理念在在合理化了所有的戰事，即使統治者已開始受國家利益的想法所支配，而外交官也精心闡述國家主權之原則。顯而易見的，真實主權仍然為強者所獨占。

CHAPER

13

The Primacy of the West

西方的主導地位

公元一七五〇年至二〇〇〇年

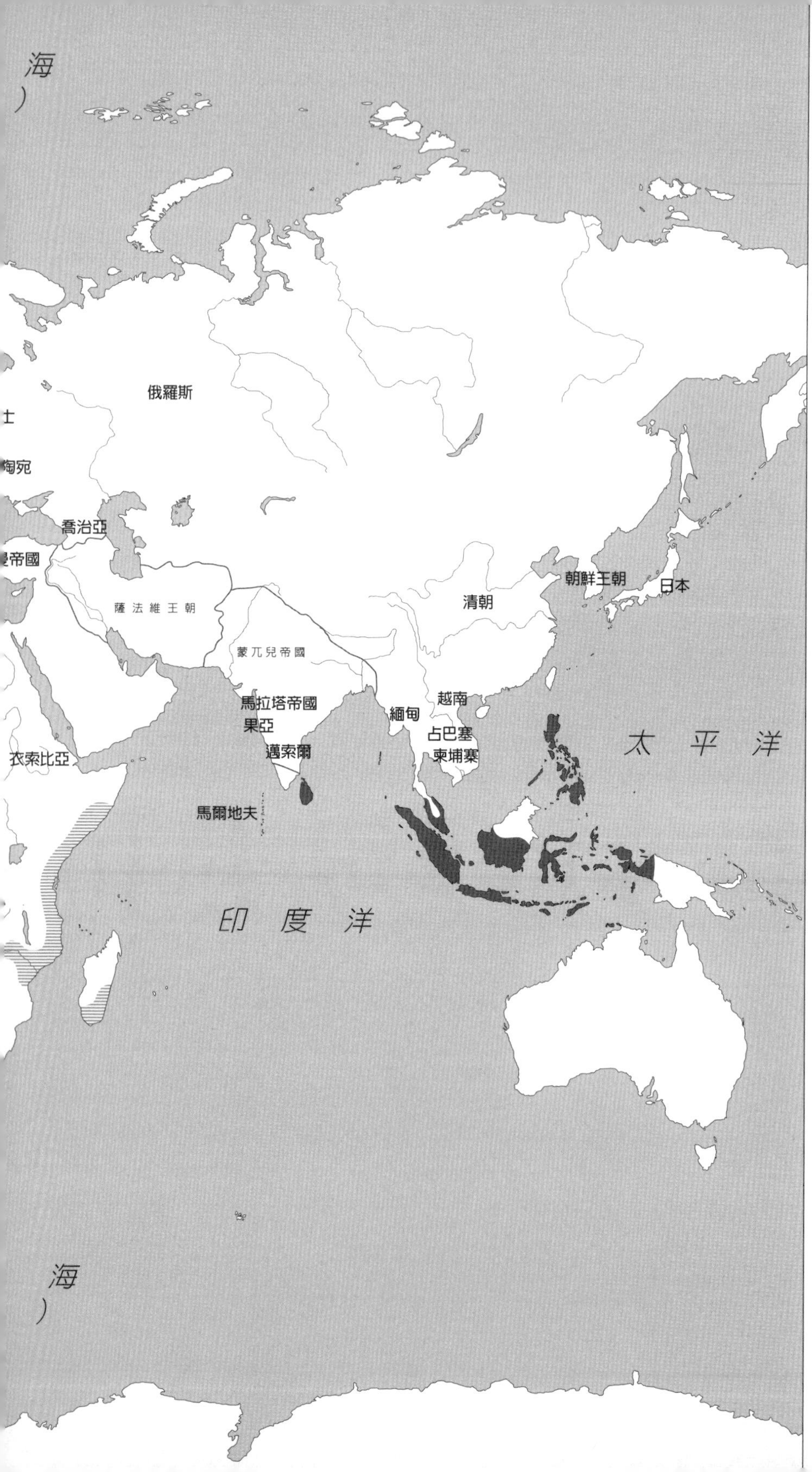

海
）
俄羅斯
士
陶宛
喬治亞
曼帝國
薩法維王朝
蒙兀兒帝國
清朝
朝鮮王朝
日本
馬拉塔帝國
果亞
邁索爾
緬甸
越南
占巴塞
柬埔寨
太平洋
衣索比亞
馬爾地夫
印度洋
海
）

一七五〇年左右的世界
英國領地
法國領地
葡萄牙領地
荷蘭領地
西班牙領地
北
（北
法蘭西
西班牙
摩洛哥
大西洋
維德角
聖多美島
太平洋
南
（南

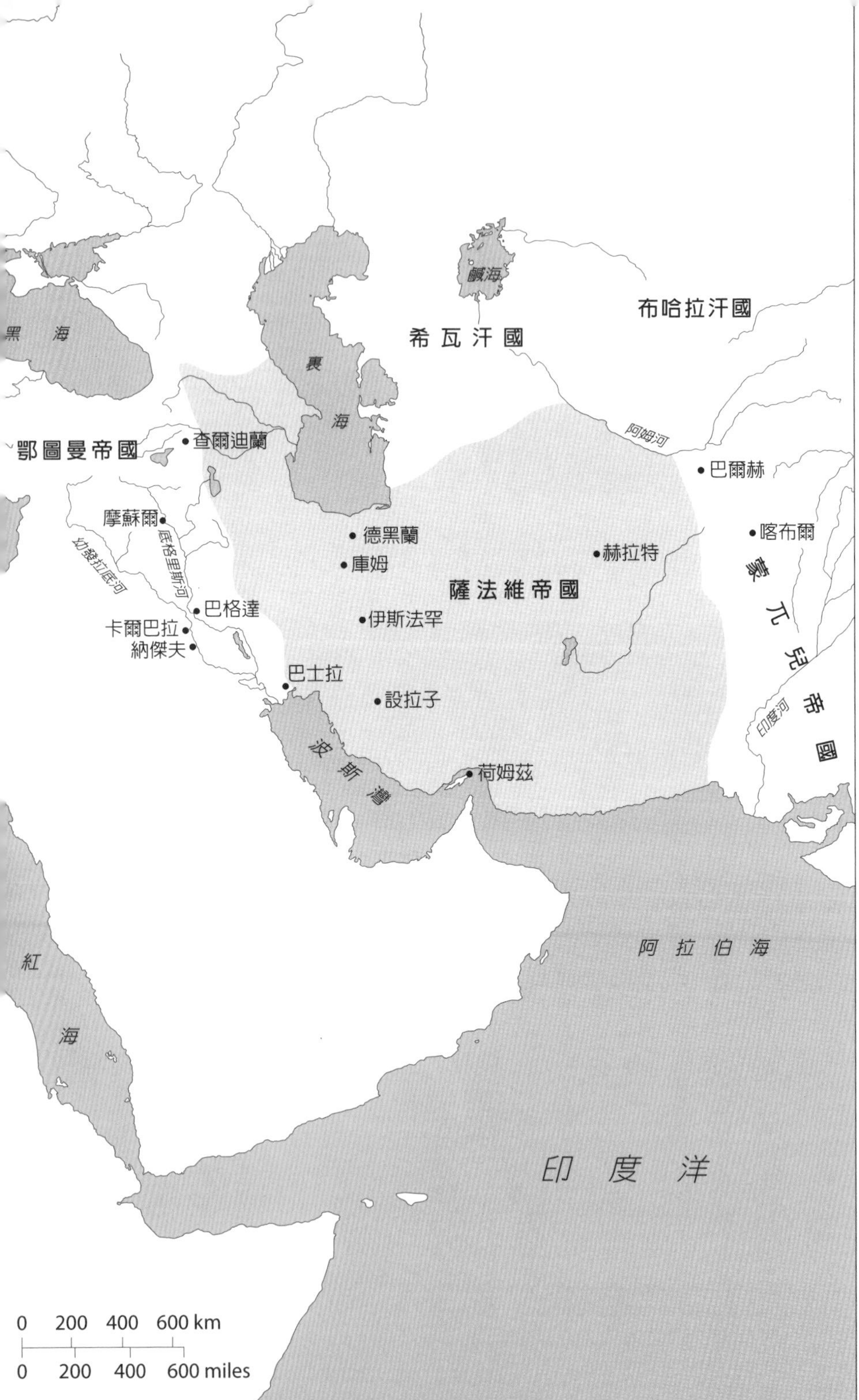

十七世紀時薩法維統治下的伊朗

薩法維統治下的伊朗國力頂盛時的領地（十七世紀）

布哈拉汗國
阿富汗
薩法維王朝
喜馬拉雅山脈
喀布爾
克什米爾
坎達哈
拉合爾
印度河
德里
法泰赫普爾西克里
阿格拉
恆河
巴特那
阿薩
加爾各答
德干高原
孟買
海德拉巴
孟加拉灣
阿拉伯海
比賈布爾
果亞
卡利庫特
馬德拉斯（清奈）
印度洋
0 100 200 300 km
0 100 200 300 miles
一六〇五年之前的蒙兀兒帝國
一七〇七年之前的蒙兀兒帝國

蒙兀兒帝國，1605-1707年

歐洲在十八世紀突飛猛進，其規模前所未見。蒸汽機、無人可敵的軍事火力、對地位與國外市場的競爭，以及對海洋的支配，都讓歐洲變得勢不可擋。到了十九世紀末，世界有一大部分都成了殖民地。即使是鄂圖曼與清帝國這兩個尚未被歐洲白人統治的強權也搖搖欲墜。一九〇〇年，全球總人口數大約是十六億。其中約兩億八千人住在西歐與中歐，但這些歐洲社會在他們的殖民地中統治的人口數最少也有四億兩千五百萬。[1]這項數據，以及隨擴張所來的暴行也許並不算特別突出，因為許多小型政權也曾殺人不眨眼地征服大帝國。但其過程從未如此迅速而廣泛。長久以來進行的帝國主義已工業化且全球化了。

在那兩億八千名歐洲人當中，只有一小部分菁英手握實權。二十世紀以前，大多數歐洲人生活困苦、工作環境險峻，且幾乎沒有政治權利，如果他們挺身爭取更好的生活，則有可能被囚禁或殺害。如查爾斯・狄更斯（Charles Dickens）在一八五九年嘲諷寫下：「這是最好的時代，也是最壞的時代。」[2]歐洲的民主與福祉是在兩次世界大戰結束（一九一四年至一九一八年；一九三九年至一九四五年），其帝國統治的規模急遽衰減之後，才有實質的突破。其全球霸權轉至蘇聯，接著再傳到美利堅合眾國，在冷戰時期（一九四七年至一九九一年）的競爭中，後者成為最終的贏家。身為另一個例外主義國家的美國接下重任，誓言成為善的勢力。美國的地理位置與東半球之間隔了兩大洋，意味其領導地位以較間接的方式呈現，例如，發展無可比擬的空軍及海軍潛力、支配數位與通信技術，以及領導全球經濟等。然而，同樣的，美國獲得的權力越多，就更屈服於權力的誘惑。

長足的經濟進步讓這時代與先前時期非常不一樣。工業化的逐步擴展促使收入提高的速度比以前都來得快，也促進人口增長、國際貿易擴張，與移動性的提高。以實質美元價值計算，如果人均生產量在一五〇〇年至一八〇〇年間提高了一百美元，在一八〇〇年至二〇〇〇間則成長了五千美元以上。[3]

這即是歐洲啟蒙運動的理念實踐：人類運用其智慧來形塑他周圍的世界。但啟蒙運動的另一項崇高理念卻鮮少實現，亦即理性之人會將他人的成功視為機會而非威脅，且藉和平的手段競爭而非陷入戰爭。結果，這一時期的進展發生在幾次死傷慘重的大戰之間。運用在這些戰爭上的人類才智，也曾在工業、科學，與醫藥等領域產生突破性的變革。

物產豐盈

在東半球，歐洲的崛起先是讓某些強權黯然失色，接著又導致這些國家衰落。蒙兀兒帝國是其中最先滅亡的政權之一。到了十八世紀中葉，歐洲國家早在數十年前就已獲准在南亞海岸經營貿易站或工廠。但他們仍不滿足。舉例而言，只要當地的蒙兀兒統治者拒絕給予英國東印度公司往內地深入的權利，後者便向前者開戰。一七五七年，在人數與火力皆遠不及對方的情況下，英國東印度公司於普拉西戰役（Battle of Plassey, 1757）取得勝利，後來更取得蒙兀兒最富裕的省份——孟加拉。接下來一世紀，印度統治者持續抵抗英國在次大陸上的蠶食鯨吞。一八五八年，在歷來人稱印度嘩變（Indian Mutiny, 1857-1858）的大叛亂中超過十萬人遭受殺害之後，英國政府從東印度公司處接手掌管英屬印度（Raj）。隨著皇室開始統治，長久以來苟延殘喘的蒙兀兒帝國正式滅亡。

另外兩個衰微的政權分別是在波斯的薩法維王朝之繼任者以及鄂圖曼帝國。日益茁壯的俄羅斯帝國給波斯的新統治者帶來莫大的壓力。女沙皇葉卡捷琳娜（Tsarina Catherine the Great，一七六二年至一七九六年在位）的名言直言不諱地歸納俄羅斯的擴張政策：「我只有透過擴展國界才得以保護之。」[4] 一七八三年，

《喬治亞夫斯克條約》（Treaty of Georgievsk）迫使喬治亞接受俄羅斯的保護，取代其原先對波斯的依附。一八二八年，波斯的沙阿被迫同意更羞辱人的《土庫曼恰伊條約》（Treaty of Turkmenchay）。如此一來，高加索最後尚未由俄羅斯掌控的地區也落入他們的手中，俄羅斯並獲得大量的賠償金，其貿易商也獲准可以自由進出波斯。

與此同時，俄羅斯希望控制黑海地區並進入地中海，於是支持鄂圖曼帝國中的叛亂，端視其如何能助俄羅斯達成目標。只不過，法國在鄂圖曼統治下的埃及煽動起義時，俄羅斯人見機行事，與後者在一八三三年商定《互助條約》（Treaty of Hunkar Iskelesi）。俄羅斯對鄂圖曼提供軍事援助，後者則在俄羅斯的要求下，允諾禁止外國戰艦進入達達尼爾海峽作為回報。然而，隨著俄羅斯針對鄂圖曼統治的巴爾幹半島重新發動逐步侵占的戰略，蘇丹越來越依賴西歐國家提供的軍事與財務支援。這些國家想藉此維持自身與俄羅斯帝國的權力平衡。

歐洲也在中國引發長達數十年的騷動。當時中國仍是世界上最富饒且人口最多的帝國。在清朝的統治之下，帝國達到其有史以來最廣面積，並統治世上超過三分之一的人口。[5]十九世紀早期的政治理論家魏源說明：「皆天地所以鍾福遐荒。」[6]雖然有戰略家提出該清楚劃定國界，但有另外一群人，例如清代鼎盛時期的乾隆皇帝（一七三五年至一七九六年在位），則認為擴張即是最好的防禦。他反問：「尚何內外之可分？」[7]

> 自古制治經邦之道，揆文必兼奮武，誠以兵可百年不用，不可一日不備也。國家承平既久，武備營伍，最宜加意整頓。[8]

因此，中國人想支配及教化其他民族的欲望，與歐洲帝國主義的觀點沒有太大歧異。

儘管中國在十八世紀末的人均產量只有西歐的一半，卻仍是世界上最大的經濟體，吸引了大不列顛在一九七三年向中國皇帝提議加深雙方貿易關係。英國的馬戛爾尼勳爵（Lord Macartney）特使為乾隆帝帶來一個蒸汽機模型，但中國方卻期望他雙膝跪下納貢。[9]皇帝用一封署名給英國國王的信打發英國使團。信上寫：「天朝物產豐盈，無所不有」、「爾國船隻到彼，該處文武必不肯令其停留，定當立時驅逐出洋。未免爾國夷商枉勞往返，勿謂言之不預也，其凜遵毋忽。」[10]

之後很快地，英國人嘗試另外一個戰術：讓中國人對印度進口的鴉片成癮。他們為了減少對中國的貿易逆差，在過程中發現印度生產的鴉片大概是他們唯一可以提供的商品，因為中國人對鴉片的需求量很高。中國皇帝想終止這項有害的買賣，卻遭英國以兩次鴉片戰爭（一八三九年至一八四二年；一八五六年至一八六〇年）激烈反抗。這兩次戰爭皆迫使戰敗的清國割讓領地與貿易上的讓步才告終。「清政既漸陵夷衰微矣，」史學家梁啟超估量：「舉國方沈酣太平。」[11]為了報復歐洲囚犯被殺，英國與盟友法國於一八六〇年蓄意破壞中國皇帝在北京城外的頤和園，此事件在中國一八三九至一九四九年間漫長的不安定年代象徵一個分水嶺，這段不幸的時光至今仍被中國稱為百年國恥。隨著清帝國崩壞，歐洲也許即便沒支配全世界，也至少支配了整個東半球。

法國對上英國

一七六一年，法國哲學家尚—雅克・盧梭（Jean-Jacques Rousseau, 1712-1778）撰文提出永遠終結歐洲戰爭的建議。所有的政權應該聯合於一個體制中，這個體制結合共同宗教、法律、習俗、商務，以及能夠讓其中一國難以輕易顛覆其他國家的平衡狀態。[12]包括經濟學者查爾斯・戴夫南特（Charles Davenant, 1656-1714）、善辯者丹尼爾・笛福（Daniel Defoe, 1660-1731），與哲學家大衛・休謨（David Hume, 1711-1776）等許多英國思想家都不約而同地將對歐洲和諧的希望寄望於商業與權力平衡的結合。優秀的自由主義經濟學家亞當・斯密（Adam Smith, 1723-1790）更進一步在《國富論》（一七七六年）中主張，日益富裕的鄰國提供貿易機會比其作為政治威脅的可能性還來得大。「對於街坊中勤勞的人來說，富人很可能是比窮人更好的顧客，而鄰近的富國也是一樣。」[13]

《巴黎條約》（Treaty of Paris）終止七年戰爭（Seven Years War, 1756-1763）時，有那麼一瞬間讓這些思想家更堅信了他們的樂觀想法。這場戰爭是第一場實實在在的世界戰爭，牽涉了兩個聯盟，分別由大不列顛及法國帶頭，在歐洲、美洲，與亞洲打仗，造成一百多萬人死亡。《巴黎條約》的第一項條款中，簽約國同意「達成基督精神、普世，且恆久的和平，海上與陸地皆然」。[14]但盧梭與其他人的樂觀看法所依據的前提，從一開始就搖搖欲墜。例如在一七一三年為西班牙王位繼承戰爭作結的和約也是建立在一模一樣的原則上：普世和平、彼此友誼，以及權力平衡。[15]

但《巴黎條約》上頭印的墨水都還沒乾，中歐幾個國家就與俄羅斯展開新的戰事，同時法國與荷蘭持續損害英國在北美的統治。就像古時候喀里多尼亞的首領卡加庫斯曾譴責羅馬的帝國主義，或如同日耳曼與荷蘭省份抵制哈布斯堡帝國在財政、政治，與宗教方面的壓迫，激進的思想家湯瑪斯・潘恩（Thomas Paine）為美洲殖民地在一七七六年反抗大英帝國一事辯解：「利用軍隊推行其暴政的不列顛宣布她有權（不但課稅）且『在所有情況下對我們進行全面約束』。如果那種方式的約束還不叫奴役的話，那世上也不存在奴役這回事了。」[16]

雖然美洲在獨立戰爭（1775-1783）獲勝給大不列顛帶來莫大的挫折，後者仍是歐洲最大的海上勢力，其經濟實力與依舊廣大的海外領地與法國這個歐洲陸上霸權的雄厚力量相抗衡。的確，法國是十八世紀多場戰爭之下損傷最多的一方。法蘭西人口也許比英國多很多，但其人均產量降至約莫英國人的一半，因為後者的蒸汽機、紡紗機、焦炭鼓風爐，以及其他無數新發明推進了工業革命。儘管財政大臣雅克・杜爾哥（Jacques Turgot）力圖放寬法國的經濟政策並控管政府開支，他們的公債與沈重稅金仍相當驚人，尤其是對於農民而言。據稱瑪麗・安東尼王后（Queen Marie Antoinette）針對麵包短缺問題的答覆是：「讓他們吃蛋糕！」加上法王路易十六除了政府無能之外，也不願讓富人支付多點稅金，林林總總的原因導致巴黎市民於一七八九年七月發動法國大革命。相較之下，英國的恢復能力則強得多，這要歸功於其效率更高的稅收制度。另外，與失去其大多數北美殖民地之後的法國不同的是，英國商人在一七七六年的革命之後，很快就繼續跟美國做生意。

路易十六在一七九三年一月被拖往斷頭台的那一刻，法蘭西長久以來的專制統治便結束了。即便如此，第一共和國仍想洗雪法蘭西過去幾次的敗仗，就算經濟持續不振也在所不惜。巴黎出現流言，指稱在倫敦的流亡貴族正與外國勢力密謀要復辟波旁王朝（Bourbon）。然而，某些較激進的共和領導成員呼籲將革命帶往國外的同時，其他人則提議吞併低地國家後，與英國達成新的權力平衡。「你們的印度帝國讓你們得以資助歐洲所有勢力對抗我們，且你們的獨占生意帶給你們取之不盡用之不竭的財富，」一位法蘭西官員告訴英國外交官。「比利時屬於法蘭西之後，將消除過去兩世紀以來的戰爭之根；有萊茵河作為法蘭西的天然邊界，將確保歐洲未來兩世紀的安寧。」[17]為了保衛其共和國，法蘭西透過大量徵兵成立新的軍隊並將之送上戰場對抗奧地利、荷蘭，與瑞士。英國為了維護法蘭德斯的自治權而首次出手干預，卻在一七九五年失敗。四年後，與俄羅斯合力，為了解放荷蘭而進行的第二次遠征也無功而返。由英國所發起而對抗法蘭西的同盟敗得一塌糊塗：俄羅斯、普魯士，與西班牙分別因對抗奧地利、丹麥，與葡萄牙而分心。法蘭西從歐洲的心臟發起攻擊之際，倫敦的盟友正在外部邊緣互相爭吵。德國科學家兼探險家亞歷山大・馮・洪保德（Alexander von Humboldt）在一七九八年著文表示，戰爭與政治已停止了一切，而讓「世界封閉起來」。[18]

到了一八〇〇年，法國人沉浸於其優秀將領及軍事天才——拿破崙・波拿巴（Napoleon Bonaparte）的魅力之中。威廉・皮特（William Pitt）帶頭的英國政府建立制海權、封鎖與法國的海上貿易，及資助新聯盟對法國人發動戰爭，力圖藉此抗衡拿破崙的侵略擴張主義。這些對策代價高昂，但皮特對於這些花費始終毫不後悔。「我的職責將容許我採用所有這些手段以緩解人民的負擔，並解除壓迫他們的財務負荷，這是我所冀望之崇高和終極的目標，」他曾於一七八六年解釋。「但是要了解，防禦完善且強大的形勢將帶來多麼堅定的安全保障，而軟弱及遠見的缺乏又將如何成為戰爭的先驅。」[19]

同時，拿破崙則因為無法阻止英國征服法國的海外殖民地而備感挫折。他後來認知跟英國之間的戰爭總是無可避免並稱後者為「海上暴君」。他說：「那個國家是不可能長久和平的。英格蘭的領土對其人口來說已過小。她需要壟斷全球四方才得以生存。而戰爭因為賦予英格蘭在海上大肆破壞的權利而達成其壟斷目標。戰爭是她的防衛措施。」[20]一八〇三年，他向英國提出一項交易：「如果你們是海上霸主，那麼我是陸上霸主。讓我們考慮團結協力而非互相攻打，那麼我們將愉悅地支配世界的命運。」[21]他的想法是為了爭取時間，以擊敗法國陸上敵人所帶來的威脅。海軍將領納爾遜（Admiral Nelson）在一八〇五年十月於特拉法爾加（Trafalgar）殲滅法國與西班牙的艦隊過後六周，拿破崙就在奧斯特利茨（Austerlitz）獲得大勝，讓奧地利帝國退出這場戰爭。

奧斯特利茨一役也導致神聖羅馬帝國於一八〇六年正式消亡——但拿破崙早在兩年前就為自己加冕為義大利國王。「我是真正的羅馬皇帝，」他後來聲明：「我為凱撒之同族類，也是其最頂尖之人，是創國者。」[22] 法蘭西藝術家安格爾（Ingres）在一八〇六年為拿破崙作肖像畫，畫中拿破崙如羅馬神祇般威嚴地坐在王位上，頭戴金桂冠，手執查理大帝的權杖，腳下踩著象徵帝國的老鷹圖徽。許多德國人曾認為拿破崙的地位等同哈布斯堡政權——歌德曾擁戴他為半神；貝多芬為他創作一部交響曲——但如今他看似要成為哈布斯堡的繼任者時，卻讓他們感到恐懼。

英國在陸上主要的盟友變成了俄羅斯帝國。沙皇亞歷山大一世宣稱其針對法國的戰爭為聖戰，並稱拿破崙為歐洲的壓迫者以及東正信仰的敵人。但當拿破崙故技重施，如同先前對英國一般，向俄羅斯提出分享世界的想法，沙皇便禁不住誘惑而在一八〇七年與法國講和。但雙方都沒有履行諾言。彼此的關係惡化，直到拿破崙於一八一二年侵略俄羅斯。但這是災難性的失算。一位法國軍隊中的士兵提到：「傷者無醫院可去；他們因饑餓、口渴、寒冷，與絕望而死……生病的人……則被獨自留下；朝我們伸靠過來的，只有慘白的臉以及僵硬的手。」[23] 拿破崙侵略俄羅斯的大軍團（*Grand Armée*）原本為數六十八萬人，到了戰役尾聲，實際可作戰的人員僅剩不到二十分之一。在俄羅斯遭遇的災難決定了拿破崙的命運，因為現在其他的大陸政權也都反抗法國統治。拿破崙在一八一三年於萊比錫戰役（Battle of Leipzig）戰敗，導致他退位。在他企圖從流放中回歸時，最終在一八一五年發生滑鐵盧戰役。

法國大革命戰爭（French Revolutionary Wars, 1792-1802）與拿破崙戰爭（1803-1815）造成數百萬人死亡，並改變了歐洲的政治版圖。然而，在這血腥的背景之下，啟蒙運動的思想家從未停止為歐洲的和平提出新的想法。一七九五年，德國哲學家伊曼努爾・康德（Immanuel Kant, 1724-1804）出版了甚具影響力的論文《論永久和平》。他呼籲建立一個沒有秘密條款與常備軍隊，而建立於三個「限定條文」或原則的政治秩序，其分別是：以共和主義取代好戰的君王、成立國際聯盟，以及承認世界公民。拿破崙戰敗後，歐洲國家開始競爭道德制高點。俄羅斯與普魯士在一八一三年簽訂的和約為其定調。和約內文說明：「總有一天，和約不僅是停戰協定，而是會以宗教般的信仰，以那構成帝國之尊敬、權力，與保護的基礎之神聖不可侵犯性遵守。」[24]

維也納會議

一八一四至一五年間，維也納舉辦了歐洲有史以來最大的和平會議。超過九個月的時間，一萬六千名以上的代表、特派員，以及我們現在稱之為說客的人參與這場會議。全權代表——被授予全部談判權力的大臣——把正式會談與非正式對話和無止境的聚會結合在一起。奧地利的主辦方安排了宴會、舞會、打獵活動，以及雪橇騎乘，並由荷蘭擠乳姑娘表演冰上芭蕾舞。常有人看到代表醉醺醺地在街上；每當有人問他們其中一人會談行進得如何，那個人便會俏皮地回答：「會議不行進，只跳舞。」（Le Congrès ne marche pas: il danse）[25]會議的策劃人是奧地利的外交大臣克萊門斯・馮・梅特涅（Klemens von Metternich）。他認為這種方法有助於各國在外交上有所突破：「舌根鬆了，心也敞開，往往人們不再執著於冷冰冰而嚴密的計算規則，而是力圖讓他人理解自己。」[26]英國外務大臣卡斯爾雷子爵（Viscount Castlereagh）也贊同：「此種進行模式的優點就是你會將全權代表視作一個團體，並及早就以適當的尊重態度對待之。」[27]

對抗拿破崙之戰的主導國家——俄羅斯、普魯士、奧地利、英國，與西班牙——成立了一個指導委員會以確保他們達成基本目標。這些目標有三部分：重新建立多極的歐洲秩序，讓所有政權都無法占主宰地位；確保未來國與國之間的爭執，都藉由定期舉行的外交會議和平地解決；且要避免如先前在一七八九年破壞法國穩定，接著又使舊歐洲秩序動盪的革命運動再次發生。

維也納會議的結果與康德的共和永久和平絲毫不相似，反而維護了歐洲君王的權力。在會議上取得最大的勝利是俄羅斯、普魯士，與奧地利等專制王朝。亞歷山大沙皇獲得波蘭與芬蘭大部分地區。普魯士也加強了其在但澤走廊以及薩克森與萊茵蘭的部分地區之主權。奧地利有新成立的德意志邦聯（German Confederation）作為其與普魯士中間的緩衝，並獲得提洛、倫巴底、托斯卡尼，以及的港（Trieste）等亞得里亞海的戰略港口。在法國國內，波旁王朝復辟，但同時也受到荷蘭、瑞士，與皮埃蒙特（Piedmont）等緩衝國（Buffer State）抑制。大不列顛則獲得在拿破崙期間獲得的某些殖民地之永久所有權，包括開普殖民地（南非）與錫蘭（斯里蘭卡）。主導國家之間進一步一連串的協議確保了這些決策，後來稱為會議制度（Congress System）或歐洲協調（Concert of Europe）。一開始是俄羅斯、奧地利，與普魯士以社會方面保守而政治方面反動的神聖同盟（Holy Alliance）將其正式化。英國於一八一五年十一月加入後，即成為四國同盟（Quadruple Alliance）。三年後，法國也加入而形成五國同盟（Quintuple Alliance）。

歐洲協調很快地便受到了考驗。普魯士、俄羅斯，與奧地利在一八二〇商定鎮壓拿坡里的自由革命，又支持法國在一八二二年為了鎮壓西班牙的民眾起義而行的干預時，英國提出這些行為是公然企圖在其他國家取得影響力並改變權力平衡為理由而反對這些干預行動。同時，法國大革命持續鼓舞著全歐洲的自由主義與民族主義人士。一八三〇年，英國、法國，與俄羅斯承認希臘脫離鄂圖曼帝國。同一年，法國國王被推翻，比利時脫離荷蘭，內戰持續肆虐葡萄牙，而義大利與波蘭分別發生暴動，奧地利與俄羅斯則狠狠地回應之。一八四八年的革命事件給予歐洲協調致命的一擊。人稱之為民族之春（Spring of Nations），並在十多個歐洲國家中引起漣漪。抗爭者要求提高自由民權，並結束帝國封建君主統治。這些如雨後春筍般的起義受到強權的政治利用。法國支持義大利造反對抗奧地利。普魯士支持什勒斯維希—霍爾斯坦（Schleswig-Holstein）的德意志反叛分子以反抗丹麥統治。俄羅斯與奧地利帝國反對這些革命事件，但兩者的沙皇與皇帝本身對於波蘭與匈牙利騷動的處理方式產生歧見。除此之外，衰敗的鄂圖曼帝國中發生動亂，引起俄羅斯、法國，與英國不一致的反應。英國不計代價地想阻止俄羅斯在東地中海建立海軍駐軍。

新的法王拿破崙三世一心想成為聖地（Holy Land）中基督徒的保護者且在黑海部署戰艦以提升自己的威望。此舉激怒了沙皇。他在一八五三年派遣一支小型分遣艦隊到摩爾達維亞（Moldavia）。儘管法國與英國傾向以外交手段解決巴爾幹半島的危機，但鄂圖曼卻認定他們會支持較激烈的手段而向俄羅斯宣戰。隨著反俄情緒被激起，他們已經沒有退路。到了一八五四年，將近百萬名主要由鄂圖曼、法國，以及英國軍隊組成的聯盟在黑海地區與俄羅斯軍隊交戰。這場克里米亞戰爭（1853-1856）是歐洲第一個工業戰爭。軍隊部署了遠程火炮，也特別建造鐵路將補給物品帶到前線。俄羅斯輸了這場戰爭，其結束時，已有將近五十萬士兵死亡，大多是因疾病而死。

普魯士在克里米亞戰爭中始終保持緘默而專注於其經濟發展。普魯士可以成為歐洲工業化最迅速的國家，有一部分是因為英國的投資。西門子公司（Siemens）領導電報發展，拜耳公司（Bayer）領頭製造阿斯匹靈，而克虜伯（Krupp）製造軍備武器。較小的德意志國家被併入由普魯士為首的新關稅聯盟，並與普魯士的鐵路網慢慢交織在一起。但這還不夠。一八六二年，新任普魯士首相奧托・馮・俾斯麥（Otto von

Bismarck）宣布德意志中普魯士的地位將不會取決於其對於自由價值的宣揚，而是憑藉其軍事武力：「當代的重大問題並非是演說和決議所能解決的，這些問題只有鐵和血才能解決。」[28]普魯士希望德意志能團結統一——但是要在它的領導下。

由於英國、法國，與俄羅斯尚未從克里米亞戰爭恢復，奧地利帝國也正受其義大利領地另一場叛變所牽連，讓俾斯麥得以為所欲為。一八六四年，他在什勒斯維希—霍爾斯坦煽動一場新的危機。

奧地利再一次試圖阻止普魯士干涉什勒斯維希—霍爾斯坦的事務，但這一次普魯士的部隊更加機動，表現也更加優異，將奧地利完全打敗了。普魯士獲勝之後，於一八六七年成立了北德意志邦聯（North German Confederation）。此邦聯名義上是由二十多個王國、公國、親王國，與自由城市組成的聯邦國家，但實際上卻是普魯士行使霸權的工具。法國警覺到普魯士想一統德意志的野心對歐洲的權力平衡造成威脅，便於一八七〇年起身對抗之。但法國很快地被迅速推進的普魯士軍隊淹沒，結果拿破崙三世被俘虜，巴黎也被占領。一八七一年，隨著法國再度陷入革命與共和主義的漩渦，俾斯麥在凡爾賽宮的鏡廳（Hall of Mirrors）宣布成立德意志帝國。

德意志帝國在一八七一年獲勝之後成為歐洲首要的陸上強權。但俾斯麥擔心這會讓他們過度自信、野心過大而招致失敗。為了防止德意志人趾高氣揚而帶來危險，他拒絕將法國投降日定為國慶日，並邀請奧地利與俄羅斯一同再次組成神聖同盟，促成新的外交會議與新猷，藉以和平解決更多歐洲的紛爭。儘管他再三保證德意志帝國現在已無欲無求，新一代的政治領袖卻仍貪得無厭。一八九七年，新凱撒威廉二世策動讓俾斯麥下台。在此兩年前，俾斯麥就曾警告：「如果持續現況，便會垮臺。」[29]如今，他提出最後的建言：

我們應藉由榮譽且和平的方式運用我們的影響力，盡力削減我們成長至真正強國的過程中所聚集之不良情緒，並以此說服世界德意志在歐洲的霸權對他國的自由來說，比法蘭西、俄羅斯，或英格蘭來得有益且不偏袒也無害。[30]

德國的崛起

儘管俾斯麥提出忠告，在德意志統一之後的數十年間，所有歐洲大國之間的摩擦是有增無減。法國於一八七一年戰敗，以及其必須支付的賠償款項〔賠款五十億法郎〕，讓復仇主義在國內醞釀。俄羅斯對所有其它的歐洲大國採取不信任的態度，反之亦然。奧地利認為自己的勢力範圍涵蓋了巴爾幹半島，所以俄羅斯於一八七八年在半島擊敗鄂圖曼帝國之後，在該地區增加的駐軍激怒了奧地利。英國則不信任俄羅斯使其更接近地中海的任何行動。同時法國與最近統一的義大利王國為了北非而發生衝撞。然而，對於英國碩大帝國的羨慕情緒，似乎是造成緊張局勢最主要的原因。雖然到了一八九〇年代，英國主要透過受保護領地而非正式的殖民地，以間接的方式達成其霸業，並持續提倡與其他大國之間的自由貿易，但法國、德國，以及俄羅斯的帝國野心導致他們更常與英國產生衝突。

這項競爭有部分相關地位，另一部分則相關經濟利益。工業革命後，對原料的需求逐漸增加。由於歐洲的經濟生產增長往往超過國內的需求，也因此加重獲利的壓力。這導致保護主義，並引發人們迫切尋求出口市場以及更有利可圖的投資機會。[31]英國經濟學者霍布森（J. A. Hobson）在一九〇二寫作稱生產過剩為「帝國主義的主根」（taproot of imperialism）。[32]雖然英國人已在非洲與亞洲發展帝國的貿易要道，但法國與德國也分別開始在塞內加爾與鄂圖曼帝國中建造鐵路，同時美國也加入搶奪市場。這由經濟驅使的帝國主義導致許許多多的小戰爭發生，也讓無數年輕男性戰死在遙遠的國度。

一八八〇年，當時二十六歲的愛爾蘭詩人奧斯卡・王爾德（Oscar Wilde）以詩悲嘆帝國的代價：

滔滔浪潮與狂風與陌生海濱
占有英格蘭土地之花——
汝雙唇再也無法親吻之唇，
再也無法緊握汝手之雙手。

如今我們以金織網
牢牢綑綁全世界又有何益，
如果在我們心中
長隱著憂慮？[33]

德國外交部長伯恩哈德・馮・比洛（Bernhard von Bülow）則在一八九九年於帝國議會（Reichstag）的演講中更為激動地概述了情勢：

我們人口的迅速增長，工業前所未有的繁榮，商人的辛勤努力，簡而言之也就是德意志人民強大的生命力，讓我們躋身於世界經濟，也將我們拉入國際政治。如果英格蘭人說「不列顛國協」（Greater Britain）；如果法蘭西人說「新法蘭西」（Nouvelle France）；如果俄羅斯人敞開亞洲；那麼，我們同樣有權建造大德意志，但這並非是征服之意，而是確確實實地以和平擴展我們的貿易與其基本建設。[34]

大國的對外貿易越蓬勃成長，就越願意採取捍衛自身利益的措施。德意志帝國海軍元帥阿爾弗雷德・馮・鐵必制（Alfred von Tirpitz）受命建造強大的艦隊，這支艦隊必須足以掩護軍隊前往德意志殖民地，並嚇阻英國在海上對於他們的挑戰。美國海軍上校，同時也是戰略家的阿爾弗雷德・馬漢（Alfred Mahan）也要求建造更強大的艦隊：「於內，國內市場已穩當無虞；但於外，在廣闊的海彼方有世界市場，只要積極角逐就可進入並掌控之，而慣於單憑貿易保護制度規章是無所助益的。」[35]當時，英國正式被視為威脅。然而，人們往往無法分辨到底是為了捍衛貿易利益，還是為了更具侵略性的目標。舉例來說，鐵必制的艦隊表面上是為了保護德意志帝國的貿易而建，但是也可以用來在波羅的海威懾俄羅斯與英國。

德意志帝國展示武力的同時，法國也開始沿著其萊茵河邊境建築新的防禦工事。一八八二年，德意志、奧地利，和義大利組成一個防禦性質的三國同盟。法國則自行成立聯盟，首先在一八九二年與俄羅斯結盟，接著又在一九〇四與英國結盟。隨著一九〇七年成立了英俄同盟，以及法國、英國與俄羅斯在一九一二年成立了三國協約（Triple Entente），戰線已橫跨整個歐洲。[36]

強權間的緊張局勢漸漸集中到了巴爾幹半島上，在那裡越來越虛弱且難以捉摸的俄羅斯、奧地利，與鄂圖曼帝國不是忙著遏阻自己國內的民族起義，就是在扶植鄰國境內的民族起義。一九一四年六月，一位塞爾維亞民族主義人士在塞拉耶佛暗殺奧地利王儲，讓情勢發展至嚴重關頭。奧地利於是向塞爾維亞宣戰，導致俄羅斯站在斯拉夫同胞的一方而干預其中。德國則動員軍隊支持奧地利，並先發制人地對法國發動攻擊以阻止其幫助俄羅斯。德國這場攻勢侵犯了比利時的中立地位，終結了英國冷眼旁觀的可能性。塞拉耶佛那顆決定命運的子彈發射不到五星期，歐洲五大強國便開戰了。

大多數人都認為戰爭很快就會結束，沒想到戰事卻持續超過四年，範圍還涵括整個東半球。歐洲傾其工業、科技，與帝國之力，引發空前盛大又劇烈的戰役，並造成一千五百萬以上的死亡人數。威爾斯（H. G. Wells）在戰爭爆發初期撰文評論：「這可能是人類史上首次有如此多的人確信戰爭之可怕。」[37]一位德國步兵回憶起他在同時期參與的戰鬥時納悶地說：「我們這些士兵相互刺殺、絞殺並像瘋狗一樣衝撞彼此，究竟是為了什麼？」[38]他的問題至今仍未得到答覆。

一九一四年至一八年的第一次世界大戰是集一世紀以來強權政治悲慘之大成；然而，矛盾的是這百年間也是政治樂觀主義的年代。曾參與維也納會議的法國政治家多明尼克・德・普拉德（Dominique de Pradt）發明「民意」一詞，並將希望寄託於其上。他稱：「人民已知曉其本身權利與尊嚴的知識。」[39]美國外交官埃利胡・伯里特（Elihu Burritt）以他所敘述的「國民外交」鼓勵世上的勞動民眾團結起來。[40]在英國，即使連保守的政治人物都承認民眾觀感之影響力。舉例來說，艾伯甸勳爵（Lord Aberdeen）開玩笑稱，不管任何首相都要討好報社，而索爾斯伯利勳爵（Lord Salisbury）則稱讚電報「將所有人聚集在同一個廣大的平面上，因此他們得以見所有正發生之事，聞所有人言之事，並評斷這些事件發生當下所進行的每項政策。」[41]

如法國外交家托克維爾（Alexis de Tocqueville, 1805-1859）、小說家雨果（Victor Hugo, 1802-1885），與英國政治家兼自由貿易提倡人理查・科布登（Richard Cobden, 1804-1865）等卓越的知識份子雲集舉行和平會議。科布登曾因批評祖國的帝國主義而聲名大噪，他認為帝國主義「篡奪了海洋的支配權，並蠻橫地在國之大道（譯註：海洋）上設置屏障，企圖將人類的專制範圍擴大到另一項元素上。」[42]另外，也有關於女權、人道法、廢除奴隸制度、限制海上戰爭，與自由貿易等議題的國際會議。

「商業，」前英國首相羅伯特・皮爾（Robert Peel）曾在一八四六年寫道，是「提升文明、減少民族嫉妒與偏見，與促進維持普世和平的巧妙手段。」[43]直到一八六〇年，各國共簽署了六十項商業條約；到了一九〇〇年，簽署條約的數量來到了兩百個。二十世紀初，大國皆已同意成立國際電報聯盟、國際商標與專利局、通用郵政聯盟、常設國際和平局（Permanent International Peace Bureau），以及位於海牙的常設仲裁法院（Permanent Court of Arbitration）。始於一八五一年倫敦萬國工業博覽會的一連串世界博覽會頌揚世界主義與進步，也留下如倫敦水晶宮與巴黎艾菲爾鐵塔等恆久的紀念建築。這就是所謂的美好年代（Belle Époque），是俏皮新藝術、克勞德・莫內如夢如幻的睡蓮，以及奧古斯特・雷諾瓦的布爾喬亞在煎餅磨坊（Moulin de la Galette）野餐的時代。第一次世界大戰開打前不到一年，和平宮（Peace Palace）才剛在海牙揭幕。

但十九世紀布爾喬亞的世界主義同樣也受到自由與浪漫民族主義的質疑。義大利革命者朱塞佩・馬志尼（Giuseppe Mazzini）是其早期評判人之一。他在一八四七年提出疑問：「一方面宣揚和平與不干預的作為，另一方面又在歐洲四分之三的地方留下武力與未有挑戰的統治者，為了其邪惡的目標而在他認為合適的時間、地點並用他認為適合的手段干預，這樣是足夠的嗎？」[44]他請求民眾反抗並把命運掌握在自己的手中。「由於缺乏神聖宗教（且其僅存空相與枯索的教義），並由於全然欠缺責任感與自我犧牲的能力，人類如野蠻人一般俯拜於塵土中，並在空空如也的聖壇上立『功利』為偶像，」他認為。「這世界上的暴君與君主成為他的主教；他們帶來了令人厭惡的教義：『人人為己；獨善其身。』」[45]

曾在著作中引用前述馬志尼之言的俄羅斯作家托爾斯泰主張同胞們應該反對西方的自由主義，並再次建立起他們自身更崇高的傳統。「大部分的人遺忘了他們與神的關係，」他在一九〇五年俄國革命之後撰文敘述：「儘管他們智能之敏銳，仍墮落至最低等級的意識中，僅由動物情慾與群體催眠術所導引。這就是造成他們所有災難的原因。」[46]

「直到我們創作出可以與戰爭羅曼史相提並論的和平羅曼史之前，暴行不會從人們生活中消失。」德國的儒雅貴族外交家哈利・凱斯勒（Harry Kessler）如此寫道。[47]他從一八八〇年至一九三七年間有寫日記的習慣，其內容顯示個人逐漸的轉變，這也正反映了整片歐洲大陸的轉變。凱斯勒的早年生活揉和了多彩多姿的國際色彩及上層文化，他重新發掘了地中海地區的古老世界、與尼采等名人雅士用餐，也策劃藝術展。但當戰鼓響起，他便拾起了愛國情操。「整體人民有如受到改造且鑄成新的形體，」他在一九一四年撰文表示。「這已經是這場戰爭無價的收獲；得以目睹此事將會是我們一生中最美妙的經歷。」[48]

歐洲協調在十九世紀的失利以及隨之爆發的第一次世界大戰是由若干因素所造成。此議會制度（Congress System）是由梅特涅在一八一五年為了維護歐洲主要帝國的勢力所設計出來的。但他們逐漸面臨的最急迫的威脅並非外國的軍隊，而是由美國革命與法國大革命所啟發的國內動盪。前述兩次革命展現了民眾起義的力量，並加劇了民族主義而傳播了自由主義。快速的都市化和工業化也產生新的、更龐大且更充滿自信的布爾喬亞階級。

此制度崩壞的另一項解釋是：權力平衡證實是個假象。強權之間對彼此懷有深切而長遠的不滿與猜忌。他們從未替領土紛爭的核心找到持久的解決辦法，包括義大利與德國分別統一的後果，以及奧地利與鄂圖曼帝國的衰微，以至於其巴爾幹半島邊緣地區的民族主義動亂讓其他政權得以見縫插針。同時歐洲許多小國設法使強權之間相互較量，藉此鞏固自身的地位。同樣值得注目的是，大不列顛未能實踐其自封為權力平衡之仲裁者兼執行者的角色。雖然英國在海上握有十足權威，經濟也是世界頂尖，卻通常興趣缺缺或缺乏軍事資源制止陸上的強權政治。到了十九世紀末，隨著工業革命驅使人們追求更多出口市場與原料，貿易戰爭與帝國野心讓歐洲各國之間的關係更加複雜。

日本與美利堅合眾國

到了十九世紀，蒙兀兒與薩法維帝國早已消失許久，鄂圖曼與清朝也極度衰弱，此時，有兩個國家設法將歐洲不間斷的競爭與對國外市場的追求轉化為利己的良機，那便是日本與美利堅合眾國。

起初，日本的前景似乎並不看好。日本跟中國一樣，被迫敞開大門與西方國家做生意。一八四四年，荷蘭國王威廉二世寫信給日本天皇，警告他如果拒絕荷蘭商人進入日本，將會導致什麼樣的後果。接著，海軍准將馬修・培理（Matthew Perry）率領「黑船」前來，迫使幕府將軍的代表在一八五四年簽署《神奈川條約》，給予美國通商權利（幕府將軍是實際統治日本的人）。英國、俄國，與法國立即也要求類似的待遇，並如願以償。隨之而來的是高失業率，以及如霍亂等新流行疾病的傳播，將軍與天皇之間的關係越來越緊張，民眾也普遍不滿統治菁英階層，他們認為，就與外國人簽訂如此不平等的條約一事，菁英階層該負責任。

一八六三年，天皇不接受幕府將軍的決定，並下令驅逐外國夷人——但這些夷人進行反擊。他們的懲罰手段引發一場內戰，導致將軍被推翻，接下來重要的明治維新（一八六八年）恢復天皇執政，條件是他要推動國家的現代化，並「求知識於世界」。一八七一年，所謂的岩倉使節團（Iwakura Mission）被遣至美國與歐洲重新以更平等的條件談判條約，並收集西方科學與社會的新知。使節團於一八七三年帶著現代化和工業化的藍圖回到日本，同時也帶回即將實現的新野心。日本人獲得德國、法國，與英國的支助，以極快的速度建立起工業基礎。如今，日本同樣地也需要國外的原物料和出口市場。短短幾年之內，日本將剛獲得的工業能力轉變為軍事力量，並建造了一支強大的海軍。一八七四年，日本攻擊當時仍為大清帝國一部分的台灣島〔牡丹社事件〕。一八七六年，日本利用砲艇取得與朝鮮王朝進行貿易的權力並強迫後者接受其第一項不平等條約（《江華條約》又稱《日鮮修好條規》）。一八九四年，日本進軍中國橫掃其軍隊與海軍，並威迫中國割讓台灣，支付龐大賠款，以及給予等同於西方列強的貿易特權。這些條款都出於另一項不平等條約：一八九五年的《馬關條約》。

此次勝利之後，嶄露頭角的日本外交家林權助呼應俾斯麥約莫在同時期對其德國政治同僚的警告而告誡國人不要過度好戰。「現在日本必須保持冷靜、耐心等待，以緩和其他國家對其產生的猜疑；在這段期間內，我們必須鞏固國家的勢力基礎，也必須留意並等待終有一日會到來的機會。」[49]一九〇四—五年，俄羅斯與日本為了爭奪滿洲而開戰，為日本帶來了這個機會。日本的勝利除了摧毀大部分俄羅斯海軍，也在世界投下一顆震撼彈：這是史上頭一遭由現代亞洲國家打敗歐洲國家。一九〇七年，日本頒布《帝國國防方針》。俄羅斯不再被視為是日本利益的重大威脅。反而，方針中表明美利堅合眾國為日本當前面臨之最重大的假想敵。[50]

不論是以任何標準衡量美國的崛起，結論都是非常驚人的。一七七六年，在其建國之初僅是貧窮且城鎮搖搖欲墜的小國，但到了二十世紀拂曉之時，卻已成長為世界上最大的經濟體，人口數也是全球第三。美國驚人的成長過程中，強權政治和戰爭也並未缺席。一八〇一至〇五年，這個尚屬年幼的共和政體就已經在地中海地區部署一隻小艦隊以討伐占奪美籍商船的北非海盜。一八一二至一五年，美國與英國打了一場仗，結果燒燬了白宮。一八四六至四八年，美國則為了德克薩斯與墨西哥，與西班牙發生嚴重衝突。將近一百萬美國人死於南北戰爭（一八六一—一八六五年），參戰雙方分別為南方擁奴的美利堅聯盟國（Confederacy）中各農業州，以及較工業化的北方的美利堅合眾國（Union）。到了一八九〇年，只用了數十年，對阿帕拉契山至太平洋之間，橫跨北美大平原上北美印第安部落的征服後，美國西部的前線已瀕臨太平洋。

由此可知，美國興起的過程絕非和平。只不過，在美國歷史中，該國領導人始終試圖讓美國置身於東半球的政治紛擾之外。一八〇一年，湯瑪斯・傑佛遜總統概述美國的外交政策為「和平、商業，以及與各國誠實友好，不捲入任何國家聯盟。」[51]著名的一八二三年門羅主義（Monroe Doctrine）則重申了這一點。詹姆斯・門羅總統解釋：「唯有當我們的權利受到侵犯或受到嚴重威脅時，我們才對受到的損害忿懣不平，或準備自衛。」[52]美國將克制與任何歐洲國家結盟，同時也將保護北美和南美不受歐洲的干預。他們沿著海岸建築防禦工事，讓敵人——尤其是大不列顛——保持距離。

美國也採用經濟保護主義的政策，此為其早期戰略性約束與防守態勢之反映。由於受到普魯士的啟發，首任財政部長亞歷山大・漢密爾頓提倡徵收進口關稅以支持國家的幼稚產業（infant industry）。約二十年後，傑佛遜體認到「我從經驗裡得知，如今製造業對我們的獨立與我們的安逸舒適來說，是一樣必要的，」並極力主張不從國外採購任何東西。[53]一八三二年，貿易部長亨利・克萊（Henry Clay）捍衛「美國體系」（American system）。他主張自由貿易「從未存在，也將不會存在……如果我們讓港口門戶洞開，讓國外產品得以免稅進口，我們哪裡找到任何其他國外港口對我們的剩餘生產品展開大門？」[54]

但美國維持自身保護主義貿易限制的同時，卻越加要求其他國家開放市場。一八四四年，華府為美國棉花出口商從清朝皇帝處強行取得了貿易特許權。一八五四年，如我們已知，培理准將威迫日本允許美國商人與商品進入。一八七〇年代，格蘭特總統利用互惠貿易關稅之原則提高美國商品往古巴、波多黎各，與夏威夷的出口量。這意味著這些國家只有允許美國免費進口產品到國內市場，才能以類似的條件出口產品到美國。更為先進且強大得多的美國經濟贏得了較多的利益。美國的開放貿易政策現已全面展開。

政治雄心隨著經濟利益增加而提升。美國調度砲艇至斐濟、巴拿馬、巴拉圭、埃及、海地、薩摩亞，與夏威夷照看美國利益。華府仲裁阿根廷與巴拉圭之間的衝突，在古巴扶植反西班牙政權的叛軍，也渴求美國海軍可以在加勒比海地區稱霸。一八九〇年，阿爾弗雷德・馬漢在其影響重大的論文當中建言海權可以支持美國的帝國主義，並建議在太平洋上建設海軍基地且征服夏威夷。西奧多・羅斯福是馬漢思想的虔誠信徒。在他的總統任期間（一九〇一年至一九〇九年），他下令在古巴、巴拿馬、夏威夷、關島，以及菲律賓建造軍事基地。他持續對門羅主義虛以委蛇的同時，現在還加上了一則但書：如果一個國外政權之內亂對美國的利益與安全產生足夠重大的威脅，那麼便可能有必要干涉之。

儘管有如此現實政治（*realpolitik*）的詞句，美國繁榮的經濟也造成了嚴重的社會不平等——千萬國民在貧困中掙扎求生的同時，如卡內基（Carnegie）與洛克斐勒（Rockefeller）等家族仍沉醉在所謂鍍金時代（Gilded Age）的紙醉金迷之中——美國仍繼續對世界灌輸其自由、民主，與美國例外論的言論。畢竟，華府重建後的宏偉規模與新古典風格，也讓人想起羅馬共和的簡樸道德觀以及羅馬帝國的威權與莊嚴。第一次世界大戰爆發前夕，有一點很清楚：西方的新勢力現正挑戰東半球的古老帝國。

兩戰之間

一九一六年，當歐洲的年輕人在一片狼藉的濠溝中奮勇抗敵而戰死（後來壕溝更成為第一次世界大戰所帶來的苦痛之縮影），美國的威爾遜總統透過「他讓我們遠離戰爭」（He Has Kept Us Out of War）與「美國優先」（America First）的口號，贏得選舉而順利連任。衝突在一九一四年爆發的時候，美國仍持中立態度。直到德國採用無限制潛艇戰後擊沉美國船隻，且齊默爾曼電報（Zimmermann Telegram）也遭揭露之後——德國在此電報給予墨西哥秘密支援以收復後者在十九世紀被美國奪走之領土——美國終於在一九一七年四月加入英國與法國的一方參戰。俄國直到該年十一月發生革命以前也與他們站在同一陣線。美國將使用其儲備軍力以及強大的經濟力量對付德國，讓後者反而弄巧成拙，並導致戰爭在一九一八年十一月結束。

由於歐洲國家疲於作戰，且不是依賴美國貸款度日，就是因革命而四分五裂（如俄國與德國），戰爭的結束又給美國帶來另一良機，讓其得以提高地位並重新調整全球變遷的動態而更對自己有利。維也納會議之後一百多年後的一九一九年一月，各國再度聚首於巴黎參加重大和平會議。深知自身影響力的伍德羅・威爾遜抵達法國時帶來一份內含十四點原則的計劃，表面上旨在以民族自決、自由貿易、互不侵犯，與自由主義等原則重塑世界秩序。儘管在一九一七年，威爾遜曾公開向世人保證美國「並無自私的目的」，但私底下他曾向他的顧問坦白：「一旦戰爭結束，我們便可強迫他們接受我們的思維，因為到時候，別的先不提，他們的經濟生殺大權將掌握在我們手上。」[55]很明顯的，他的宣言即將對傳統的巍巍大國造成重大挑戰。

巴黎和會吸引一千多名會議代表參加。和會中安排了六十個特別委員會、一次全體會議，以及五個委員會。然而，實際上所有事都由為首的獲勝協約國（Allies）決定，協約國包括美國、法國、英國，與義大利。

身為記者的瑞伊・斯坦納・貝克（Ray Stannard Baker）當時擔任威爾遜的新聞發言人，他熱烈高呼此次和會為開展外交的新方式：

> 傳統方法是讓一群各自代表國家自私利益的外交官舉行秘密會議，並透過哄騙手腕、交易、私下組黨結派等手段達到最終協議……
>
> 在巴黎大膽展開的新方式，首先則是以某些正義通則為開場，例如威爾遜總統制定而各國皆接納的那些原則。第二，是讓客觀公正且研究過相關問題的科學家——地理學者、民族學者、經濟學者等——應用這些原則，而非急於考量自身利益的外交官與政治家。[56]

英國首相大衛・勞合・喬治則較持懷疑的態度。他之後表示：「我坐在耶穌基督與拿破崙之間，」意指美國總統與法國總理喬治・克里蒙梭。後者得知後開玩笑說「威爾遜有十四點原則，但摩西只有十點。」[57]英國內閣大臣溫斯頓・邱吉爾也是與會者之一，他也同樣持懷疑態度：他認為這次會議與戰前竭心盡力的外交作為沒什麼兩樣，也同樣的沒有效果。邱吉爾說中了許多事。縱使在威爾遜的吩咐下，會議造就了國際聯盟（League of Nations）的成立，為成員國提供集體安全並仲裁彼此的衝突，但美國參議院卻從未批准國家同意此聯盟，以免美國的自主被限制住。

巴黎和會中不見歐洲國家之勝利。和會的產物《凡爾賽條約》（Treaty of Versailles, 1919）拆分德意志帝國，日本迅速將德意志在亞洲的領土一搶而空。德意志也被迫將大部分的萊茵蘭地區讓渡給法國，支付巨額戰爭賠償金，更受到嚴厲的軍事限制。類似的《聖日耳曼條約》（Treaty of Saint-Germain, 1919）將奧地利分割為若干新的國家——奧地利共和國；捷克斯洛伐克（Czechoslovakia）；波蘭；斯洛維尼亞、克羅埃西亞和塞爾維亞王國（後來很快地更名為南斯拉夫王國）——並禁止奧地利與德意志成立新的聯盟。色佛爾條約（Treaty of Sèvres, 1920）將鄂圖曼帝國解體。鄂圖曼帝國在戰爭期間與德意志和奧地利站在同一陣線。其位於美索不達米亞與黎凡特的剩餘領土，被英國與法國在國際聯盟的庇護下，以託管的名義瓜分。鄂圖曼的末代蘇丹也在一場內戰中被廢除。在凱末爾．阿塔圖克（Kemal Ataturk）的率領之下，結束了這場內戰並成立了土耳其共和國。

儘管戰勝的一方在領土方面大有斬獲，卻也並非事事如意。法國對其所收受、德國就占領時期造成的破壞所賠償之金額始終不甚滿意。同時，英國只能接受美國已然是一流海上強權的事實。在一九二一至一九二二年的華盛頓海軍會議（Washington Naval Conference），英國與美國正式承認雙方的海軍勢力均等。日本也只能滿足於規模只有上述三分之二的艦隊。雖然這代表日本已是海上第三強權，卻也讓日本人燃起熊熊民族精神之火。一名普通日本海軍軍官警告：「戰爭並非不可能發生，尤其在大量美國艦隊通過巴拿馬運河而進入太平洋時。」[58]，這名軍官的看法在當時絕非特例。如果說巴黎和會與華盛頓會議中有哪一國是贏家，那便是美國了。

早在一九一九年，約翰．梅納德．凱因斯（John Maynard Keynes）便警告大眾，第一次世界大戰結束後的條約將造成災難後果。「巴黎是一場噩夢，」他寫道。「一種大難當頭之感籠罩於輕率的場景之上。」[59]以英國財政部的正式代表身分參加巴黎和會的凱因斯辭去他的職位，以表達對和約條款內容的不滿，他主張，如果缺少深思熟慮的經濟復甦計劃，歐洲將很快地再度陷入動盪之中，且德國巨額的賠償金與戰爭欠款終將導致復仇。只不過，讓他最感到不安的是，歐洲與美國的世界主義菁英仍如一戰尚未爆發時一般，對潛伏於國際主義精神之下的惡勢力視而不見：

> 倫敦居民在床上啜飲早茶時，可透過電話訂購全球各種產品……同時也可以相同方式投資財富至世界各地的天然資源和新企業，並輕鬆寫意地分享其未來的成果……軍國主義與帝國主義、種族與文化、壟斷、限制，與排外之計劃與權術是這樂園中的蛇，對他來說充其量也僅是日報上的娛樂新聞。[60]

沒過多久，凱因斯的恐懼就成真了。一戰期間歐洲的工廠受到嚴重破壞，讓美國得以用前所未有的速度發展其工業產能。歐洲國家在二〇年代復甦過來之後，卻因為產能過剩而造成價格崩跌，保護主義盛行。「我們如此的投資與貿易關係，」卡爾文・柯立芝總統（President Calvin Coolidge）於一九二八年告誡：「讓我們幾乎無法想到世上有哪個地方發生的任何衝突，對我們不會產生有害的影響。」[61]如小約翰・皮爾龐特・摩根（John Pierpont Morgan Jr）等具有影響力的金融家提議該減少德國的賠款，且美國也應借貸給柏林，讓後者可以償還他們該支付其他歐洲國家的欠款，並藉此方法撐起國際對於美國的出口需求。一九二四年，摩根與政治家查爾斯・道斯（Charles Dawes）監督一場協議的談判過程，這場協議規定法國與比利時停止占有德意志國位於魯爾河谷（Ruhr Valley）的工業心臟地帶，希望如此一來，德國較有能力支付戰爭賠款。

此道斯計劃（Dawes Plan）以及從一九二九年接續其後、由美國資助的楊格計劃（Young Plan）都未能紓解德國巨額賠款對歐洲經濟所造成的壓力。歐洲的困境讓美國對該區域的出口量在一九二一年至一九二八年之間減少了大約五分之一。[62]一九二九年的華爾街股災（Wall Street Crash）之後，便發生經濟大恐慌。大西洋兩邊的老百姓都歷經艱苦。「那是極度痛苦的年代，」一位美國公民回憶。「你曾看過得佝僂病的孩童嗎？如罹患痲痹一般顫顫巍巍。沒有蛋白質，沒有牛奶……獨立自主的人以為他們為自己生命的做主，卻突然得依靠別人過活。」[63]由於奧地利、德國和其他國家拖欠國債，所以美國金融家從歐洲撤回貸款。保護主義的壁壘越來越高，世界經濟也跟著分化：《斯姆特—霍利關稅法案》（Smoot–Hawley Tariff Act）將進口美國的商品關稅提高了百分之五十九；歐洲的進口商品關稅也增加了百分之四十三。

一九二八年，美國、英國、德國、法國，以及歐洲其他大部分國家簽署了《非戰公約》（Kellogg–Briand Pact），這項公約規定這些國家不以暴行解決國際糾紛。但經濟大恐慌（Great Depression）僅讓國際間的情勢更加緊張，老百姓因此所承受的痛苦引發疾速高漲的暴力民族主義——一九三三年，新任德國總理阿道夫・希特勒（Adolf Hitler）令德國退出國際聯盟，聲稱國際聯盟只不過是壓制德國的工具，且國際組織不適合維持秩序。他強烈批評：「如果國際聯盟的工作僅在於保障世界現況並始終維持之，那麼我們倒不如將調節潮汐起落的工作交托給他們好了。」[64]

希特勒上台後承諾撤銷《凡爾賽條約》的屈辱、保護德國不受法國與英國所謂恃強欺弱的行為，並給予經濟資源與「生存空間」（Lebensraum），讓國家實踐其命運而蓬勃發展。和平會議陸陸續續舉辦，但希特勒的再軍事化行動勢不可擋。首先，一九三六年，他派遣德軍進入萊茵蘭非軍事區，此舉公然違反《凡爾賽條約》；接著，在一九三八年，他開始向物產豐富的東邊鄰國推進並占據捷克斯洛伐克的蘇台德地區。再一次的，為了糾正主觀感受之不義行為，加上對安全保障的需求，又轉變為無情的侵略與帝國擴張主義。

各國聯合起來

一九三九年八月，納粹德國與蘇聯的外交部長在莫斯科會面簽署一項互不侵犯條約，並劃定勢力範圍，意味這兩國將瓜分歐洲。《德蘇互不侵犯條約》簽訂後九天，德國坦克便挺進波蘭。第二次世界大戰於是展開（一九三九年至一九四五年）。運用在二戰時的工業能力與科技革新擴大了駭人戰役以及無情滅絕行動的殘忍程度。短短六年之間有六千萬人喪命。光納粹大屠殺本身就害死了六百萬猶太人：這場針對百姓的屠殺行動，以工廠生產線般的冷血效率進行計劃且實行。

德國最終會失敗，部分是由於戰略因素，另一部分則是經濟因素。希特勒最大的優勢，在於他的軍隊可以迅速攻克大片歐洲江山。然而，要固守這片江山則困難得多。一九四二年，在蘇聯與美國分別受到德國與其盟友日本的突襲而加入戰局之後，局勢整個扭轉。蘇聯的無數大軍結合美國壓倒性的經濟優勢（一九四五年時，美國的經濟規模是德國的五倍）起了關鍵作用。

在亞洲與太平洋地區對日本之戰也是類似景況，該區域傷亡人數至少占第二次世界大戰死傷總數的三分之一。日本跟德國一樣，感覺受到其他列強輕視而產生的有害而交陳的復仇情緒、其種族與文化的優越感，以及為了發展工業而對原物料（石油、橡膠，與金屬）的需求都驅動他們開展侵略行為。日本跟德國一樣，也發現要維持其占領的廣大領土，比事前的征服行動還困難得多。而且，日本跟德國一樣，在財務的火力上無法與美國競爭：一九四五年時，美國的經濟規模是日本的十倍，彈藥生產量則是三十倍。甚至日本在軍事人力資源方面的優勢——儘管美國在太平洋部署的軍隊比在歐洲還多——也敵不過美國的科技優勢。一九四五年八月，廣島和長崎受原子彈摧毀之後沒幾天，日本投降。

三個半月前，歐洲的戰爭正進展到尾聲時，超過八百名官方代表與另外兩千名與會者聚集在舊金山著手進行協商。這場協商最終會促成一九四五年十月成立的史上最富雄心之多邊主義計劃：聯合國（United Nations）。聯合國的憲章開宗明義聲明：「我聯合國人民同茲決心，欲免後世再遭今代人類兩度身歷慘不堪言之戰禍。」[65]聯合國體制應建立在國家主權與民族自決、軍事約束與和平仲裁，與集體安全（如有會員國面臨危險）的原則之上。聯合國大會包含所有簽署國。一位美國國會議員為聯合國喝彩：「實現長久和平與大同世界的完美計劃。」[66]但大權仍掌握在一小部分的國家手上，也就是對上德國與日本之戰中的勝利國，這些國家——美國、蘇聯、英國、法國，與中國——組成了安全理事會（Security Council）的常任理事。

造就了聯合國的那股理想主義與國際主義的新精神，卻無法抑制彼此猜疑、國家競爭，與強權對立等老舊風氣。甚至在聯合國的制定方面已經開始實施暫行措施之際，大國之間也正再次商討該如何瓜分歐洲。一九四四年十月，邱吉爾與史達林在一張小紙片上潦草寫下將如何分享巴爾幹半島上的勢力。後來，前者稱此紙片為「淘氣文件」（naughty document）。但邱吉爾首相已清楚意識到，英國如今必須謹慎對待比自己更為強大的盟友。「我們是如此小的國家，」他回憶一九四三年舉辦的德黑蘭會議時描述道。「我的一邊坐著伸出爪子的俄國巨熊，另外一邊則是美國大野牛，在這兩者中間是可憐的英國小毛驢，三者當中只有小毛驢知道回家的正確道路。」[67]一九四五年的雅爾達會議期間，史達林重申他希望蘇聯的勢力範圍可以涵蓋中歐與東歐的要求。美國反駁，堅持那些剛獲得自由的歐洲國家應舉行民主選舉，希望藉此制止蘇聯。同盟國之間最後一次重要會議於一九四五年七、八月間在波茨坦舉行時，蘇聯對東歐的支配已既成事實。德國則已被分為四個占領區。儘管英國與法國在這次占領區的劃分中皆分得一杯羹，在聯合國也擁有一席之地，歐洲國家作為強權的日子卻已結束了。在歐洲與全球取而代之的是美國與蘇聯。

第二次世界大戰的結局宣布位於亞洲和非洲的舊歐洲帝國已然終結。在東南亞，日本軍隊撤退之後在荷屬東印度與法屬印度支那等前殖民地造成權力真空，新的獨立運動則興起而試圖填補之。在南亞，英國意識到他們的資源不再足以讓印度次大陸上的帝國繼續防備日益增長的反抗勢力。一九四七年八月，英屬印度被印度共和國與巴基斯坦共和國所取代。到了一九五〇年，共十一個國家脫離他們先前的殖民主而獨立；此後十年，另外二十八個國家也先後獨立。同時在中國，駭人聽聞的混亂局面與內戰自清朝滅亡之後持續至一九四九年，才因毛澤東率領的共產黨獲勝與宣告建立中華人民共和國而結束。

然而，獨立不一定自然而然地帶來和平：在沒有舊帝國勢力的情況下，當代隨著接二連三的衝突而爆發的競爭對立，使古老的仇恨再度浮出檯面。一九四七年，巴基斯坦與印度就克什米爾問題而發生衝突。一九四八年，埃及、約旦，與敘利亞向剛成立的以色列國宣戰。一九五〇年，中華人民共和國出兵朝鮮半島。為了終止諸如此類的衝突，也避免被美國與蘇聯這兩個對立的世界霸權所吸收，許多剛獨立的亞洲與非洲國家在一九六一年聯合南美與歐洲國家而組織了不結盟運動（Non-Aligned Movement）。但是，不結盟運動中的首要國家非但未致力以聯合國早已頒布過的核心價值觀讓各國和平共處，反而很快地開始爭奪團體領導的地位。

二次世界大戰次年，手上握有最好牌面的是美國。其經濟規模大於所有西歐國家的總和。美國為了經濟利益、安全目的以及地位，希望以類似許多過去帝國曾使用過的方式重新塑造以其為中心的國際秩序。

首先是為了讓全球經濟向美國企業與投資敞開而使用的手段。一九四四年在布列敦森林（Bretton Woods）舉辦的會議，造就世界銀行（World Bank）與國際貨幣基金組織（International Monetary Fund）的成立，以及其他鞏固美國貨幣地位，使其成為全球儲備貨幣的措施。一九四七年，國際商議出關稅暨貿易總協定（Global Agreement on Tariffs and Trade, GATT）以消除美國公司商品的進口關稅，藉此提高美國商品在國外的競爭力。馬歇爾計畫（Marshall Plan）在一九四八年推出，讓美國援助西歐重建以組成對抗共產黨的堡壘，條件是收受國必須採納公開市場。

新的世界秩序正誕生中。一九五〇年四月，美國哈瑞・杜魯門總統的幕僚向他簡報時表示：「在這日益縮小且面臨核戰威脅的世界，僅以抑制克里姆林宮的心計為目標是不夠的，因為國際間秩序之缺乏讓人越來越不能忍受。此一事實基於我們的利益之上，加諸於我們世界領導的責任。」[68]

冷戰

然而，有一個政權全心想阻止美國接管。蘇維埃社會主義共和國聯盟（Union of Soviet Socialist Republics）在一九二二年成立，為舊沙皇的俄羅斯帝國的繼任國。俄羅斯帝國在五年前，一九一七年發生的兩次革命中覆滅。自從西方國家在俄國內戰（一九一七年至一九二二年）中曾協助沙皇擁護者，蘇聯便感到自己的生存受到來自海外的威脅。蘇聯首任領導人佛拉迪米爾・列寧一再提到「資本主義之包圍」；他的繼任者約瑟夫・史達林則常常提及受到敵人包圍的「社會主義孤島」。[69]德國在一九四一年的侵略行動，以及美國明顯不願意在西歐開啟第二戰線以減緩東方的壓力，更進一步加深了蘇聯的恐懼。二戰結束時，雖然蘇聯軍隊成功占領柏林，但卻已有兩千萬人民喪生，也失去了四分之一的國家經濟產能。

西方的猜疑同樣日益加深，尤其是受到蘇聯政府在波茨坦會議表現出來的態度以及其隨後的行為所刺激。一九四六年二月，美國外交官喬治・肯楠（George Kennan）在他著名的「長電報」中形容蘇聯政權受到本能的不安全感驅使而神經質，與開放的資本主義世界並不相容。[70]不到兩週的時間，公開支持西方干預俄國內戰的邱吉爾警告蘇聯藉由在東歐與中歐建立共產黨政權以提高其在該地區影響力的行為，表示「橫貫歐洲大陸的鐵幕已拉下」。[71]邱吉爾概括此新世界秩序之本質的言論預示了冷戰的開始。

冷戰獨一無二，並非因為主要的敵對方從未在公開衝突中兵戎相見，而是因為他們主要的權力中心集中在不同半球，中間還隔著廣闊的海洋。也因為如此，對立集中在這兩方強權外圍地區的國家。如同蘇聯擔憂其心臟地帶受到向美國靠攏的國家所包圍，如知名政治理論家尼古拉斯・斯皮克曼（Nicholas Spykman）所稱歐亞大陸的「邊緣地帶」（rimland），美國也同樣憂慮共產黨政權存在於其地緣政治上鄰近的中南美洲。[72]

蘇聯力圖從歐亞大陸的中心往外擴張共產主義的同時，美國則利用北大西洋公約組織（North Atlantic Treaty Organization in Europe，簡稱北約，NATO）、中部公約組織（Central Treaty Organization in the Middle East，CENTO）、東南亞條約組織（Southeast Asian Treaty Organization，SEATO），以及與澳洲和紐西蘭之間簽訂的太平洋安全保障條約（ANZUS）推動其自身價值觀與利益。這兩個超級大國進行無數代理戰爭，例如贖罪日戰爭（Yom Kippur War, 1973）、韓戰（1950-1953）、越戰（1955-1975），以及安哥拉內戰（Angolan Civil War, 1975-1991）。同時，歐洲鐵幕的兩邊分別集結軍隊，為了建立空中、海上，以及最致命的核武優勢而進行激烈的軍備競賽。美國和蘇聯只有一次幾乎就要全面開打核戰了，那是在一九六二年的古巴飛彈危機，當時克里姆林宮試圖在巴西距離美國國土約三百公里處部署彈道飛彈。

然而，主要的鬥爭在於經濟。冷戰期間，美國的經濟規模自始至終都是蘇聯的兩倍大。蘇聯將百分之十七的財產投入國防；美國則只投入百分之七。一般蘇聯公民的薪水從未超過一般美國公民薪水的三分之一。在大多數先進技術領域——電腦、通訊、生命科學、材料科學、機器人學、推進力等——美國都獨占鰲頭。

美國在捍衛自己的經濟優勢時不留情面，為了維持優勢，甚至可以轉身攻擊最親密的盟友。例如一九六七年，時至今日已是西歐經濟強權的西德，面對嚴酷的選項：是要支撐美元，還是要接受美國縮減其保護西德不受蘇聯威脅的軍隊。一九八五年，英國、法國、西德，以及身為亞洲主導經濟體的日本在《廣場協議》（Plaza Agreement）中被迫讓美元大幅貶值而使美國出口商品更具競爭力。

蘇維埃政權從一九七〇年代開始出現裂痕，當時蘇聯被迫向美國購買穀物，科技發展上的不足也讓其無法開發新油井。隨著蘇聯人均產量停滯成長，貧窮與糧食配給制也成為普遍現象。美國的隆納德·雷根總統就是在這種時空背景之下，在一九八〇年代初決心提高國防開支並發動一場金融消耗戰。蘇聯的經濟無法應對這場戰役。「經濟成長率明顯下降，接著完全停滯，」一名資深情報官員回想。反對共產政權的勢力也在蘇聯內部發展起來。評論家米哈伊爾·安東諾夫（Mikhail Antonov）在一九八七年撰文表示：「我們的社會、人民、教育程度最高、最聰明的族群，已對這在精神與政治上壓迫他們的制度厭煩不已。」

儘管新任的米哈伊爾·戈巴契夫總書記試圖用牽涉範圍廣泛的重建（*perestroika*）與開放（*glasnost*）政策放寬政治和經濟制度，但他的改革後來卻太少也太晚執行了。他不願打擊一九八〇年代晚期，波羅的海國家內日益普遍的反蘇維埃統治抗爭，而這鼓舞了蘇聯其它地方的異議分子。這下子猛虎出匣，但信奉改革主義的領導卻無意願也無法再把老虎給關回去。蘇聯十五個構成共和國中，有六個國家的共產黨在一九九〇舉行的選舉中遭到致力於獨立的民族主義運動所打敗。隔年，共產黨強硬派人士為了阻止戈巴契夫將中央集權的蘇聯變成寬鬆的國家聯盟而發起了短暫的政變，但這也只是加速了結局的到來。一九九一年末，戈巴契夫放下權位，蘇聯瓦解。冷戰結束了：美國如今是世上唯一超級強國。

美國的單極時刻

美國政治學者法蘭西斯・福山（Francis Fukuyama）在其一九八九年著名的作品中主張東歐共產政權的瓦解意味「西方的勝利」，是經濟和政治自由主義不折不扣的勝利，也是我們所知的「歷史之終結」。[73]然而，美國的單極時刻不僅由其本身的軍事力量所造就，而也是世界其它國家皆較弱勢的結果。儘管如此，蘇聯垮台後，整整有二十年的時間，美國得以獨自在世界舞台上大肆伸展其外交政策。

一九九一年，老布希總統表示：「美國的領導對世界來說不可或缺。我們不僅必須保護我們的公民與利益，也要協力創造一個我們基本價值觀可以存留並發揚光大的新世界。我們必須與他人合作，但同時也必須擔任領袖。」[74]身為「領袖」意味著美國準備使用武力來維護其自由秩序。為此，美國現在的國防支出占了全世界總額的四成。美國維持其強大的戰略核力量，同時對海外軍事基地的持續投資、十一支航空母艦戰鬥支隊（這超過世界其他國家的總和）、龐大的巡弋飛彈火力，以及先進的隱形轟炸機讓它擁有無人能望其項背的全球投射能力。

在美國的軍事保護傘之下，北約廣納波羅的海三國以及許多蘇聯位於東歐的衛星國為會員，而擴展至俄羅斯的國門。在亞洲，美國加強了其與南韓、日本，與澳洲的同盟關係，並在台灣海峽部署海軍部隊以威嚇中國的擴張政策。在中東，美國在波斯灣駐軍以控制伊朗伊斯蘭基本教義派政府地區上的野心。拒絕配合美國世界秩序願景的政權，就必須承受後果。一九九一年，以美國為首而對伊拉克侵略科威特的報復行動，讓全世界看到一波波導引炸彈和巡弋飛彈如大雨般落在巴格達而震驚不已。美國的空中實力於南斯拉夫內戰（Yugoslav Wars, 1991-1999）中再度展現，時為一九九九年，北約進行軍事干預以結束塞爾維亞對科索沃（Kosovo）的攻擊。一些比較不知名的軍事行動也在全世界展開，有些是為了捍衛顯見的美國利益，有些則是為了維護國家威望——大多數則介於這兩者之中。美國的國務卿馬德琳・歐布萊特（Madeleine Albright）在一九九八年為此類行動護航：「如果我們必須使用武力，那是因為我們是美國；我們是世界不可或缺少的國家。我們無所畏懼，比其他國家更具遠見。」[75]

美國也持續主導規範經濟秩序的重要國際組織，例如國際貨幣基金組織，世界銀行，以及在一九九五年為了取代關稅暨貿易總協定而成立的世界貿易組織（World Trade Organization）。美國身為世界上最具創新性的經濟體，也採取措施加強保護智慧財產權，例如一九九四年的《與貿易有關之智慧財產權協定》（Agreement on Trade-Related Aspects of Intellectual Property Rights，TRIPS），也為了維護網路的獨立性而在一九九八年成立網際網路名稱與數字位址分配機構（Internet Corporation for Assigned Names and Numbers，ICANN）。美國政治學者理查・羅塞克蘭斯（Richard Rosecrance）以「虛擬國家」（virtual state）一詞形容美國此種崛起過程之發展。這種國家較少仰賴有形商品之貿易而更依賴具有領銜科技且併吞垂直整合生產鏈中其他國家產業之跨國公司。[76]他深具影響力的同僚約瑟夫・奈爾（Joseph Nye）強調美國軟實力之重要：那是讓美國能利用其高效率且自由的治理實例而領導的能力。

漸漸的，評判人士認為，以美國為首的全球化只不過是美國帝國霸權的最新體現。由於其他西方國家更加提防美國的單邊主義（最明顯的也許是法國與德國），他們聯合起來在經濟領域上反抗美國。在西歐，經濟與政治整合的首行措施可能出自美國在一九四八年為了推出馬歇爾計畫所設定的條件。但隨著美國影響力的滲透，這項加強彼此合作的驅動因素卻漸漸讓人感到挫敗。例如，一位法國財政部長形容美元身為全球儲備貨幣的主導地位是「過份的特權」，因為華盛頓得以藉此用便宜的價格向國外借錢。[77]

一九七三年，歐洲經濟共同體當中包括法國、西德，與英國等九個會員國，同意更緊密地協調他們的外交政策，他們宣布：「掌握在極少數大國手中越來越集中的權力與責任，意味著歐洲如果想清楚表達意見並在世界上發揮其應有的作用，就必須團結起來且逐步口徑一致。」[78]儘管一九九二年的《馬斯垂克條約》（Treaty of Maastricht）之後，這個目前已包含十二國的共同體便成為歐洲聯盟（European Union，簡稱歐盟），但其於政治上的整合卻不如歐盟創始元勛所預期來得完善。而制定單一歐洲貨幣（歐元）為美元替代品的歐洲貨幣聯盟，則自一九九〇年創立之初即搖搖晃晃。

另一方面，日本在蘇聯解體之後成為世界上第二大經濟體。日本試圖利用其穩健、出口導向的產業政策與美國的經濟力量競爭，但在人口成長方面卻停滯不前。然而，在中國，共產黨施行工業化與經濟開放計劃，明顯提升了人民生活水準而得以繼續大權在握——即使中國的經濟規模仍比美國小了好幾倍，且極度依賴美國投資人。中國領導人鄧小平在七〇年代晚期發起這些改革的同時，新的民族主義精神也隨之產生，並認為中華人民共和國刻意自我定位為美國主導的全球秩序之替代。

歐亞大陸上有這些進展的同時，美國國內推動進步的引擎卻開始跌跌撞撞。美國在一九九〇年時的經常收支為平衡，但到了二〇〇〇年卻發生龐大的赤字，共達其國內產值的百分之四之多。美國人的支出超出了他們的能力所及，是因為其他國家透過購買美國政府債券才得以彌補其差額。到了一九九八年，美國在海外的國庫債券占了總額五成以上。[79]這反映美元為主要全球儲備貨幣之地位，也引人擔憂此地位是否能夠長久。在創新方面，美國的經濟仍是領先全球，但卻日益仰賴進口石油、亞洲消費品，以及歐洲的尖端產品。此外，他們的投資過度集中在高科技領域，也造成股市泡沫和股災。美國社會學家羅伯特・普特南（Robert Putnam）在二〇〇〇年發表他所著的《獨自打保齡球：美國社區的衰落和復興》（*Bowling Alone*）一書時，發現他的同胞越來越孤立，對彼此也越來越沒有同理心。隨著窮人與富人之間的差距越來越大，對許多人來說，美國夢已遙不可及。

一九九九年，美國政治家兼政治評論家帕特・布坎南（Pat Buchanan）發出警告：「美國的領導者正重演過去曾引致各大強權滅亡的愚行——傲慢自負、主張全球霸權、過度擴張、鼓吹新的『聖戰』，並在美國從未參戰過的地區與國家給出戰爭的保證。」[80]兩年後，伊斯蘭恐怖分子襲擊紐約與五角大廈——此兩者象徵美國資本主義與黷武主義的中心——並造成將近三千人死亡。在冷戰結束後針對美國全球秩序發動最受人注目之攻擊的並非強大的競爭國，而是一小群宗教基本教義派人士。

極端時代

一七五〇至二〇〇〇年間，一個真正的全球競技場形成了。世上各個大陸從未如此緊密相連，不只透過船隻、鐵路，與飛機，也透過貿易、資本交易、個人旅行、文化交流，與外交等方式。造成如此變化的根本上原因是工業革命。每人的生產量不再仰賴於自身或動物的勞力。人均馬力在一七五〇年是零點四以下，一九〇〇年成長至三，到了二〇〇〇年更竄升至一二〇。[81]結果，世界經濟生產成長，從一七五〇年的一千三百億美元（以定值美元計），到一九九〇年的一兆一千億美元，再到二〇〇〇年的四十一兆美元。[82]平均預期壽命在一七五〇年時是三十歲以下，到了一九〇〇年提高至三十三歲，二〇〇〇年則提高至六十九歲。[83]世界人口在一七五〇時僅有六億人，一九九〇年提高至十五億人，到了二〇〇〇年則是六十億人口。[84]交通與通訊都變得更快速。如果說一七五〇年時，橫越大西洋需要花費四十天以上，到一八〇〇年，所需的時日少了一半，一九〇〇年時則降為五天，二〇〇〇年時更只需五小時即可。[85]工業革命後，隨之而來的是二十世紀晚期的數位化革命。在如此非凡的發展背景之下，人們比以往都更相信理性行為造就進步——也因此，進步將戰勝黑暗，帶來和平。

這些變化發生的同時，外交互動也更加密集。舉例來說，國際政府組織的數量在十九世紀時隻手可數，一九九〇年增加至三十七個左右，到了二〇〇〇年則成長至六五五六個。[86]如我們已見，在維也納、巴黎，以及舊金山等地舉辦了重要和平會議，這些會議都造成恆久流長的後果。全球法律保護國家主權與民族自決的原則神聖不可侵犯。聯合國一九四五年的憲章是有史以來最有志於透過普世原則來維護和平的憲章。然而，世界並未變得更加和平。二十世紀極其血腥，不止就其本身而言，也在於衡量死亡人數占世界總人口數的比例。一方面，在經濟生產、通訊，與國際組織的數量上皆急速成長。另一方面，戰爭在發生的頻率上即使有任何變化，也是很少。這一整個時代，約莫二十年相對穩定的歲月過後，就是二十年的重大衝突，周而復始。

人類空前的發展規模並未造就恆久和平的一個原因，是由於這發展並非均勻分布於全球。一個地方的成長往往以另一個地方的犧牲為代價，或者強烈的嫉妒和懷疑會受此成長引發，而以衝突的形式表現出來。再者，經濟成長和政治信心高漲時期，與經濟衰退、通貨膨脹、日益加劇的不平等和社會動盪密不可分。後者也會驅動弄巧成拙的經濟保護主義政策與醜陋的民族主義。伏爾泰在一七五六年寫下：「人間是一個浩瀚劇場，同樣的悲劇以不同的劇名上演。」[87]工業革命後的幾個世紀間，強權政治的本質並無改變，其影響力也並未減弱，而只是變得更加極端而已。

CONCLUSION

Horror as a Friend

與恐懼做朋友

公元一七五〇年至二〇〇〇年

人們對和平的企望是恆久而放諸四海皆準的。縱觀歷史、跨越全球，農人希望可以平安採收他們的農產品，貿易商希望可以安然無恙地抵達下個城市，而國王則希望可以名留青史。和平代表平靜安寧，沒有戰爭的創傷、殺戮、殘害、折磨、蹂躪，與破壞。但不可否認的，戰爭也受到頌揚；有些人時至今日仍這麼做。亞伯拉罕・林肯稱之為人性的黑暗面。一旦戰爭成真，侵略主義總是被絕望取代，即使對準備拿起武器的年輕人也是一樣。目睹同袍受傷致殘，不見殺戮何時結束，也無法保護留在家鄉的親人，這些是無論任何人都最感到痛苦之事。如寇茲上校（Colonel Kurtz）在法蘭西斯・福特・柯波拉（Francis Ford Coppola）的越戰電影《現代啟示錄》（*Apocalypse Now*, 1979）中說：「你必須與恐懼為友。」

我發現這種理想破滅、這種堅忍毅力轉為苦澀之心情，在佛蘭芒作家史坦・史特魯斯（Stijn Streuvels）的日記中，最為明確地呈現出來。史特魯斯曾是第一次世界大戰的狂熱支持者，但現在他卻持懷疑態度：

> 我已經受夠了。我不在乎它怎麼結束，但它必須結束。我開始懷疑英格蘭與法蘭西自信滿滿承諾的那些事：我對俄羅斯毫無期待，也再不相信那些道德說辭，因為它們如今看來只不過既愚蠢又虛假。報紙對我們扯謊，寫著事後看來為造謠中傷之言。我們今日可讀之物受到嚴密的審查，且荒謬、詞不達意、乏味、模糊而愚蠢，讓人厭惡到只想把它丟掉。應該要明文規定戰爭的長短，讓我們士兵在日夜不停的磨難之後，至少尚可見終局之到來。試想——他們告訴我們這場戰爭在幾周之內便會結束……[1]

史特魯斯付諸於日記的情感，與一些本書引用的中國古代詩句所表達出來的差異並不大。戰爭結束時，精疲力竭的社會通常會集結於承諾建立穩定時代的統治者身後，並為出面協商和約的代表們喝彩。最為歌頌和平之美好的人，莫過於曾失去過和平的男男女女。然而，戰爭一再地爆發。「世界有如失控的戰車，」羅馬詩人維吉爾曾下此結論。但也許如此的觀點由於凸顯戰亂時期而非和平時期，而呈現出錯誤的印象。儘管如此，中國三千年的歷史中，至少一千一百年都處於戰爭時期。羅馬帝國存在的一半以上時間都在打仗。自一七七六年以來，美國也有一百年以上的時間處於戰爭狀態。

即使是被人稱頌為黃金時代的和平時期也並非那麼和諧。這些時期往往與奴隸制和貧困大眾與墮落菁英之間其他的極端不平等所造成的惡性社會衝突並存。帝國所享之和平時光——例如羅馬治世——之恩澤主要只惠於一小群特權人士，也就是那權貴和政治領導人所組成的鍍金而封閉的社群。接下來，首都及其郊區中富有的中產階級也雨露均霑，雖然仍不如上述之社群。之後，是較為貧窮的老百姓，在某些情況之下也包括一些處境較為幸運的奴隸。最後，才輪得到所有在帝國邊緣勉強在冒險中求生存的降民。這代表邊緣地帶必須部署軍力，才能確保奴隸、黃金、食物、馬匹等資源的供給無虞。換句話說，對大多數人而言，帝國和平就等於剝削。剝削不可避免地製造出仇恨、抵抗，與衝突。於是，帝國中心地區的居民往往要藉助在邊境發動的戰爭，以及為了征服新領土、驅趕入侵者，或控制移民所發起的戰爭，才得以享有和平。家家戶戶仍必須犧牲他們的男性子嗣，也要支付高額稅金。戰爭總是如地平線上的不祥之雲般陰森逼近。

道德制高點

本書的結論之一是戰爭是放諸四海皆準的。一次又一次地，強權承諾他們的崛起是仁慈的，他們會在侵略行為上有所節制，且他們代表一個公義的新秩序。然而，一次又一次地，此承諾卻落於失望——不管是在何時何地作出的承諾都一樣。西方並沒有比中國，印度，或非洲更具侵略性。的確，近幾世紀以來，西方在發動戰爭、殖民他國，與利用世界豐富資源方面比其他人來得成功。西方國家也的確最先以真正的全球規模，長時間持續地做到如上所述之事。但是有充分的證據顯示歷史上所有的大國都同樣殘酷。中國當前的領導階層想讓世界其他國家相信其具有基於儒家和諧原則而相對溫和的戰略文化，但中國的歷史卻未能提供相符合的證明。今日中華人民共和國的大部分領土，都是過去中國漢人以各種方式殖民所得。中國的殖民化主要在陸上，因此也不一定較不野蠻，規模也不一定比較小。其他的文明也是一樣。歐洲帝國來到之前，亞洲、非洲，與美洲的居民頻繁地彼此征戰、奴役彼此，且自立帝國。在歷史上，並沒有絕對的道德制高點。

話雖如此，歷史也證實，聲稱占有道德制高點是發動戰爭的重要藉口。很多時候，政權努力推翻他們認為不公義或者不公平的世界秩序。公元前第三世紀結束之際，漢尼拔率領迦太基軍隊向羅馬進攻，為先前的屈辱敗戰討回公道。薩珊帝國在公元三、四世紀時，就亞美尼亞緩衝國之事務上認為有所不公而多次與羅馬人開戰。第八世紀，阿拔斯人攻擊伍麥亞哈里發國，因為後者行非伊斯蘭的作為。十三世紀時，蒙古人破壞了與中國人之間的和約，理由是和約以不平等的條約為基礎。二十世紀時，希特勒藉由承諾將扭轉德國在《凡爾賽條約》中的損失而掌權，另一方面，帝國日本主張建造不受歐洲干預的新東亞秩序。即使在今日，中國稱其三不五時的武力恫嚇為扭轉過去一世紀的羞辱所造成之損失的部分過程，以合理化其行為。因此，縱觀歷史，為過去所受之羞辱與虐行進行復仇，以及恢復正義的承諾，都常常被當作戰爭與崛起政權攻擊當前大國之行為的藉口。一個國家越是批評另一個國家好戰，就越是讓人擔憂。

另一個常見被拿來當作發動戰爭的藉口，是侵略者聲稱將為落後的民族帶來高等文明的好處。所有的強大帝國都自認為世界的中心，也認為居住在其邊界之外人為需要被征服的蠻人，或是需要被解放的非自由人。同樣的，對抗非信徒也是發起戰爭的藉口。公元前四世紀，亞歷山大大帝率領的希臘人聲稱他們為了對抗波斯人而進行聖戰。在古羅馬，祭司在取得眾神同意之後，負責宣布開戰。中國皇帝為了實現天命而打仗。在公元十一世紀的南亞，三佛齊的國王聲稱他們征戰是為了尋求佛教上的覺知。伊斯蘭教的哈里發為了傳播真正信仰而四處在戰爭之地發起戰爭，如同中世紀的歐洲君主，為了服事基督而發起十字軍東征。甚至人們歌頌成吉思汗與他後代的蒙古征服為天神命令之下，為了統一世界而發起的聖戰。然而，為了確立真正信仰之戰也發生於同一信仰之不同支派的信徒之間：東正教徒對上天主教徒、天主教徒對上新教徒，什葉派穆斯林對上遜尼派穆斯林——更不用說印度教與佛教不同分支之間所發生的無數衝突。假如大多數宗教與其神聖經典都呼籲和平，它們也同樣地為戰爭提供了理由。

就法律與正義的原則來說也是一樣。有多少次，政權粉碎他們聲稱正受到保護著的和平，或侵犯他們聲稱要捍衛的協約？縱觀歷史，政權總簽署國際協議以限制武力的使用。中國的周朝在公元前三世紀滅亡之前，諸侯國召集了無數外交會議。但這些會議並未解決衝突，因為他們不是被視為以最強國之利益為重，便是被看作較小政權拿來牽制霸主的手段。在歐洲，法王路易十四在公元十七世紀，聲稱西班牙哈布斯堡王朝違反了《西發里亞和約》而向後者開戰；此外，俄羅斯在十九世紀以維護維也納會議建立的權力平衡為理由而合理化其對巴爾幹半島與東歐事務的干預。甚至到了二〇〇三年，美國與其盟友拼命地辯解他們侵略伊拉克的行為是為了防止大規模毀滅性武器擴散。休戰、條約，與承諾永恆和平的協定以最肅穆的誓言與嚴厲的詛咒，以及交換質子或聯姻的方式確立。然而，沒有一項條約恆久永續。如果其中一方想找理由攻擊對方，總是可以找到足以利用的模糊地帶，例如在未確實劃分的邊界的輕微違規行為、無意中侵害了模糊界定的勢力範圍、為了應對另一方的建設計劃而修築防禦工事等等。

爭奪道德制高點的行為常常造成各國相互指責對方為侵略者。雖然在某些情況下，咎因顯而易見，但更多時候卻一點也不明確。拿公元前三世紀的第一次迦太基戰爭為例：羅馬與迦太基皆有理懷疑對方在地中海西部地區的活動會帶來威脅，其後，他們為了西西里的控制權而兵戎相向。同樣的，法國從古至今曾屢次主張他們需要例如萊茵河、阿爾卑斯山，與庇里牛斯山等天然屏障作為邊界才安全。有像是哈布斯堡如此強勁的對手潛伏在其邊緣地區，這又有什麼好奇怪的呢？在亞洲，劃分不清的邊界導致中國君王與遊牧民族和高句麗王國為了東北平原而發生多次衝突。公元一八二三年的門羅主義是否為美國發起的侵略性帝國主義行動，抑或是企圖占有龐大且獨有、涵蓋大部分西半球的勢力範圍，或只是針對歐洲帝國蠶食鯨吞所作出的適切自保行為，針對這個議題，該時代的歷史學家——更不用說政治家與外交家了——爭論不休。跟很多情況一樣，這議題的答案介於兩者之間——正如一方不應承擔所有責任，另一方也不應完全免於責任。

還有大國因為受到較小國家的請求而發動的戰爭。俄國自二〇一五年以來對敘利亞內戰的直接干預就是近年佳例。敘利亞政府正式請求俄國協助對抗其領土內的叛軍與聖戰戰士。同樣的，埃及國王在公元前九世紀初進軍黎凡特支援以色列國王這個前盟友。古代的歷史學家記錄前五世紀的伯羅奔尼撒戰爭是如何由於小國向大國求援而被引發。公元十五世紀末，義大利城市之間的衝突與教廷、哈布斯堡家族，和法國之間的競爭緊密交織。一次又一次的，小國嘗試在大國之間策劃分而治之的把戲。但往往強國為了自身的利益而從善如流，以合法化它們對於較小國家的吞併——包括那些一開始邀請他們參與其中的小國。

條約、正義、和平，與宗教，都曾被用來當作發動戰爭的正當理由。即使我們曠日費時地調查，仍可能無法確定造成特定戰爭的原因，也無法確認誰是誰非。悲哀的是，尋求道德制高點、主張溫和例外主義，以及改善強權政治路線的承諾都鮮少促進和平理想，而僅被用來辯護參戰的決定。在世上所有地區、所有宗教、所有政治制度中的所有歷史皆是如此。一旦強國開始灌輸某道德理想，那麼衝突通常不遠矣。

外交的侷限

本書揭露道德不足以維持和平，也同樣地論證外交的侷限。過去幾世紀以來，外交機構極度擴張，卻從未防止戰爭發生。在古代地中海世界，城邦之間維持緊密的外交關係，但也幾乎持續一直互相攻打。在古代中國，原始資料記錄使者匆忙往返敵對國家之間，卻徒勞無功。僧侶、學者，甚至藝術家都曾被當作特使來緩和關係，卻體認到他們影響力有所侷限。常駐大使相對普及於文藝復興時期的歐洲時，理想主義的政治理論家認為他們將為共同利益和大眾福祉勞心勞力，多過於為他們君主個人的野心喉舌。只不過，實際上他們主要的作用仍是在視駐在國為敵人的前提下收集資料、對抗敵對勢力而協商結盟、捍衛他們君王常常毫無原則的行為，以及用鋪張奢侈的娛樂活動，並在儀式的優先權上爭執不休來賣弄他們的國力。

外交會議之歷史也沿襲相似的模式。一次又一次，旁人渴望看到國際政治上發生劃分出分水嶺的事件，希望各國可以改進其追求強權政治之手段。中國歷史上的春秋時代（前七七一年至四七六年），各國在召集的會議上討論限制武力和約束要塞的建造，甚至欲制定集體安全與降低貿易壁壘等方針，這給人民帶來希望。這些會議成果受到最莊嚴、最具約束力的誓言認證，但卻從未能長久維持。古典希臘城邦屢次在共同神祇的庇護下舉行會議以建立合作聯盟與集體安全制度來抵抗共同敵人，這些共同敵人身為希臘同胞的可能性比波斯帝國等外來威脅還來得高多了。在文藝復興時期的義大利，公元一四五四年的《洛迪和約》簽訂之後，他們刻意仿效古代先例而採取類似上述的行動，卻只換來部分和平。法蘭西與英格蘭國王於一五二〇年在金衣會蔚為奇觀的會晤也未能替兩國消弭爭端。《西發里亞和約》讓三十年戰爭在一六四八年結束，並因為起用的國家主權的原則而廣為受人稱頌。此和約簽訂後幾年之內，歐洲大部分地區又再次捲入衝突之中。也可以說一八一五年的維也納會議、一九一九年的巴黎和談，以及一九四五年在舊金山舉行的聯合國國際組織會議的長期影響或多或少都是一樣的。

外交高峰會的規模與雄心也許越來越大，但如科米納的菲利普（Philippe de Commynes, 1447-1511）在十五世紀晚期敏銳地注意到，這並不一定代表它們在實現永久和平上能有更好的表現。和菲利普同時代而較為理想主義的法律專家侯歇的博納表示，外交最重要的任務就是建立國與國之間的和諧。只是在現實中，歷史揭露外交主要是為了促成政治組織的私利。有時這些私利相交匯聚，於是和約、休戰，與合作就變得可行。但更多時候，各方的私利不盡相同。

自由的情況

和平帶來榮景且反之亦然的自由思想，在好幾個世紀前就已提出來了。然而，如同此書探究發現，現實是直截了當得多。舉例來說，歷史學家修昔底德總結伯羅奔尼撒戰爭的成因如下：「正是因為雅典勢力崛起，讓斯巴達感到恐懼，才讓兩者的戰爭無可避免。」雅典的經濟繁榮，並將之部分轉化為更強大的海軍，讓斯巴達心生恐懼而向雅典開戰，以免為時已晚。即使一個國家的經濟成長在長期看來有益於其他國家——如亞當・斯密在《國富論》中的著名主張——政治卻總是聚焦於短期之內的不平等，以及經濟平衡之改變可能讓國家易受他人侵略的恐懼。因此，公元十九世紀時，法國才會在其鄰國英格蘭與普魯士的工業能力先後取代其傳統上的經濟霸權時，感到如此的驚恐。如今，美國擔憂中國提升的經濟與增長的軍事支出將讓自己的國際地位受到挑戰。經濟榮景意味著權力，而權力導致他人恐懼。

不管是經濟上的成功還是失敗都會加劇競爭。如果財務上負擔過重，將會引發（或至少加重）無數內部衝突。僅舉幾例來說，前九世紀的中國周朝、前七世紀在黎凡特的亞述帝國、前五世紀在小亞細亞的波斯帝國、公元一世紀在馬其頓與敘利亞的羅馬帝國、十六與十七世紀分別在荷蘭及中歐的哈布斯堡帝國都發生嚴重暴力的抗稅起義。通貨膨脹也是造成動盪的重要因素，例如三世紀的羅馬、十四世紀的中國元朝、十七世紀的鄂圖曼帝國等等。也有人口過剩的問題，如我們所見，這問題是驅動古代希臘殖民、羅馬共和與羅馬早期帝國戰爭，以及中世紀十字軍東征的重要因素。許久之後，從十九世紀以降，歐洲工業產能過剩激發革命性的社會動盪與各國對出口市場的激烈競爭。經濟危機引發保護主義，造成貿易之戰並煽動政治對立。

如我們已知，經濟弱勢造成政治弱勢——這等於公開邀請他國干預。不論是因為天然災害、貿易路線被截斷、路線錯誤的經濟政策，還是政府超支而造成經濟弱勢，都迫使帝國撤退、撙節，讓挑戰國得以介入而填補空缺，並在帝國進一步受到縮減削弱國力時趁機擴張而獲得勢力。我們從數不清的強大帝國垮臺看到這個現象，包括羅馬、拜占庭，與中國和中東地區許多重要的朝代。不論羅馬和漢帝國的軍隊多麼強大，城牆與堡壘又修築得多麼堅固，他們仍無法保護在行政上越行疲弱，因腐敗而癱瘓、因社會衝突而分裂的社會。

貿易同樣地鮮少促進和平，雖然人們自古以來都是這麼期望的。舉例而言，早在前四世紀，色諾芬就曾為自由貿易據理力爭。公元十八至十九世紀間，如亞當・斯密和大衛・李嘉圖等經濟學家更進一步闡述此論據。貿易越發達，經濟專業化就越高，其所達成的效率可提高成長，這讓所有人都受益。但是實際上，通常只要貿易量提升，統治者與國家就會想要獨占生意。而且，自由貿易與經濟開放總是不成比例地傾向於反映強國的利益。十九世紀的大英帝國和二十世紀下半葉的美國皆是如此：兩者皆迫使較弱勢的國家向競爭與投資開放市場，但競爭與投資絕大部分卻有利於它們更為發達而強大的經濟。

的確，在貿易方面，許多大國都遵循相似的過程。他們正崛起之時，採用保護主義以保護自身的新生產業。這些產業充分地成長後，政府便想用經濟脅迫、軍事壓力，與殖民等手段協助它們在國外拓展生意。如果成功達到了以上目的，各公司也確立了其優勢，那麼政府便開始推動自由貿易、和平，與利益和諧的陳述。這些貿易國也就是在此時達到巔峰。然而到了那時，新的挑戰者已崛起。這些挑戰者受益於當今優勢貿易國開發市場的先導作用、生產方式，以及科技。富裕社會往往會不如他們早期有活力，這一點也讓新挑戰者得利。如果競爭太過激烈，位於領導的勢力容易為了捍衛自己的地位而再次訴諸保護主義的措施。

經濟開放與更普遍的貿易往往吻合軍事企圖，其最直接的表現是在於控制和征服貿易路線。商人與商業利益團體一直是帝國主義的重要說客。早在公元前三世紀，羅馬商人所謂的「坎帕尼亞人脈」（Campanian connection）鼓吹征服西西里並與貿易國度迦太基交戰。公元十九世紀，德國、美國，與日本企業家皆要求各自的政府確保他們能進入海外市場並取得海外原物料。隨著長途貿易逐漸移往海上，隨之建立的海軍勢力在陸地國家之間引起妒忌和懷疑。這些國家擔憂這並非保護商業和航海自由的方法，而是帝國力量投射的工具。例如，想想十九世紀初英國與法國之間、二十世紀初英國與德意志帝國之間，或二十一世紀初中國與美國之間的關係。於是，看來自由的經濟秩序往往是權力政治的象徵，而非對抗強權政治的手段。這也是它們經常引起如此激烈抵抗的原因。如同海上與商業強權大國威尼斯曾如此直言不諱地表示：財富取得權力，而權力取得財富。

世界的和平

強權政治的歷史上，世界主義常常為帝國主義之巔。最大的國際大都會總是帝國首都，而外國科學、寬容對待不同宗教、文化異花授粉（cross-pollination），以及探索調查活動的最大贊助人也幾乎總是帝國宮廷。想想亞述國王亞述巴尼拔的皇室圖書館、薩珊皇帝統治下的貢德沙普爾學院、查理大帝之下所謂的加洛林文藝復興，或蒙兀兒皇帝阿克巴集其屬民各宗教的教義之大成的丁—伊拉赫（*Din-i Ilahi*）。帝國宮廷與首都成為貢品、戰利品、或交易自附庸國的各式異國財寶的展示箱。隨之而來的是各種非凡新文化的傳聞，以及傳說中令人難以置信的龐大財富，而這只強化了人們對更多黃金、奴隸、貿易，以及征服的渴望。

實際上，如我們所見，世界主義固存於帝國主義的程度比我們所意識到的還高。很多時候，我們傳統上視為單一文明的國家（例如中國或印度）其實都是長時間透過許多獨特文化的融合所造成的結果。帝國文明常常由於其征服民族之同化而發展出其最為典型且明顯可辨的樣貌。他們也同樣經常受到因獲勝而湧入，且本身帶有自己傳統的王朝或民族所型塑。有些傳統被強行實施在新臣民身上，有些臣民則自願採納之。同時，他們自己也採納許多先前統治者在位時的習俗、時尚，與信仰。例如，古代埃及在不同時間曾受利比亞與努比亞王朝統治。波斯的阿契美尼德國王在統治上自覺地模仿他們征服的美索不達米亞民族所採用的古老帝國傳統。中國的心臟地帶曾多次受匈奴、鮮卑、蒙古人，與滿人等「蠻族」所建的外來朝代統治。在有文字記載的歷史進程中，浩瀚的印度河—恆河平原曾逐次受來自於中亞的侵略者治理，例如「印度—雅利安人」、月氏，與蒙兀兒人。結果往往造成文化上的異花授粉，藝術風格、語言，和宗教的融合，但駭人聽聞的苦難與暴行也往往同樣地伴隨這文化交織的過程而來。

但如果更多老百姓都能針對他們國家的外交政策表達意見，不就能發展出更加和平的世界主義，也就是一個追求共同利益的真真實實的世界共同體？可惜，民主或大眾參政可以約束帝國主義或侵略行為的這項假定卻禁不起考驗。共和時期的羅馬，難道比皇帝統治下的羅馬還少進行征服嗎？此外，共和時期的法國難道不如波旁君主國好戰？如二十世紀的歷史已非常沈痛地顯示出，大眾政治可能很容易受到煽動，尤其是受到民族主義惡勢力的煽動。

謙遜

透過維持權力和平來維護和平之侷限性也是同樣地發人省思。所謂國際強權政治的「現實主義」理論家對條約、會議、貿易以及其他促進和平的連結（connectivity）都持懷疑態度，他們認為讓各國家的野心相互制約是唯一避免戰爭的手段。理論上，如果沒有任何一個國家遠比其他國家來得強大，那麼不論任何可能存在的嫉妒或緊張局勢，進行侵略的風險都太高。然而在實際上，盲目崇拜權力平衡絕對會使之成為典型的「安全困境」——此情況於一八一五年至一九一四年間曾見於歐洲。

即使我們接受這些「現實主義者」的基本假定——也就是所有政體的主要動機是安全保障而非擴張——仍常常無法從國家的行為判斷這些行為究竟有多少是受到防禦性的憂懼所策動，又有多少是因侵略的野心而起。如我們已見，建立強大的海軍或試圖發揮專有的勢力範圍看起來都像這兩種行為。實際上，最大化安全保障與最大化勢力之間的差微甚小，以至於歷史上無數領導者曾推測，極度擴張勢力才是安全的最佳保障，且他們也據此採取行動而造成災難性的後果。

如本書顯示，並沒有通用的理論可以解釋為什麼戰爭的事實如此頻繁地否決和平的理想。歷史充分揭示了可能的衝突根源。但也可以說和平通常倚賴許多行動者的行為。這些行動者，不論是城市、國家，或帝國，主要只關心自身的繁榮與安全保障。

即使到了今天，大多數人的觀點不特別世界主義，也不特別國際主義；他們幾乎不旅行，且讓自己的利益取決於特定領土、人種、文化、宗教、國家，或領袖。世界本就支離破碎。此外，繁榮總不是平等的。加總起來，這些因素在落後的社會中引發妒忌與擔憂。當他們想改正這個情況時，並不總是透過和平的手段。同樣的，那些具優勢地位的社會總是運用自己的權勢改變國際關係而自利。他們所使用的手段有時和平，有時則具侵略性。

但是，不管是國際關係的旁觀者或參與者都不該感到絕望或理想破滅。外交官、政治家、專家，與輿論界人士皆負有責任要控制權力轉移所造成的動盪效應。我相信外交始於謙遜，以此為首而面對憂懼和妒忌的破壞性力量。

世界會更穩定，並非由於貿易成長或更密集的外交互動。安穩局勢不應被視為理所當然，而和平之理想也不應與現實混淆。本結論的範圍並未包括任何帶來和平，或維持和平的方針策略或架構之闡述，但卻應該特別強調另一項特質：敏感度（sensitivity）。外交官與其他外交政策從業者應該時時留意國內正發生的事——這尤其是因為讓步過多的談判人員在返國那一刻便註定遭遇反彈聲浪。只不過，他們也必須設身處地為他們的對手著想：他們應試著了解歷史經驗如何形成對手的期望；讓國家與其代表人做出某些行為背後的根本原因；為何一方看似公平之事在另一方看來卻可能不公義等等。謙遜和敏感度無法保證可以實現和平。

但在避免失算、減輕猜疑並充分提高外交成功的可能性方面，謙遜與敏感度是非常關鍵的。

人類的自然狀態（如果有可能從本書所概述的三千年歷史中推演出的話）並非是放縱不拘的和平。就我看來，個人如果要生存，他們最基本的需求是最好盡可能以最低的成本將權力極大化。一方面，權力是最佳的安全保障。弱者總會受強者支配——在最糟的情況下，這代表剝削、貧困、虐待，甚至死亡。另一方面，權力源自需求與貪婪。人類的需求是永不滿足的：進步創造新的欲望，同時他人的成功引發嫉妒。於是，安全保障與貪婪是一體兩面。當涉及到國家時，無論是受貪婪或安全保障的驅使，它們將總是處於追求權力的壓力之下。正因為如此，歷史才充滿如此多的誤解與衝突。

Notes and References

Introduction: Why History Matters

1. Estimated annual average global military expenditure in 2016 US dollars: 1980s: $1,350 billion; 1990s: $1,050 billion; 2000s: $1,300 billion; 2010s: $1,650 billion. Source: SIPRI, 2018. SIPRI Military Expenditure Database. Stockholm International Peace Research Institute. Retrieved from: https://www.sipri.org/databases/milex.
2. Cicero, Marcus Tullius, G. L. Hendrickson and H. M. Hubell, trans., 1939. *Brutus. Orator*. Cambridge, MA: Harvard University Press, p. 395.
3. See, for example, the brilliant reconstruction of the Congress System (or the 'Concert of Europe') in Kissinger, Henry, 1994. *Diplomacy*. New York: Simon & Schuster.
4. For example, Bueno de Mesquita, Bruce, 1981. *The War Trap*. New Haven, CT: Yale University Press.
5. Notable examples include: Kennedy, Paul, 1987. *The Rise and Fall of the Great Powers: Economic Change and Military Conflict from 1500 to 2000*. New York: Random House; Organski, A. F. K., 1968. *World Politics*. New York: Knopf; Landes, David S., 1999. *The Wealth and Poverty of Nations: Why Some Are So Rich and Some So Poor*. New York: W. W. Norton.
6. Dahl, Robert, 1957. The Concept of Power. *Systems Research and Behavioral Science*, vol. 2, no 3, pp. 201–15.
7. Morgenthau, Hans, 1948. *Politics among Nations: The Struggle for Peace and Power*. New York: McGraw-Hill.

CHAPTER 1. Heavens Obscured

1. Smith, John D., trans., 2009. *The Mahabharata*. London: Penguin, p. 590.
2. Lal, B. B. 1992. The Painted Grey Ware Culture of the Iron Age. In A. H. Dani and V. M. Masson, eds. *History of Civilizations of Central Asia*, vol. 1, *The Dawn of Civilization: Earliest Time to 700 B.C.* Paris: UNESCO, pp. 421–41.
3. Rousseau, Jean-Jacques, John T. Scott, trans., 2012. *The Major Political Writings of Jean-Jacques Rousseau: The Two Discourses and the Social Contract.* Chicago, IL: University of Chicago Press, p. 93.
4. Drennan, Robert D., and Christian E. Peterson, 2008. Centralized Communities, Population, and Social Complexity after Sedentarization. In Jean-Pierre Bocquet-Appel and Ofer Bar-Yosef, eds. *The Neolithic Demographic Transition and Its Consequences.* Dordrecht: Springer, p. 383.
5. Similar carvings and paintings are found all over the globe: in Valcamonica in Italy, the Akakus Mountains in Libya, Fulton's Cave in Lesotho, Tassili n'Ajjer in Algeria, and

Bhimbetka in India.

6. Meyer, Christian, et al. 2015. The Massacre Mass Grave of Schöneck-Kilianstädten Reveals New Insights into Collective Violence in Early Neolithic Central Europe. *PNAS*, vol. 112, no. 36, pp. 11217–22.
7. Image retrieved from: https://www.pinterest.com/pin/436919601323913392/visual-search/?x=1&y=72&w=99&h=28. Similar finds are discussed in: The Metropolitan Museum of Art, 1996. *Ancient Art from the Shumei Family Collection*. New York: The Metropolitan Museum of Art, pp. 23–5.
8. Image retrieved from: https://s-media-cache-ak0.pinimg.com/originals/25/4b/16/254b16811f97f13735f4cf56b63ca37f.jpg.
9. For the Dashly Complexes, see: Kohl, Phil, 1987. The Ancient Economy, Transferable Technologies and the Bronze Age World-System: A View from the Northeastern Frontier of the Ancient Near East. In Michael Rowlands et al., eds. *Centre and Periphery in the Ancient World*. Cambridge: Cambridge University Press, pp. 19–22.
10. Evelyn-White, Hugh G., trans., 1914. The Homeric Hymns. In *Hesiod, the Homeric Hymns and Homerica*. London: William Heinemann, pp. 433–5. Note: the hymns were once attributed to Homer, but this is now disputed.
11. Van De Mieroop, Mark, 2016. *A History of the Ancient Near East, ca. 3000–323 BC*. Chichester: Wiley Blackwell, p. 151.
12. Bryce, Trevor, 2003. *Letters of the Great Kings of the Ancient Near East: The Royal Correspondence of the Late Bronze Age*. London: Routledge, p. 102.
13. Anderson, Kenneth, 1985. *Pharaoh Triumphant: The Life and Times of Ramesses II, King of Egypt*. Warminster: Aris & Phillips, p. 75.
14. Barras, Colin, 2016. World War Zero Brought down Mystery Civilisation of 'Sea People'. *New Scientist*, no. 3074 (21 May).
15. Morkot, Robert G., 2005. *The Egyptians: An Introduction*. London: Routledge, p. 185. Haring, B. J. J., 1997, *Divine Households: Administrative and Economic Aspects of the New Kingdom Royal Memorial Temples in Western Thebes*. Leiden: Nederlands Institut voor het Nabije Oosten, p. 375.
16. Walker, Cameron, 2004. Ancient Egyptian Love Poems Reveal a Lust for Life. *National Geographic* (20 April).
17. Musée du Louvre, inv. no. E27069.
18. Moran, William L., 1987. *Les lettres d'El Amarna: correspondence diplomatique du pharaon*. Paris: Éditions du Cerf, p. 8.
19. Weinstein, James M., 1998. The World Abroad. Egypt and the Levant in the Reign of Amenhotep III. In David O'Connor and Eric H. Cline, eds. *Amenhotep III: Perspectives on His Reign*. Ann Arbor, MI: University of Michigan Press, p. 227.
20. Niebuhr, Carl, J. Hutchinson, trans., 1901. The Tell El Amarna Period: The Relations of Egypt and Western Asia in the Fifteenth Century B.C. According to the Tell El Amarna Tablets. London: David Nutt, p. 39.
21. Lichtheim, Miriam, 1976. *Ancient Egyptian Literature: A Book of Readings*, vol. 2, *The New Kingdom*. Berkeley, CA: University of California Press, p. 71.

22. Bauer, Susan Wise, 2007. *The History of the Ancient World: From the Earliest Accounts to the Fall of Rome.* New York: W. W. Norton, p. 238.
23. Lichtheim, Miriam, 1973. *Ancient Egyptian Literature: A Book of Readings*, vol. 1, *The Old and Middle Kingdom.* Berkeley, CA: University of California Press, pp. 141–2. Note: this poem was first written in the twentieth century BCE.
24. Abulhab, Saad D., 2016. *The Epic of Gilgamesh: Selected Readings from Its Original Early Arabic Language.* New York: Blautopf, p. 172.
25. Dalley, Stephanie, 2013. *The Mystery of the Hanging Garden of Babylon: An Elusive World Wonder Traced.* Oxford: Oxford University Press, p. 48.
26. Drake, Brandon, 2012. The Influence of Climatic Change on the Late Bronze Age Collapse and the Greek Dark Ages. *Journal of Archaeological Science*, vol. 39, no. 6, pp. 1862–70. Kaniewski, David, et al. 2015. The Late Bronze Age Collapse and the Early Iron Age in the Levant: The Role of Climate in Cultural Disruption. In Susanne Kerner et al., eds. *Climate and Ancient Societies.* Copenhagen: Museum Tusculanum Press, pp. 157–76.
27. Younger, K. Lawson, Jr, 2007. The Late Bronze Age / Iron Age Transition and the Origins of the Arameans. In K. Lawson Younger Jr, ed. *Ugarit at Seventy-Five.* Winona Lake, IN: Eisenbrauns. pp. 159, 161.
28. Li, Feng, 2006. *Landscape and Power in Early China: The Crisis and Fall of the Western Zhou, 1045–771 BC.* Cambridge: Cambridge University Press,
29. Keightley, David N., 1985. *Sources of Shang History: The Oracle-bone Inscriptions of Bronze Age China.* Berkeley, CA: University of California Press, pp. 33–34. Peterson, Barbara Bennett, et al., eds., 2015. *Notable Women of China: Shang Dynasty to the Early Twentieth Century.* Abingdon: Routledge, p. 14.
30. Modern estimates vary between 50,000 and 70,000 combatants for each army.
31. The oldest text containing the characters meaning 'the centre under heaven', or 'Middle Kingdom, is inscribed on the He *zun* (wine vessel), which dates from 1039.
32. Shaughnessy, Edward L., 1991. *Sources of Western Zhou History: Inscribed Bronze Vessels.* Berkeley, CA: University of California Press, pp. 188–9.
33. Wyatt, Don J., 2010. Shao Yong's Numerological-Cosmological System. In John Makeham, ed. *Dao Companion to Neo-Confucian Philosophy.* Dordrecht: Springer, p. 24.
34. Cartier, Michel, 2002. La Population de la Chine au fil des siècles. In Isabelle Attané, ed. *La Chine au seuil de XXIe siècle: questions de population, questions de société.* Paris: INED, p. 22.
35. The 'Indo-Aryan Migration' remains the focus of debate between those scientists who believe that the Aryan tribes originated in South Asia and those who argue that they originated elsewhere.
36. Smith, John D., trans., 2009. Op. cit., p. 322.

CHAPTER 2. Solomon' s Peacock

1. Younger, K. Lawson, Jr, 2016. *A Political History of the Arameans: From Their Origins to the End of Their Polities*. Atlanta, GA: SBL Press, p. 224.
2. The city of Nimrud already existed, but it had not served as the Assyrian capital.
3. Pritchard, James B., ed., 1969. *Ancient Near Eastern Texts Relating to the Old Testament.* Princeton, NJ: Princeton University Press, p. 560.
4. Bonatz, Dominik, ed., 2014. *The Archaeology of Political Spaces: The Upper Mesopotamian Piedmont in the Second Millennium BCE.* Berlin: De Gruyter.
5. Cohen, Ada, and Steven E. Kangas, eds., 2010. *Assyrian Reliefs from the Palace of Ashurnasirpal II: A Cultural Biography*. Hanover, NH: University Press of New England.
6. Clare, Israel Smith, 1897. *Library of Universal History*, vol. 1, *Ancient Oriental Nations*. New York: R. S. Peale and J. A. Hill, p. 151.
7. Rittner, Robert K., trans., 2009. *The Libyan Anarchy: Inscriptions from Egypt's Third Intermediate Period.* Atlanta: Society of Biblical Literature, pp. 219–20.
8. Edwards, I. E. S., 1982. Egypt: From the Twenty-Second to the Twenty-Fourth Dynasty. In John Boardman et al., eds. The Cambridge Ancient History, vol. III, part 1, *The Prehistory of the Balkans; and the Middle East and the Aegean World, Tenth to Eighth Centuries B.C.* Cambridge: Cambridge University Press, p. 554.
9. My liwiec, Karol, 2000. *The Twilight of Ancient Egypt: First Millennium B.C.E.* Ithaca, NY: Cornell University Press, pp. 49–51.
10. 2 Chronicles 9:21.
11. Hagelia, Hallvard, 2005. Philological Issues in the Tel Dan Inscription. In Lutz Edzard and Jan Retsö, eds. *Current Issues in the Analysis of Semitic Grammar and Lexicon I*. Wiesbaden: Harrassowitz Verlag, p. 235.
12. Brinkman, J. A., 1968. *A Political History of Post-Kassite Babylonia, 1158–722 B.C.* Rome: Pontificium Institutum Biblicum, p. 280.
13. Waltke, Bruce K. and Charles Yu, 2011. *An Old Testament Theology: An Exegetical, Canonical, and Thematic Approach*. Grand Rapids, MI: Zondervan, p. 319.
4. Van De Mieroop, Marc, 2016. *A History of the Ancient Near East, ca. 3000–323 BC*. Chichester: Wiley Blackwell, p. 278.
15. Taylor, Jonathan, 2015. The Black Obelisk of Shalmaneser III. In *Nimrud: Materialities of Assyrian Knowledge Production.* The Nimrud Project. Retrieved from: http://oracc.museum.upenn.edu/nimrud/livesofobjects/blackobelisk/.
16. Musée du Louvre, inv. no. AO 19913. Note that this relief is from the palace of Ashurbanipal at Nineveh, so from a slightly later period (around 640 BCE).
17. Arnold, Bill T., and Bryan E. Beyer, eds., 2002. *Readings from the Ancient Near East: Primary Sources for Old Testament Study*. Grand Rapids, MI: Baker Academic, p. 101.
18. Faraone, Christopher A., 1993. Molten Wax, Spilt Wine and Mutilated Animals:

Sympathetic Magic in Near Eastern and Early Greek Oath Ceremonies. *The Journal of Hellenic Studies*, vol. 113, p. 62.

19. Deuteronomy 1:28.
20. Judges 21:25.
21. Deuteronomy 17:15–20.
22. Deuteronomy 20:10–14.
23. Deuteronomy 7:23–4.
24. Carter, Martha L., and Keith N. Scoville, eds., 1984. *Sign, Symbol, Script: An Exhibition on the Origins of Writing and the Alphabet.* Madison, WI: University of Wisconsin-Madison, p. 44.
25. De Jong, Matthijs J., 2007. *Isaiah among the Ancient Near Eastern Prophets: A Comparative Study of the Earliest Stages of the Isaiah Tradition and the Neo-Assyrian Prophecies.* Leiden: Brill, p. 204.
26. Makhortykh, S., 2008. About the Question of Cimmerian Imports and Imitations in Central Europe. In P. F. Biehl and Y. Ya. Rassamakin, eds. *Import and Imitation in Archaeology.* Langenweißbach: Beier & Beran, pp. 167–86.
27. Panyushkina, Irina P., 2012. Climate-Induced Changes in Population Dynamics of Siberian Scythians (700–250 B.C.). In L. Giosan et al., eds. *Climates, Landscapes, and Civilizations.* Washington, DC: American Geophysical Union, pp. 145–54.
28. Barnett, R. D., 1967. *Phrygia and the Peoples of Anatolia in the Iron Age.* Cambridge: Cambridge University Press, pp. 9–10.
29. Morris, Ian, 2005. The Eighth-Century Revolution. Princeton/Stanford University Working Papers in Classics no. 120507, p. 9. Hall, Jonathan M., 2013. *A History of the Archaic Greek World, ca. 1200–479 BCE.* Chichester: John Wiley, p. 111.
30. Chew, Sing C., 2007. *The Recurring Dark Ages: Ecological Stress, Climate Changes, and System Transformation.* Lanham, MD: Altamira Press, pp. 65–80.
31. Shaughnessy, Edward L., 1999. Western Zhou History. In Michael Loewe and Edward L. Shaughnessy, eds. *The Cambridge History of Ancient China: From the Origins of Civilization to 221 B.C.* Cambridge: Cambridge University Press, p. 310.
32. Legge, James, trans., 1879. *The Sacred Books of China: The Texts of Confucianism,* vol. 1. Oxford: Clarendon Press, p. 201.
33. Legge, James, trans., 1861. *The Chinese Classics,* vol. 1. London: Trübner &. Co., p. 275.
34. Legge, James, 1885. *The Sacred Books of China: The Texts of Confucianism,* vol. 3. Oxford: Clarendon Press, p. 289.
35. Shaughnessy, Edward, L., 1999. Op. cit., p. 318.
36. Legge, James, trans., 1865. *The Chinese Classics,* vol. 3, part 2. London: Trübner & Co., p. 624.
37. Shaughnessy, Edward L., 1988. Historical Perspectives on the Introduction of the Chariot into China. *Harvard Journal of Asiatic Studies,* vol. 48, part 1, pp. 189–237.
38. The Xianyun were also known as the Quanrong.
39. Legge, James, trans., 1885. *The Sacred Books of China: The Texts of Confucianism,*

vol. 3. Oxford: Clarendon Press, p. 229.
40. Minford, John, 2009. The Triumph: A Heritage of Sorts. *China Heritage Quarterly*, vol. 9, no. 19. Retrieved from: http://www.chinaheritagequarterly.org/articles.php?searchterm=019_triumph.inc&issue=019.
41. Shaughnessy, Edward L., 1999. Western Zhou History. In Michael Loewe and Edward L. Shaughnessy, eds. *The Cambridge History of Ancient China: From the Origins of Civilization to 221 B.C.* Cambridge: Cambridge University Press, p. 322.
42. Legge, James, trans., 1871. *The Chinese Classics*, vol. 4, part 2. London: Trübner & Co., p. 258.
43. Shaughnessy, Edward L., 1999. Op. cit., p. 324.
44. Shaughnessy, Edward L., 1991. *Sources of Western Zhou History: Inscribed Bronze Vessels*. Berkeley, CA: University of California Press, p. 265.
45. Ibid., p. 141.
46. Ibid., p. 171.
47. Habu, Junko, 2004. *Ancient Jomon of Japan*. Cambridge: Cambridge University Press.
48. Pool, Christopher A., 2007. *Olmec Archaeology and Early Mesoamerica.* Cambridge: Cambridge University Press, p. 136.
49. Coe, Michael D., et al., eds., 1981. *The Olmec and Their Neighbors: Essays in Memory of Matthew W. Stirling.* Washington, DC: Dumbarton Oaks Research Library.
50. Rice, Prudence M., 2007. *Maya Calendar Origins: Monuments, Mythistory, and the Materialization of Time.* Austin, TX: University of Texas Press, pp. 96–7.
51. Hassig, Ross, 1992. *War and Society in Ancient Mesoamerica.* Berkeley, CA: University of California Press, pp. 23–30.

CHAPTER 3. The Persian Takeover

1. Kuhrt, Amélie, 2007. *The Persian Empire: A Corpus of Sources from the Achaemenid Period*, vol. 1. Abingdon: Routledge, pp. 53–4.
2. Isaiah 8:7–9.
3. Holloway, Steven W., 2002. *Aššur Is King! Aššur Is King! Religion in the Exercise of Power in the Neo-Assyrian Empire.* Leiden: Brill, p. 92.
4. Edelman, Diana, 2006. Tyrian Trade in Yehud under Artaxerxes I: Real or Fictional? Independent or Crown Endorsed? In Oded Lipschits and Manfred Oeming, eds. *Judah and the Judeans in the Persian Period.* Winona Lake, IN: Eisenbrauns, p. 223.
5. Parpola, Simo, 2007. *Letters from Assyrian Scholars to the Kings Esarhaddon and Ashurbanipal*, vol. 2. Winona Lake, IN: Eisenbrauns, p. 488.
6. Galil, Gershon, 2007. *The Lower Stratum Families in the Neo-Assyrian Period.* Leiden: Brill.
7. Nahum 2:9.

8. Luckenbill, Daniel David, 2005. *The Annals of Sennacherib*. Eugene, OR: Wipf and Stock, p. 18.
9. British Museum, inv. no. 1856,0909.16.
10. British Museum, inv. no. 1856,0909.53.
11. Smith, John M. P., trans., 1901. Annals of Ashurbanipal. In Robert Francis Harper, ed. *Assyrian and Babylonian Literature: Selected Translations*. New York: D. Appleton and Company, p. 107.
12. Carter, Elizabeth, 1996. *Excavations at Anshan (Tal-e Malyan): The Middle Elamite Period*. Philadelphia, PA: The University of Pennsylvania, pp. 1–6. Hansman, John, 1985. Anshan in the Median and Achaemenian Periods. In Ilya Gershevitch, ed. *The Cambridge History of Iran*, vol. 2, *The Median and Achaemenian Periods*. Cambridge: Cambridge University Press, pp. 25–35. Curtis, Vesta Sarkhosh, and Sarah Stewart, eds., 2005. *Birth of the Persian Empire*. London: I.B. Tauris.
13. Tuplin, Christopher, 2004. Medes in Media, Mesopotamia, and Anatolia: Empire, Hegemony, Domination or Illusion? In *Ancient West and East*, vol. 3, no. 2, pp. 223–51.
14. Grayson, A. Kirk, 2000. *Assyrian and Babylonian Chronicles*. Winona Lake, IN: Eisenbrauns, p. 108.
15. Ibid. p. 111.
16. Kuhrt, Amélie, 2007. Op. cit., pp. 47–8.
17. Xenophon, Walter Miller, trans., 1914. *Cyropaedia*, vol. 2. Cambridge, MA: Harvard University Press, p. 283.
18. Ibid., p. 343.
19. Finitsis, Antonios, 2011. *Visions and Eschatology: A Socio-Historical Analysis of Zechariah 1–6*. London: T & T Clark, pp. 64–86.
20. Trotter, James M., 2001. *Reading Hosea in Achaemenid Yehud*. London: Sheffield Academic Press.
21. Wiesehöfer, Josef, 2001. *Ancient Persia: From 550 BC to 650 AD*. London: I.B. Tauris, p. 77.
22. Kuhrt, Amélie, 2007. Op. cit., p. 486.
23. Esther 3:12.
24. See, for example, the series of relief panels from the palace of Sargon II at Khorsabad depicting the transportation of cedar from Lebanon: Musée du Louvre, inv. no. AO 19888–19891.
25. De Jong, Matthijs J., 2007. *Isaiah among the Ancient Near Eastern Prophets: A Comparative Study of the Earliest Stages of the Isaiah Tradition and the Neo-Assyrian Prophecies*. Leiden: Brill, p. 221.
26. Makhortykh, S. V., 2004. The Northern Black Sea Steppes in the Cimmerian Epoch. In E. Marian Scott et al., eds. *Impact of the Environment on Human Migration in Eurasia*. Dordrecht: Kluwer, p. 38.
27. Panyushkina, Irina P., 2012.Climate-Induced Changes in Population Dynamics of Siberian Scythians (700–250 B.C.). In L. Giosan et al., eds. *Climates, Landscapes, and Civilizations*. Washington, DC: American Geophysical Union, p. 145.

28. Grousset, René, 1970. *The Empire of the Steppes: A History of Central Asia*. New Brunswick, NJ: Rutgers University Press.
29. Rolle, Renate, 1989. *The World of the Scythians*. Berkeley, CA: University of California Press, p. 100.
30. Ibid., p. 54.
31. McGlew, James F., 1993. *Tyranny and Political Culture in Ancient Greece*. Ithaca, NY: Cornell University Press, p. 54.
32. Hesiod, Hugh Evelyn-White, trans., 1914. *Hesiod, the Homeric Hymns and Homerica*. London: William Heinemann, p. 21.
33. Ibid., p. 5.
34. McGlew, James F., 1993. Op. cit., pp. 52–86.
35. Gerber, Douglas E., trans., 1999. *Greek Elegiac Poetry: From the Seventh to the Fifth Centuries BC*. Cambridge MA: Harvard University Press, p. 57.
36. Sage, Michael M., 1996. *Warfare in Ancient Greece: A Sourcebook*. London: Routledge, p. 28.
37. Barnstone, Willis, trans., 2010. *Ancient Greek Lyrics*. Bloomington, IN: Indiana University Press, p. 16.
38. Ibid., p. 88.
39. Morris, Ian, 2006. The Growth of Greek Cities in the First Millennium BC. In Glenn R. Storey, ed. *Urbanism in the Preindustrial World: Cross-Cultural Approaches*. Tuscaloosa, AL: University of Alabama Press, pp. 37–8.
40. Thucydides, Rex Warner, trans., 1972. *The Peloponnesian War*. Harmondsworth: Penguin, pp. 148, 122.
41. Aubet, Maria Eugenia, 1993. *The Phoenicians and the West: Politics, Colonies and Trade*. Cambridge: Cambridge University Press.
42. We do not know a lot about Tarsus, not even where it was located, although it was most probably part of the Phoenician sphere of influence. Culican, W., 1991. Phoenicia and Phoenician Colonization. In John Boardman et al., eds. *The Cambridge Ancient History*, vol. III, part 2, *The Assyrian and Babylonian Empires and Other States of the Near East from the Eighth to the Sixth Centuries B.C.* Cambridge: Cambridge University Press, p. 519.
43. Zolfagharifard, Ellie, 2015. Huge Tomb of Celtic Prince Unearthed in France. *Daily Mail* (6 March).
44. Livy, B. O. Foster, trans., 1919. *History of Rome: Books I–II*. Cambridge, MA: Harvard University Press, p. 81.
45. Bodhi, Bhikkhu, trans., 2012. *The Numerical Discourses of the Buddha: A Translation of the Anguttara Nikaya*. Boston: Wisdom Publications, p. 300.
46. Ibid., p. 747.
47. Legge, James, trans., 1872. *The Chinese Classics*, vol. 5, part 1. London: Trübner & Co., p. 2.
48. Von Falkenhausen, Lothar, 1999. The Waning of the Bronze Age: Material Culture and Social Developments, 770–481 B.C. In Michael Loewe and Edward L. Shaughnessy,

eds. *The Cambridge History of Ancient China: From the Origins of Civilization to 221 B.C.* Cambridge: Cambridge University Press, pp. 450–544. Hsu, Cho-yun, 1999. The Spring and Autumn Period. In ibid., pp. 545–86.
49. Milburn, Olivia, trans., 2015. *Urbanization in Early and Medieval China: Gazetteers for the City of Suzhou.* Seattle, WA: University of Washington Press, p. 222. Schinz, Alfred, 1996. *The Magic Square: Cities in Ancient China.* Stuttgart: Edition Axel Menges, p. 54.
50. Miller, Harry, 2015. *The Gongyang Commentary on* The Spring and Autumn Annals*: A Full Translation.* New York: Palgrave Macmillan, p. 14. This summit took place in 498.
51. Liu, Daqun, 2014. International Law and International Humanitarian Law in Ancient China. In Morten Bergsmo et al., eds. *Historical Origins of International Criminal Law*, vol. 1. Brussels: Torkel Opsahl, p. 91.
52. Ibid.
53. Ibid., p. 92.
54. Legge, James, trans., 1872. *The Chinese Classics*, vol. 5, part 2. London: Trübner & Co., p. 534.
55. Zhong, Guan, W. Allyn Rickett, trans., 2001. *Guanzi: Political, Economic, and Philosophical Essays from Early China: A Study and Translation*, vol. 1. Boston, MA: Cheng & and Tsui Company, pp. 111, 206, 96, 210, 99.
56. Legge, James, trans., 1861. *The Chinese Classics*, vol. 1. London: Trübner &. Co., pp. 122, 139, 120.
57. Lao, Tzu, Arthur Waley, trans., 1997. *Tao Te Ching.* Ware: Wordsworth Editions, p. 31.
58. Ibid., p. 82.
59. Sun, Tzu, Lionel Giles, trans., 1910. *Sun Tzu on the Art of War: The Oldest Military Treatise in the World.* London: Luzac & Co., p. 2.
50. Ibid., p. 13.

CHAPTER 4. Gold and Iron

1. National Archaeological Museum, Athens, inv. no. 1818. See: https://www.pinterest.com/pin/236439667680392 80/.
2. Nawotka, Krzysztof, 2010. *Alexander the Great.* Newcastle: Cambridge Scholars Publishing, p. 58.
. British Museum, inv. no 1848,1020.62. Llewellyn-Jones, Lloyd, 2012. The Great Kings of the Fourth Century and the Greek Memory of the Persian Past. In John Marincola et al., eds. *Greek Notions of the Past in the Archaic and Classical Eras: History without Historians.* Edinburgh: Edinburgh University Press, pp. 339–40.
4. Wiesehöfer, Josef, 2001. *Ancient Persia: From 550 BC to 650 AD.* London: I.B.

Tauris, p. 33.

5. Briant, Pierre, 2002. *From Cyrus to Alexander: A History of the Persian Empire.* Winona Lake, IN: Eisenbrauns, p. 460.
6. Demosthenes, J. H. Vince, trans., 1939. *Orations*, vol. 2. Cambridge, MA: Harvard University Press, p. 425.
7. Thucydides, Rex Warner, trans., 1972. *The Peloponnesian War*. Harmondsworth: Penguin, p. 295.
8. Ibid., pp. 45–6.
9. Demosthenes, Henry Owgan, trans., 1866. *The Three Olynthiacs, Prolegomena, Orations on the Peace and the Chersonesus.* Dublin: William B. Kelly, p. 38.
10. Plato, Desmond Lee, trans., 2003. *The Republic*. London: Penguin: p. 233.
11. Aristotle, Jonathan Barnes, ed., 1984. *The Complete Works of Aristotle: The Revised Oxford Translation*, vol. 2. Princeton, NJ: Princeton University Press, p. 2162.
12. Herodotus, Aubrey de Sélincourt, trans., 1972. *The Histories*. Harmondsworth: Penguin, p. 57.
13. Thucydides, Rex Warner, trans., 1972. Op. cit., p. 49.
14. Ibid., p. 87.
15. Ibid., p. 104.
16. Hees, Brigitte, 1991. Honorary Decrees in Attic Inscriptions, 500–323 B.C. Unpublished PhD dissertation, University of Arizona, p. 49. Retrieved from: http://hdl.handle.net/10150/185480.
17. Acropolis Museum, Athens, inv. no. 2996, 2985.
18. Xenophon, Carleton L. Brownson, trans., 1921. *Hellenica*. Vol. 2. Cambridge, MA: Harvard University Press, p. 155.
19. Xenophon, Ashley Cooper et al., trans., 1832. *The Whole Works of Xenophon*. London: Jones & Co., p. 683.
20. Adolf, Antony, 2009. *Peace: A World History.* Cambridge: Polity Press, p. 42.
21. Reardon, B. P., ed., 1989. *Collected Ancient Greek Novels*. Berkeley, CA: University of California Press, p. 702. Note: this quote is from the so-called *Alexander Romance*. The exact origin of this document is unknown.
22. Plutarch, Bernadotte Perrin, trans., 1920. *Lives*, vol. 9. Cambridge, MA: Harvard University Press, p. 417.
23. Polybius, Evelyn S. Shuckburgh, trans., 1889. *The Histories of Polybius*, vol. 1. London: Macmillan and Co., p. 10.
24. Xenophon, Edward Bysshe, trans., 1889. *The Memorable Thoughts of Socrates*. London: Cassell & Company, p. 81.
25. Mookerji, Radha Kumud, 1966. *Chandragupta Maurya and His Times*. Delhi: Motilal Banarsidass, p. 165.
26. Kautilya, R. Shamasastry, trans., 1915. *Kautilya's Arthasastra*. Bangalore: The Government Press, pp. 321, 324.
27. Dhammika, Ven. S., trans., 1993. The Fourteen Rock Edicts. In *The Edicts of King Ashoka*. Retrieved from: https://www.cs.colostate.edu/~malaiya/ashoka.html.

28. Xunzi, John Knoblock, trans., 1990. *Xunzi: A Translation and Study of the Complete Works*, vol. 2. Stanford, CA: Stanford University Press, p. 197.
29. Lewis, Mark Edward, 2007. *The Early Chinese Empires: Qin and Han*. Cambridge, MA: Belknap Press, 19.
30. Schinz, Alfred, 1996. *The Magic Square: Cities in Ancient China*. Stuttgart: Edition Axel Menges, p. 89.
31. Deng, Gang, 1999. *The Premodern Chinese Economy: Structural Equilibrium and Capitalist Sterility*. London: Routledge, p. 140.
32. Lewis, Mark Edward, 2007. Op. cit., p. 14.
33. Legge, James, trans., 1861. *The Chinese Classics*, vol. 2. London: Trübner & Co., p. 76. Legge, James, trans. 1885. *The Sacred Books of China: The Texts of Confucianism*, vol. 3, p. 289.
34. Yang, Shang, J. J. L. Duyvendak, trans., 1998. *The Book of Lord Shang*. Ware: Wordsworth Editions, p. 214.
35. Zhang, Ellen Y., 2015. 'Weapons Are Nothing But Ominous Instruments': The *Daodejing's* View on War and Peace. In Ping-cheung Lo and Sumner B. Twiss, eds. *Chinese Just War Ethics: Origin, Development, and Dissent*. London: Routledge, p. 260.
36. Xunzi, John Knoblock, trans., 1990. Op. cit., p. 191.
37. Bramwell Bonsall, 2011. *The Annals of the Warring States*, World Heritage Encyclopedia:

CHAPTER 5. The World Like a Chariot Run Wild

1. Most of our sources for the Qin, including Sima Qian's *Records of the Grand Historian*, date from the subsequent Han period and are thus often coloured by the way the Han tried to delegitimize their predecessors.
2. Sima, Qian, Burton Watson, trans., 1993. *Records of the Grand Historian: Qin Dynasty*. New York: Columbia University Press, p. 45.
3. Mott, William H., and Jae Chang Kim, 2006. *The Philosophy of Chinese Military Culture: Shih vs. Li*. New York: Palgrave Macmillan, p. 56.
4. Zhang, Longxi, 2009. Heaven and Man: From a Cross-Cultural Perspective. In Jin Y. Park, ed. *Comparative Political Theory and Cross-Cultural Philosophy: Essays in Honor of Hwa Yol Jung*. Lanham, MD: Lexington Books, p. 144.
5. Luo, Yuming, 2011. *A Concise History of Chinese Literature*, vol. 1. Leiden: Brill, pp. 125–46.
6. Nishijima, Sadao, 1986. The Economic and Social History of Former Han. In Denis Twitchett and Michael Loewe, eds. *The Cambridge History of China*, vol. 1, *The Ch'in and Han Empires, 221 B.C.–A.D. 220*. Cambridge: Cambridge University Press, p. 552.
7. Luo, Yuming, 2011. Op. cit., p. 140.

8. Kinney, Anne Behnke, trans., 2003. The Annals of [Emperor Hsiao]-Wen. In Anne Behnke Kinney, trans., *The History of the Former Han Dynasty*. Retrieved from: http://www2.iath.virginia.edu:8080/exist/cocoon/xwomen/texts/hanshu/d2.14/1/0/english.
9. Husmann, Lisa Eileen, 1993. Territory, Historiography, and the Minorities Question in China. Unpublished MA dissertation, University of California, Berkeley, p. 9.
10. Schuman, Michael, 2015. *Confucius and the World He Created.* New York: Basic Books, p. 174.
11. Golden, Peter, 2013. Courts and Court Culture in the Proto-Urban and Urban Developments among the Pre-Chinggisid Turkic Peoples. In David Durand-Guédy, ed. *Turko-Mongol Rulers, Cities and City Life*. Leiden: Brill, p. 32.
12. Lewis, Mark E., 2000. The Han Abolition of Universal Military Service. In Hans van de Ven, ed. *Warfare in Chinese History*. Leiden: Brill, pp. 46–7.
13. Sima, Qian, Burton Watson, trans., 1993. *Records of the Grand Historian: Han Dynasty*, vol. 2. New York: Columbia University Press, 251–3.
14. Rawlinson, H. G., 1912. *Bactria: The History of a Forgotten Empire*. London: Probsthain & Co.
15. Diodorus Siculus, G. Booth, trans., 1814. *The Historical Library of Diodorus the Sicilian*, vol. 1. London: W. McDowall, p. 104.
16. Tiruvalluvar, P. S. Sundaram, trans., 2005. *The Kural.* London: Penguin, p. 109.
17. Altekar, A. S., 2002. *State and Government in Ancient India.* Delhi: Motilal Banarsidass, p. 292.
18. Polybius, Evelyn S. Shuckburgh, trans., 1889. *The Histories of Polybius*, vol. 1. London: Macmillan and Co., p. 23.
19. Ibid., pp. 10–11.
20. Lazenby, J. F., 2016. *The First Punic War: A Military History*. London: Routledge, p. 40.
21. Plutarch, Bernadotte Perrin, trans., 1914. *Lives*, vol. 2. Cambridge, MA: Harvard University Press, p. 383.
22. Ibid., p. 329.
23. Von Ungern-Sternberg, Jürgen, 2004. The Crisis of the Republic. In Harriet I. Flower, ed. *The Cambridge Companion to the Roman Republic.* Cambridge: Cambridge University Press, p. 91.
24. Virgil, Smith Palmer Bovie, trans., 1956. *Virgil's Georgics: A Modern English Verse Translation*. Chicago, IL: University of Chicago Press, p. 102.
25. Tibullus, J. P. Postgate, trans., 1962. *Catullus, Tibullus, Pervigilium Veneris*. Cambridge, MA: Harvard University Press, p. 247.
26. Horace, C. E. Bennett, trans., 1912. *The Odes and Epodes*. Cambridge, MA: Harvard University Press, p. 345.
27. Tempest, Kathryn, 2011. *Cicero: Politics and Persuasion in Ancient Rome*. London: Continuum, p. 47.
28. Stelkens, Wilhelm, 1867. *Der römische Geschichtsschreiber Sempronius Asellio.*

Hamburg: J. B. Klein, p. 81.

CHAPTER 6. Barbarians at the Gates

1. Virgil, Robert Fitzgerald, trans., 1983. *Aeneid.* New York: Random House, p. 13.
2. Everitt, Anthony, 2009. *Hadrian and the Triumph of Rome.* New York: Random House, p. 173.
3. Augustus, Thomas Bushnell, trans., 1998. *The Deeds of the Divine Augustus.* The Internet Classics Archive. Retrieved from: http://classics.mit.edu/Augustus/deeds.html.
4. Ibid. Arabia Felix ('that part of Arabia which is called Happy') was the Roman name for the southern part of the Arabian Peninsula.
5. Ibid.
6. Tacitus, Alfred John Church and William Jackson Brodribb, trans., 1877. *The Agricola and Germany of Tacitus and the Dialogue on Oratory.* London: Macmillan and Co., 1877, p.29.
7. Tacitus, Michael Grant, trans., 1996. *The Annals of Imperial Rome.* London: Penguin, p. 44.
8. Ibid., p. 209.
9. Ibid., p. 242.
10. Ibid., pp. 322–3.
11. Musée du Louvre, inv. no. MA 1009.
12. Dio, Cassius, Earnest Cary, trans., 1927. *Roman History*, vol. 9. Cambridge, MA: Harvard University Press, p. 271.
13. Ibid., p. 239.
14. Ibid., p. 299.
15. Ibid., p. 471.
16. Ibid., p. 359.
17. Tacitus, Michael Grant, trans., 1996. Op. cit., p. 83.
18. Jongman, Willem, 2003. Slavery and the Growth of Rome: The Transformation of Italy in the Second and First Centuries BCE. In Catharine Edwards and Greg Woolf, eds. *Rome the Cosmopolis.* Cambridge: Cambridge University Press, p. 108.
19. Milanovic, Branko, et al., 2007. *Measuring Ancient Inequality.* Washington, DC: World Bank, Policy Research Working Paper, WPS 4412, p. 66–8. Retrieved from: http://documents.worldbank.org/curated/en/803681468135958164/Measuring-ancient-inequality.
20. Harvey, Brian K., 2016. *Daily Life in Ancient Rome: A Sourcebook.* Indianapolis, IN: Focus, p. 19.
21. Dio, Cassius, Earnest Cary, trans., 1927. Op. cit., p. 483.
22. Arafat, K. W., 1996. *Pausanias' Greece: Ancient Artists and Roman Rulers.* Cambridge: Cambridge University Press, p. 90.

23. Ibid.
24. Herodian, Edward C. Echols, trans., 1961. *History of the Roman Empire: From the Death of Marcus Aurelius to the Accession of Gordian III.* Berkeley, CA: University of California Press, p. 125.
25. Howard, Michael C., 2012. *Transnationalism in Ancient and Medieval Societies: The Role of Cross-Border Trade and Travel.* Jefferson, NC: McFarland & Co., p. 65.
26. Ibid.
27. Pliny the Elder, John Bostock and H. T. Riley, trans., 1893. *The Natural History of Pliny*, vol. 2. London: George Bell & Sons, p. 63.
28. McLaughlin, Raoul, 2010. *Rome and the Distant East: Trade Routes to the Ancient Lands of Arabia, India and China.* London: Continuum, p. 134.
29. Schoff, Wilfred H., trans., 1912. *The Periplus of the Erythraean Sea: Travel and Trade in the Indian Ocean by a Merchant of the First Century.* London: Longmans, Green, and Co.
30. Ibid., p. 35.
31. Ibid., p. 48.
32. Ibid., p. 39.
33. Ibid.
34. Young, Stuart H., 2002. *Biography of the Bodhisattva Aśvaghoṣa.* Retrieved from: http://buddhism.lib.ntu.edu.tw/FULLTEXT/JR-AN/103180.htm.
35. Ibid.
36. Sims-Williams, Nicholas, 2012. Bactrian Historical Inscriptions of the Kushan Period. *The Silk Road*, vol. 10, pp. 77.
37. Rosenfield, John, M., 1967. *The Dynastic Arts of the Kushans.* Berkeley, CA: University of California Press, p. 16.
38. Dio, Cassius, Earnest Cary, trans., 1917. *Roman History*, vol. 6. Cambridge, MA: Harvard University Press, p. 305.
39. Elvin, Mark, 1973. *The Pattern of the Chinese Past: A Social and Economic Interpretation.* Stanford, CA: Stanford University Press, p. 31.
40. Dash, Mike, 2011. Emperor Wang Mang: China's First Socialist? *Smithsonian* (9 December). Retrieved from: http://www.smithsonianmag.com/history/emperor-wang-mang-chinas-first-socialist-2402977/#S71e97Gbvdie37vF.99.
41. Clark, Anthony E., 2008. *Ban Gu's History of Early China.* Amherst, NY: Cambria Press, p. 155.
42. Lewis, Mark E., 2000. The Han Abolition of Universal Military Service. In Hans van de Ven, ed. *Warfare in Chinese History.* Leiden: Brill, pp. 33–76.
43. Chin, Tamara T., 2010. Defamiliarizing the Foreigner: Sima Qian's Ethnography and Han-Xiongnu Marriage Diplomacy. *Harvard Journal of Asiatic Studies*, vol. 70, no. 2, p. 317.
44. Lewis, Mark E., 2000. Op. cit., p. 45.
45. Ibid., p. 46.
46. Lewis, Mark Edward, 2007. *The Early Chinese Empires. Qin and Han.* Cambridge,

MA: Belknap Press, pp. 145–6.

47. Yü, Ying-shih, 1986. Han Foreign Relations. In Denis Twitchett and Michael Loewe, eds. *The Cambridge History of China*, vol. 1, *The Ch'in and Han Empires, 221 B.C.–A.D. 220.* Cambridge: Cambridge University Press, p. 415.
48. Lewis, Mark E., 2000. Op. cit., p. 69.
49. Ebrey, Patricia, 2008. Estate and Family Management in the Later Han as Seen in the *Monthly Instructions for the Four Classes of People.* In Jos Gommans and Harriet Zurndorfer, eds. *Roots and Routes of Development in China and India: Highlights of Fifty Years of* The Journal of the Economic and Social History of the Orient *(1957–2007).* Brill: Leiden, pp. 124–68.
50. Cai, Zong-qi, 2008. Pentasyllabic *Shi* Poetry: The 'Nineteen Old Poems'. In Zong-qi Cai, ed. *How to Read Chinese Poetry: A Guided Anthology*. New York: Columbia University Press, p. 107.
51. De Crespigny, Rafe, 2007. *A Biographical Dictionary of Later Han to the Three Kingdoms (23–220 AD).* Leiden: Brill, p. 50.
52. Tse, Wai Kit Wicky, 2012. Dynamics of Disintegration: The Later Han Empire (25–220 CE) and Its Northwestern Frontier. Unpublished PhD dissertation, University of Pennsylvania. Retrieved from: https://repository.upenn.edu/edissertations/589/.
53. Ibid., p. 142.
54. Ibid., p. 22.
55. Cotterell, Arthur, 2014. *A History of Southeast Asia.* Singapore: Marshall Cavendish Editions, p. 73.
56. Maspéro, Georges, 2002. *The Champa Kingdom: The History of an Extinct Vietnamese Kingdom.* London: White Lotus Press, p. 24.
57. Westermann, William L., 1955. *The Slave Systems of Greek and Roman Antiquity.* Philadelphia, PA: The American Philosophical Society. Scheidel, Walter, 2007. The Roman Slave Supply. Princeton/Stanford Working Papers in Classics no. 050704, p. 2. Scheidel, Walter, 2013. Slavery and Forced Labor in Early China and the Roman World. Princeton/Stanford Working Papers in Classics, no. 041301, p. 6. Both Scheidel papers retrieved from: https://www.princeton.edu/~pswpc/papers/authorMZ/scheidel/scheidel.html.
58. The work of Walter Scheidel is particularly instructive. See, for instance: Scheidel, Walter, 2010. Physical Wellbeing in the Roman World. Princeton/Stanford Working Papers in Classics, no. 091001. Retrieved from: https://www.princeton.edu/~pswpc/papers/authorMZ/scheidel/scheidel.html.
59. Gallant, Thomas W., 1991. *Risk and Survival in Ancient Greece: Reconstructing the Rural Domestic Economy*. Stanford: Stanford University Press, pp. 20–21, 40–38.

CHAPTER 7. The Great Imperial Crisis

1. Tian, Xiaofei, 2005. *Tao Yuanming and Manuscript Culture: The Record of a Dusty Table*. Seattle, WA: University of Washington Press, p. 186.
2. Palladius, T. Owen, trans., 1807. *The Fourteen Books of Palladius Rutilius Taurus Æmilianus on Agriculture*. London: J. White.
3. Margy, Nagit, 2010. A Hun-Age Burial with Male Skeleton and Horse Bones Found in Budapest. In Florin Curta, ed. *Neglected Barbarians*. Turnhout: Brepols, pp. 137–75.
4. Biswas, Atreya, 1971. *The Political History of the Hunas in India*. New Delhi: Munshiram Manoharlal Publishers, p. 69.
5. McCormick, Michael, et al., 2012. Climate Change during and after the Roman Empire: Reconstructing the Past from Scientific and Historical Evidence. *Journal of Interdisciplinary History*, vol. 43, no. 2, pp. 169–220.
6. Maenchen-Helfen, J. Otto, 1973. *The World of the Huns: Studies in Their History and Culture*. Berkeley, CA: University of California Press, p. 33.
7. Cyprian, Rose Bernard Donna, trans., 1964. *Letters 1–81*. Washington, DC: Catholic University of America Press.
8. Zosimus, James J. Buchanan and Harold T. Davis, trans., 1967. *Historia Nova: The Decline of Rome*. San Antonio, TX: Trinity University Press, p. 201.
9. Williams, Stephen, 1997. *Diocletian and the Roman Recovery*. London: Routledge, p. 129.
10. Kropff, Antony, 2016. An English Translation of the Edict on Maximum Prices, also Known as the Price Edict of Diocletian (Edictum de pretiis rerum venalium). *Academia.edu*. Retrieved from: http://www.academia.edu/23644199/New_English_translation_of_the_Price_Edict_of_Diocletianus.
11. Heather, Peter, 1998. Senators and Senates. In Averil Cameron and Peter Garnsey, eds. *The Cambridge Ancient History*, vol. 13, *The Late Empire, A.D. 337–425*. Cambridge: Cambridge University Press, pp. 185–6.
2. Bate, H. N., trans., 1918. *The Sibylline Oracles: Books III–V.* London: Society for Promoting Christian Knowledge, p. 62.
13. Themistius, Peter Heather and David Moncur, trans., 2001. *Politics, Philosophy, and Empire in the Fourth Century: Select Orations of Themistius*. Liverpool: Liverpool University Press, p. 201.
14. Lewis, Naphtali, and Meyer Reinhold, eds., 1955. *Roman Civilization: Selected Readings*, vol. 1, *The Republic*. New York: Columbia University Press, p. 377.
15. Blockley, R. C., 1984. The Romano-Persian Peace Treaties of A.D. 299 and 363. *Florilegium*, vol. 6, pp. 28–49.
16. Merrills, Andy, and Richard Miles, 2009. *The Vandals*. Chichester: Wiley-Blackwell, p. 42.
17. Zosimus, 1814. *The History of Count Zosimus, Sometime Advocate and Chancellor of the Roman Empire*. London: J. Davis, p. 164.

18. Malamud, Martha, trans., 2016. *Rutilius Namatianus' Going Home: De Reditu Suo.* Abingdon: Routledge, p. 6.

19. Maas, Michael, 2010. *Readings in Late Antiquity: A Sourcebook.* Abingdon: Routledge, p. 138.

. Benson, Robert L., 1982. The Gelasian Doctrine: Uses and Transformations. In Dominique Sourdel, ed. *La Notion d'autorité au Moyen Age: Islam, Byzance, Occident.* Paris: Presses Universitaires de France, p. 14.

21. Gregory of Tours, Lewis Thorpe, trans., 1974. *The History of the Franks.* London: Penguin, p. 154.

22. Luo, Guanzhong, Moss Roberts, trans., 1991. *Three Kingdoms: A Historical Novel.* Berkeley, CA: University of California Press, p. 923.

23. Chen, Shou, 1977. *San guo zhi [Records of the Three Kingdoms]*. Taipei: Dingwen Printing, p. 210.

24. Cheng, Qinhua, 2000. *Sons of Heaven: Stories of Chinese Emperors through the Ages.* Beijing: Foreign Languages Press, p. 118.

25. Tanner, Harold M., 2009. *China: A History.* Indianapolis, IN: Hackett, p. 143.

26. Ibid.

27. Dreyer, Edward L., 2009. Military Aspects of the War of the Eight Princes, 300–307. In Nicola Di Cosmo, ed. *Military Culture in Imperial China.* Cambridge, MA: Harvard University Press, p. 124.

28. Duthie, Nina, 2015. Origins, Ancestors, and Imperial Authority in Early Northern Wei Historiography. Unpublished PhD dissertation, Columbia University, p. 112. Retrieved from: https://doi.org/10.7916/D8NC601F.

29. Sims-Williams, Nicholas, trans., 2004. *The Sogdian Ancient Letters.* Retrieved from: https://depts.washington.edu/silkroad/texts/sogdlet.html.

30. Ibid.

31. Wace, Henry, and Philip Schaff, eds., 1893. *A Select Library of Nicene and Post-Nicene Fathers of the Christian Church: Second Series*, vol. 6, *St. Jerome: Letters and Select Works.* Oxford: James Parker and Company, p. 500.

32. Boyce, M., trans., 1968. *The Letter of Tansar.* Rome: Istituto Italiano per il Medio ed Estremo Oriente, pp. 40–46.

33. Frye, Richard N., 1984. *The History of Ancient Iran.* Munich: C. H. Beck'sche Verlagsbuchhandlung, p. 371.

34. Marcellinus, Ammianus, Walter Hamilton, trans., 1986. *The Later Roman Empire (A.D. 354–378).* Harmondsworth: Penguin, p. 263.

35. Sykes, P. M., 1915. *A History of Persia*, vol. 1. London: Macmillan and Co., p. 484.

36. Darling, Linda T., 2013. *A History of Social Justice and Political Power in the Middle East: The Circle of Justice from Mesopotamia to Globalization.* Abingdon: Routledge, p. 42.

37. Sykes, Percy, 1915. Op. cit. p. 390.

38. Nieminen, Timo A., 2010. The Asian War Bow. In E. Barbiero et al., eds. *19th Australian Institute of Physics Congress*, ACOFTAOS, p. 4. Retrieved from: https://arxiv.

org/abs/1101.1677.
39. Ramachandra Dikshitar, V. R., 1993. *The Gupta Polity*. Delhi: Motilal Banarsidass, pp. 151–2.
40. Singh Jina, Prem, 1995. *Famous Western Explorers to Ladakh.* New Delhi: Indus Publishing Company, pp. 139–40.
41. Litvinsky, B. A., 1996. The Hephthalite Empire. In B. A. Litvinsky et al., eds. *History of Civilizations of Central Asia*, vol. 3, *The Crossroads of Civilizations: A.D. 250 to 750*. Paris: UNESCO, pp. 135–62.
42. Quoted in Mookerji, Radhakumud, 1989. *The Gupta Empire*. Delhi: Motilal Banarsidass, p. 55.
43. Wicks, Robert S., 1992. *Money, Markets, and Trade in Early Southeast Asia: The Development of Indigenous Monetary Systems to AD 1400*. Ithaca, NY: Cornell Southeast Asia Program.
44. Cœdès, George, 1931. Deux Inscriptions Sanskrites Du Fou-Nan. *Bulletin de l'École française d'Extrême-Orient*, vol. 31, nos. 1–2, p. 2.
45. Shaffer, Lynda Norene, 1996. *Maritime Southeast Asia to 1500.* Armonk, NY: M. E. Sharpe.
46. Peebles, Patrick, ed., 2015. *Voices of South Asia: Essential Readings from Antiquity to the Present.* Abingdon: Routledge, p. 59.
47. Ch n, Ho-t'ae, 2008. *Goguryeo: In Search of Its Culture and History*. Elizabeth, NJ: Hollym International.
48. Kim, J. Y., 1988. The Kwanggaet'o Stele Inscription. In Ian Nish, ed. *Contemporary European Writing on Japan: Scholarly Views from Eastern and Western Europe.* Woodchurch: Paul Norbury, pp. 79–81.
49. Robin, Christian Julien, 2012. Arabia and Ethiopia. In Scott Fitzgerald Johnson, ed. *The Oxford Handbook of Late Antiquity.* New York: Oxford University Press, p. 277.

CHAPTER 8. In the Name of the Prophet

1. Meri, Josef W., 2006. *Medieval Islamic Civilization: An Encyclopedia*, vol. 1. London: Routledge, p. 203.
2. Abdel Haleem, M. A. S., 2008. *The Qur'an*. Oxford: Oxford University Press, 3.109.
3. Ibid., 3.14.
4. Ibid., 4.29–30.
5. Ibid., 4.91.
6. Rogerson, Barnaby, 2006. *The Heirs of the Prophet Muhammad and the Roots of the Sunni–Shia Schism*. London: Little Brown, p. 160.
7. Theophilus of Edessa, Robert G. Hoyland, trans., 2011. *Theophilus of Edessa's Chronicle and the Circulation of Historical Knowledge in Late Antiquity and Early Islam*. Liverpool: Liverpool University Press, p. 133.

8. Ibid., p. 159.
9. Procopius, H. B. Dewing, trans., 1914. *History of the Wars*, vol. 1. London: William Heinemann, p. 103.
10. Musée du Louvre, inv. no. AO 9063.
11. Bell, Peter N., 2009. *Three Political Voices from the Age of Justinian: Agapetus, 'Advice to the Emperor'; 'Dialogue on Political Science'; Paul the Silentiary, 'Description of Hagia Sophia'*. Liverpool: Liverpool University Press, p. 175.
12. Maas, Michael, 2010. *Readings in Late Antiquity: A Sourcebook*. Abingdon: Routledge, p. 90.
13. Ibid., p. 382.
14. Menander, R. C. Blockley, trans., 1985. *The History of Menander the Guardsman*. Liverpool: Cairns, p. 63.
15. Gregory of Tours, Lewis Thorpe, trans., 1974. *The History of the Franks*. London: Penguin, p. 461.
16. James of Viterbo, R. W. Dyson, ed., 2009. *De Regimine Christiano: A Critical Edition and Translation*. Leiden: Brill, p. xxxi.
17. Hen, Yizhak, 2010. Converting the Barbarian West. In Daniel E. Bornstein, ed. *A People's History of Christianity*, vol. 4, *Medieval Christianity*. Minneapolis, MN: Fortress Press, p. 42.
18. Cadoux, C. John, 1919. *The Early Christian Attitude to War: A Contribution to the History of Christian Ethics*. London: Headley Bros, pp. 86–201.
19. Ibid., p. 81.
20. Augustine, Saint, Henry Bettenson, trans., 2003. *Concerning the City of God against the Pagans*. London: Penguin, p. 267.
21. Leo VI, George T. Dennis, trans., 2010. *The Taktika of Leo VI*. Washington, DC: Dumbarton Oaks, p. 5.
22. Lovell, Julia, 2006. *The Great Wall: China against the World, 1000 BC–AD 2000*. New York: Grove Press, p. 109.
23. Wang, Mei-Hsiu, 2007. Cultural Identities as Reflected in the Literature of the Northern and Southern Dynasties Period (4th–6th Centuries A.D.). Unpublished PhD dissertation, University of Leeds, p. 160. Retrieved from: http://etheses.whiterose.ac.uk/364/.
24. Dien, Albert E., 2007. *Six Dynasties Civilization*. New Haven, CT: Yale University Press, p. 6.
25. Dien, Albert E., 1986. The Stirrup and Its Effect on Chinese Military History. *Ars Orientalis*, vol. 16, pp. 33–56.
26. Chen, Jack W., 2010. *The Poetics of Sovereignty: On Emperor Taizong of the Tang Dynasty*. Cambridge, MA: Harvard University Asia Center, p. 39.
27. Ebrey, Patricia Buckley, 1993. *Chinese Civilization: A Sourcebook*. New York: Free Press, p. 114.
28. Zhang, Qizhi, 2015. *An Introduction to Chinese History and Culture*. Heidelberg: Springer, p. 196.

29. Whitfield, Susan, 2015. *Life along the Silk Road.* Berkeley, CA: University of California Press, p. 14.
30. Li, Kangying, 2010. *The Ming Maritime Trade Policy in Transition, 1368 to 1567.* Wiesbaden: Harrassowitz Verlag, p. 8.
31. Li, Qingxin, 2006. *The Maritime Silk Road.* Beijing: China Intercontinental Press, p. 40.
32. Ross, E. Denison, 1930. The Orkhon Inscriptions: Being a Translation of Professor Vilhelm Thomsen's Final Danish Rendering. *Bulletin of the School of Oriental Studies, University of London*, vol. 5, no. 4, pp. 864–5, 862.
33. Drew, David, 1999. *The Lost Chronicles of the Maya Kings*. Berkeley, CA: University of California Press, p. 197.
34. Ibid., pp. 285–6.
35. The so-called Leiden Plaque: National Museum of Ethnology, Leiden, inv. no. RV-1403-1193.
36. Cowgill, George L., 1997. State and Society at Teotihuacan, Mexico. *Annual Review of Anthropology*, vol. 26, p. 145.
37. Van Tuerenhout, Dirk, 2002. Maya Warfare: Sources and Interpretations. *Civilisations: Revue internationale d'anthropologie et de sciences humaines*, vol. 50, p. 129–52.

CHAPTER 9. The Earth between Hope and Calamity

1. Schinz, Alfred, 1996. *The Magic Square: Cities in Ancient China.* Stuttgart: Axel Menges, p. 206.
2. Heck, Gene W., 2006. *Charlemagne, Muhammad, and the Arab Roots of Capitalism.* Berlin: Walter de Gruyter, p. 66.
3. Ibid., p. 67.
4. Al-Sirafi, Abu Zayd, Tim Mackintosh-Smith, trans., 2014. Accounts of China and India. In Tim Mackintosh-Smith and James E. Montgomery, eds. *Two Arabic Travel Books*. New York: New York University Press, p. 87.
5. Heck, Gene W., 2006. Op. cit., pp. 111, 98.
6. Treadgold, Warren, 1988. *The Byzantine Revival, 780–842*. Stanford, CA: Stanford University Press, p. 118.
7. Al-Sirafi, Abu Zayd, Tim Mackintosh-Smith, trans., 2014. Op. cit., p. 51.
8. Lewis, Mark Edward, 2009. *China's Cosmopolitan Empire: The Tang Dynasty.* Cambridge, MA: Belknap Press, p. 158.
9. Al-Sirafi, Abu Zayd, Tim Mackintosh-Smith, trans., 2014. Op. cit., pp. 67, 71.
10. Noble, Thomas F. X., and Thomas Head, eds., 2000. *Soldiers of Christ: Saints and Saints' Lives from Late Antiquity and the Early Middle Ages.* University Park, PA: Pennsylvania State University Press, p. 171.

11. Riché, Pierre, 1978. *Daily Life in the World of Charlemagne.* Philadelphia, PA: University of Pennsylvania Press, p. 17.
12. Wang, Zhenping, 2005. *Ambassadors from the Islands of Immortals: China–Japan Relations in the Han–Tang Period.* Honolulu, HI: University of Hawaii Press, p. 158.
13. Makeham, John, ed., 2008. *China: The World's Oldest Living Civilization Revealed.* London: Thames & Hudson, p. 218.
14. Zhang, Qizhi, 2015. *An Introduction to Chinese History and Culture.* Heidelberg: Springer, pp. 59–60. Anxi was the protectorate established by the Tang in 640 to control the Tarim Basin.
15. Ibid. p. 60.
16. Birch, Cyril, ed., 1965. *Anthology of Chinese Literature*, vol. 1, *From Early Times to the Fourteenth Century.* New York: Grove Press, pp. 240–41.
17. Slobodnik, Martin, 1997. The Early Policy of Emperor Tang Dezong (779–805) towards Inner Asia. *Asian and African Studies*, vol. 6, no. 2, p. 193.
18. Keng, Chen-hua, 2012. The Impact of Tang-Tubo War on the Transformation of Military System and Heqin Politics in Tang Dynasty. *Mongolian and Tibetan Quarterly*, vol. 21, no. 1, p. 20. Rong, Xinjiang, A Study of Yang Liangyao's Embassy to the Abbasid Caliphate. In Victor H. Mair and Liam C. Kelley, eds. *Imperial China and Its Southern Neighbours.* Singapore: ISEAS, p. 245.
19. Wu, Chong, 2007. Drought Blamed for Tang Collapse. *China Daily* (8 January). Fan, Ka-Wai, 2010. Climatic Change and Dynastic Cycles in Chinese History: A Review Essay. *Climatic Change,* vol. 101, no. 3–4, pp. 565–73.
20. Dudbridge, Glen, 2013. *A Portrait of Five Dynasties China: From the Memoirs of Wang Renyu (880–956).* Oxford: Oxford University Press, p. 156.
21. Mote, F. W., 2003. *Imperial China, 900–1800.* Cambridge, MA: Harvard University Press, p. 46.
22. Lee, Peter H., et al., eds., 1997. *Sources of Korean Tradition*, vol. 1, *From Early Times through the Sixteenth Century.* New York: Columbia University Press, pp. 154, 156.
23. Ibid., p. 172.
24. Bronson, Bennet, and Jan Wisseman, 1976. Palembang as Srivijaya: The Lateness of Early Cities in Southern Southeast Asia. *Asian Perspectives*, vol. 19, no. 2, p. 222.
25. Fatimi, S. Q., 1963. Two Letters from the Maharaja to the Khalifah: A Study in the Early History of Islam in the East. *Islamic Studies*, vol. 2, no. 1, p. 127.
26. Chatterjee, Bijan Raj, and Niranjan Prasad Chakravarti, 1933. *India and Java: Inscriptions.* Calcutta: Greater India Society, p. 43.
27. Bhavabhuti, John Pickford, trans., 1871. *Maha-Vira-Charita: The Adventures of the Great Hero Rama.* London: Trübner & Co., p. 75.
28. Sengupta, Nitish, 2011. *Land of Two Rivers: A History of Bengal from the Mahabharata to Mujib.* New Delhi: Penguin India, p. 40.
29. Ibid.
30. Sharma, Shanta Rami, 2001. Evolution of Deities and Syncretism in Rajasthan, *c.* A.D.

600–1000: The Dynamics and Material Implications. *Indian Historical Review*, vol. 28, p. 20.

31. Kielhorn, F., 1896–7. Khalimpur Plate of Dharmapaladeva. In E. Hultzsch, ed. *Epigraphia Indica*, vol. 4. Calcutta: Office of the Superintendent of Government Printing, India, p. 248.
32. Judd, Steven, 2008. Reinterpreting al-Walid b. Yazid. *Journal of the American Oriental Society*, vol. 128, no. 3, pp. 439–58.
33. Theophilus of Edessa, Robert G. Hoyland, trans., 2011. *Theophilus of Edessa's Chronicle and the Circulation of Historical Knowledge in Late Antiquity and Early Islam.* Liverpool: Liverpool University Press, p. 246.
34. Ibid., p. 253.
35. Ibid., p. 256.
36. Ibid., p. 270.
37. Al-Shaybani, Majid Khadduri, trans., 2001. *The Islamic Law of Nations: Shaybani's Siyar*. Baltimore, MD: Johns Hopkins University Press.
38. Al-Mawardi, Asadullah Yate, trans., 1996. *Al-Akham as-Sultaniyyah: The Laws of Islamic Governance,* London: Ta-Ha, p. 28.
39. Bostom, Andrew G., ed., 2008. *The Legacy of Jihad: Islamic Holy War and the Fate of Non-Muslims*. Amherst, NY: Prometheus, p. 193.
40. Ibid., p. 190.
41. Cooperson, Michael, 2005. *Al-Ma'mun.* London: Oneworld, pp. 40–41.
42. Mahal, Talab Sabbar, 2015. *The Manners, Norms, and Customs (Rusoom) of the House of Governance in the First Age (Era) of the Abbasid Caliphate, 750–865 AD.* New York: Xlibris, p. 94. 'Amir al-Mu'minin', or 'commander of the faithful', was a traditional title adopted by many caliphs.
43. Al-Tabari, C. E. Bosworth, trans., 1989. *The History of al-Tabari*, vol. 30, *The Abbasid Caliphate in Equilibrium.* Albany, NY: State University of New York Press, p. 100.
44. Ibid., p. 116.
45. Ibid., p. 102.
46. Al-Tabari, C. E. Bosworth, trans., 1987. *The History of al-Tabari*, vol. 32, *The Reunification of the Abbasid Caliphate*. Albany, NY: State University of New York Press, pp. 55–6.
47. Waines, David, 1977. The Third Century Internal Crisis of the Abbasids. *Journal of the Economic and Social History of the Orient*, vol. 20, no. 3, p. 285.
48. Al-Tabari, David Waines, trans., 1992. *The History of al-Tabari*, vol. 36, *The Revolt of the Zanj*. Albany, NY: State University of New York Press, p. 132.
49. Shatzmiller, Maya, 1994. *Labour in the Medieval Islamic World.* Brill: Leiden, pp. 56–7. Stansfield, Gareth, 2007. *Iraq: People, History, Politics*. Cambridge: Polity Press, p. 96.
50. Russell, Josiah, 1972. Population in Europe, 500–1500. In Carlo M. Cipolla, ed. *The Fontana Economic History of Europe*, vol. 1, *The Middle Ages.* London: Fontana, pp. 25–70.

51. Rogers, Clifford J., 2014. Carolingian Cavalry in Battle: The Evidence Reconsidered. In Simon John and Nicholas Morton, eds. *Crusading and Warfare in the Middle Ages: Realities and Representations*, Farnham: Ashgate, pp. 1–12.
52. Scholz, Bernhard Walter, and Barbara Rogers, trans., 1970. *Carolingian Chronicles: Royal Frankish Annals and Nithard's Histories*. Ann Arbor, MI: University of Michigan Press.
53. Cave, Roy C., and Herbert H. Coulson, 1936. *A Source Book for Medieval Economic History*. Milwaukee, WI: Bruce Publishing, p. 151.
54. Grant, A. J., ed., 1907. *Early Lives of Charlemagne by Eginhard and the Monk of St. Gall*. London: Chatto and Windus, p. 111.
55. Ibid., p. 113.
56. Ibid., p. 114.
57. Treadgold, Warren, 1997. *A History of the Byzantine State and Society*. Stanford, CA: Stanford University Press, p. 436.
58. Ibn Fadlan, Paul Lunde and Caroline Stone, trans., 2012. *Ibn Fadlan and the Land of Darkness: Arab Travellers in the Far North*. London: Penguin.
59. Nelson, Janet L., trans., 1991. *The Annals of St-Bertin: Ninth-Century Histories*, vol. 1. Manchester: Manchester University Press, p. 50.
60. Robinson, James Harvey, ed., 1904. *Readings in European History*, vol. 1, *From the Breaking up of the Roman Empire to the Protestant Revolt*. Boston, MA: Ginn & Company, p. 159.
61. Nelson, Janet, L., trans., 1991. Op. cit., p. 52.
62. Landes, Richard, 2000. The Fear of an Apocalyptic Year 1000: Augustinian Historiography, Medieval and Modern. *Speculum*, vol. 75, no. 1, p. 103.
63. Hung, Hing Ming, 2013. *Li Shi Min, Founding the Tang Dynasty: The Strategies That Made China the Greatest Empire in Asia*, New York: Algora, p. 176.

CHAPTER 10. The Mongol Shockwave

1. Deng, Gang, 1997. *Chinese Maritime Activities and Socioeconomic Development, c. 2100 B.C.–1900 A.D.* Westport, CT: Greenwood Press, p. 70.
2. Lo, Jung-Pang, Bruce A. Elleman, ed., 2012. *China as a Sea Power, 1127–1368: A Preliminary Survey of the Maritime Expansion and Naval Exploits of the Chinese People during the Southern Song and Yuan Periods*. Singapore: NUS Press, p. 57.
Lo, Jung-Pang, 1955. The Emergence of China as a Sea Power during the Late Sung and Early Yuan Periods. *The Far Eastern Quarterly*, vol. 14, no. 4, pp. 489–503.
Hall, Kenneth R., 2011. *A History of Early Southeast Asia: Maritime Trade and Societal Development, 100–1500*. Lanham, MD: Rowman & Littlefield, pp. 331–2.
Chenzhen, Shou, 2002. *Tushuo zhongguo haijun shi* [*An Illustrated History of the*

Chinese Navy]. Fuzhou: Fujian Education Press, pp. 17–30.

3. Anderson, James, 2007. *The Rebel Den of Nùng Trí Cao: Loyalty and Identity along the Sino-Vietnamese Frontier*. Seattle, WA: University of Washington Press, pp. 88–118.
4. Broadberry, Stephen, et al., 2017. China, Europe and the Great Divergence: A Study in Historical National Accounting, 980–1850. University of Oxford Discussion Papers in Economic and Social History, no. 155. Retrieved from: https://www.economics.ox.ac.uk/materials/working_papers/.../155aprilbroadberry.pdf.
5. Chen, Guanwei, and Chen Shuguo, 2015. State Rituals. In John Lagerwey and Pierre Marsone, eds. *Modern Chinese Religion I: Song-Liao-Jin-Yuan (960–1368 AD)*, vol. 1. Leiden: Brill, p. 152.
6. Wang, Yuan-kang, 2011. *Harmony and War: Confucian Culture and Chinese Power Politics*. New York: Columbia University Press, p. 34.
7. Ibid., pp. 60–61.
8. Ibid., p. 63.
9. Ibid., p. 61.
10. Mote, Frederick W., 2003. *Imperial China, 900–1800.* Cambridge, MA: Harvard University Press, p. 71.
11. Twitchett, Denis, and Klaus-Peter Tietze, 1994. The Liao. In Herbert Franke and Denis Twitchett, eds. *The Cambridge History of China*, vol. 6, *Alien Regimes and Border States, 907–1368*. Cambridge: Cambridge University Press, p. 122.
12. Wang, Yuan-kang, 2011. Op. cit., p. 63.
13. Smith, Paul J., 1991. *Taxing Heaven's Storehouse: Horses, Bureaucrats, and the Destruction of the Sichuan Tea Industry, 1074–1224*. Cambridge, MA: Council on East Asian Studies, Harvard University, p. 16.
14. Manyard, Kevin, 2013. Yuan Haowen's June 12th, 1233 – Crossing North: Three Verses. *Welling out of Silence*, vol. 2, no. 2. Retrieved from: http://poetrychina.net/wp/welling-magazine/yuan-haowen-three-verses.
15. McLaren, Anne, 2011. Challenging Official History in the Song and Yuan Dynasties: The Record of the Three Kingdoms. In Lucille Chia and Hilde de Weerdt, eds. *Knowledge and Text Production in an Age of Print: China, 900–1400*. Leiden: Brill, p. 333.
16. Broadberry, Stephen, et al., 2017. Op. cit., p. 26.
17. Dawson, Christopher, 1980. *Mission to Asia.* Toronto: University of Toronto Press, p. 86.
18. Roger of Apulia, János M. Bak and Martyn Rady, trans., 2010. *Master Roger's Epistle to the Sorrowful Lament upon the Destruction of the Kingdom of Hungary by the Tatars.* Budapest: Central European University Press, pp. 201, 209.
19. Müller-Mertens, Eckhard, 1999. The Ottonians as Kings and Emperors. In Timothy Reuter, ed. *The New Cambridge Medieval History: Volume III, c. 900– c. 1024*, Cambridge: Cambridge University Press, pp. 233–67.
20. Lees, Jay T., 2013. David *Rex Fidelis*? Otto the Great, the *Gesta Ottonis*, and the *Pri-*

mordia Coenobii Gandeshemensis. In Phyllis R. Brown and Stephen L. Wailes, eds. *A Companion to Hrotsvit of Gandersheim (fl. 960): Contextual and Interpretive Approaches*. Leiden: Brill, p. 215.

21. Liudprand of Cremona, Paolo Squatriti, trans., 2007. *The Complete Works of Liudprand of Cremona.* Washington, DC: The Catholic University of America Press, p. 219.
22. Ibid., pp. 220–21.
23. Mastnak, Tomaž, 2002. *Crusading Peace: Christendom, the Muslim World, and Western Political Order.* Berkeley, CA: University of California Press, p. 37.
24. Fletcher, Richard, 2003. *The Cross and the Crescent: Christianity and Islam from Muhammad to the Reformation.* London: Allen Lane, p. 123.
25. Coleman, David, 2006. Migration as a Primary Force in Human Population Processes. In Graziella Caselli et al., eds. *Demography: Analysis And Synthesis. A Treatise in Population Studies.* Amsterdam: Elsevier, pp. 34–5.
26. Gieysztor, Aleksander, 1987. Trade and Industry in Eastern Europe before 1200. In M. M. Postan and Edward Miller, eds. *The Cambridge Economic History of Europe*, vol. 2, *Trade and Industry in the Middle Ages.* Cambridge: Cambridge University Press, pp. 485–92.
27. Constantine VII Porphyrogenitus, R. J. H. Jenkins, trans., 1967. *De Administrando Imperio.* Washington, DC: Dumbarton Oaks Center for Byzantine Studies.
28. Comnena, Anna, E. R. A. Sewter, trans., 1969. *The Alexiad.* Harmondsworth: Penguin, p. 157.
29. Choniates, Niketas, Harry J. Magoulias, trans., 1984. *O City of Byzantium: Annals of Niketas Choniates*. Detroit, MI: Wayne State University Press.
30. Poly, Jean-Pierre, 1997. Europe in the Year 1000. In Robert Fossier, ed. *The Cambridge Illustrated History of the Middle Ages: Volume II, 950–1250.* Cambridge: Cambridge University Press, p. 23.
31. Neocleous, Savvas, 2009. Is the Contemporary Latin Historiography of the First Crusade and Its Aftermath 'Anti-Byzantine'? In Savvas Neocleous, ed. *Papers from the First and Second Postgraduate Forums in Byzantine Studies: Sailing to Byzantium*. Newcastle: Cambridge Scholars Publishing, pp. 32–50.
32. Peacock, A. C. S., 2015. *The Great Seljuk Empire.* Edinburgh: Edinburgh University Press, p. 46.
33. Ibid., p. 33.
34. Korobeinikov, Dimitri, 2013. 'The King of the East and the West': The Seljuk Dynastic Concept and Titles in the Muslim and Christian Sources. In A. C. S. Peacock and Sara Nur Yildiz, eds. *The Seljuks of Anatolia: Court and Society in the Medieval Middle East*. London: I.B. Tauris, p. 73.
35. Canard, Marius, 1947. L'impérialisme des Fatimides et leur propaganda. *Annales de l'institute d'études orientales*, vol. 6, pp. 180–86.
36. Black, Antony, 2011. *The History of Islamic Political Thought: From the Prophet to the Present.* Edinburgh: Edinburgh University Press, p. 46.

37. Peacock, A. C. S., 2015. Op. cit., p. 61.
38. Ibid., p. 72.
39. Karsh, Efraim, 2006. *Islamic Imperialism: A History*. New Haven, CT: Yale University Press, p. 73.
40. Meenakshisundararajan, A., 2009. Rajendra Chola's Naval Expedition and the Chola Trade with Southeast and East Asia. In Hermann Kulke et al., eds. *Nagapattinam to Suvarnadwipa: Reflections on the Chola Naval Expeditions to Southeast Asia*. Singapore: ISEAS, pp. 174–5.
41. Bilhana, Georg Bühler, ed., 1875. *The Vikramankadevacharita: A Life of King Vikramaditya-Tribhuvanamalla of Kalyana Composed by his Vidyapati Bilhana*. Bombay: Government Central Book Depôt, p. 12.
42. Kahlana, Jogesh Chunda Dutt, trans., 1887. *Kings of Kashmira: Being a Translation of the Sanskrita Work Rajatarangini of Kahlana Pandita*, vol. 2. Calcutta: J. C. Dutt, p. 17.
43. Ibid., pp. 9, 12, 15.
44. Spencer, George W., 1976. The Politics of Plunder: The Cholas in Eleventh-Century Ceylon. *Journal of Asian Studies*, vol. 35, no. 3, pp. 405–19.
45. Lo, Jung-Pang, Bruce A. Elleman, ed., 2012. Op. cit., p. 11.
46. Bilhana, Georg Bühler, trans., 1875. Op. cit., p. 15.
47. Ibid., p. 44.
48. Wink, André, 1997. *Al-Hind: The Making of the Indo-Islamic World*, vol. 2, *The Slave Kings and the Islamic Conquest, 11th–13th Centuries*. Leiden: Brill, p. 146.
49. Nizami, K. A., 1998. The Ghurids. In M. S. Asimov and C. E. Bosworth, eds. *History of Civilizations of Central Asia*, vol. 4, part 1, *The Age of Achievement, A.D. 750 to the End of the Fifteenth Century: The Historical, Social and Economic Setting*. Paris: UNESCO, p. 188.
50. Hirth, F., 1885. *China and the Roman Orient: Researches into Their Ancient and Mediaeval Relations as Represented in Old Chinese Records*. Leipzig: Georg Hirth, p. 62.
51. Robinson, I. S., ed., 2004. *The Papal Reform of the Eleventh Century: Lives of Pope Leo IX and Pope Gregory VII*. Manchester: Manchester University Press, pp. 8, 11.
52. Thatcher, Oliver J., and Edgar H. McNeal, eds., 1905. *A Source Book for Mediaeval History: Selected Documents Illustrating the History of Europe in the Middle Age*. New York: Charles Scribner's Sons, p. 516.
53. Joinville and Villehardouin, Caroline Smith, trans., 2008. *Chronicles of the Crusades*. London: Penguin, p. 10.
54. Martin, M. E., 1980. The Venetian-Seljuk Treaty of 1220. *English Historical Review*. vol. 95, no. 375, pp. 321–30.
55. Jackson, Peter, 2005. *The Mongols and the West, 1221–1410*. Harlow: Longman, p. 131.
56. Dawson, Christopher, 1980. Op. cit., p. 76.
57. Lamouroux, Christian, 1997. Geography and Politics: The Song-Liao Border Dispute

of 1074/75. In Sabine Dabringhaus and Roderich Ptak, eds. *China and Her Neighbours*. Wiesbaden: Harrassowitz Verlag, pp. 1–28.
58. Chang, Yachin, 1975. Chenkuo yu Song Liao hua jie jiaoshi [Shen Kua and the Border Negotiations between Sung and Liao]. *Shihi*, vol. 12, pp. 10–25.
59. Fenby, Jonathan, 2015. *The Dragon Throne: China's Emperors from the Qin to the Manchu*. London: Quercus, p. 167.
60. Liu, Shi-Yee, 2010. Epitome of National Disgrace: A Painting Illuminating Song-Jin Diplomatic Relations. *Metropolitan Museum Journal*, vol. 45, pp. 55–82.

CHAPTER 11. Huddling in the Darkness

1. Panofsky, Erwin, 1960. *Renaissance and Renascences in Western Art*, vol. 1. Stockholm: Almqvist & Wiksell, p. 10.
2. Qian, Weihong, and Yafen Zhu, 2002. Little Ice Age Climate near Beijing, China, Inferred from Historical and Stalagmite Records. *Quaternary Research*, vol. 57, no. 1, pp. 109–19. Sussman, George D., 2011. Was the Black Death in India and China? *Bulletin of the History of Medicine*, vol. 85, no. 3, pp. 319–55.
3. Topsfield, L. T., 1975. *Troubadours and Love*. Cambridge: Cambridge University Press, p. 251.
4. McGrade, Arthur Stephen, et al., eds., 2001. *The Cambridge Translations of Medieval Philosophical Texts*, vol. 2, *Ethics and Political Philosophy*. Cambridge: Cambridge University Press, p. 331.
5. Jarrett, Bede, 1968. *Social Theories in the Middle Ages, 1200–1500*. London: Frank Cass, p. 185.
6. Mattingly, Garrett, 1955. *Renaissance Diplomacy*. Boston, MA: Houghton Mifflin, p. 42.
7. Commynes, Philippe de, 1817. *The Historical Memoirs of Philip de Comines*. London: J. Davis, pp. 54–5.
8. Boone, Rebecca Ard, 2007. *War, Domination, and the 'Monarchy of France': Claude de Seyssel and the Language of Politics in the Renaissance*. Leiden: Brill, p. 53.
9. Der Derian, James, 1987. *On Diplomacy: A Genealogy of Western Estrangement*. Oxford: Blackwell, p. 2.
10. Modelski, George, and Sylvia Modelski, eds., 1998. *Documenting Global Leadership*. Basingstoke: Macmillan, pp. 27, 20–21.
11. Fubini, Riccardo, 1996. The Italian League and the Policy of the Balance of Power at the Accession of Lorenzo de' Medici. In Julius Kirshner, ed. *The Origins of the State in Italy, 1300–1600*. Chicago, IL: University of Chicago Press, p. 195.
12. Commynes, Philippe de, 1817. Op. cit., p. 222.

13. Gieyztor, Aleksander, 1998. The Kingdom of Poland and the Grand Duchy of Lithuania, 1370–1506. In Christopher Allmand, ed. *The New Cambridge Medieval History: Volume VII, c. 1415–c. 1500.* Cambridge: Cambridge University Press, p. 728.
14. Babinger, Franz, 1978. *Mehmed the Conqueror and His Time.* Princeton, NJ: Princeton University Press, p. 235.
15. Kiss, Tamás, 2016. Cyprus in Ottoman and Venetian Political Imagination, c. 1489–1582. Unpublished PhD dissertation, Central European University, p. 155. Retrieved from: www.etd.ceu.hu/2016/kiss_tamas.pdf.
16. Setton, Kenneth M., 1978. *The Papacy and the Levant (1204–1571)*, vol. 2. Philadelphia, PA: The American Philosophical Society, p. 301.
17. Kritovulus, Charles T. Riggs, trans., 1970. *History of Mehmed the Conqueror.* Westport, CT: Greenwood Press, p. 185.
18. Guilmartin, John Francis, 2003. *Gunpowder and Galleys: Changing Technology and Mediterranean Warfare at Sea in the Sixteenth Century.* London: Conway Maritime, pp. 102–4.
19. Gosh, Pika, 2005. *Temple to Love: Architecture and Devotion in Seventeenth-Century Bengal.* Bloomington, IN: India University Press, p. 86.
20. Roy, Kaushik, 2015. *Warfare in Pre-British India, 1500 BCE to 1740 CE.* Abingdon: Routledge.
21. Sewell, Robert, 1900. *A Forgotten Empire (Vijayanagar): A Contribution to the History of India.* London: Swan Sonnenschein & Co., p. 88.
22. Ibid., p. 82.
23. Wagoner, Phillip B., 1996. 'Sultan among Hindu Kings': Dress, Titles, and the Islamicization of Hindu Culture at Vijayanagara. *Journal of Asian Studies*, vol. 55, no. 4, pp. 851–80.
24. Verma, H. N., and Amrit Verma, 1992. *100 Great Indians through the Ages.* Campbell, CA: GIP Books, p. 163.
25. Stein, Burton, 1982. Vijayanagara, *c.* 1350–1564. In Tapan Raychaudhuri and Irfan Habib, eds. *The Cambridge Economic History of India: Volume 1, c. 1200–c. 1750.* Cambridge: Cambridge University Press, pp. 117–18.
26. Anon., 2009. *Great Monuments of India.* London: Dorling Kindersley, p. 133.
27. Stein, Burton, 1982. Op. cit., p. 117.
28. Langlois, John D., Jr, 1981. Introduction. In John Langlois ed. *China under Mongol Rule.* Princeton, NJ: Princeton University Press, pp. 3–4.
29. Rossabi, Morris, 1994. The Reign of Khublai Khan. In Herbert Franke and Denis Twichett, eds. *The Cambridge History of China*, vol. 6, *Alien Regimes and Border States, 907–1368.* Cambridge: Cambridge University Press, pp. 455, 457.
30. McCausland, Shane, 2011. *Zhao Mengfu: Calligraphy and Painting for Khubilai's China.* Hong Kong: Hong Kong University Press, pp. 287–8.
31. Schurmann, Herbert Franz, 1956. *Economic Structure of the Yüan Dynasty: Translation of Chapters 93 and 94 of the Yuan Shih.* Cambridge, MA: Harvard University Press, pp. 325–30.

32. Levathes, Louise, 1996. *When China Ruled the Seas: The Treasure Fleet of the Dragon Throne, 1405–1433.* New York: Oxford University Press, p. 88.
33. Tsai, Shih-shan Henry, 1996. *The Eunuchs in the Ming Dynasty.* New York: State University of New York Press, p. 142.
34. Hybel, Alex Roberto, 2010. *The Power of Ideology: From the Roman Empire to Al-Qaeda.* Abingdon: Routledge, p. 39.
35. Levathes, Louise, 1996. Op. cit., p. 169.
36. Li, Kangying, 2010. *The Ming Maritime Trade Policy in Transition, 1368 to 1567.* Wiesbaden: Harrassowitz Verlag. Levathes, Louise, 1996. Op. cit.
37. Ebrey, Patricia, and Anne Walthall, 2006. *Pre-Modern East Asia to 1800: A Cultural, Social, and Political History.* Boston, MA: Wadsworth, p. 257.
38. McCullough, Helen Craig, trans., 1959. *The Taiheiki: A Chronicle of Medieval Japan.* New York: Columbia University Press, p. 214.
39. Rawski, Evelyn S., 2015. *Early Modern China and Northeast Asia: Cross-Border Perspectives.* Cambridge: Cambridge University Press, p. 211–12.
40. Dombrowski, Franz Amadeus, 1985. *Ethiopia's Access to the Sea.* Leiden: E. J. Brill, p. 14.
41. Roland, Oliver, and Anthony Atmore, 2001. *Medieval Africa, 1250–1800.* Cambridge: Cambridge University Press, p. 199.
42. Dunn, Ross E., 2005. *The Adventures of Ibn Battuta: A Muslim Traveler of the 14th Century.* Berkeley, CA: University of California Press, p. 127.
43. Mlambo, Alois S., 2014. *A History of Zimbabwe.* Cambridge: Cambridge University, pp. 22–3. Marks, Shula, and Richard Gray, 1975. Southern Africa and Madagascar. In Richard Gray, ed. *The Cambridge History of Africa: Volume 4, from c. 1600 to c. 1790.* Cambridge: Cambridge University Press, pp. 385–93.
44. Roland, Oliver, and Anthony Atmore, 2001. Op. cit., p. 141.
45. Maret, Pierre de, 2013. Recent Farming Communities and States in the Congo Basin and its Environs. In Peter Mitchell and Paul Lane, eds. *The Oxford Handbook of African Archaeology.* Oxford: Oxford University Press, p. 876–8.
46. Levtzion, Nehemia, 1977. The Western Maghrib and Sudan. In Roland Oliver, ed., *The Cambridge History of Africa: Volume 3, from c. 1050 to c. 1600.* Cambridge: Cambridge University Press, p. 421.
47. McEwan, Gordon F., 2006. *The Incas: New Perspectives.* Santa Barbara, CA: ABC-Clio, pp. 95–6.
48. Bierhorst, John, 2011. Translating an Esoteric Idiom: The Case of Aztec Poetry. In Brian Swann, ed. *Born in the Blood: On Native American Translation.* Lincoln, NE: University of Nebraska Press, p. 383. 'Blaze' was an Aztec poetic idiom for 'battle'.
49. Covey, R. Alan, 2006. *How the Incas Built Their Heartland: State Formation and the Innovation of Imperial Strategies in the Sacred Valley, Peru.* Ann Arbor, MI: University of Michigan Press, p. 169.
50. Rostworowski de Diez Canseco, María, 1999. *History of the Inca Realm.* Cambridge: Cambridge University Press, p. 41.

51. Vega, Garcilasso de la, Clements R. Markham, trans., 1869. *First Part of the Royal Commentaries of the Yncas*, vol. 1. London: Hakluyt Society, p. 90.
52. Bauer, Brian S., 1992. *The Development of the Inca State*. Austin, TX: University of Texas Press.

CHAPTER 12. A New Age of Islamic Conquest

1. Broadberry, Stephen, 2016. The Great Divergence in the World Economy: Long-Run Trends of Real Income. In Joerg Baten, ed. *A History of the Global Economy: From 1500 to the Present.* Cambridge: Cambridge University Press, p. 37. Allen, Robert C., 2001. The Great Divergence in European Wages and Prices from the Middle Ages to the First World War. *Explorations in Economic History*, vol. 38, no. 4, pp. 411–47. De Vries, Jan, 1984. *European Urbanization, 1500–1800*. London: Methuen.
2. Palabiyik, Mustafa Serdar, 2012. The Changing Ottoman Perception of War: From the Foundation of the Empire to Its Disintegration. In Avery Plaw, ed. *The Metamorphosis of War.* Amsterdam: Rodopi, p. 130.
3. Bostan, Idris, 2007. *Ottoman Maritime Arsenals and Shipbuilding Technology in the 16th and 17th Centuries*. Manchester: Foundation for Science, Technology and Civilization, p. 3. Retrieved from: http://www.muslimheritage.com/article/ottoman-maritime-arsenals-and-shipbuilding-technology-16th-and-17th-centuries.
4. Forster, Edward Seymour, trans., 2005. *The Turkish Letters of Ogier Ghiselin de Busbecq, Imperial Ambassador at Constantinople, 1554–1562*. Baton Rouge, LA: Louisiana State University Press.
5. Faroqhi, Suraiya, 2014. *Travel and Artisans in the Ottoman Empire: Employment and Mobility in the Early Modern Period*. London: I.B. Tauris, pp. 129–42. Zilfi, Madeline C., 2010. *Women and Slavery in the Late Ottoman Empire: The Design of Difference*. New York: Cambridge University Press.
6. Braudel, Fernand, 1995. *The Mediterranean and the Mediterranean World in the Age of Philip II*, vol. 2. Berkeley, CA: University of California Press, p. 882.
7. Berument, Hakan, and Asli Günay, 2004. Inflation Dynamics and Its Sources in the Ottoman Empire, 1586–1913. Turkish Economic Association Discussion Paper 2004/3. Retrieved from: https://ideas.repec.org/p/tek/wpaper/2004-3.html.
8. Savory, Roger, 1980. *Iran under the Safavids*. Cambridge: Cambridge University Press, p. 29. Twelver Shiites believe that Allah concealed the twelfth and last of the imams –the spiritual and political leaders who were divinely ordained successors of the Prophet Muhammad – who would then emerge as the Mahdi to liberate the world on the Day of Judgment.
9. Dale, Stephen F., 2010. *The Muslim Empires of the Ottomans, Safavids, and Mughals*. New York: Cambridge University Press, p. 78.
10. Savory, Roger, 1980. Op. cit., pp. 2–3, 33.

11. Rayfield, Donald, 2016. The Greatest King among Poets, the Greatest Poet among Kings. In Hans-Christian Günther, ed. *Political Poetry across the Centuries*. Leiden: Brill, p. 55.
12. Mitchell, Colin P., 2009. *The Practice of Politics in Safavid Iran: Power, Religion and Rhetoric*. London: I.B. Tauris, pp. 94, 89.
13. Nicoll, Fergus, 2009. *Shah Jahan*. New Delhi: Penguin, p. 168
14. Chick, H., trans., 2012. *A Chronicle of the Carmelites in Persia: The Safavids and the Papal Mission of the 17th and 18th Centuries*, vol. 1. London: I.B. Tauris, p. 74.
15. Eskander Beg Monshi, Roger M. Savory, trans., 1978. *History of Shah Abbas the Great*. Boulder, CO: Westview Press.
16. Abul Fazl-i-Allami, H. S. Jarrett, trans., 1894. *The Ain I Akbari*, vol. 3. Calcutta: Asiatic Society of Bengal, p. 382.
17. Ibid., pp. 235–43.
18. Ibid., p. 399.
19. Major, Andrea, 2012. *Slavery, Abolitionism and Empire in India, 1772–1843*. Liverpool: Liverpool University Press, pp. 26–7.
20. Edwardes, S. M., and H. L. O. Garrett, 1995. *Mughal Rule in India*. New Delhi: Atlantic Publishers, p. 265.
21. MacDougall, Philip, 2014. *Naval Resistance to Britain's Growing Power in India, 1660–1800: The Saffron Banner and the Tiger of Mysore*. Woodbridge: Boydell Press, p. 30.
22. Dalrymple, William, 2016. The Beautiful, Magical World of Rajput Art. *New York Review of Books* (24 November).
23. Ibid.
24. Swope, Kenneth M, 2015. Bringing in the Big Guns: On the Use of Artillery in the Ming–Manchu War. In Kaushik Roy and Peter Lorge, eds. *Chinese and Indian Warfare: From the Classical Age to 1870*. Abingdon: Routledge. p. 136.
25. Dardess, John W., 1972. The Late Ming Rebellions: Peasants and Problems of Interpretation. *Journal of Interdisciplinary History*, vol. 3, no. 1, pp. 103–17.
26. Meng, Huiying, 2011. Characteristics of Shamanism of the Tungusic Speaking People. In Xisha Ma and Huiying Meng, eds. *Popular Religion and Shamanism*. Leiden: Brill, p. 402.
27. Ibid., p. 405.
28. Swope, Kenneth M., 2014. *The Military Collapse of China's Ming Dynasty, 1618–44*. Abingdon: Routledge, pp. 214–15.
29. Wakeman, Frederic, Jr, 1986. *The Great Enterprise: The Manchu Reconstruction of Imperial Order in Seventeenth-Century China*. Berkeley, CA: University of California Press, pp. 175–225.
30. Meng, Huiying, 2011. Op. cit., p. 405.
31. Schottenhammer, Angela, 2010. Characteristics of Qing China's Maritime Trade Policies, *Shunzi* through *Qianlong* Reigns. In Angela Schottenhammer, ed. *Trading Networks in Early Modern East Asia*. Wiesbaden: Harrassowitz Verlag, p. 111.

32. Liu, Xiaoyuan, 2004. *Frontier Passages: Ethnopolitics and the Rise of Chinese Communism, 1921–1945.* Washington, DC: Woodrow Wilson Center Press, p. 16.
33. Johnston, Alastair Iain, 1995. *Cultural Realism: Strategic Culture and Grand Strategy in Chinese History.* Princeton, NJ: Princeton University Press, pp. 217–30.
34. Giersch, C. Patterson, 2006. *Asian Borderlands: The Transformation of Qing China's Yunnan Frontier.* Cambridge, MA: Harvard University Press, pp. 49–50.
35. Geary, D. Norman, et al., 2003. *The Kam People of China: Turning Nineteen.* London: RoutledgeCurzon, p. 13.
36. Li, Guo-rong, 2009. Archives of the Qing Dynasty: Emperor Yongzheng and Taiwan. Paper Presented at the First International Symposium Organized by the Palace Museums across the Strait: The Complexities and Challenges of Rulership – Emperor Yongzheng and His Accomplishments in Time (Taipei, 4–6 November).
37. Dening, Walter, 1904. *A New Life of Toyotomi Hideyoshi.* Tokyo: Kyöbun-Kwan, p. 320.
38. Toby, Ronald P., 1984. *State and Diplomacy in Early Modern Japan: Asia in the Development of the Tokugawa Bakufu.* Princeton, NJ: Princeton University Press, p. 11.
39. Engerman, Stanley L., and João César das Neves, 1997. The Bricks of an Empire, 1415–1999: 585 Years of Portuguese Emigration. *Journal of European Economic History,* vol. 26, no. 3, pp. 471–509.
40. Roy, Kaushik, 2011. *War, Culture and Society in Early Modern South Asia, 1740–1849.* Abingdon: Routledge, p. 29. Rowe, William, T., 2009. *China's Last Empire: The Great Qing.* Cambridge, MA: Belknap Press, p. 91.
41. Spufford, Margaret, 1995. Literacy, Trade and Religion in the Commercial Centres of Europe. In Karel Davids and Jan Lucassen, eds. *A Miracle Mirrored: The Dutch Republic in European Perspective,* p. 238.
42. On climate change, see: Zhang, David D., et al., 2011. The Causality Analysis of Climate Change and Large-Scale Human Crisis. *PNAS,* vol. 108, no. 42, pp. 17296–17301.
43. Vollerthun, Ursula, 2017. *The Idea of International Society: Erasmus, Vitoria, Gentili and Grotius.* Cambridge: Cambridge University Press, p. 44.
44. More, Thomas, Robert M. Adams, trans., 2016. *Utopia.* Cambridge: Cambridge University Press, p. 14.
45. Lamster, Mark, 2010. *Master of Shadows: The Secret Diplomatic Career of the Painter Peter Paul Rubens.* New York: Anchor, p. 169.
46. Moratiel Villa, Sergio, 1997. The Philosophy of International Law: Suárez, Grotius and Epigones. *International Review of the Red Cross,* vol. 37, no. 320, pp. 539–52.
47. Walton, Izaak, 1858. *Walton's Lives of Dr. John Donne, Sir Henry Wotton, Mr. Richard Hooker, Mr. George Herbert, and Dr. Robert Sanderson.* London: Henry Washbourne and Co., p. 134.
48. Craig, Gordon A., and Alexander L. George, 1990. *Force and Statecraft: Diplomatic Problems of Our Time.* Oxford: Oxford University Press, p. 13.

49. Wicqefort, Abraham de, trans. John Digby, 1716. *The Embassador and His Functions*. London: B. Lintott, p. 294.
50. Cailes, Michael John, 2012. Renaissance Ideas of Peace and War and the Humanist Challenge to the Scholastic Just War. Unpublished PhD dissertation, University of Exeter, p. 87. Retrieved from: https://ore.exeter.ac.uk/repository/handle/10036/3683.
51. Küng, Hans, 1998. *A Global Ethic for Global Politics and Economics*. New York: Oxford University Press, p. 17.
52. Schröder, Peter, 2017. *Trust in Early Modern International Political Thought, 1598–1713*. Cambridge: Cambridge University Press, p. 62.
53. Corzo, Teresa, et al., 2014. Behavioral Finance in Joseph de la Vega's Confusion de Confusiones. *Journal of Behavioral Finance*, vol. 15, no. 4, p. 342.
54. Pocock, J. G. A., 2016. *The Machiavellian Moment: Florentine Political Thought and the Atlantic Republican Tradition*. Princeton, NJ: Princeton University Press, p. 438.
55. Beer, George Louis, 1908. *The Origins of the British Colonial System, 1578–1660*. New York: Macmillan, p. 8.
56. Wilson, George W., ed., 1964. *Classics of Economic Theory*. Bloomington, IN: Indiana University Press, p. 19.
57. Coleman, David, 2000. Spain. In Andrew Pettegree, ed. *The Reformation World*. London: Routledge, p. 296.
58. Knecht, R. J., 1982. *Francis I*. Cambridge: Cambridge University Press.
59. Zwierlein, Cornel, 2014. The Thirty Years' War – A Religious War? Religion and Machiavellism at the Turning Point of 1635. In Olaf Asbach and Peter Schröder, eds. *The Ashgate Research Companion to the Thirty Years' War*. Farnham: Ashgate, p. 237.
60. Riasanovsky, Nicholas V., 2005. *Russian Identities: A Historical Survey*. New York: Oxford University Press, p. 82.
61. Clark, Christopher, 2006. *Iron Kingdom: The Rise and Downfall of Prussia, 1600–1947*. London: Allen Lane, p. 48.
62. Macartney, C. A., ed., 1970. *The Habsburg and Hohenzollern Dynasties in the Seventeenth and Eighteenth Centuries*. London: Macmillan, p. 311.
63. Lamster, Mark, 2010. Op. cit., p. 137.

CHAPTER 13. The Primacy of the West

1. European populations in millions: Germany: 55; British Isles: 50; Austrian Empire: 47; France: 41; Italy: 34; Spain: 22; Scandinavia: 12; Netherlands 7.5; Belgium: 7; Portugal: 5. Source: McEvedy, Colin, and Richard Jones, 1978. *Atlas of World Population History*. New York: Facts on File. Colonial populations in millions: Britain: 309; France: 56; Netherlands: 29; Spain: 8.4; Belgium: 8; Portugal: 6.,3; Italy: 5.4; Germany: 3.3. Source: Engerman, Stanley L., and Kenneth L. Sokoloff, 2013. Five Hundred

Years of European Colonization: Inequality and Paths of Development. In Christopher Lloyd et al., eds. *Settler Economies in World History.* Leiden: Brill, pp. 70–77.

2. Dickens, Charles, 1859. *A Tale of Two Cities*. London: Chapman and Hall, p. 1.
3. Agnus Maddison's estimates in 1990 International Geary-Khamis dollars: $566 in 1500, $666 in 1820, and $6,038 in 2000. Bradford De Long's estimates in 1990 international dollars: $138 in 1500, $195 in 1800, and $6,539 in 2000. Sources: Maddison, Angus, 2010. Historical Statistics of the World Economy, 1–2008 AD, table 1. Retrieved from: www.ggdc.net/maddison/historical_statistics/horizontal-file_02-2010.xls. De Long, J. Bradford., 1998. Estimating World GDP: One Million B.C.–Present. Retrieved from: https://delong.typepad.com/print/20061012_LRWGDP.pdf.
4. Cooper, Robert, 2004. *The Breaking of Nations: Order and Chaos in the Twenty-First Century.* London: Atlantic Books, p. 78.
5. In 1800, the world population stood at around 900 million, of which at least 300 million were inhabitants of Qing China. Rowe, William, T., 2009. *China's Last Empire: The Great Qing.* Cambridge, MA: Belknap Press, p. 91.
6. Perdue, Peter C., 2005. *China Marches West: The Qing Conquest of Central Eurasia.* Cambridge, MA: Belknap Press, p. 501.
7. Millward, James A., 1998. *Beyond the Pass: Economy, Ethnicity, and Empire in Qing Central Asia, 1759–1864.* Stanford, CA: Stanford University Press, p. 38.
8. Waley-Cohen, Joanna, 2006. *The Culture of War in China: Empire and Military under the Qing Dynasty.* London: I.B. Tauris, p. 19.
9. Peyrefitte, Alain, 1989. *L'empire immobile, ou le choc des mondes.* Paris: Fayard.
10. Backhouse, E., and J. O. P. Bland, 1914. *Annals and Memoirs of the Court of Peking: From the 16th to the 20th Century.* Boston, MA: Houghton Mifflin, pp. 326, 331.
11. Yü, Ying-shih, 2016. *Chinese History and Culture*, vol. 2, *Seventeenth Century through Twentieth Century.* New York: Columbia University Press, p. 157.
12. With this interpretation Rousseau built on Abbé de Saint-Pierre's 'Plan for Perpetual Peace'. See: Spector, Céline, 2008. Le Projet de paix perpétuelle: De Saint-Pierre à Rousseau. In Rousseau, Jean-Jacques, B. Bachofen and C. Spector, eds. *Principes du droit de la guerre: Écrits sur la paix perpétuelle.* Paris: J. Vrin, pp. 229–94.
13. Smith, Adam, 1776. *An Inquiry into the Nature and Causes of the Wealth of Nations*, vol. 2. London: W. Strahan and T. Cadell, p. 84.
14. Anon., 1785. *A Collection of All the Treaties of Peace, Alliance, and Commerce, between Great-Britain and Other Powers: From the Treaty Signed at Munster in 1648 to the Treaties Signed at Paris in 1783*, vol. 3. London: J. Debrett, p. 179.
15. Anon., 1785. Op. cit., vol. 2, p. 5.
16. Paine, Thomas, Moncure Daniel Conway, ed., 1894. The Writings of Thomas Paine, vol. 1. New York: G. P. Putnam's Sons, p. 170.
17. Harris, James Howard, third Earl of Malmesbury, ed., 1844. *Diaries and Correspondence of James Harris, 1st Earl of Malmesbury*, vol. 3. London: Richard Bentley, p. 353.
18. Wulf, Andrea, 2015. *The Invention of Nature. The Adventures of Alexander von*

Humboldt, the Lost Hero of Science. London: Hodder & Stoughton, p. 44.
19. Pitt, William, R. Coupland, ed., 1915. *The War Speeches of William Pitt the Younger*. Oxford: Clarendon Press, pp. xi–xii.
20. O'Meara, Barry E., 1822. *Napoleon in Exile; or, A Voice from St. Helena: The Opinions and Reflections of Napoleon on the Most Important Events of His Own Life and Government, in His Own Words*, vol. 1. London: W. Simpkin and R. Marshall, p. 263. Anon., 1817. *Manuscript Transmitted from St. Helena, by an Unknown Channel*. London: John Murray, p. 45.
21. Thiers, M. A., D. Forbes Campbell, trans., 1845. *History of the Consulate and the Empire of France under Napoleon*, vol. 4. London: Henry Colburn, p. 157.
22. Nicassio, Susan Vandiver, 2009. *Imperial City: Rome under Napoleon*. Chicago, IL: University of Chicago Press, p. 31.
23. Walter, Jakob, Marc Raeff, ed., 1991. *The Diary of a Napoleonic Foot Soldier*. New York: Doubleday.
24. Zamoyski, Adam, 2007. *Rites of Peace: The Fall of Napoleon and the Congress of Vienna*. London: HarperPress, p. 221.
25. Nicolson, Harold, 1946. *The Congress of Vienna: A Study in Allied Unity, 1812–1822*. London: Constable, p. 292.
26. Zamoyski, Adam, 2007. Op. cit., p. 250.
27. Ibid., p. 265.
28. Steinberg, Jonathan, 2011. *Bismarck: A Life*. Oxford: Oxford University Press, pp. 180–81.
29. Taylor, A. J. P., 1967. *Bismarck*. New York: Vintage, p. 264.
30. Bismarck, Otto von, A. J. Butler, trans., 1898. *Bismarck, the Man and the Statesman: Being the Reflections and Reminiscences of Otto Prince von Bismarck*, vol. 2. London: Smith, Elder &. Co., p. 289.
31. Blattman, Christopher, et al., 2002. Who Protected and Why? Tariffs the World Around, 1870–1938. Paper presented to the Conference on the Political Economy of Globalization, Trinity College, Dublin. Retrieved from: https://pdfs.semanticscholar.org/50d9/32085c399cf4913423846d54b690ff01d186.pdf.
32. Hobson, J. A., 1902. *Imperialism: A Study*. London: James Nisbet & Co., p. 85.
33. Wilde, Oscar, 2000. *The Collected Poems of Oscar Wilde*. Ware: Wordsworth Editions, p. 5.
34. Bülow, Bernhard von, Richard Hacken, trans., 2010. Hammer and Anvil Speech before the Reichtag, December 11, 1899. In Richard Hacken, ed. *World War I Document Archive*. Retrieved from: http://net.lib.byu.edu/estu/wwi/1914m/buloweng.html.bak.
35. Mahan, A. T., 1918. *The Interest of America in Sea Power, Present and Future*. Boston: Little, Brown and Company, p. 4.
36. In fact, Italy initially remained neutral when the First World War broke out, before joining on the side of Britain, France, and Russia in 1915. Germany, however, was able to use its immense loans and investments in infrastructure to entice the Ottoman Empire

into an alliance, which was signed at the beginning of August 1914.
37. Wells, H. G., 1914. *The Peace of the World.* London: The Daily Chronicle, p. 9.
38. Rieth, John K., 2014. *Imperial Germany's 'Iron Regiment' of the First World War: War Memories of Service with Infantry Regiment 169, 1914–1918.* Canal Winchester, OH: Badgley Publishing, pp. 101, 100.
39. Pradt, M. de, 1816. *The Congress of Vienna.* London: Samuel Leigh, p. 21.
40. Burritt, Elihu, 1854. *Thoughts and Things at Home and Abroad.* Boston, MA: Phillips, Sampson, and Company, pp. 329–33.
41. Briggs, Asa, and Peter Burke, 2009. *A Social History of the Media: From Gutenberg to the Internet.* Cambridge: Polity Press, p. 133.
42. Cobden, Richard, 1867. *The Political Writings of Richard Cobden*, vol. 1. London: William Ridgway, p. 264.
43. Lechner, Frank J., and John Boli, eds., 2015. *The Globalization Reader.* Chichester: Wiley Blackwell, p. 18.
44. Mazzini, Giuseppe, 1847. *Address of the Council of the Peoples' International League.* London: Palmer and Clayton, p. 12.
45. Tolstoy, Leo, Louise and Aylmer Maude, trans., 1907. *The Russian Revolution.* Christchurch: The Free Age Press, p. 1.
46. Ibid., p. 31.
47. Kessler, Harry, Laird Easton trans., 2011. *Journey to the Abyss: The Diaries of Count Harry Kessler, 1880–1918.* New York: Alfred A. Knopf, p. 867.
48. Easton, Laird McLeod, 2002. *The Red Count: The Life and Times of Harry Kessler.* Berkeley, CA: University of California Press, p. 221.
49. Kennedy, Paul, 1987. *The Rise and Fall of the Great Powers: Economic Change and Military Conflict from 1500 to 2000.* New York: Random House, p. 208.
50. Asada, Sadao, 2007. *Culture Shock and Japanese–American Relations: Historical Essays.* Columbia, MO: University of Missouri Press, p. 107.
51. Powaski, Ronald E., 1991. *Toward an Entangling Alliance: American Isolationism, Internationalism, and Europe, 1901–1950.* Westport, CT: Greenwood Press, p. xvi.
52. Richardson, James D., ed., 1896. *A Compilation of the Messages and Papers of the Presidents, 1789–1897*, vol. 2. Washington, DC: Government Printing Office, p. 218.
53. Randolph, Thomas Jefferson, ed., 1829. *Memoir, Correspondence, and Miscellanies, from the Papers of Thomas Jefferson*, vol. 4. Charlottesville, VA: F. Carr and Co., p. 282.
54. Mallory, Daniel, ed., 1844. *the Life and Speeches of the Hon. Henry Clay*, vol. 1. New York: Robert P. Bixby & Co., p. 17.
55. Baker, Ray Stannard, 1923. *Woodrow Wilson and World Settlement: Written from His Unpublished and Personal Material*, vol. 1. London: William Heinemann, p. 19. 00. Striner, Richard, 2014. *Woodrow Wilson and World War I: A Burden Too Great to Bear.* Lanham, MD: Rowman & Littlefield, p. 113.
56. Baker, Ray Stannard, 1923. Op. cit., p. 112.

57. Humes, James C., 2016. *Presidents and Their Pens: The Story of White House Speechwriters*. Lanham, MD: Hamilton Books, p. 48.
58. Ishimaru, Tota, 1936. *Japan Must Fight Britain*. London: Hurst & Blackett, p. 161.
59. Keynes, John Maynard, 1919. *The Economic Consequences of the Peace*. London: Macmillan, pp. 3–4.
60. Ibid., pp. 9–10.
61. Williams, William Appleman, 1954. The Legend of Isolationism in the 1920's. *Science & Society*, vol. 18, no. 1. p. 16.
62. US Department of Commerce, 1930. *Statistical Abstract of the United States*. Washington, DC: US Department of Commerce, p. 486.
63. Terkel, Studs, 2005. *Hard Times: An Oral History of the Great Depression*. New York: New Press, pp. 461–2.
64. Baynes, Norman H., ed., 1969. *The Speeches of Adolf Hitler: April 1922–August 1939*, vol. 2. London: Oxford University Press, p. 1343.
65. United Nations, 1945. Charter of the United Nations and Statute of the International Court of Justice, preamble. Retrieved from: https://treaties.un.org/doc/Publication/CTC/uncharter-all-lang.pdf.
66. US Congress, 1945. *Congressional Record. Proceedings and Debates of the 79th Congress*, Washington, DC: Government Printing Office, vol. 91, part 11, p. A3125.
67. Charmley, John, 2001. Churchill and the American Alliance. *Transactions of the Royal Historical Society*, vol. 11, p. 368.
68. US Departments of State and Defense, 1950. A Report to the National Security Council by the Executive Secretary on United States Objectives and Programs for National Security. NSC 68 (14 April), p. 9. Retrieved from: https://www.trumanlibrary.org/whistlestop/study_collections/coldwar/.../10-1.pdf.
69. Service, Robert, 1995. *Lenin: A Political Life*, vol. 3, *The Iron Ring*. Basingstoke; Macmillan, p. 201. Shachtman, Max, 1931. Stalin in 1921: More about the Theory of Socialism in One Country Before Lenin's Death. *The Militant*, vol. 4, no. 18, p. 4. Retrieved from: https://www.marxists.org/archive/shachtma/1931/08/stalin1921.htm.
70. Kennan, George, 1946. Telegram, George Kennan to George Marshall, 22 February 1946. Harry S. Truman Administration File, Elsey Papers, Harry S. Truman Presidential Library. Retrieved from: https://www.trumanlibrary.org/whistlestop/study_collections/coldwar/documents/pdf/6-6.pdf.
71. Churchill, Winston, David Cannadine, ed., 2007. *Blood, Toil, Tears and Sweat: The Great Speeches*. London: Penguin, p. 301.
72. Spykman, Nicholas J., 2017. *America's Strategy in World Politics: The United States and the Balance of Power*. Abingdon: Routledge.
73. Fukuyama, Francis, 1989. The End of History? *The National Interest*, no. 16, p. 3.
74. White House, 1991. National Security Strategy of the United States, p. v. Retrieved from: http://nssarchive.us/national-security-strategy-1991/.
75. US Department of State, 1998. transcript of Secretary of State Madeleine K. Albright Interview on NBC-TV 'The Today Show' with Matt Lauer (19 February). Retrieved

from: https://1997-2001.state.gov/statements/1998/980219a.html.
76. Rosecrance, Richard, 1999. *The Rise of the Virtual State: Wealth and Power in the Coming Century.* New York: Basic Books.
77. Nye, Joseph S., Jr, 1990. Soft Power. *Foreign Policy*, no. 80, pp. 153–71.
78. Secretariat of the Commission of the European Communities, 1973. Declaration on European Identity. *Bulletin of the European Communities*, no. 12, p. 120.
79. Sobol, Dorothy Meadow, 1998. Foreign Ownership of U.S. Treasury Securities: What the Data Show and Do Not Show. *Federal Reserve Bank of New York: Current Issues in Economics and Finance*, vol. 4, no. 5, p. 2.
80. Buchanan, Patrick J., 1999. *A Republic, Not an Empire: Reclaiming America's Destiny*. New York: Regnery, p. 4.
81. Figures are only for the USA. Carroll Roop Daugherty, 1928. The Development of Horsepower Equipment in the United States. In C. R. Daugherty, et al. *Power Capacity and Production in the United States*. Washington, DC: Department of the Interior, p. 45. Ristinen, Robert A., and Jack J. Kraushaar, 2006. *Energy and the Environment.* New York: John Wiley, p. 6.
82. De Long, J. Bradford, 1998. Op. cit.
83. Riley, James C., 2005. Estimates of Regional and Global Life Expectancy, 1800–2001. *Population and Development Review*, vol. 31, no. 3, pp. 537–42.
84. Maddison, Angus, 2010. Op. cit.
85. Hugill, Peter J., 1993. *World Trade since 1431: Geography, Technology, and Capitalism.* Baltimore, MD: Johns Hopkins University Press, p. 128.
86. Union of International Associations, 2013. Historical Overview of Number of International Organizations by Type, 1909–2013. Retrieved from: https://www.uia.org/sites/uia.org/files/misc_pdfs/stats/Historical_overview_of_number_of_international_organizations_by_type_1909-2013.pdf.
7. Voltaire, 1878. Œuvres complètes de Voltaire, vol. 12, *Essai sur les mœurs*. Paris: Garnier Frères, p. 430.

CHAPTER Conclusion: Horror as a Friend

1. Streuvels, Stijn, 1916. *In oorlogstijd: Het volledige dagboek van de Eerste Wereldoorlog.* Den Haag: DBNL, p. 540.

A Political History of the World
Three Thousand Years of War and Peace

世界政治史
三千年的戰爭與和平

作　　者　強納森・霍斯雷格 (Jonathan Holslag)
譯　　者　謝家柔
責任編輯　沈昭明
社　　長　郭重興
發行人暨出版總監　曾大福
出　　版　廣場出版
發　　行　遠足文化出版事業有限公司
231新北市新店區民權路108-2號9樓
電　　話　(02) 2218-1417
傳　　真　(02) 8667-1851
客服專線　0800-221-029
E-Mail　service@bookrep.com.tw
網　　站　http://www.bookrep.com.tw/newsino/index.asp
法律顧問　華洋國際專利商標事務所　蘇文生律師
印　　刷　前進彩藝股份有限公司
一版一刷　2019年7月
定　　價　600元

國家圖書館出版品預行編目(CIP)資料

世界政治史 : 三千年的戰爭與和平 / 強納森.霍斯雷格(Jonathan Holslag)著 ; 謝家柔譯. -- 初版. -- 新北市 : 廣場出版 : 遠足文化發行, 2019.07
面；　公分

譯自 : A political history of the world : three thousand years of war and peace
ISBN 978-986-97989-1-4(平裝)
1.國際政治 2.世界史
578　　108010930

Original English language edition first published by Penguin Books Ltd, London